Vorratsgründung und Mantelverwendung – Alternativmöglichkeiten
zum gesetzlichen Gründungsverfahren?

T0326484

Studien zum deutschen und europäischen Gesellschafts- und Wirtschaftsrecht

Herausgegeben von Ulrich Ehricke

Band 3

PETER LANG

Frankfurt am Main · Berlin · Bern · Bruxelles · New York · Oxford · Wien

Thomas Stephan Oldemanns

Vorratsgründung und Mantelverwendung – Alternativmöglichkeiten zum gesetzlichen Gründungsverfahren?

PETER LANG
Europäischer Verlag der Wissenschaften

Bibliografische Information Der Deutschen Bibliothek
Die Deutsche Bibliothek verzeichnet diese Publikation in der
Deutschen Nationalbibliografie; detaillierte bibliografische
Daten sind im Internet über <http://dnb.ddb.de> abrufbar.

Zugl.: Köln, Univ., Diss., 2004

Gedruckt auf alterungsbeständigem,
säurefreiem Papier.

D 38
ISSN 1614-581X
ISBN 3-631-54054-X

© Peter Lang GmbH
Europäischer Verlag der Wissenschaften
Frankfurt am Main 2005
Alle Rechte vorbehalten.

Printed in Germany 1 2 3 4 5 7

www.peterlang.de

Meinen Eltern
in tiefer Dankbarkeit

Vorwort

Die nachfolgende Arbeit hat im Wintersemester 2004/2005 der Juristischen Fakultät der Universität zu Köln als Dissertation vorgelegen. Sie wurde von Herrn Prof. Dr. Ulrich Ehricke, LL.M. (London), M.A. betreut und gefördert, dem ich dafür an dieser Stelle recht herzlich danken möchte.

Der Korreferentin, Frau Prof. Dr. Barbara Dauner-Lieb möchte ich für die zügige Erstellung des Zweitgutachtens danken. Dem Cusanuswerk danke ich für die Gewährung eines Dissertationsstipendiums.

Besonderer Dank gebührt meiner Frau Amela, die meine Dissertation in allen Phasen unterstützt und mich in meiner Arbeit bestärkt hat.

Hannover, im Mai 2005   Thomas Oldemanns

Inhaltsverzeichnis

Abkürzungsverzeichnis.. 19

§ 1 Einleitung.. 23
   I. Einführung... 23
   II. Gang der Untersuchung... 23

§ 2 Vorratsgründung.. 27
   I. Einführung... 27
   II. Grundlagen zur Vorratsgründung... 28
     1. Begrifflichkeiten.. 28
       a) Offene Vorratsgründung.. 30
       b) Verdeckte Vorratsgründung.................................... 30
         aa) Verdeckte Vorratsgründung mit bestimmtem
         Unternehmensgegenstand... 31
         bb) Verdeckte Vorratsgründung mit fiktivem
         Unternehmensgegenstand... 31
     2. Nachweisbarkeit der verdeckten Vorratsgründung durch
     das Registergericht... 33
       a) Gründungsphase von AG und GmbH und Prüfungsumfang
       des Registergerichts... 33
       b) Mögliche Kriterien und Indizien vor Eintragung......... 36
         aa) Mangelnde Geschäftstätigkeit vor Eintragung...... 37
         bb) Beschränkte Möglichkeit des Registergerichts
         auch bei begründeten Zweifeln..................................... 37
       c) Die Vorratsgesellschaft nach Eintragung................. 38
       d) Fazit... 39

3. Motive für Vorratsgründung.. 40

   a) Vorratsgründung als unternehmerische Tätigkeit...................... 40

   b) Kosten-, Zeit- und Aufwandsersparnis.................................... 41

   c) Minimierung des Haftungsrisikos.. 43

4. Ergebnis und Ausblick.. 44

III. Die Zulässigkeit der Vorratsgründung in der Rechtsprechung.............. 45

   1. Die Kammergerichtsentscheidungen....................................... 45

      a) KG, JFG 1, 200... 45

      b) KG, JFG 3, 192... 46

   2. OLG Stuttgart.. 48

   3. BGHZ 117, 332 von 1992... 50

      a) Praktikabilität.. 52

      b) Offenlegung der wahren Absichten.................................... 53

IV. Die Zulässigkeit der Vorratsgründung in der Literatur........................ 55

   1. Zulässigkeit der Vorratsgründung... 55

   2. Unzulässigkeit der Vorratsgründung....................................... 55

   3. Zulässigkeit der offenen Vorratsgründung............................... 58

   4. Unzulässigkeit der verdeckten Vorratsgründung....................... 59

      a) Unzulässigkeit nach § 117 BGB.. 59

         aa) Keine Anwendbarkeit von § 117 BGB......................... 59

         bb) Rechtsfolge gewollt.. 60

         cc) Bewertung.. 61

      b) Unzulässigkeit nach § 134 BGB.. 63

V. Modell der Mantelverhinderung.. 64

   1. Irregulärer Vorratszweck... 64

      a) Verfassung als Anknüpfungspunkt..................................... 65

      b) GmbHG und AktG als Anknüpfungspunkt.......................... 67

   2. Rechtspolitisch stimmig?.. 68

VI. Lokalisierung des Problems...70

  1. Vorratsgründung als Problem des Unternehmensgegenstandes
    und seines Erklärungswertes... 70

    a) Absicht als Teil des Erklärungswertes..................................... 70

    b) Gegenposition...71

    c) Wahrheitspflicht als untauglicher Anknüpfungspunkt................ 71

  2. Herleitung eines Erklärungswertes..72

    a) Interpretationsvielfalt... 72

      aa) Wortverständnis und Systematik....................................... 73

      bb) Historische Entwicklung... 74

    b) Funktionsorientierte Analyse.. 76

    c) Die Argumente für eine weite Auslegung der
      Gegenstandsangabe.. 77

    d) Die Argumente für eine restriktive Auslegung der
      Gegenstandsangabe.. 79

VII. Der Unternehmensgegenstand im Hinblick auf den
    Informationswert einer beabsichtigten Geschäftsaufnahme............... 81

  1. Funktion der Gegenstandsangabe als Maßstab
    für Erklärungswert...81

  2. Gleichlauf der Untersuchung für AktG und GmbHG....................... 82

  3. Prüfung durch das Registergericht.. 83

    a) Formale und materielle Unzulässigkeit..................................... 83

    b) Genehmigungspflicht der Gesellschaft..................................... 84

    c) Schutzrichtung des Unternehmensgegenstandes im Hinblick
      auf seine Funktion als Grundlage einer staatlichen Kontrolle
      und der nötige Erklärungswert..85

  4. Information und Schutz der Öffentlichkeit...................................... 87

a) Informationsfunktion des Unternehmensgegenstandes
durch Eintragungs- und Veröffentlichungspflicht...................87

b) Schutzrichtung des Unternehmensgegenstandes im Hinblick
auf seine Funktion als Informationsquelle für den
Rechtsverkehr und der nötige Erklärungswert........................... 88

5. Schutz der Gesellschafter..90

a) Gesellschafterschutz ohne Ultra-vires-Lehre?....................91

b) Gegenstand als Zielvorgabe.. 93

c) Schutzrichtung des Unternehmensgegenstandes im
Hinblick auf seine Funktion als Gesellschafterschutz
und der nötige Erklärungswert.. 95

6. Zusammenfassung...95

VIII. Die fehlende Betriebspflicht im AktG und GmbHG als tauglicher
Anknüpfungspunkt zur Herleitung eines Erklärungswertes?..............96

1. Verfassungsrechtliche Einordnung einer Betriebspflicht...................99

2. Unzulässiger Rückschluss...99

3. Fazit...100

IX. Die relative Gegenstandswahrheit als Antwort auf die
notwendigen Erklärungsinhalte der Gegenstandsangabe...................102

1. Heilung durch Offenlegung?..102

2. Die rechtliche Zulässigkeit unternehmensloser
Gesellschaften..103

3. Jahresbilanz als Informationsquelle..104

4. Gegenstandswahrheit contra notwendige Erklärungsinhalte............106

a) Relation zwischen dem Gebot zur Gegenstandswahrheit
und unternehmerischer Tätigkeit der Gesellschaft....................106

b) Übereinstimmung mit den notwendigen Erklärungswerten
des Unternehmensgegenstandes?..107

c) Verwaltung des eigenen Vermögens als zulässige
Unterschreitung des Unternehmensgegenstandes............109

5. Zusammenfassung............110

X. Thesen zu § 2............111

§ 3 Mantelverwendung............113

I. Einleitung............113

II. Motive für Mantelkauf und Mantelverwendung............116

1. Motive im Wandel der Zeit............116

2. Motive für Anteilserwerb einer Gesellschaft als Alternative
zur Neugründung............118

a) „Umgehung" der Kapitalaufbringungsvorschriften - Kontrolle
über die Kapitalgesellschaft ohne finanzielles
Mindestengagement............119

b) Schnelle Verfügbarkeit ohne Haftungsrisiko............120

c) Erlangung von Rechtspositionen der Kapitalgesellschaft............122

III. Die wesentlichen Merkmale der Mantelgesellschaft............124

1. Rechtsanwendungsbegriff............124

2. Der Makel des Mantelbegriffs und seine Erweiterung und
Loslösung vom (haftungs-)rechtlich Problematischen............125

a) Funktion und Notwendigkeit exakter Begriffsdefinition............125

b) Das Scheitern der Suche nach einheitlicher Begrifflichkeit............126

aa) Verwendungsabsicht zur „wirtschaftlichen
Neugründung"............126

bb) Tatbestandliche Erfassung der Mantelgesellschaft
und Begriffsvielfalt............127

c) Erweiterung des Mantelbegriffs............128

3. Begriffsdefinitionen............129

a) Mantelgesellschaft.....130

b) Mantelverwendung und Mantelkauf.....131

aa) Mantelverwendung.....132

bb) Mantelkauf.....133

4. Zusammenfassung.....135

IV. Rechtliche Entwicklung zur Mantelgesellschaft.....137

1. Existenz der Mantelgesellschaft.....137

a) Keine Existenzgefährdung durch Einstellung
unternehmerische Tätigkeit.....137

b) Die Existenz der vermögenslosen Mantelgesellschaft.....138

2. Rechtliche Zulässigkeit von Mantelkauf
und Mantelverwendung.....140

a) Nichtigkeit des Mantelkaufs gem. § 138 BGB.....140

aa) Nichtigkeit aufgrund Einmanngründung.....140

bb) Nichtigkeit wegen Risikoabwälzung und Umgehung
der Gründungsvorschriften.....141

b) Nichtigkeit des Mantelkaufs aufgrund Umgehung der
Gründungsvorschriften gem. § 134 BGB.....142

3. Zusammenfassung.....144

V. Heutiger Meinungsstand.....146

1. Methodische Ebene.....146

2. Dogmatische Ebene.....147

3. Rechtsprechung des BGH.....149

a) BGH - Beschluss vom 09.12.2002 zur Verwendung
einer Vorratsgesellschaft.....149

aa) Sachverhalt.....149

bb) Begründung.....150

b) BGH-Beschluss vom 7.7.2003 zur Verwendung einer

ehemals tätigen Mantelgesellschaft....................................152

aa) Sachverhalt...153

bb) Begründung...153

c) Anmerkungen...155

aa) Trennung zwischen Unternehmen und Kapitalgesell-

schaft - Problem mit wirtschaftlicher Neugründung................155

bb) Die „gesetzestypische Gesellschaft"?....................................157

cc) Verstoß gegen Offenlegungspflicht als zulässiger

Bezugspunkt für unbegrenzte Haftung?..............................158

4. Zusammenfassung...159

VI. Die Mantelverwendung - eine planwidrige Regelungslücke?............160

1. Der normative Gläubigerschutz des GmbHG und AktG....................160

a) Gläubigerschutz durch Kapitalaufbringung...........................161

b) Schutzfunktion der Kapitalaufbringungsvorschriften..................162

aa) Konkrete Schutzfunktion der

Kapitalaufbringungsvorschriften.....................................162

bb) Abstrakte Schutzfunktion der

Kapitalaufbringungsvorschriften.....................................164

(1) Das System der Mindestkapitalisierung...........................164

(2) Präventiver Gläubigerschutz - das „erzieherische

Element"..166

cc) Zusammenfassung 168

2. Gefährdung der Schutzfunktion des Haftungsfonds durch

Mantelkauf und Mantelverwendung....................................168

a) Konkrete Schutzfunktion 168

b) Abstrakte Schutzfunktion..... 169

aa) Vermögende Mantelgesellschaften 169

bb) Desavouierung des erzieherischen Schutzzwecks der

Kapitalaufbringungsvorschriften 171

cc) Unterschiedliche Anforderungen an AG und GmbH

hinsichtlich Kapitalaufbringung...172

c) Zusammenfassung...175

3. Abgrenzung der Regelungslücke zu nicht relevanten

Sachverhalten 175

a) Die unternehmerisch tätige unterkapitalisierte

Kapitalgesellschaft..176

b) Keine Gefährdung bei Verwendung durch alte Gesellschafter -

Spannungsverhältnis zum Organisationsrecht der Gesellschafter 178

c) Beteiligungsquote...179

4. Ausreichende gesetzliche Regelungen

oder Planwidrigkeit? 180

a) Kein Schutz durch Kapitalerhaltung 181

b) Insolvenzantragspflicht und Löschung

vermögensloser Kapitalgesellschaften.....................................182

c) Deliktische Haftung 183

5. Zusammenfassung 185

VII. Rechtsfortbildung 187

1. Kein Fall des Durchgriffs..187

2. Analogie der „Gründungsvorschriften" 190

a) Vergleichbarkeit der Sachverhalte als Voraussetzung

einer Analogie 191

b) Analogie der Kapitalaufbringungspflichten 192

aa) Abstrakter Gläubigerschutz der Kapitalaufbringungs-

pflicht bei rechtlicher Neugründung und Vergleichbarkeit

zur Mantelverwendung...193

bb) Aufbringung des gesetzlichen Mindesthaftkapitals...............194

cc) Entstehung und Erfüllung der

Kapitalaufbringungspflicht...196

dd) Zusammenfassung.. 198

c) Registerkontrolle..199

aa) Formal-rechtliche Kontrollfunktion des Nennkapitals..............199

bb) Kontrolle der Einlageverpflichtung...200

cc) Keine Notwendigkeit einer weitergehenden

Kapitaldeckungskontrolle...201

dd) Sicherung der Anmeldung 203

ee) Zusammenfassung..206

3. Analogie der Handelndenhaftung..207

a) Funktion der Handelndenhaftung...208

b) Vergleichbarkeit von Mantelverwendung und

Regelungsziel der Handelndenhaftung..210

c) Zusammenfassung..212

4. Analogie der Vorbelastungshaftung 213

a) Funktion der Vorbelastungshaftung 213

b) Vergleichbarkeit von Regelungslücke bei Alternativgründung

und Regelungsziel der Vorbelastungshaftung 214

5. Zusammenfassung..... 216

VIII. Thesen zu § 3 218

§ 4 Gesamtergebnis...221

Literaturverzeichnis...225

Abkürzungsverzeichnis

a.F.	alte Fassung
abgedr.	abgedruckt
AcP	Archiv für die civilistische Praxis
ADHBG	Allgemeines deutsches Handelsgesetzbuch
AktG	Aktiengesetz
Alt.	Alternative
Anh.	Anhang
BAnz	Bundesanzeiger
BayObLG	Bayerisches Oberstes Landesgericht
BB	Betriebsberater
Beschl.	Beschluss
BFH	Bundesfinanzhof
BFHE	Entscheidung des Bundesfinanzhofs
BGBl.	Bundesgesetzblatt
BR-Drs.	Bundesratsdrucksache
BT-Drs.	Bundestagsdrucksache
BVerfG	Bundesverfassungsgericht
BVerfGE	Entscheidungen des Bundesverfassungsgerichts
c.i.c.	culpa in contrahendo
DB	Der Betrieb
DJZ	Deutsche Juristenzeitung
DMBG	DM-Bilanzgesetz
DNotZ	Deutsche Notar Zeitschrift
DVO	Durchführungsverordnung
DZWir	Deutsche Zeitschrift für Wirtschaftsrecht
EGAktG	Einführungsgesetz zum Aktiengesetz
EGGmbHG	Einführungsgesetz zum Gesetz betreffend die Gesellschaft mit beschränkter Haftung
EuGH Slg.	Sammlung der Rechtsprechung des Europäischen Gerichtshofs
EuZW	Europäische Zeitschrift für Wirtschaftsrecht
EWiR	Entscheidungen zum Wirtschaftsrecht
FGG	Gesetz über die freiwillige Gerichtsbarkeit

GbR	Gesellschaft bürgerlichen Rechts
GBVO	Goldbilanzverordnung
GewO	Gewerbeordnung
GmbHR	GmbH-Rundschau
GS	Gedächtnisschrift
HRR	Höchstrichterliche Rechtsprechung
Hrsg.	Herausgeber
hersg.	herausgegeben
JFG	Jahrbuch für Entscheidungen in Angelegenheiten der Freiwilligen Gerichtsbarkeit und des Grundbuchrechts
JR	Juristische Rundschau
JW	Juristische Wochenschrift
JZ	Juristenzeitung
KG	Kammergericht
KGaA	Kommanditgesellschaft auf Aktien
KGJ	Jahrbuch für Entscheidungen des Kammergerichts in Sachen der freiwilligen Gerichtsbarkeit, in Kosten-, Stempel- und Strafsachen
KK AktG	Kölner Kommentar zum Aktiengesetz
KO	Konkursordnung
KostO	Kostenordnung
lit.	Buchstabe
LM	Nachschlagewerk des Bundesgerichtshofs in Zivilsachen, herausgegeben von Lindenmaier und Möhring
LöschG	Löschungsgesetz
MDR	Monatsschrift für Deutsches Recht
Mitt.	Mitteilungen
MittRhNotK	Mitteilungen der Rheinischen Notarkammer
MüKo	Münchener Kommentar zum Bürgerlichen Gesetzbuch
m.w.N.	mit weiteren Nachweisen
n.F.	neue Fassung
NJW	Neue Juristische Wochenschrift

NJW-RR	NJW-Rechtsprechungs-Report-Zivilsachen
OLGZ	Entscheidungen der Oberlandesgerichte in Zivilsachen
Rdn.	Randnummer(n)
RegE	Regierungsentwurf
RG	Reichsgericht
RGBl.	Reichsgesetzblatt
RGZ	Entscheidungen des Reichsgerichts in Zivilsachen
Rn.	Randnummer
RPfl.	Der Rechtspfleger
Rspr.	Rechtsprechung
u.	und
u.a.	und andere
unstr.	unstreitig
v.	von
Var.	Variante
vgl.	vergleiche
VO	Verordnung
w.N.	weitere Nachweise
Wistra	Zeitschrift für Wirtschaft, Steuer und Strafrecht
WM	Wertpapier-Mitteilungen
WuB	Entscheidungen zum Wirtschafts- und Bankenrecht
z.B.	zum Beispiel
ZBB	Zeitschrift für Bankrecht und Bankwirtschaft
ZGR	Zeitschrift für Unternehmens- und Gesellschaftsrecht
Ziff.	Ziffer
ZIP	Zeitschrift für Wirtschaftsrecht
ZHR	Zeitschrift für das gesamte Handels- und Wirtschaftsrecht
zit.	zitiert
zugl.	zugleich

§ 1 Einleitung

I. Einführung

Dem Bedürfnis des Wirtschaftsverkehrs, das häufig zeitaufwändige Gründungsverfahren einer Kapitalgesellschaft zu verkürzen, wurde durch die Anerkennung
der (offenen) Vorratsgesellschaft - also einer Gesellschaft die dazu bestimmt ist,
zunächst unternehmenslos zu bleiben - durch höchstrichterliche Rechtsprechung
aus dem Jahre 1992 Rechnung getragen.[1] Es war nunmehr zulässig, eine AG o-
der GmbH zu gründen und den noch unternehmenslosen Rechtsträger für die
spätere Aufnahme oder Neugründung eines Unternehmens bereitzuhalten. Unbeantwortet blieben dagegen in der Entscheidung die Fragen hinsichtlich der
Bewertung einer Verwendung von ehemals tätigen, nun aber unternehmenslosen
Kapitalgesellschaften (Mantelgesellschaften), was zu einer kontroversen Diskussion in der rechtswissenschaftlichen Literatur führte, die sich hierbei auf haftungsrechtliche Aspekte konzentrierte.[2] Die Diskussion gewann in jüngster Zeit
nochmals an Aktualität, da im Jahre 2002 und 2003 der BGH auf der Grundlage
zweier Vorlageentscheidungen von Oberlandesgerichten[3] die Gelegenheit hatte,
zu den damals offen gebliebenen formal- und materiell-rechtlichen Fragestellungen der Mantelverwendung, Stellung zu beziehen.

Die vorliegende Arbeit verfolgt das Ziel sowohl den Themenkomplex der Vorratsgründung als auch den der Mantelverwendung in seine Untersuchung mit
einzubeziehen. Im ersten Teil (§ 2) der Arbeit soll die Diskussion um die Zulässigkeit der Vorratsgründung erneut aufgegriffen und bewertet werden. Der zweite Teil der Untersuchung (§ 3) konzentriert sich dagegen auf die rechtlichen
Fragen im Zusammenhang mit der Mantelverwendung und geht hierbei insbesondere auf die jüngsten höchstrichterlichen Entscheidungen ein.

II. Gang der Untersuchung

Um etwaige Unterschiede deutlicher hervorzuheben und der gestiegenen Bedeutung der Vorratsgründung Rechnung zu tragen, liegt dieser Arbeit neben einer
eigenständigen Erarbeitung der begrifflichen Grundlagen auch eine differenzier-

---

[1] BGH, Beschl. v. 16.03.1992 – II ZB 17/91, BHZ 117, 323 ff. = ZIP 1992, 689, 693.
[2] Vgl. *Ihrig*, BB 1998, 1197, 1203; *Lübbert*, BB 1998, 2221 ff.; *Keller*, DZWir 1998, 230 ff;
Göz/Gehlich, ZIP 1999, 1653, 1659; weitere Nachweise unter § 3 V. 1. und 2.
[3] BGH, Beschl. V. 9.12.2002 – II ZB 12/02, BGHZ 153, 158 = ZIP 2003, 251, auf der Vorlage des OLG Celle, sowie BGH, Beschl. v. 7.7.2003 - II ZB 4/02; ZIP 2003 1698 = WM 2003,
1814 auf Vorlage des OLG Brandenburg; vgl. hinsichtlich weiterer Nachweise § 3 V. 3 a) und
b).

te Untersuchung der unterschiedlichen Motive für die Vorratsgründung und
Mantelverwendung zu Grunde.[4]
Durch die strikte Trennung wird deutlich werden, dass sich die Vorratsgründung
als eigenständige unternehmerische Tätigkeit im Gesellschaftsrecht etabliert hat
und eine Überschneidung der Interessenlage hinsichtlich einer späteren Mantelverwendung zumeist nicht gegeben ist.
In den folgenden zwei Abschnitten des ersten Teils wird dann die Entwicklung
in Rechtsprechung[5] und Literatur[6] nachgezeichnet, die zur höchstrichterlichen
Anerkennung der offenen Vorratsgründung geführt hat, während der V. Abschnitt sich dem in der Literatur erhobenen Vorwurf widmet, die Vorratsgesellschaft stelle als Ganzes einen irregulären Körper im Kapitalgesellschaftsrecht
dar und sei „rechtspolitisch verfehlt".[7]
Im VI. Abschnitt werden die heute noch gegen die verdeckte Vorratsgründung
erhobenen Argumente auf ihren rechtlichen relevanten Kern reduziert und folgend[8] die widerstreitenden Thesen zur Reichweite des Erklärungswertes der
Unternehmensgegenstandsangabe auf ihre Stichhaltigkeit überprüft. Hierbei
wird sich zeigen, dass sich zwingend aufgrund keiner der vorgebrachten Argumente auf die Zulässigkeit oder Unzulässigkeit der verdeckten Vorratsgründung
schließen lässt. Der IX. Abschnitt widmet sich daher auch der Frage, inwieweit
die von beiden Seiten vorgebrachten Bedenken zusammengeführt werden können und die Angabe des Unternehmensgegenstandes in Bezug auf seine notwendigen Erklärungsinhalte neu festgesetzt werden muss. Der erste Teil der Arbeit
endet mit einer thesenartigen Zusammenfassung der wesentlichen Ergebnisse.[9]

Der zweite Teil der Untersuchung (§ 3) widmet sich den Fragen der Mantelverwendung. Hier fällt zunächst auf, dass trotz (oder vielleicht gerade) aufgrund der
aktiven Diskussion in der rechtswissenschaftlichen Lehre die Begriffe der Mantelverwendung und der Mantelgesellschaft zwar als Schlagworte Einzug ins Kapitalgesellschaftsrecht erhalten haben, eine Übereinstimmung hinsichtlich der
wesentlichen Merkmale der Begriffe jedoch bis heute noch nicht erzielt werden
konnte.[10] Einigkeit herrscht lediglich darüber, dass die Mantelgesellschaft als
Bezugspunkt der Mantelverwendung unternehmenslos ist, ob sie dagegen kumulativ hierzu vermögenslos sein muss, wird dagegen schon unterschiedlich beurteilt. Unter Berücksichtigung dieser uneinheitlichen Begriffslage ist damit das
erste Ziel dieses Teils der Untersuchung auch schon umrissen: Durch eine Er-

---

[4] Vgl. hierzu § 2 Abschnitt II. zur Vorratsgründung, sowie § 3 II zur Mantelverwendung.
[5] Vgl. § 2 III.
[6] Vgl. § 2 IV.
[7] So K. *Schmidt*, Gesellschaftsrecht, § 4 II, S. 64 ff.
[8] Vgl. hierzu § 2 VII. und VIII.
[9] Vgl. hierzu § 2 X.
[10] Vgl. hierzu die Nachweise unter § 3 III. 2.

weiterung des Mantelbegriffs soll dieser vom Odium des rechtlich Problematischen getrennt und so einer einheitlichen Begriffsdefinition zugeführt werden. Nach der Erarbeitung der begrifflichen Grundlagen, wird im Folgenden[11] die rechtliche Entwicklung der Mantelgesellschaft in Rechtsprechung und Literatur nachgezeichnet. Im V. Abschnitt wird der heutige Meinungsstand zur Mantelverwendung dargestellt, wobei die Untersuchung nach einer allgemeinen Darstellung der widerstreitenden Positionen im Besonderen auf die jüngste Rechtsprechung des BGH eingeht. Die in den beiden Urteilen zu Grunde liegende Annahme einer planwidrigen Regelungslücke und die analoge Anwendung der Gründungsvorschriften wird in den folgenden zwei Abschnitten untersucht.[12] Hierbei wird sich zeigen, dass zum einen zwar in Übereinstimmung mit der höchstrichterlichen Rechtsprechung das Vorliegen einer planwidrigen Regelungslücke bejaht werden kann, die pauschale Übertragung und Argumentation einer „wirtschaftlichen Neugründung" die der rechtlichen Neugründung entspreche, jedoch zu kurz greift. Ausgangspunkt einer Rechtsfortbildung stellt vielmehr die (abstrakte) Schutzfunktion der Kapitalaufbringungsvorschriften dar, was in Teilbereichen zu unterschiedlichen Ergebnissen hinsichtlich der analogen Anwendung der Gründungsvorschriften führt. Diese unterschiedlichen Ansätze werden sodann dargestellt und, wie bereits am Ende des ersten Teils, thesenartig aufbereitet.[13]

Die Untersuchung schließt (§ 4) mit einer formulierten Zusammenfassung der wesentlichen Ergebnisse.

---

[11] Vgl. § 3 IV.
[12] Vgl. § 3 VI. und VII.
[13] Vgl. § 3 VIII.

§ 2 Vorratsgründung

I. Einführung

Die Grundsatzentscheidung des BGH zur Vorratsgründung aus dem Jahre 1992[14] kann als ein vorläufiger Endpunkt um die Diskussion hinsichtlich deren Zulässigkeit betrachtet werden. Während bis zur Entscheidung die seit den zwanziger und dreißiger Jahren geführte Diskussion zur Zulässigkeit der Vorratsgründung durchaus kontrovers beurteilt wurde,[15] schloss sich nahezu die gesamte rechtswissenschaftliche Literatur[16] den Ausführungen der höchstrichterlichen Rechtsprechung an.[17] Die Angabe des Unternehmensgegenstandes verlange die Absicht der Gründer, diesen ernstlich und alsbald verwirklichen zu wollen, da ansonsten die Gefahr bestünde, die Gegenstandsangabe würde zur „bloßen Ordnungsvorschrift" verkommen.[18] Dem hieraus abgeleiteten Gebot, den in der Gesellschaftssatzung angegebenen Unternehmensgegenstand „wahrheitsgemäß"[19] anzugeben, wurde nunmehr durch den „Kunstgriff" Genüge getan, dass als Gegenstandsangabe die „Verwaltung des eigenen Vermögens" eingetragen wurde und somit die „wahren" Absichten der Gesellschafter zu Tage traten. Fehlte es dagegen an der Offenlegung, waren die „wahren" Absichten der Gründer also verdeckt, wurde eine solche Gegenstandsangabe weiterhin als unzulässig angesehen.

Vereinzelt blieben dagegen die Stimmen im Schrifttum, die argumentierten, dass die Absicht zur Verwirklichung des Unternehmensgegenstandes kein notwendiges Element der Gegentandsangabe sei,[20] und aus dem Umstand, dass das Gesetz eine Pflicht zur Führung eines Unternehmens nicht kenne, letztlich auf die Zulässigkeit (auch) der verdeckten Vorratsgründung geschlossen werden müsse.[21]

Die vorliegende Arbeit möchte beide Argumentationslinien noch einmal aufgreifen und hierbei insbesondere untersuchen, inwieweit durch die umfassende Zu-

---

[14] BGH, Beschl. v. 16.03.1992 – II ZB 17/91, BHZ 117, 323 ff. = ZIP 1992, 689, 693.

[15] Vgl. hierzu die Übersicht zur Rechtsprechung unter § 2 III. und zur Literatur unter § 2 IV.

[16] Vgl. hierzu noch *Emmerich*, in: Scholz, GmbHG, 8. Aufl. 1986, § 3 Anm. 19a, der sich gegen die Zulässigkeit der offenen Vorratsgründung aussprach; inzwischen wurde in der Neuauflage der Standpunkt revidiert.

[17] Der BGH folgte in seiner Entscheidung ausdrücklich den Überlegungen *Priesters*, DB 1983, 2291, 2295 ff., und *Ulmers*, BB 1983, 1125 f.; vgl. hierzu auch unter § 2 III. 3.

[18] Vgl. hierzu BGHZ 117, 332 = ZIP 1992, 689, 692 f.; sowie unter § 2 III. 3. und § 2 IV. 4.

[19] Zur Doppeldeutigkeit des „Wahrheitsbegriffs" vgl. unten § 2 VI.

[20] Vgl. *Rasner*, in Rowedder, GmbHG, 3. Aufl., § 60 Anm. 7; *Meyer-Landrut*, GmbHG, 1987, § 3 Rn. 15; weitere Nachweise unten § 2 IV. 1.

[21] Vgl. *Kraft*, DStR 1993, S. 101, 103; *Löbenstein*, Mantelgründung, S. 14 f.; siehe hierzu auch § 2 VIII.

lässigkeit der Vorratsgründung die dem Unternehmensgegenstand zugeschriebenen Schutzfunktionen ausgehöhlt werden würden.

II. Grundlagen zur Vorratsgründung

1. Begrifflichkeiten

Der Begriff der Vorratsgründung, zunächst auch als Fasson oder Mantelgründung bezeichnet, tauchte erstmals in der Rechtsprechung des Kammergerichts auf.[22] Eine Vorratsgründung liegt vor, wenn die Gesellschaft mit der Absicht gegründet wird, deren Geschäftstätigkeit für einen ungewissen Zeitraum nicht über den Bereich der Verwaltung des eigenen Vermögens hinausgehen zu lassen.[23] Vorratsgründungen sind ein Phänomen des Kapitalgesellschaftsrechts, deren Erscheinen sich in der Praxis jedoch auf die Gesellschaftsformen der AG und im Besonderen auf die der GmbH beschränken.[24] Durch die Vorratsgründung entsteht mit der Eintragung im Handelsregister die Vorratsgesellschaft, die zwar wie jede juristische Person durch ihre Aktien bzw. Geschäftsanteile verkörpert ist,[25] bei der jedoch der Zeitpunkt der Aufnahme einer unternehmerischen Tätigkeit ungewiss ist.[26] Die wirtschaftliche Aktivierung der Vorratsgesellschaft findet zu einem späteren Zeitpunkt statt und kann zum einen dadurch erfolgen, dass ein bestehendes Unternehmen in die (Vorrats-)Gesellschaft eingebracht oder zum anderen ein neues Unternehmen gegründet wird.

---

[22] Vgl. KG, JFG 1, 200, noch Fasson- oder Mantelgründung; in KG, JFG 3, 193 ff., gab das Kammergericht, wohl auch aufgrund eines veränderten Sachverhalts, der Begriff der Fassongründung auf und verwandte erstmals die Bezeichnung einer Vorratsgründung; siehe hierzu auch *Tieves*, Unternehmensgegenstand, S. 173 Fn. 4.

[23] Die Begriffe Vorrats- und Mantelgründung werden heute synonym verwendet, vgl. *Priester* DB 1983, 2291, 2298 f.; *Meyer*, ZIP 1994, 1661 ff.; *Kraft*, DStR 1993, 101 ff.; *Ebenroth/Müller*, DNotZ 1994, S. 75 ff.; *Michalski*, GmbHG, § 3 Rn. 17; zur Entwicklung und Erweiterung des Begriffs der Mantelgründung in der Kammergerichtsrechtsprechung vgl. auch unten III. 1.

[24] Der Begriff der Gesellschaft soll daher im folgenden Verlauf der Untersuchung im Sinne von „Kapitalgesellschaft" verstanden werden und sowohl für die AG als auch die GmbH gelten, vgl. hierzu auch K. *Schmidt*, Gesellschaftsrecht, S. 67. *Meyer*, ZIP, 1994, S. 166 ff..

[25] Teilweise wird auch vertreten, die Vorrats- oder Mantelgesellschaft verfolge keinen Zweck, so etwa *Michalski*, GmbHG, § 3 Rn. 17, *Hachenburg/Ulmer*, GmbHG, § 3 Rn. 27; a. A. *Ebenroth/Müller*, DNotZ 1994, S. 75, 78; *Kantak*, Mantelgründung, S. 35 f., die darauf verweisen, dass die Vorratsgesellschaft zwar vom Normalbild der wirtschaftlich tätigen Gesellschaft abweiche, der Vorratsgesellschaft selber jedoch einen legitimen Gesellschaftszweck darstelle – die Vorratsgesellschaft mithin nicht zwecklos sei.

[26] Die hier vorgeschlagene Definition verzichtet dagegen auf das subjektive Kriterium einer Absicht der Gründer.

Das Ergebnis der Vorratsgründung ist somit stets die Vorratsgesellschaft.[27] E-hemals tätige, nunmehr jedoch wirtschaftlich inaktive Gesellschaften fallen da-gegen nicht unter den Begriff der Vorratsgesellschaft, sondern werden durch den Begriff der Mantelgesellschaft gekennzeichnet.[28]

Bei den Begriffen Vorratsgründung und Vorratsgesellschaft handelt es sich nicht um gesetzlich definierte Rechtsbegriffe, sondern um Begriffe, die durch Recht-sprechung und rechtswissenschaftliche Literatur eingeführt und entwickelt wur-den, um bestimmte Phänomene des Kapitalgesellschaftsrechts zu umschreiben. Sie werden zudem häufig im Zusammenhang mit den Begriffen Mantelgrün-dung und Mantelgesellschaft verwendet. Während das Begriffspaar Vorrats- und Mantelgründung heute synonym verwendet wird,[29] werden die Begriffe Vorrats-und Mantelgesellschaft heute immer noch unterschiedlich beurteilt – für den „Mantelbegriff" selber konnte sich bis heute keine einheitliche akzeptierte De-finition herausbilden, obschon der Begriff häufiger Gegenstand rechtswissen-schaftlicher Untersuchung war.[30] Die Schwierigkeiten mit dem Mantelbegriff mögen darin liegen, dass er bereits a priori eine gewisse Substanzlosigkeit und damit ein Defizit impliziert, dessen Vorhandensein erst noch nachgewiesen wer-den soll.[31] Sprachlich neutraler ist insoweit die Bezeichnung Vorratsgründung,[32] die daher auch, in Anlehnung an die zweite Kammergerichtsentscheidung zur

---

[27] Vgl. hierzu auch *Bärwaldt/Schabacker*, GmbHR 1998, 1005 f., mit gleicher Begriffsdefini-tion zur Vorratsgründung; der Begriff der Mantelgesellschaft wird dagegen auf ehemals tätige und nunmehr unternehmenslose Gesellschaften beschränkt; siehe hierzu auch unter § 2 III 3.

[28] Die Mantelgesellschaft ist lediglich durch das wesentliche Merkmal der Unternehmenslo-sigkeit gekennzeichnet, siehe hierzu § 3 III.2; abzulehnen ist dagegen die teilweise vertretene Gleichsetzung der Begriffe Mantel- und Vorratsgesellschaft, vgl. Fn. 2. Zum einen wird ein weiterer unbestimmter Rechtsanwendungsbegriff eingeführt, ohne dass hierfür eine Notwen-digkeit besteht, zum anderen wird die begriffliche Unterscheidung zwischen ehemals tätigen und von vornherein unternehmenslosen Gesellschaften erschwert, vgl. hierzu unter § 2 III 2.

[29] Vgl. hierzu Hüffer, AktG, § 23 Rn. 20 ff.; Michalski, GmbHG, § 3 Rn. 17 m.w.N.; nicht durchsetzen konnte sich die vereinzelt vorgeschlagene Bezeichnung „leerer Mantel" für eine ehemals tätige und „sauberer Mantel" für eine durch Vorratsgründung entstandene Vorrats-gesellschaft, vgl. *Kantak*, Mantelgründung, S. 11 ff..

[30] Teilweise wird darauf abgestellt, dass die Gesellschaft über kein nennenswertes Vermögen mehr verfügt, vgl. K. *Schmidt*, Gesellschaftsrecht, § 4 III, S. 67 f., teilweise wird alleine auf die Unternehmenslosigkeit abgestellt, vgl. *Michalski*, GmbHG, § 3 Rn. 17. Nach der dieser Untersuchung zu Grunde liegenden Definition ist es für das Vorliegen einer Vorratsgründung zwar unerheblich, ob diese über nennenswertes Vermögen verfügt; dennoch wird man zugeben müssen, dass in der Praxis eine solche in vielen Fällen vorliegen wird, vgl. hierzu *Kantak*, Mantelgründung, S. 11; sowie KG, JFG 10, 152, 154 f..

[31] Bzgl. der Implizierung eines sprachlichen Defizits im Hinblick auf den Begriff „Mantel" vgl. *Heerma*, Mantelgesellschaft, S. 68.

[32] In den Fällen, in denen es zu Abweichungen hinsichtlich des Mantelbegriffs kommt, wird darauf im Einzelnen verwiesen werden.

Zulässigkeit der Vorratsgründung,[33] nicht zuletzt aufgrund einer verbesserten Unterscheidungskraft dem Begriff der Mantelgründung gegenüber bevorzugt werden soll.

a) Offene Vorratsgründung

Von einer offenen Vorratsgründung wird gesprochen, wenn durch die Angabe des Unternehmensgegenstandes in der Satzung der Vorratcharakter der Gesellschaft kenntlich gemacht wird. Als typische Angabe hat sich hier die Bezeichnung „Verwaltung des eigenen Vermögens" durchgesetzt; diese Bezeichnung ist jedoch nicht zwingend[34] - entscheidendes Kriterium ist vielmehr, dass deutlich wird, dass das zukünftige unternehmerische Tätigkeitsfeld der Vorratsgesellschaft für die Gründer ungewiss ist.

Die offene Vorratsgründung wird häufig von großen Anwaltskanzleien oder Unternehmensberatungsfirmen betrieben, um durch den Verkauf der Geschäftsanteile und anschließender Satzungsänderung ihren Kunden im Bedarfsfall schnell die Rechtsform einer Kapitalgesellschaft zur Verfügung stellen zu können. Nicht zuletzt haben sich, neben diesen „klassischen" Anbietern in letzter Zeit aber noch eigenständige Unternehmen herausgebildet, die sich vollständig auf den Verkauf von Vorratsgesellschaften konzentrieren.[35]

b) Verdeckte Vorratsgründung

Eine verdeckte Vorratsgründung liegt dagegen vor, wenn der Vorratcharakter der Gründung nicht durch die Angabe des Unternehmensgegenstandes kenntlich gemacht wird.[36] Ausgehend von der subjektiven Vorstellung können hier zwei Erscheinungsformen unterschieden werden.

---

[33] Vgl. hierzu KG, JFG 3, 193 ff..

[34] Teilweise wird sie sogar als zu vage abgelehnt: vgl. *Tieves*, Unternehmensgegenstand, S. 189 f., der die in der Praxis geläufige Formulierung nicht als ausreichend erachtet, da sich dahinter auch eine auf dauerhafte Vermögensverwaltung gerichtete Geschäftsführung verbergen kann. *Tieves* schlägt daher die Formulierung vor: „Gegenstand des Unternehmens ist die auf seine Erhaltung gerichtete Verwaltung des Gesellschaftsvermögens zum Zwecke der späteren Aufnahme eines noch zu bestimmenden Geschäftsbetriebes".

[35] Vgl. hierzu die Angebote unter http://www.vorratsgesellschaften-deutschland.de; http://www.foratis-ag.de; http://www.schillcon.com; weitere Anbieter finden sich unter http://www.fachfinder.de/vorratsgesellschaften/Vorratsgesellschaften_AG_Anbieter.htm (Stand 22.08.2003); hinsichtlich der Angebote muss unterschieden werden, ob die Gründungskosten vom Anbieter oder von der Vorratsgesellschaft selber gezahlt wurden - im letzteren Fall ist das Barvermögen der Gesellschaft in der Regel unter der Höhe des gesetzlichen Mindesthaftkapitals.

[36] Vgl. hierzu *Kantak*, Mantelgründung, S. 3 ff.; nicht differenzierend und im klaren Widerspruch zur Definition des Kammergerichts, KG, JFG 3, 192, ist die Definition von *Meyer* zur verdeckten Vorratsgründung, die lediglich auf die Angabe eines fiktiven Gegenstandes abstellt, vgl. Meyer, ZIP 1994, 1661, 1662.

aa) Verdeckte Vorratsgründung mit bestimmtem Unternehmensgegenstand

Eine Vorratsgründung mit bestimmtem Unternehmensgegenstand ist gegeben, wenn der in der Satzung angegeben Unternehmensgegenstand zwar grundsätzlich betrieben werden soll, der Zeitpunkt der Geschäftsaufnahme aber noch ungewiss ist.[37]

Die Gründe, welche die Aufnahme der Geschäftstätigkeit ungewiss machen, können vielfältig sein. Denkbar ist zum einen, dass die Aufnahme des Geschäftsbetriebes von äußeren, von den Gründern nicht kontrollierbaren Entwicklungen, wie etwa der Erteilung eines Kredits oder einer bestimmten Marktentwicklung, abhängig gemacht wird.[38] Es können aber auch interne, die Gesellschaft betreffende Umstände dazu führen, dass die Geschäftsaufnahme auf einen ungewissen zukünftigen Zeitpunkt hinaus verzögert wird.[39]

Unabhängig von der Art der Faktoren, die den genauen Zeitpunkt der Geschäftsaufnahme ungewiss machen, kann es für die Gründer in den beschriebenen Konstellationen sinnvoll sein, bei Eintritt des Ereignisses bereits über eine eingetragene Kapitalgesellschaft zu verfügen, um ohne Satzungsänderung und ohne weitergehendes Haftungsrisiko den Geschäftsbetrieb in der Form einer eingetragenen Kapitalgesellschaft aufzunehmen.

bb) Verdeckte Vorratsgründung mit fiktivem Unternehmensgegenstand

Eine Vorratsgründung mit fiktivem Unternehmensgegenstand liegt dagegen vor, wenn als Gegenstand in der Satzung eine gänzlich fiktive Tätigkeit angegeben wird.[40] Zu einer solchen Angabe kann es kommen, wenn die Gesellschafter sich lediglich darüber einig sind, dass überhaupt eine Vorratsgesellschaft gegründet werden soll; nicht aber welche Tätigkeit die Gesellschaft später einmal aufnehmen soll.

Die Situation der Gesellschafter bei der fiktiven Angabe des Gegenstandes weist insoweit Parallelen zu der *offenen* Vorratsgründung auf, als dass auch bei der offenen Vorratsgründung den Gesellschaftern der *spätere* Unternehmensgegenstand der Gesellschaft im Zeitpunkt der Anmeldung unbekannt sein dürfte. Dieser wird wohl regelmäßig erst von den späteren Erwerbern der Vorratsgesell-

---

[37] Ein solche Fallkonstellation lag dem Grundsatzurteil des BGHZ 117, 332 ff. von 1992 zu Grunde, vgl. hierzu auch unten § 2 III. 3. Unrichtig insoweit *Tieves*, der die Fallkonstellation als Vorratsgründung mit fiktivem Unternehmensgegenstand einordnet, vgl. Tieves, Unternehmensgegenstand, S. 179 Fn. 29.

[38] Vgl. hierzu die Fallkonstellation in KG, JFG 3, 192 ff.; hier wurde die endgültige Aufnahme der Geschäftstätigkeit davon abhängig gemacht, dass genügend „Verwaltungsgesellschaften" zur Eintragung gelangten und der Aufbau eines Firmennetzes erfolgreich zum Abschluss gebracht wurde.

[39] So etwa die Fälle, in denen die erstmalige Aufnahme des Geschäftsbetriebes von der Akquirierung einzelner Mitarbeiter oder etwa deren Genesung nach Krankheit abhängig gemacht wird.

[40] Vgl. hierzu die Fallkonstellation zu KG, JFG 1, 200 ff..

schaft bestimmt werden. Als Tätigkeit der Gesellschaft, die gem. §§ 23 Abs. 3 Nr. 2 AktG, 3 Abs. 1 Nr.2 GmbHG in der Satzung benannt werden muss, bieten sich jedoch nicht alle Gegenstandsangaben an, so dass insoweit die gängige Bezeichnung einer „fiktiven Angabe" irreführend ist. Generell beschränkt sich die Gegenstandsbezeichnung nur auf solche Tätigkeiten, die nicht materiell unzulässig sind und für deren Tätigkeit die nach §§ 37 Abs. 4 Nr. 5 AktG, 8 Abs. 1 Nr. 6 GmbHG erforderlichen Genehmigungen vorliegen.[41] Faktisch beschränkt sich die „fiktive" Angabe daher auf solche Tätigkeiten, die vom Registergericht ohne die Erbringung weiterer Nachweise akzeptiert werden.[42] Die Motive für eine solche „fiktive" Angabe des Unternehmensgegenstands dürften sich darin beschränken, dass die spätere Veräußerung der Vorratsgesellschaft (der sog. Mantelkauf) nur schwerlich von Dritten, und hier insbesondere dem Registergericht, erkannt werden wird, um so einer etwaigen analogen Anwendung der Kapitalaufbringungsvorschriften zu entgehen.[43]

Die Vorratsgründung mit fiktivem Unternehmensgegenstand ist insoweit auch von den Fällen zu unterscheiden, in denen die Gegenstandsbezeichnung fiktiv gewählt wurde, um die tatsächliche (unerlaubte oder erlaubte) *Geschäftstätigkeit* zu verschleiern. Die Absicht der Gesellschafter zielt bei der verdeckten Vorratsgründung - ebenso wie bei der offenen Vorratsgründung - darauf hinaus, gerade keinen Geschäftsbetrieb aufzunehmen, der über den Bereich der Verwaltung des eigenen Vermögens hinausgeht, so dass das Stigma einer Verschleierung der *unternehmerischen* Tätigkeit für die Vorratsgründung als Ganzes nicht haltbar ist.[44]

---

[41] Das Gericht wird in den Fällen, in denen der angegebene Gegenstand der Gesellschaft offensichtlich verboten ist (Bsp. Kinderhandel), die Anmeldung zurückweisen. Kommt es dennoch zur Eintragung, so ist die Gesellschaft der Gefahr ausgesetzt, später im Wege der Nichtigkeitsklage gem. §§ 275 AktG, 75 GmbHG oder von Amts wegen gem. § 144 FGG gelöscht zu werden, vgl. hierzu BayOLG, DB 1972, 1014 ff. sowie John, Unternehmensgegenstand, S. 106 f..

[42] Beispielhaft seien hier § 3 Abs. 1 EinzelHG, §§ 8, 37 und 80 GüKG, § 2 PBefG, sowie § 2 KAGG erwähnt; vgl. hierzu ferner *Michalski*, GmbHG, § 8 Rn. 18.

[43] So plädiert die Rechtsprechung dafür, bei der späteren Aufnahme der Geschäftstätigkeit die Gründungsvorschriften analog anzuwenden, vgl. hierzu unten § 3 V. 3.

[44] So insbesondere die älteren Einwände von *Feine*, GmbH in Ehrenbergs-Handbuch des gesamten Handelsrechts, Band III, 3. Abt. 1929, S. 151; *Brodmann*, GmbHG, 2. Aufl. 1930, § 3 Anm. 4d; *Staub/Pinner*, HGB, 14. Aufl., 1933, § 195 Anm. 14c; *Schlegelberger/Quassowski*, AktG, 2. Aufl. 1937, § 16 Anm. 14; siehe hierzu auch *Barz*, in: GroßkommAktG, 3. Aufl., 1973, § 23 Anm. 13; vgl. hierzu aber auch *Hueck*, in: Baumbach/Hueck, AktG, 13. Aufl. 1968, § 23 Rn. 5.

2. Nachweisbarkeit der verdeckten Vorratsgründung durch das Registergericht

Um den Rechtsverkehr vor unseriösen oder von Anfang an „verunglückten" Gründungen[45] zu schützen, hat das Registergericht sowohl bei der AG wie auch bei der GmbH die Pflicht, die Ordnungsmäßigkeit von Errichtung und Anmeldung zu prüfen.[46] Geht man mit der herrschenden Ansicht[47] von der Unzulässigkeit der verdeckten Vorratsgründung aus, müsste folglich das Registergericht die Eintragung einer solchen Gründung ablehnen, wenn es sie denn erkennen würde. Der Frage der Erkennbarkeit einer verdeckten Vorratsgründung wurde bis dato in Rechtsprechung und rechtswissenschaftlicher Literatur wenig Beachtung geschenkt; die bisherigen Ausführungen beschränken sich hierzu im Wesentlichen auf die Feststellung, dass die Vorratsgründung vom Registergericht „wohl nur schwer zu erkennen sei".[48] Im Folgenden soll daher genauer der Frage nachgegangen werden, ob überhaupt und wenn ja, inwieweit das Registergericht in zulässiger Weise aus dem Gründungsvorgang und der ihm vorliegenden Anmeldung und den beigefügten Anlagen auf das Vorliegen einer verdeckten Vorratsgründung schließen kann.

a) Gründungsphase von AG und GmbH und Prüfungsumfang des Registergerichts

Die Gründungsphasen von AG und GmbH sind in mehrere Akte unterteilt, bei denen die Feststellung der Satzung und die Entstehung der Gesellschaft streng zu unterscheiden sind. Für die AG erfolgt die Gründung durch Feststellung der Satzung, § 2 AktG,[49] und durch die Übernahme der Aktien, § 29 AktG, durch den oder die Gründer.[50] Mit der wirksamen Übernahme aller Aktien durch die Gründer entsteht die sog. Vor-AG,[51] an deren Errichtung sich die Bestellung der

---

[45] Vgl. *Hüffer*, AktG, § 38 Rn. 1.

[46] Vgl. §§ 38 AktG, 9 c GmbHG; für die GmbH ist die Prüfungspflicht zwar nicht ausdrücklich im GmbHG bestimmt, folgt jedoch notwendigerweise aus § 9 c, wonach das Gericht die Eintragung einer nicht ordnungsgemäß errichteten und angemeldeten Gesellschaft abzulehnen hat, vgl. hierzu auch den Bericht des Rechtsausschusses, BT-Drucks. 8/3908, 72.

[47] BGHZ 117, 323, 334; *Kantak*, Mantelgründung, S. 65 f.; *Lutter/Hommelhoff*, § 3 Rn. 10, *Tieves*. Unternehmensgegenstand, S. 183 ff. m.w.N.

[48] Vgl. BGHZ 117, 332 = ZIP 1992, 689, 692;

[49] Die Entstehung der AG bedarf des Abschlusses eines Gesellschaftsvertrages bzw. der Abgabe einer Errichtungserklärung durch eine Person in der Form der notariellen Beurkundung, §§ 2, 23 Abs. 1 AktG.

[50] Durch die Übernahme der Aktien verpflichten sich die Gründer gleichzeitig zur Leistung der Einlage, §§ 28, 54 I AktG.

[51] Zur Frage, inwieweit die Vor-AG bereits aktienrechtlichen Vorschriften unterliegt und Träger von Rechten und Pflichten sein kann, vgl. grundlegend BGHZ 80, 129, 137 und 140;

Organe anschließt.[52] Die Gründer berichten sodann schriftlich über die Gründung in einem sog. Gründungsbericht, welcher durch Vorstand und Aufsichtsrat geprüft wird. Haben die Gründer den auf jede Aktie eingeforderten Betrag[53] geleistet, wird die AG von allen Gründern, Mitgliedern des Vorstandes und Aufsichtsrates zur Eintragung ins Handelsregister angemeldet.[54] Ebenso wie bei der AG sind auch bei der GmbH zunächst für den Abschluss eines notariell beurkundeten Gesellschaftsvertrages eine oder mehrere Personen erforderlich.[55] Die Gründer verpflichten sich durch die Übernahme der Stammeinlagen zur Leistung der versprochenen Einlage.[56] Die Gesellschaft ist danach von sämtlichen Geschäftsführern beim Handelsregister anzumelden.[57]

Das Registergericht prüft die Errichtung und Anmeldung der Gesellschaft.[58] Hierzu bezieht das Gericht den gesamten Gründungsvorgang und alle Eintragungsvoraussetzungen[59] in die Prüfung ein.[60] Der Umfang der registergerichtlichen Prüfungspflicht beschränkt sich dabei nicht nur auf die formelle Ordnungsmäßigkeit von Errichtung und Anmeldung, sondern umfasst auch materielle Aspekte[61] wie etwa die inhaltliche Richtigkeit des für die Eintragung an-

---

BGH NJW 1982, 932; *Kraft*, Gesellschaftsrecht, S. 43 ff.; *Hoffman-Becking* in MünchHdb AG, § 3 Rn. 33, *Beuthien*, ZIP 1996, 360, 361.

[52] Die Gründer bestellen hierbei den Aufsichtsrat sowie den Abschlussprüfer für das erste Geschäftsjahr, der Vorstand wird dann vom Aufsichtsrat bestellt, §§ 30 I, 30 IV AktG. Die Bestellung der Organe dient dazu die AG handlungsfähig zu machen, vgl. *Kraft*, Gesellschaftsrecht, S. 318; *Hüffer*, AktG, § 30 Rn. 1.

[53] Der eingeforderte Betrag beträgt mindestens ¼ des geringsten Ausgabebetrages, § 9 AktG. Bei Ausgabe der Aktien für einen höheren Ausgabebetrag muss der Mehrbetrag eingezahlt sein und zur freien Verfügung des Vorstandes stehen, vgl. §§ 36 a Abs. 1, 36 Abs. 2 AktG. Gem. § 36 a Abs. 2 S. 1 AktG sind Sacheinlagen dagegen vollständig zu leisten und können nur solche Vermögensgegenstände sein, deren wirtschaftlicher Wert feststellbar ist, vgl. § 27 Abs. 2 AktG; zur Gründung siehe auch *Kraft*, Gesellschaftsrecht, S. 316 ff; Grunewald, Gesellschaftsrecht, S. 225 ff..

[54] Vgl. § 36 Abs. 1 AktG.

[55] Vgl. §§ 1, 2 Abs. 1 GmbHG.

[56] Die übernommenen Stammeinlagen entsprechen dem Betrag des Stammkapitals, § 5 Abs. 3 S. 3 GmbHG. Die Anmeldung darf erst erfolgen, wenn ein Viertel auf jede Stammeinlage und insgesamt mindestens die Hälfte des Mindeststammkapitals eingezahlt wurde, § 5 Abs. 1 GmbHG. Liegt eine Einmann-Gründung vor, so muss der Gesellschafter für den übrigen Teil der Geldeinlagen eine Sicherheit leisten, § 7 Abs. 2 GmbHG.

[57] Vgl. §§ 78, 7 Abs. 1 GmbHG.

[58] Vgl. §§ 38 AktG, 9 c GmbHG.

[59] Vgl. BayObLG, Bb 1983, 83.

[60] Eine Ausdehnung der Prüfung auf Umstände, von denen die rechtliche Eintragung nicht abhängt, ist dem Registergericht jedoch nicht gestattet, vgl. *Scholz/Winter*, § 9 c Rn. 7.

[61] Nach RGZ 140, 174, 181, sowie OLG Hamburg BB 1984, 1763 f., bedarf es eines besonderen Anlasses, damit sich die Prüfungspflicht des Gerichts auch auf die materielle Richtigkeit der Angaben bezieht.

gemeldeten rechtserheblichen Sachverhalts.[62] Jedoch sind der registergerichtlichen Prüfung auch Grenzen gesetzt.[63] Das Gericht ist dazu verpflichtet, sein Prüfungs- und Ermittlungsrecht auf den sachlich gebotenen Umfang zu beschränken und dieses nicht nach eigenem Ermessen zu erweitern.[64] Diese Beschränkung ist Ausfluss des Normativsystems, welches der Entstehung von AG und GmbH zu Grunde liegt und durch das Spannungsverhältnis von Einflussnahme des Staates und Privatautonomie der Gründer charakterisiert wird. Einerseits kommt der Eintragung in das Handelsregister als staatlichem Akt eine konstitutive Wirkung zu, wodurch Klarheit über die Rechtsfähigkeit und den Beginn der juristischen Person geschaffen wird. Andererseits stärkt das Normativsystem die Rechtsposition der Gründer. Liegen die Voraussetzungen einer ordnungsgemäßen Errichtung und Anmeldung vor, so steht den Gründern ein ohne Verzögerung zu verwirklichender Eintragungsanspruch zu, den es zu berücksichtigen gilt.[65] Die gerichtliche Kontrolle ist aus diesem Grunde eine rein rechtliche, so dass eine Überprüfung der wirtschaftlichen Zweckmäßigkeit vom Registergericht gerade nicht zu erfolgen hat,[66] weshalb das Registergericht die Eintragung auch dann nicht ablehnen kann, wenn es die Neugründung für nicht „lebensfähig" hält.[67]

Unter Berücksichtigung dieses beschränkten Prüfungsumfanges wird schnell deutlich, dass das Registergericht *allein* aufgrund des abstrakten, gesetzlich normierten Gründungsvorganges und der hierzu einzubringenden Unterlagen in zulässiger Weise keine Rückschlüsse auf das Vorliegen einer verdeckten Vorratsgründung ziehen kann. Einziger denkbarer Anknüpfungspunkt wäre insoweit die Angabe des (fiktiven) Unternehmensgegenstandes. Das Gericht prüft jedoch in formeller Sicht lediglich, ob überhaupt eine entsprechende Angabe in der Anmeldung gemacht wurde und hinsichtlich der materiellen Voraussetzungen,

---

[62] Die materielle Prüfungspflicht ist allgemein zwar anerkannt, hinsichtlich ihrer Voraussetzungen und Grenzen jedoch noch umstritten; vgl. hierzu BGHZ 113, 335, 351; sowie *Hachenburg/Ulmer*, § 9 c Rn. 11; *Rowedder/Rittner*, § 9c Rn. 8; *Hüffer*, in Großkomm. z. HGB, § 8 Rn. 56. Siehe auch *Scholz/Winter*, § 9 c Rn. 4 ff., die die Prüfungspflicht des Registergerichts uneingeschränkt für alle Anmeldungen auf die inhaltliche Richtigkeit des entscheidungserheblichen Sachverhalts bezieht.

[63] Vgl. hierzu OLG Frankfurt NJW-RR 1992, 1253; OLG Düsseldorf WM 1995, 1840; sowie *Hachenburg/Ulmer*, § 9c Rn. 7; *Roth*, Handels- GesR, § 2/2.

[64] Vgl. *Scholz/Winter*, § 9 c Rn. 5.

[65] Vgl. BGHZ 113, 335, 352; *Baumbach/Hueck*, § 9 c Rn.2; *Hachenburg/Ulmer*, § 9 c Rn.9, *Lutter/Hommelhoff*, § 9 c Rn. 2.

[66] Bzgl. des Umfangs des Prüfungsrechts des Registerrichters siehe *Scholz/Winter*, § 9 c Rn. 4 ff.; *Lutter/Hommelhoff* § 9 c Rn. 3 ff.; *Ammon*, DStR 1995, 1311; *Hueck*, in Baumbach/Hueck, § 9 c Anm. 2; *Wernicke*, BB 1986, 1869; *Groß*, Rpfleger 1983, 213.

[67] Vgl. hierzu K. *Schmidt*, Gesellschaftsrecht, § 34 II S. 1009 f.. Umstritten ist lediglich, ob das Registergericht die Eintragung im Falle einer „offensichtlichen" Unterkapitalisierung ablehnen darf, vgl. hierzu *Raiser*, Kapitalgesellschaften, § 26 Rn. 50, *Hachenburg/Ulmer*, § 9 c Rn. 31.

ob der angegebene Unternehmensgegenstand nicht gesetz- oder sittenwidrig ist
und inwieweit er ausreichend individualisiert ist.[68] Das Gericht darf dagegen
nicht dazu übergehen, aufgrund von nicht überzeugenden Geschäftsplänen
Rückschlüsse darauf zu ziehen, dass diese nur vorgeschoben seien und in Wirk-
lichkeit der Geschäftsbetrieb überhaupt nicht aufgenommen werden solle.[69]
Da sich die verdeckte Vorratsgründung von der „normalen" Gründung allein
durch die subjektive Vorstellung der Gründer, den Unternehmensgegenstand in
absehbarer Zeit nicht zu verwirklichen, unterscheidet, steht dem Gericht unter
alleiniger Berücksichtigung des gesetzlich normierten Antragsverfahrens, kein
taugliches Kriterium zur Ermittlung einer verdeckten Vorratsgründung zur Verfügung.

b) Mögliche Kriterien und Indizien vor Eintragung

Das Gericht ist folglich darauf angewiesen, aufgrund von äußeren - außerhalb
der gesetzlich normierten, einzubringenden formalen Unterlagen und Erklärungen - Umständen den Nachweis einer verdeckten Vorratsgründung zu erbringen.
Grundsätzlich steht dem Registergericht insoweit auch die hierzu erforderliche
Befugnis zu, bei begründeten Zweifeln weitere Nachweise zu verlangen, die ü-
ber die der Anmeldung beizufügenden Anlagen hinausgehen.[70] Diese Befugnis
ist jedoch angesichts des aufgezeigten beschränkten Prüfungsrechts restriktiv
auszulegen. Unzulässig wäre es daher, wenn das Registergericht *ohne* Zweifel
bzw. ohne *begründete* Zweifel an der Richtigkeit und Vollständigkeit einer Anmeldung und der darin enthaltenen Angaben den Nachweis weiterer Nachweise
verlangen würde.[71] Auf den Nachweis einer verdeckten Vorratsgründung übertragen, gilt es daher, für das Registergericht zwischen begründeten und unbe-
gründeten Kriterien zu unterscheiden, aufgrund derer weitere Nachforschungen
hinsichtlich des Vorhandenseins einer Vorratsgründung gerechtfertigt werden
können.

---

[68] Vgl. hierzu K. *Schmidt*, Gesellschaftsrecht, § 34 II S. 1009, der darauf verweist, dass der
Registerrichter grundsätzlich keine Streitentscheidung treffen, sondern nach dem Prinzip der
Checkliste verfahren soll.
[69] Vgl. zur Beschränkung des registergerichtlichen Prüfungsumfangs auf rein rechtliche Erwägungen *Scholz/Winter*, § 9 c Rn. 4 ff.; *Lutter/Hommelhoff* § 9 c Rn. 3 ff.; *Ammon*, DStR
1995, 1311.
[70] Vgl. hierzu BGHZ 113, 335, 352 f.; OLG Düsseldorf GmbHR 1996, 214, 216; bezüglich
der Zulässigkeit eines zusätzlichen Nachweises einer Bankbescheinigung oder Sachverständigengutachtens vgl. *Baumbach/Hueck/Fastrich*, § 9 c Rn. 2; *Michalski*, § 9 c, Rn. 6.
[71] Vgl. BHGZ 113, 35, 352; BayObLG DB 1993, 2524; KG NZG 1998, 777; OLG Frankfurt
DB 1992, 1282; sowie *Michalski/Heyder*, § 9 c Rn. 5; *Scholz/Winter*, GmbHG, § 9 c Rn. 12
f.; *Roth/Altmeppen*, GmbHG, § 9 c Rn. 5;

aa) Mangelnde Geschäftstätigkeit vor Eintragung

Das entscheidende Merkmal der durch die Vorratsgründung entstanden Vorratsgesellschaft ist das Fehlen unternehmerischer Aktivitäten. Entfaltet eine Gesellschaft vor Eintragung bereits unternehmerische Tätigkeit, so schließt dies das Vorliegen einer Vorratsgesellschaft bereits per Definition aus. Nahe liegend wäre insoweit, schon das Fehlen von Geschäftstätigkeit vor Eintragung der Gesellschaft in das Handelsregister als Kriterium und Indiz dafür heranzuziehen, weitere Nachforschungen hinsichtlich des Vorliegens einer Vorratsgesellschaft anzustrengen. Kenntnis über die unternehmerische Tätigkeit könnte das Registergericht hierbei durch das regelmäßig einzuholende Gutachten der Industrie- und Handelskammer, § 23 HRV, gelangen.[72] Letztere sind darüber hinaus gem. § 126 FGG dazu verpflichtet, die Registergerichte bei ihrer Aufgabe zu unterstützen, die Eintragung unrichtiger Angaben im Handelsregister zu verhindern. Ein solches Vorgehen begegnet jedoch ernsthaften Bedenken. So gilt es zu berücksichtigen, dass die Aufnahme der Geschäftstätigkeit nach Eintragung in das Handelsregister der gesetzlichen Grundkonzeption des AktG und GmbHG entspricht.[73] Der Umstand, dass die für das Kapitalgesellschaftsrecht typische Haftungsbeschränkung erst nach Eintragung in das Handelsregister greift, ist hierfür deutlichstes Indiz. Verständigen sich deshalb die Gesellschafter darauf, entsprechend der gesetzlich normierten Grundkonzeption, keine unternehmerische Tätigkeit vor Eintragung der Gesellschaft zu entfalten, kann dieser Umstand nur schwerlich als begründetes Indiz für weitere Nachforschungen des Registergerichts gewertet werden. Das Befolgen und die Einhaltung des gesetzlich normierten Gründungsvorgangs einer Kapitalgesellschaft würde ansonsten generell die Grundlage für *weitergehende* Ermittlungsbefugnisse des Registergerichts bilden und sich negativ für die Gründer auswirken. Erfährt somit das Registergericht von einem Fehlen unternehmerischer Tätigkeit vor Eintragung der Gesellschaft, berechtigt *allein* dieser Umstand zu keinen weiteren Nachforschungen.

bb) Beschränkte Möglichkeit des Registergerichts auch bei begründeten Zweifeln

Liegen dagegen begründete Zweifel vor, ist das Registergericht grundsätzlich dazu berechtigt, weitere Nachforschungen anzustrengen.[74] Zu denken wäre insoweit an Fallkonstellationen, in denen kumulativ neben der Unternehmenslosigkeit der Gesellschaft vor Eintragung besondere Umstände in der Gesellschaft selber – wie etwa deren Unerreichbarkeit am Sitz – oder in der Person der Gründer – wie etwa nachgewiesene Vorratsgründungen in der Vergangenheit – zu finden sind.

---

[72] Vgl. *Scholz/Winter*, § 9 c Rn. 12.
[73] Vgl. hierzu Raiser, Kapitalgesellschaften, § 3 Rn. 1 ff..
[74] Vgl. hierzu die Nachweise unter §2 II. 2. a)

Aufgrund der hohen Anforderungen, die an eine Versagung der Eintragung zu stellen sind, wird das Registergericht jedoch auch in solchen Fällen grundsätzlich dazu angehalten sein, die Besonderheiten des Einzelfalles zu berücksichtigen, so dass sich eine pauschalisierte Betrachtungs- und Bewertungsweise des Registergerichts, wonach bei kumulativem Vorliegen mehrerer objektiver Anhaltspunkte automatisch auf die subjektive Vorratsgründungsabsicht der Gründer geschlossen wird, verbietet. Dem Registergericht wird daher in vielen Fällen letztlich nur die Möglichkeit offen stehen, die Gründer der Gesellschaft zu befragen, ob diese auch die Absicht haben, den angegebenen Unternehmensgegenstand alsbald zu verwirklichen.[75] Bekräftigen die Gründer diese Absicht, dürfte die Eintragung wohl nur dann versagt werden, wenn aufgrund von bereits in der Vergangenheit vorgenommenen Vorratsgründungen die Aussage der Gründer als nicht glaubwürdig erscheint.[76]

c) Die Vorratsgesellschaft nach Eintragung

Auch nach der Eintragung der Gesellschaft wird der Nachweis einer *Vorratsgründung* nur schwerlich gelingen. Ebenso wenig wie vor, kann auch nach der Eintragung allein aufgrund der Unternehmenslosigkeit der Gesellschaft zwingend auf eine Vorratsgründungsabsicht der Gründer geschlossen werden. Denkbar wäre insoweit, dass die in der Satzung angegebene Tätigkeit bei Gründung von den Gesellschaftern zwar ernstlich gewollt war, diese Absicht jedoch nach Eintragung der Gesellschaft aufgegeben wurde.[77]

Gelingt dem Registergericht dennoch der Nachweis einer Vorratsgründung, so haben die Gründer keine ernsthaften Konsequenzen zu befürchten. Zum einen können Gründungsmängel nach Eintragung der Gesellschaft nicht mehr uneingeschränkt geltend gemacht werden,[78] zum anderen hindert in der Regel die Ein-

---

[75] Wie schon in der ersten Entscheidung des Kammergerichts zur Vorratsgründung das Gericht klarstellte, genügt die bloße Verweigerung der Auskunft gegenüber der Handelskammer, ob eine Vorratsgründung vorliegt, nicht als Indiz für das Vorliegen einer Vorratsgründung. In diesem nur wenig beachteten Teil der Entscheidung wies das Gericht darauf hin, dass nur dann die entsprechenden Schlüsse bzgl. des Vorliegens einer Vorratsgründung gezogen werden dürften, wenn bei Aufnahme der Ermittlungen durch das Gericht diesem gegenüber die Auskunft verweigert wurde, vgl. KG, JFG 1, 200, 204.

[76] Vgl. hierzu die bisherigen Fälle zur Vorratsgesellschaft unter § 2 III. 1. und 2.: nur wenn schon mehrere Gesellschaften gegründet wurden, konnte das Registergericht den Vorratscharakter aufdecken.

[77] Die Behauptung der Gesellschafter, die Absicht zur Verwirklichung des Unternehmensgegenstandes erst nach erfolgter Eintragung fallen gelassen zu haben, dürfte vom Registergericht ohne weitere Indizien kaum widerlegt werden können; vgl. insoweit die Parallelen zur beschränkten Nachweisbarkeit vor Eintragung unter § 2 II. 2. b) bb).

[78] Nur bei schwerwiegenden Mängeln kann das Gericht – und auch nur mit ex nunc Wirkung – durch Gestaltungsurteil die Gesellschaft für nichtig erklären, vgl. hierzu *Hüffer*, AktG, § 275 Rn. 19 m.w.N..

tragung[79] der fehlerhaften Gesellschaft in das Handelsregister nicht deren Entstehen.[80] Die durch die verdeckte Vorratsgründung gegründete Vorratsgesellschaft wäre somit lediglich der Nichtigkeitsklage gem. §§ 75 GmbHG, 275 AktG und dem Amtslöschungsverfahren nach § 144 FGG ausgesetzt.[81] Die fehlerhafte Satzung kann jedoch zum einen durch nachträgliche Änderung des Gegenstandes bzw. Offenlegung des Vorratscharakters, §§ 276 AktG, 76 GmbHG, oder zum anderen durch die Aufnahme der in der Satzung angegebenen Tätigkeit nachträglich geheilt werden.[82]

d) Fazit

Die Vorratsgründung unterscheidet sich vom „Normaltypus" einer Gründung nur durch die subjektive Absicht der Gründer, vorerst keinen Geschäftsbetrieb aufzunehmen. Da eine Überprüfung der wirtschaftlichen Zweckmäßigkeit durch das Registergericht nicht erfolgt, kann somit von keiner der zur Gründung erforderlichen Akte oder dem Gericht beizubringenden Unterlagen auf die Absicht der Gründer geschlossen werden. Darüber hinaus ist das Registergericht nicht berechtigt, allein aufgrund einer fehlenden unternehmerischen Tätigkeit der Gesellschaft vor Eintragung weitere Erklärungen zu verlangen bzw. weitere Nachforschungen hinsichtlich des Vorliegens einer Vorratsgründung anzustrengen.[83] Doch auch bei Vorliegen begründeter Zweifel sind die Möglichkeiten des Registergerichts beschränkt, den Gesellschaftern in zulässiger Art und Weise ihre Vorratsgründungsabsicht nachzuweisen. Bekräftigen die Gründer dagegen ihre Absicht, den Geschäftsbetrieb alsbald aufzunehmen, wird das Registergericht nur in Ausnahmefällen[84] die Eintragung der Gesellschaft ablehnen können. Erfährt das Registergericht nach Eintragung der Gesellschaft von der Vorratsgründungsabsicht der Gründer, ist die Gesellschaft der Nichtigkeitsklage gem. §§ 75 GmbHG, 275 AktG und dem Amtslöschungsverfahren nach § 144 FGG ausgesetzt.[85] Die Gesellschafter haben jedoch die Möglichkeit, durch Satzungs-

---

[79] Die Eintragung gewährt somit auch der fehlerhaft gegründeten Gesellschaft einen zumindest vorläufigen Bestandsschutz, vgl. K. *Schmidt*, Gesellschaftsrecht,§ 27 III, S. 795 ff..
[80] Vgl. OLG Köln, OLGZ 1977, 65, 66; sowie MünchHdb. GesR III/ *Heinrich*, § 12 Rn. 50, *Hachenburg/Ulmer*, § 10 Rn. 15.
[81] Vgl. *Meyer*, ZIP 1994, 1665 f.; *Hachenburg/Ulmer*, GmbHG, § 3 Rn. 32
[82] In diesem Fall würden dann erstmals der statuarische und tatsächliche Gegenstand übereinstimmen, vgl. hierzu auch bei K. *Schmidt*, Gesellschaftsrecht, § 4 III, S. 70; *Meyer*, ZIP 1994, 1665 f..
[83] Ansonsten würde der Gesellschaft die Einhaltung des gesetzlich normierten Gründungsverfahrens als Nachteil gereichen, vgl. hierzu bereits oben § 2 II. 2. b).
[84] Vgl. hierzu § 2 II. b) bb).
[85] Dies gilt natürlich nur, soweit man mit der herrschenden Meinung von der Unzulässigkeit der verdeckten Vorratsgründung ausgeht, vgl. hierzu BGHZ 117, 323, 334; *Kantak*, Mantel-

änderung oder durch Eröffnung des in der Satzung angegebenen Unternehmensgegenstandes die zu Unrecht eingetragene Kapitalgesellschaft, „nachträglich zu
legitimieren".[86]

3. Motive für Vorratsgründung

Bei der Frage nach den Motiven für die Vorratsgründung wird häufig nicht zwischen den Motiven für die Vorratsgründung selbst und den Motiven für die spätere Verwendung differenziert.[87] Der Grund hierfür mag darin liegen, dass die
spätere Verwendung der Vorratsgesellschaft stets deren „natürliches Ziel" darstellt und es deshalb zu gleichen Motivationslagen hinsichtlich der Vorratsgründung und der späteren Verwendung kommen kann. Dieser Schluss ist jedoch
nicht zwingend.

a) Vorratsgründung als unternehmerische Tätigkeit

Das Auseinanderfallen der Motive zwischen Vorratsgründung und späterer
Verwendung wird deutlich, wenn die Vorratsgründung aus erwerbswirtschaftlichen Beweggründen betrieben wird und somit selbst Gegenstand unternehmerischer Tätigkeit ist.[88]
Als Folge der Grundsatzentscheidung des BGH[89] aus dem Jahre 1992 zur Zulässigkeit von Vorratsgründungen sind vermehrt Unternehmen entstanden, deren
unternehmerische Tätigkeit sich in der Bereitstellung von Vorratsgesellschaften
erschöpft.[90] Neben diesen spezialisierten Anbietern von Vorratsgesellschaften,
gab und gibt es weiterhin die „klassischen Anbieter" von Vorratsgesellschaften,
wie etwa große Anwaltskanzleien, Wirtschaftsprüfer und Steuerberater, bei welchen die Bereitstellung von Vorratsgesellschaften nur einen Teil der unterneh-

---

gründung, S. 65 f.; *Lutter/Hommelhoff*, § 3 Rn. 10, *Meyer*, ZIP 1994, 1665 f.; *Hachen-
burg/Ulmer*, GmbHG, § 3 Rn. 32.*Tieves*. Unternehmensgegenstand, S. 183 ff. m.w.N.
[86] Dies kann zum einen durch Änderung des Unternehmensgegenstandes oder durch die Eröffnung des in der Satzung angegebenen Geschäftsbetriebes geschehen; vgl. K. *Schmidt*, Gesellschaftsrecht, § 4 III, S. 70; *Meyer*, ZIP 1994, 1665 f.; *Hachenburg/Ulmer*, GmbHG, § 3
Rn. 32.
[87] Vgl. hier nur *Kantak*, Mantelgründung, S. 19 ff., sowie *Werner*, NZG 1999, S. 146 ff.; *Keller*, DZWir 1998, S. 230 ff..
[88] Als Beispiel soll hier die Foratis AG genannt werden. Die Foratis AG wirbt damit als füh-
render Anbieter von Vorratsgesellschaften bei Neugründung oder Umstrukturierung eines
Unternehmens die Rechtsform der AG oder GmbHG innerhalb von 24 Stunden bereitstellen
zu können. vgl. hierzu http://www.foratis.com (am 25.03.2003).
[89] Vgl. BGHZ 117, 323 = NJW 1992, 1824.
[90] Bei diesen Vorratsgesellschaften handelt es sich i.d.R. um solche, die durch die offene Vorratsgründung entstanden sind.

merischen Tätigkeit darstellt und im Rahmen einer „umfassenden Kundenbetreuung" mit angeboten wird.[91]
Das Motiv der Gründer für die Vorratsgründung beschränkt sich regelmäßig darauf, durch den späteren Verkauf der Geschäftsanteile bzw. Aktien einen wirtschaftlichen Gewinn zu erzielen. Das Grund- bzw. Stammkapital steht bei solchen Gründungen zumeist in voller Höhe der Vorratsgesellschaft zur Verfügung. Der spätere Kaufpreis der Gesellschaft beläuft sich dann auf einen Betrag, der in der Regel 10% über dem Grund- und Stammkapital liegt.[92] Als Ausgleich für die erhöhten „Gründungskosten" steht den potentiellen Käufern dann eine voll handlungsfähige und eingetragene Gesellschaft zur Verfügung, mit der von Anfang an persönliche Haftungsrisiken minimiert werden können.
Die Vorteile, die durch die spätere Verwendung der Vorratsgesellschaft im Gegensatz zur Neugründung entstehen, stellen somit gerade keine *Motive* für die Gründer dar, sondern sind viel eher *Kaufanreiz* für das Produkt „Vorrats-AG bzw. Vorrats-GmbH".

b) Kosten-, Zeit- und Aufwandsersparnis

Ebenso wie die Gründung einer sofort unternehmerisch tätigen Gesellschaft, bindet auch die Gründung einer Vorratsgesellschaft Kapital und verursacht Kosten.[93] Sie ist daher im Hinblick auf Gerichts-[94] und Notariatskosten[95] sowie auf die Einhaltung der formalen Voraussetzungen den gleichen Anforderungen wie jede andere Gründung ausgesetzt. Auch kann eine Verkürzung des Eintragungsverfahrens mit der Vorratsgründung nicht erreicht werden.[96] Auf den ersten Blick scheinen die Motive der Kosten-, Zeit- und Aufwandsersparnis für die Vorratsgründung daher nicht zu greifen. Auf den zweiten Blick kann jedoch das Motiv der Kostenersparnis für die Vorratsgründung den Ausschlag geben, wenn in Erwartung einer gesetzgeberischen Verschärfung der Gründungsvorschriften Vorratsgesellschaften noch im Rahmen der bestehenden gesetzlichen Vorschrif-

---

[91] Vgl. hierzu die weiteren Angebote unter http://www.fachfinder.de/ voratsgesellschaf-ten/Vorratsgesellschaften_AG_Anbieter.htm (Stand 22.08.2003).

[92] Vgl. hierzu wiederum das Angebot der Foratis AG: Der Kaufpreis für eine GmbH mit einem voll eingezahlten Stammkapital von 25.000 € beträgt hier 27.500 €; der Kaufpreis einer AG mit eingezahltem Grundkapital in Höhe von 50.000 € beläuft sich dagegen auf 55.000 €; vgl. hierzu http://www.foratis.com (am 25.03.2003).

[93] Vgl. hierzu für die GmbHG §§ 36 I, 38 I Nr. 7, 44 I, 47, 79, 137 Nr. 5, 152 KostO. Beachte ferner die Verpflichtung zur Offenlegung des Jahresabschlusses § 325 HGB sowie zur Entrichtung laufend anfallender Pflichtbeiträge zu berufsständischen Organisationen.

[94] Hierzu zählen zum einen die Gebühren gem. § 79 KostO und die Auslagen für öffentliche Bekanntmachungen, § 137 Nr. 3 Kostenordnung.

[95] Vgl. hierzu § 141 KostO.

[96] Allenfalls wäre eine „Vorverlagerung" der Eintragungszeit möglich; dies wäre in Anbetracht der Kapitalbindung und Kosten der Vorratsgründung allerdings nur bei der Vorratsgründung mit bestimmtem Gegenstand sinnvoll.

ten – sozusagen im Vorfeld der erwarteten Verschärfung - gegründet werden.
Dass die reine Befürchtung einer Verschärfung der Gründungsvorschriften ein
Motiv für die Vorratsgründung sein kann, erkannte bereits das Kammergericht:

> *„Zu einer Mehrung der Fälle von Mantelgründungen mag in neuerer Zeit
> neben den ständig steigenden Gründungskosten die Erwartung eines Gesetzes
> beigetragen haben, durch welche das zulässige Mindestgrundkapital der Akti-
> engesellschaft erheblich erhöht wird.*"[97]

Dass die vom Kammergericht angesprochene Hoffnung der Gründer, durch die
Vorratsgründung Kosten zu sparen, nicht substanzlos war, bestätigte sich durch
die GoldbilanzVO vom 28.12.1923, die eine starke Verschärfung der Gründungsvorschriften mit sich brachte.[98] Die GoldbilanzVO sollte die Auswirkungen der fortschreitenden Inflation ausgleichen, indem sie für alle Kapitalgesellschaften eine Bilanzierung in Goldmark vorschrieb.[99] Bei der Neugründung einer AG wurde erstmals ein Mindestgrundkapital in Höhe von 50.000 Goldmark
festgesetzt; das Mindeststammkapital für die GmbH wurde auf 5000 Goldmark
heraufgesetzt. Im Gegensatz zu neu gegründeten Gesellschaften mussten dagegen bereits eingetragene Gesellschaften nach Umstellung lediglich um den
Faktor zehn verkleinertes Grund- bzw. Stammkapital aufweisen, d.h. die Gründer mussten bei einer Neugründung einen zehnfachen Kapitaleinsatz leisten. Der
Sinn dieser Regelung bestand darin, bereits bestehende Gesellschaften nicht ü-
ber Gebühr zu belasten und „in den Ruin zu treiben",[100] doch wurde durch diese
Regelung der Kauf von alten Gesellschaften im Gegensatz zur Neugründung
geradezu provoziert.[101] Zwar wurde diese Gesetzeslage durch die zweite Durch-
führungsverordnung über Goldbilanzen[102] entschärft, indem die Einhaltung der
verschärften Gründungvorschriften auch für solche Gesellschaften galten, bei
denen aufgrund von Satzungsänderungen – wie etwa Austausch der Gesellschafter, Sitz- und Gegenstandsänderung – nicht mehr von einer Fortführung der
bisherigen Gesellschaft gesprochen werden konnte. Die Fälle der verdeckten
Vorratsgründung mit bestimmtem Gegenstand konnten jedoch auch durch die
Regelung des § 42 Abs. 1 GoldbilanzVO2 nicht erfasst werden, so dass als Ergebnis ein geldwerter Vorteil für diese Form der Vorratsgründung blieb.

---

[97] Vgl. KG, JG 1 200, 201.
[98] Verordnung über Goldbilanzen vom 28.12.1923, RGBl 1923, I S. 1253 ff.
[99] Die Goldmark war in ihrer Wertentwicklung an den Dollar geknüpft und war deshalb der
Inflation nicht im gleichen Maße wie die Mark ausgesetzt, vgl. hierzu *Heerma*, Mantelverwendung, S. 18, sowie Rosendorff, Goldmarkbilanz, S. 295 ff..
[100] Vgl. hierzu *Heerma*, Mantelverwendung, S. 19.
[101] Vgl. hierzu Kantak, Mantelgründung, S. 22.
[102] Vgl. § 42 Abs. 1 Zweite Verordnung zur Durchführung der Verordnung über Goldbilanzen vom 23.3.1924, RGBl I, S. 385 ff..

Eine weitere Möglichkeit durch die Vorratsgründung Kosten zu sparen, bot sich in der Zeit vor Einführung des DM-Bilanzierungsgesetzes, durch welches es zu einer Anhebung des Mindestgrundkapitals nach dem zweiten Weltkrieg kam.[103] So wurde durch das DM-Bilanzierungsgesetz lediglich das Mindestgrundkapital für Neugründungen von AG erhöht, für Altgesellschaften genügte es dagegen, wenn diese einen um Faktor 2 verkleinertes Grundkapital aufwiesen. Ob es in der Zeit vor dem DM-Bilanzierungsgesetz zu einer vermehrten Anzahl an Vorratsgründungen kam, kann heute nicht mehr nachgewiesen werden. Da aber das Kammergericht bereits im Jahre 1923 auf mögliche Vorteile einer Vorratsgründung verwies, ist ein solcher Schluss jedoch nicht allzu unwahrscheinlich. Bei der GmbH-Novelle vom 4.7.1980[104] entschied sich der Gesetzgeber dann, die verschärften Anforderungen auch auf alte Gesellschaften anzuwenden. Den alten Gesellschaften wurde jedoch gem. Art. 12 der Novelle eine Übergangsfrist von fünf Jahren zugesprochen, was jedoch eine erhebliche Erleichterung bedeutete.[105] Es gilt somit festzustellen, dass das Motiv durch die Vorratsgründung im Vorfeld einer gesetzgeberischen Verschärfung der Gründungsvorschriften einen geldwerten Vorteil zu erlangen, nicht gänzlich von der Hand zu weisen ist. Da es momentan an konkreten Hinweisen und Bestrebungen für eine Verschärfung der Gründungsvorschriften fehlt und gerade im Zusammenhang mit der Euro-Umstellung eine Anhebung der Mindestkapitalgrenze nicht vorgenommen wurde, stellt das Motiv der Kosten- und Aufwandsersparnis zwar ein grundsätzlich denkbares, aber aktuell nicht nachvollziehbares Motiv zur Vorratsgründung dar.

c) Minimierung des Haftungsrisikos

Die Minimierung des Haftungsrisikos stellt nicht das Hauptmotiv für die Vorratsgründung, sondern vielmehr für deren spätere Verwendung bzw. „wirtschaftliche Belebung" dar.[106] In Anbetracht der beschriebenen Kapitalbindung einer Vorratsgründung sowie der registergerichtlichen Kosten und des allgemei-

---

[103] Vgl. DM-Bilanzgesetz vom 21.08.1949, WiGBl. S. 279.

[104] Vgl. hierzu K. *Schmidt*, NJW 1980, 1769; sowie *Lutter*, DB 1980, 1317; *Geßler*, BB 1980, 1385.

[105] Vgl. hierzu *Bommert*, GmbHR 1983, 209 ff., zur Problematik einer verschärften Anwendug der Gründungs- und Kapitalaufbringungsvorschriften der GmbH-Novelle, insbesondere im Hinblick auf § 5 Abs. 1 GmbHG, für Mantelgesellschaften, die vor dem 1.1. 1981 gegründet wurden. *Bommert* sieht in diesem Problemfeld sogar den ausschlaggebenden Grund für eine Entscheidung des OLG Hamburg, GmbHR 1983, 219 ff., in welcher der Mantelkauf – entgegen der damalig einhelligen Meinung in Rechtsprechung und Schrifttum - nach § 134 BGB als nichtig angesehen wurde; vgl. hierzu auch *Ulmer*, BB 1983, 1116 ff.; sowie OLG Karlsruhe, Beschluss vom 10.6.1977, DB 1978, 1219; LG Ravensburg, Beschluss vom 30.12.1963, GmbHR 1964, 137, mit der Einschränkung, dass die Gesellschaft „solide und lebensfähig" sein müsse.

[106] Vgl. hierzu bereits § 2 II. 3. a), sowie unten § 3 II. 2.

nen Aufwands, dürfte das Motiv einer Minimierung des Haftungsrisikos wohl
nur dann entscheidend sein, wenn sich zwar grundsätzlich die Gründer darüber
einig sind, mit der Vorratsgesellschaft eine (bestimmte) Unternehmung aufzunehmen, sich der genaue Zeitpunkt der Aufnahme der Geschäftstätigkeit hierbei
jedoch noch im Unklaren befindet. Dies gilt insbesondere deshalb, da (offene)
Vorratsgesellschaften schnell, und mit relativ geringen Mehrkosten verbunden,
am Markt zur Verfügung stehen. Die Kosten und der Aufwand für den Unterhalt
einer Vorratsgesellschaft sind somit allein schon aus wirtschaftlichen Aspekten
zum „Aufpreis" einer am Markt erhältlichen Vorratsgesellschaft in Beziehung
zu setzen, wobei Erstere nur in seltenen Fällen die Mehrkosten einer am Markt
erworbenen Vorratsgesellschaft unterschreiten dürften.[107]

4. Ergebnis und Ausblick

Die Darstellung hat deutlich gemacht, dass zwischen den Motiven für Vorratsgründung und Mantelverwendung strikt zu trennen ist. Durch die Anerkennung
der rechtlichen Zulässigkeit der Vorratsgründung[108] von AG und GmbH hat sich
diese als eigenständige unternehmerische Tätigkeit im Wirtschaftsleben etabliert. Das Motiv der Haftungsminimierung ist entgegen dem ersten Anschein
kein entscheidendes Motiv für die Vorratsgründung. Die ausreichende Verfügbarkeit von „günstigen" Vorratsgesellschaften am Markt lässt zudem den Mehr-
aufwand, der mit der eigenen Gründung einer Vorratsgesellschaft verbunden ist,
als nicht lohnenswert erscheinen.[109]

Da ein Ende der langen Eintragungszeit nicht zu erwarten ist – was im Wesentlichen auf die aufwändige Prüfung der Firmierung zurückzuführen sein dürfte[110]
- dürfte auch zukünftig, aufgrund der Notwendigkeit nach schnell verfügbaren
Vorratsgesellschaften im heutigen Wirtschaftsleben, die Vorratsgründung als
unternehmerische Tätigkeit weiterhin lukrativ betrieben werden können.

---

[107] Vgl. hierzu nochmals das Angebot der Foratis AG (Fn. 88): angesichts des finanziellen
Mehraufwandes von lediglich 2.500 € dürfte die Vorratsgründung unter Berücksichtigung der
beschriebenen Kosten – Kapitalbindung, Pflichtbeiträge, Aufwand etc. – nur bei kurzer Zeitspanne zwischen Eintragung und Verwendung dem Kauf einer Vorratsgesellschaft überlegen
sein.
[108] Vgl. hierzu unten § 2 III. 3.
[109] Vgl. hierzu die Ausführungen zur Bindung des Eigenkapitals sowie Meldepflichten unter §
2 II. 3. c).
[110] Vgl. hierzu *Beater*, GRUR 2000, 119, 120 ff..

III. Die Zulässigkeit der Vorratsgründung in der Rechtsprechung

Die Rechtsprechung zur Zulässigkeit der Vorratsgründung ist nicht sehr ergiebig. Neben zwei frühen Entscheidungen des Kammergerichts aus den 20er Jahren und einer Entscheidung des OLG Köln aus dem Jahre 1987, beschäftigte sich nur das Verfahren um die Grundsatzentscheidung des BGH mit der dazugehörigen Entscheidung des OLG Stuttgart eingehender mit der Zulässigkeit der Vorratsgründung. Die neuere Entscheidung des BGH aus dem Jahre 2002 bestätigt dagegen vollauf die bereits in der Entscheidung aus dem Jahre 1992 gemachten Ausführungen, ohne hierbei neuerliche Ausführungen in Bezug auf die Zulässigkeit zu tätigen.

1. Die Kammergerichtsentscheidungen

Da sich das spätere Schrifttum im Wesentlichen der Argumentation des Kammergerichts bediente, sollen die beiden Entscheidungen im Folgenden näher dargestellt werden.

a) KG, JFG 1, 200

In der Rechtsprechung tauchte die Vorratsgründung erstmalig in zwei Entscheidungen des Kammergerichts in den Jahren 1923/24 auf.[111] In der ersten Entscheidung definierte das KG die Vorratsgründung wie folgt:

„Eine Gründung dieser Art hat einen bestimmten Geschäftsbetrieb nicht im Auge, sie will namentlich nicht den im Gesellschaftsvertrag angegebenen Gesellschaftszweck verwirklichen."[112]

Das Kammergericht beschränkte somit die Vorratsgründung auf die Fälle, in denen die Angabe des Unternehmensgegenstandes fiktiv gewählt war;[113] die Konstellation, dass die Aufnahme der Geschäftstätigkeit zu einem späteren unbestimmten Zeitpunkt erfolgen sollte, wurde von der Definition des Kammergerichts nicht erfasst. Das Gericht ging daher auch davon aus, dass bei der späte-

---

[111] Vgl. KG, JFG 1, 200 v. 5. April 1923 welches begrifflich von der Fasson- oder Mantelgründung ausging. Bereits im zweiten Urteil des Kammergerichts, KG, JFG 3, 193 v. 2. Oktober 1924, wurden die Begriffe der Fasson- oder Mantelgründung nicht mehr verwendet und stattdessen von einer Vorratsgründung gesprochen.

[112] Vgl. KG, JFG 1, 200, 201; der Entscheidung lag folgender Sachverhalt zu Grunde: Nachdem fünf Gesellschaften m.b.H. die Gründung von drei Aktiengesellschaften mit jeweils verschiedenen Tätigkeitsfeldern beim zuständigen Registergericht angemeldet hatten, ersuchte dieses die Handelskammer um Auskunft, ob es sich bei den drei Gründungen nicht um sog. Fassongründungen (Vorratsgründungen) handele. Die beteiligten Gesellschaften m.b.H lehnten weitere Auskünfte gegenüber der Handelskammer ab und legten Beschwerde ein.

[113] Vgl. zur verdecken Vorratsgründung mit fiktivem Unternehmensgegenstand § 2 II. 1. b) bb).

ren Verwendung regelmäßig eine Satzungsänderung, gegebenenfalls ein Perso-
nenwechsel vorzunehmen sei.[114] Der alleinige Zweck der Gesellschaft erschöp-
fe sich darin, ein anderes Unternehmen „in sich aufzunehmen", um diesem hierdurch die Gründungsförmlichkeiten zu ersparen.

Das Kammergericht ging in seiner Entscheidung von der Unzulässigkeit der
Vorratsgründung aus und stützte dieses Ergebnis auf drei verschiedene Argumente.[115] Zum einen sei der Gesellschaftsvertrag nach § 117 Abs. 1 BGB nichtig, wenn sich die Gründer darüber einig seien, den in der Satzung angegebenen
Geschäftsbetrieb nicht aufzunehmen. Die Nichtigkeit des gesamten Gesellschaftsvertrages folge auch dann, wenn sich die Nichtigkeitswirkung des § 117
Abs. 1 BGB lediglich auf die Erklärung über den Gegenstand des Unternehmens
beschränken würde. Da gem. § 182 Abs. 2 Nr. 2 HGB die Gegenstandsbezeichnung notwendiger Satzungsinhalt sei, ergebe sich die Nichtigkeit des gesamten
Gesellschaftsvertrages zwingend aus § 139 BGB.

Zum anderen stehe dem Registergericht ein Ablehnungsrecht bzgl. der Eintragung zu, wenn es zu der Überzeugung gelange, dass die Angaben der Gründer
unwahr seien. Dieses Ablehnungsrecht ergebe sich notwendigerweise aus dem
materiellen Prüfungsrecht des Registergerichts, durch welches verhindert werden solle, dass unwahre Tatsachen in das Handelsregister eingetragen würden.[116]
Da die Erklärung über den Unternehmensgegenstand fiktiv, sprich unwahr, sei,
müsse die Eintragung bei der Vorratsgründung abgelehnt werden.

Letztlich schließt sich das Kammergericht, leider ohne nähere Begründung, auch
der Meinung der Vorinstanz an und führt aus, dass in der fiktiven Angabe des
Unternehmensgegenstandes auch ein Verstoß gegen die guten Sitten liege, wodurch die Nichtigkeit des Gesellschaftsvertrages nach § 138 Abs. 1 BGB begründet werde.[117]

b) KG, JFG 3, 192

In der zweiten Entscheidung des Kammergerichts zur Zulässigkeit einer Vorratsgründung weitete das Gericht die Definition für Vorratsgründungen auch auf

---

[114] Vgl. KG, JFG 1, 200, 201.
[115] Hier wurde in der späteren Literatur häufig nur auf die Nichtigkeit des Gesellschaftsvertrages nach § 117 BGB abgestellt - die beiden anderen Nichtigkeitsgründe finden keine Erwäh-
nung, vgl. hierzu *Feine*, GmbH in Ehrenbergs-Handbuch des gesamten Handelsrechts, Band
III, 3. Abt. 1929, S. 151; Brodmann, GmbHG, 2. Aufl. 1930, § 3 Anm. 4d; *Staub/Pinner*,
HGB, 14. Aufl., 1933, § 195 Anm. 14c; *Schlegelberger/Quassowski*, AktG, 2. Aufl. 1937, §
16 Anm. 14; *Ritter*, AktG, 2. Aufl. 1939.
[116] Vgl. KG, JFG 1, 200, 202.
[117] Vgl. KG, JFG 1, 200, 203.

solche Gesellschaften aus, bei denen der Zeitpunkt der Aufnahme des Geschäftsbetriebes ungewiss war.[118]

„Eine Erklärung des Gesellschaftsvertrages, dass das Unternehmen bestimmte bezeichnete Geschäfte zum Gegenstand hat, entspricht jedenfalls dann nicht den Tatsachen, wenn die Gesellschaft zunächst nur als Mantel bestehen soll und es unsicher ist, ob sie jemals eine lebendiges Dasein führen wird."[119]

Die Verwirklichung des in der Satzung angegebenen Unternehmens dürfe nicht von ungewissen Ereignissen abhängen; durch die Eintragung müsse zum Ausdruck kommen, dass die alsbaldige Aufnahme des Geschäftsbetriebes gewollt sei.[120] Das Gericht stellte in dieser Entscheidung die Fälle der fiktiven Angabe eines Unternehmensgegenstandes mit den Fällen der unbestimmten Aufnahme des Geschäftsbetriebes gleich. Da auch im Fall der ungewissen Aufnahme des Geschäftsbetriebes die Gesellschaft zunächst zu Vorratszwecken gehalten werde, liege eine unzulässige Vorratsgründung vor.

Zwar gelangte das Kammergericht in seiner zweiten Entscheidung auch zur Unzulässigkeit der Vorratsgründung und verwies diesbezüglich auch ausdrücklich auf seine erste Entscheidung.[121] Die Unzulässigkeit wurde aber nunmehr ausschließlich auf § 117 Abs. 1 BGB gestützt. Da die Gesellschafter den Gegenstand des Unternehmens gerade nicht unwahr angegeben hatten, argumentierte das Kammergericht in seiner zweiten Entscheidung, dass es der Erklärung an Ernsthaftigkeit fehle, wenn diese nicht beabsichtigten, den Geschäftsbetrieb alsbald aufzunehmen. Der Mangel an Ernstlichkeit wurde dann vom Kammergericht ohne nähere Begründung mit einer Scheinerklärung gem. § 117 Abs. 1 BGB gleichgesetzt.[122]

---

[118] Dem Fall lag folgender Sachverhalt zu Grunde: Die im Handelsregister eingetragene „Aktiengesellschaft für Grundstücks- und Hypothekenverwertung" begann im November 1922 mehrere über das gesamte Reichsgebiet verteilte „Verwaltungsgesellschaften" zu gründen. Diesen sollte die Funktion zukommen, vor Ort und Stelle potentiellen Kapitalgebern Aufschluss über den Verbleib ihres eingebrachten Kapitals zu geben. Zwar waren bereits einige Verwaltungsgesellschaften gegründet, doch sollte der Geschäftsbetrieb erst aufgenommen werden, sobald die Organisation weiter fortgeschritten ist und der Betrieb an allen Stellen beginnen kann. Nachdem Registergericht und Landgericht die Eintragung einer weiteren Verwaltungsgesellschaft ablehnten, kam es zur Beschwerde vor dem Kammergericht, vgl. KG, JFG 3, 192 ff.
[119] Vgl. KG, JFG 3, 192, 195.
[120] Vgl. KG, JFG 3, 192, 195.
[121] KG, JFG 3, 192, 195.
[122] Vgl. KG, JFG 3 192, 195. Zur kritischen Auseinandersetzung hinsichtlich dieser Argumentation vgl. § 2 IV. 4. a).

2. OLG Stuttgart

Es dauerte nahezu 70 Jahre[123] bis sich die Rechtsprechung nach den Entscheidungen des Kammergerichts wieder ausführlich mit der Frage der Zulässigkeit
der Vorratsgründung befasste.[124] In einem Vorlagebeschluss vom 05.12.1991

---

[123] Zwischenzeitlich ergangene Beschlüsse befassten sich nur am Rande mit der Unzulässigkeit der Vorratsgründung, ohne die Diskussion um neue Argumente zu bereichern. So hatte
beispielsweise der Beschluss des OLG Köln vom 11.3.1987, GmbHR 1988, S. 25 f., zwar
auch die Unzulässigkeit der Vorratsgründung zum Gegenstand, das Gericht beließ es jedoch
in der Begründung mit einem Verweis auf die herrschende Ansicht in der Literatur. Das Urteil
des OLG Köln ging hierbei nicht auf die – im Vordringen befindliche - Ansicht ein, die zwischen offener und verdeckter Vorratsgründung unterschied, obschon die zitierten Stellen darauf schließen lassen, dass dem Gericht diese Unterscheidung bewusst war. *Crezelius*, in E-
WiR § 3 GmbHG 2/87, 477, 478, zog hieraus den wenig überzeugenden Schluss, dass aufgrund der mangelnden Differenzierung „dem Beschluss daher ein Plädoyer für die generelle
Unzulässigkeit der Mantelgründung" zu entnehmen sei. Der Umstand, dass es sich bei dem
vorliegenden Fall um eine verdeckte Mantelgründung handelte (und daher die Zulässigkeit in
jedem Fall zu versagen gewesen wäre; eine Unterscheidung somit nicht zwingend notwendig
war) und die nicht vorhandene Begründung lassen wohl eher den Schluss zu, dass das Gericht
keine neuen Akzente in der Diskussion um die Zulässigkeit der Mantelgründung setzen wollte. Vielmehr äußerte sich das Gericht zu der Frage der Nachweisbarkeit einer Mantelgründung
und kam hier zu dem Ergebnis, dass die Unerreichbarkeit einer Gesellschaft am gewählten
Sitz lediglich Indizwert habe, ob es sich um eine Vorratsgründung handele. Für die Bejahung
einer Vorratsgründung müssen nach Ansicht des Gerichtes aber in jedem Falle weitere Fest-
stellungen getroffen werden. Das Urteil des OLG Köln steht insoweit in der Tradition der
ersten Kammergerichtsentscheidung zur Vorratsgründung, KG JFG 1, 200, vgl. oben, die
auch davon ausging, dass Indizien das Gericht nicht zur vorschnellen Annahme einer Vorratsgründung führen lassen dürften. Die Beweislast liege bei den Registergerichten; das Recht
auf Eintragung dürfe nur bei begründeten Zweifeln versagt werden. Zum Problem der Nachweisbarkeit verdeckter Vorratsgründungen siehe oben § 2 II. 2.
[124] Vgl. OLG Stuttgart, DB 1992, S. 133 f.; dem Fall lag folgender Sachverhalt zu Grunde:
Das AG Stuttgart hatte im November 1990 den Antrag auf Bestellung eines Gründungsprüfers
sowie die von ihren Gründern, Aufsichtsratmitgliedern und ihrem Alleinvorstand bewirkte
Anmeldung zur Eintragung in das HRG zurückgewiesen. Als Begründung führte das AG
Stuttgart unter anderem aus, dass es sich bei der A.AG um eine unzulässige Vorratsgründung
handele, der Unternehmensgegenstand daher rein fiktiv, die Satzung daher wegen Fehlens
der nach § 23 Abs. 3 Nr. 2 AktG erforderlichen Angabe nichtig sei. Dass es sich wirklich um
eine Vorratsgründung handele, ersah das AG Stuttgart aus dem Umstand, dass in dem Zeitraum zwischen 1989 und Juli 1990 dieselben Gründer, Aufsichtsratmitglieder sowie dasselbe
Vorstandsmitglied eine Vielzahl von Aktiengesellschaften angemeldet hatten. Der Vorratszweck der A.AG wurde im vorliegenden Fall von den Gründern auch nicht bestritten. Die
Steuerberatungs- und Wirtschaftsprüfungsgesellschaft W sollte im Mandantenauftrag eine AG
gründen, wobei Gesellschaftszweck, Sitz und Gegenstand der AG vom Mandanten selber bestimmt wurde. Sobald die Eintragung der AG vollzogen sei, war vorgesehen, dass der Man-
dant sämtliche Aktien übernehme und dann den Vorstand und den Aufsichtsrat mit bestimmten Personen besetze. Die gegen die Entscheidung des AG Stuttgart eingelegte Beschwerde
wurde durch den Beschluss des LG Stuttgart, 4. Kammer für Handelssachen, vom 22. Januar
1991 zurückgewiesen.

widersprach das OLG Stuttgart den beiden Kammergerichtsentscheidung zur Vorratsgründung und differenzierte nunmehr zwischen Vorratsgründungen, in denen bereits bekannt war, welche Geschäfte die Gesellschaft später betreiben würde, und solchen, bei denen die spätere Verwendung völlig offen sei.[125] Die Gründung von Gesellschaften, bei denen der angegebene Unternehmensgegenstand nicht willkürlich gewählt wurde, sondern lediglich der Zeitpunkt der Geschäftsaufnahme ungewiss sei, solle nach Ansicht des OLG Stuttgart als zulässig erachtet werden. Dies solle auch gelten, wenn vor Aufnahme der Geschäftstätigkeit die Veräußerung der Gesellschaft und ihrer Organe beabsichtigt sei. Zur Begründung dieser Ansicht verwies das Gericht darauf, dass die Angabe eines bestimmten Unternehmensgegenstandes lediglich besage, was die Gesellschaft beabsichtige.[126] Die Angabe des Unternehmensgegenstandes schaffe vielmehr einen Rahmen, außerhalb dessen sich die Gesellschaft nicht beteiligen darf und gebe keine Auskunft darüber, „in welchem Umfang und mit welcher Intensität die Gesellschaft tätig werden will".[127]

Da weder das Gesetz verlange noch der Rechtsverkehr erwarte, „dass die Gesellschaft nach Eintragung die als Unternehmensgegenstand angegebene Tätigkeit aufnehme";[128] müsse die Vorratsgründung für den Fall, dass die Tätigkeit der Gesellschaft grundsätzlich bestimmt sei, als zulässig erachtet werden. Das Gericht geht somit in seiner Entscheidung davon aus, dass durch die Angabe des Unternehmensgegenstandes die Gesellschafter zwar nicht bekunden, wann sie auf dem Gebiet tätig werden sollen, aber doch zumindest ihre grundsätzliche Bereitschaft dartun, in dem angegebenen Bereich tätig zu werden.

Ist die spätere Verwendung allerdings völlig offen, so fehle es gerade an dieser grundsätzlichen Bereitschaft, so dass eine nach § 117 BGB nichtige Scheinerklärung vorliege und der Gesellschaft daher die Eintragung zu versagen sei.[129] Die verdeckte Vorratsgründung mit fiktivem Gegenstand sei daher unzulässig, die mit bestimmtem Gegenstand jedoch zulässig.

---

[125] Vgl. OLG Stuttgart, DB 1992, S. 133, 134; sowie die Ausführungen zur verdeckten Vorratsgründung mit bestimmten und mit fiktivem Unternehmensgegenstand unter § 2 II. 1. b).
[126] Vgl. OLG Stuttgart, DB 1992, S. 133, 134 f.
[127] Vgl. OLG Stuttgart, DB 1992, S. 133, 135; beachte hierzu auch Löbenstein, Mantelgründung, S. 9 ff., der ähnlich wie das OLG Stuttgart den Erklärungswert des Unternehmensgegenstandes auf den äußeren Rahmen beschränkt; sowie *Kraft*, DStR 1993, 101, 103 und in KölnKomm, 2. Auflage, § 275 Rn. 24 f..
[128] Vgl. OLG Stuttgart, DB 1992, S. 133, 135.
[129] Vgl. OLG Stuttgart, DB 1992, S. 133, 134.

3. BGHZ 117, 332 von 1992

Der BGH sprach sich in seinem Beschluss vom 16.3.1992 für die Zulässigkeit
der Vorratgründung aus, wenn durch die Bezeichnung des Unternehmensgegenstandes der Vorratscharakter der Gesellschaft offen gelegt werde.[130]
In der Begründung ging das Gericht zunächst von einer Definition der Vorratsgründung aus, welche die offene Vorratsgründung unberücksichtigt ließ. So liege eine Vorratsgründung generell dann vor, wenn bei der Gründung einer Kapitalgesellschaft

„der in der Satzung angegebene Gegenstand des Unternehmens, §23 Abs.
3 Nr.2 AktG (entsprechend bei der GmbH § 3 Abs. 1 Nr. 2 GmbHG) gar nicht,
oder doch mindestens vorerst nicht verwirklicht werden soll".[131]

Die Bezeichnung des wirklich und ernsthaft gewollten Gegenstandes stelle aber
eine unabdingbare Voraussetzung für die wirksame Gründung der Gesellschaft
dar.

„Können oder wollen ihn die Gründer nicht benennen, so fehlt es ....an
der Erfüllung eines vom Gesetz zwingend vorgeschriebenen Erfordernisses für
eine wirksame Gesellschaftsgründung".[132]

Ist somit der in der Satzung bezeichnete Unternehmensgegenstand fiktiv, weil
die Gesellschaft für einen bei der Anmeldung noch nicht feststehenden Zweck
vorrätig gehalten werden soll, sei die Gründung unzulässig.[133] Hierbei ließ es der
BGH in seinem Beschluss dahinstehen, ob die Nichtigkeit aus § 117 BGB, aus §
134 BGB i.V.m § 23 Abs. 3 Nr. 2 AktG oder unmittelbar aus § 23 Abs. 3 Nr. 2
AktG folge. Entscheidend sei vielmehr, dass der in der Satzung angegebene Unternehmensgegenstand von den Gründern nicht ernstlich gewollt sei.
Im Umkehrschluss, so der BGH, müssen Vorratsgründungen aber dann als zulässig erachtet werden, wenn der Charakter als Vorratsgründung offen gelegt

---

[130] Obschon im Leitsatz des Beschlusses nur von der Vorrats-Aktiengesellschaft die Rede
war, wird später in der Begründung durch die Verwendung des Begriffs Kapitalgesellschaft
deutlich, dass der Geltungsanspruch der Ausführungen sich auch auf die Zulässigkeit der
offenen Vorrats-GmbH beziehen soll, vgl. BGHZ 117, 332 = ZIP 1992, 689, 693.

[131] Vgl. BGHZ 117, 332 = ZIP 1992, 689, 692; diese Definition des BGH berücksichtigt beide
Kammergerichtsentscheidungen und umfasst die Vorratsgründung mit bestimmtem und mit
fiktivem Unternehmensgegenstand. Die offene Vorratsgründung wird durch diese Definition
allerdings nicht umfasst, da die Verwaltung des eigenen Vermögens als Gegenstand des Unternehmens ja direkt nach Eintragung verwirklicht werden soll. Siehe hierzu auch *Tieves*, Unternehmensgegenstand, S. 173 Fn. 4, mit Hinweis auf Definition bei *Löbenstein*, Mantelgründung, S. 9.

[132] Vgl. BGHZ 117, 332 = ZIP 1992, 689, 692.

[133] Vgl. BGHZ 117, 332 = ZIP 1992, 689, 693.

und durch die Angabe des Unternehmensgegenstandes die wirkliche Tätigkeit der Gesellschaft kenntlich gemacht werde.[134]

Das Gericht machte in seiner Entscheidung deutlich, dass die Befürchtung, bei einer späteren Verwendung könnten die Gründungsvorschriften umgangen werden, nicht ein generelles, präventiv wirkendes Verbot von Vorratsgründungen rechtfertige. Die Gründungsvorschriften, deren vornehmlichstes Ziel darin besteht, durch die Aufbringung des Mindestkapitals einen Ausgleich für Haftungsbeschränkung der Gesellschaft auf das Gesellschaftsvermögen sicherzustellen, werden auch bei der Vorratsgründung eingehalten. Etwaige Bedenken einer Gesetzesumgehung müssten daher bei der späteren Verwendung der Gesellschaft („wirtschaftliche Neugründung") berücksichtigt werden und könnten nicht zur generellen Unzulässigkeit führen.[135] Weiter argumentiert der BGH in einem Erst-Recht-Schluss, dass wenn die wirtschaftliche Neugründung einer ehemals aktiven Gesellschaft als zulässig erachtet werde, dies gerade auch bei der wirtschaftlichen Neugründung von zunächst inaktiven Vorratsgesellschaften gelten müsse. Denn bei deren Aufnahme des Geschäftsbetriebes dürfte die Kapitalausstattung regelmäßig noch erhalten sein und erscheine daher weniger gefährlich.[136]

Die Motive für die Vorratsgründung einer Kapitalsgesellschaft werden vom Gericht darin gesehen, den Gründern, insbesondere aber auch Erwerbern, die mit der Gründung einer Gesellschaft verbundenen erheblichen und zeitraubenden Gründungsformalitäten „einschließlich etwaiger dabei auftretender Haftungsgefahren zu ersparen".[137] Der BGH erkennt die wirtschaftlichen Interessen, umgehend und ohne zusätzliche Haftungsrisiken über eine Kapitalgesellschaft verfügen zu können ausdrücklich an und weist darauf hin, dass es sich bei dem Haftungsrisiko um ein Risiko handelt, das „zu wesentlichen Teilen" erst durch die lange Dauer der Bearbeitung der Anmeldung geschaffen wird.[138]

Darüber hinaus widersprach der BGH in seinem Beschluss aber auch der Ansicht des OLG Stuttgart hinsichtlich der differenzierten Sichtweise der Zulässigkeit von Vorratsgründungen mit bestimmtem und fiktivem Unternehmensge-

---

[134] Vgl. BGHZ 117, 332 = ZIP 1992, 689, 693.

[135] Der BGH verweist hier auf die Möglichkeit, durch eine sinngemäße Anwendung der Gründungsvorschriften bei der Mantelverwendung, den möglichen Gefahren einer Gesetzesumgehung begegnen zu können, vgl. BGHZ 117, 332 = ZIP 1992, 689, 692 mit Hinweis auf *Priester*, BD 1983, 2291, 2295 ff.; *Ulmer*, BB 1983, 1125 f., und *Hachenburg/Ulmer*, GmbHG, 8. Aufl., § 3 Rz. 39 ff., sowie *Scholz/Emmerich*, GmbHG, 7. Aufl., § 3 Rz. 22; *Lutter/Hommelhof*, GmbHG, 13. Aufl., § 3 Rz. 3; *Meyer-Landrut*, GmbHG, § 3 Rz. 17.

[136] Vgl. BGHZ 117, 332 = ZIP 1992, 689, 692.

[137] Vgl. BGHZ 117, 332 = ZIP 1992, 689, 692.

[138] Vgl. BGHZ 117, 332 = ZIP 1992, 689, 692.

genstand.[139] Die Unzulässigkeit der Gründung müsse auch für solche Fälle gelten, bei denen die Gründer nur vorerst nicht die Absicht haben, einen dem satzungsmäßigen Unternehmensgegenstand entsprechenden Geschäftsbetrieb innerhalb eines absehbaren Zeitraumes zu verwirklichen.[140] Zur Begründung führte der BGH zwei Argumente an:

a) Praktikabilität

Zum einen sei es aus Gründen der Praktikabilität unumgänglich, beide Formen der Vorratsgründung gleichzustellen. Ansonsten fehle es dem Registergericht an einem brauchbaren Abgrenzungskriterium, da die Behauptung der Gesellschafter, den angegebenen Geschäftsbetrieb in Zukunft irgendwann einmal aufzunehmen, nicht mit einer „die Ablehnung der Eintragung rechtfertigenden Sicherheit" widerlegbar sein würde. Die Argumentation zielt darauf hinaus, dass die Zulässigkeit der Vorratsgründung mit bestimmtem Gegenstand zur Folge hat, dass die Vorratsgründung mit fiktivem Gegenstand nicht mehr vom Registergericht mit Sicherheit nachgewiesen werden kann.

Diese Argumentation ist jedoch so nicht überzeugend, denn sie geht von der Grundannahme aus, dass der Zeitpunkt der zukünftigen Geschäftsaufnahme die Tauglichkeit der Abgrenzungskriterien beeinflusst, oder beispielhafter ausgedrückt, die verdeckte Vorratsgründung mit fiktivem Gegenstand in einer die Ablehnung rechtfertigenden Sicherheit einfacher zu erkennen wäre, wenn auch die verdeckte Vorratsgründung mit bestimmtem Gegenstand unzulässig wäre. Ausgangspunkt der Überlegung ist die Annahme, dass es nach Ansicht des BGH zulässig ist, wenn die Gesellschaft nicht sofort nach Eintragung, sondern zu einem späteren, die üblichen Vorlaufzeiten beachtenden Zeitraum die Geschäftstätigkeit aufnimmt. Die Gründer einer verdeckten Vorratsgesellschaft haben somit zwar nicht die Möglichkeit zu behaupten, die Gesellschaft werde irgendwann einmal tätig werden, sie können aber ebenso gut versichern, dass die Gesellschaft zu einem überschaubaren Zeitpunkt nach Eintragung ihre Geschäftstätigkeit aufnehmen wird. Für das Registergericht ist es nun nur scheinbar einfacher geworden, diese Aussage der Gründer mit einer die Ablehnung rechtfertigenden Sicherheit zu widerlegen. Denn ob nun bei einer verdeckten Vorratsgründung die Gründer versichern, a) die Gesellschaft werde in einem überschaubaren Zeitrahmen nach Eintragung oder b) irgendwann einmal nach Eintragung tätig – beide Aussagen beziehen sich auf zukünftige Absichten der Gründer, zu deren

---

[139] Vgl. BGHZ 117, 332 = ZIP 1992, 689. In dem Fall ging es zwar um die Vorratsgründung einer Aktiengesellschaft, doch bezog der BGH seine Ausführungen zur Zulässigkeit von Vorratsgründungen auch auf die GmbH, vgl. hierzu bereits Fn. 111.
[140] Vgl. BGHZ 117, 332 = ZIP 1992, 689, 693.

Widerlegung das Registergericht in beiden Fällen lediglich auf die (gleichen) bei Anmeldung vorliegenden objektiven Kriterien zurückgreifen kann. Die Beschränktheit des Registergerichts in seinem Prüfungsumfang setzt somit der Nachweisbarkeit der Vorratsgründung klare Schranken.[141] Wie bereits erläutert, verbieten sich Rückschlüsse auf eine verdeckte Vorratsgründung aufgrund eines nicht überzeugenden Geschäftsplanes ebenso wie aufgrund mangelnder unternehmerischer Erfahrung der Gründer in dem angegebenen Tätigkeitsfeld. Ebenso kann es nicht nachteilig für die Gesellschaft ausgelegt werden, wenn diese bis zur Anmeldung noch *überhaupt* keine Geschäftätigkeit aufgenommen hat. Somit bleiben für das Registergericht nur noch Anhaltspunkte, die sich an den Gründern selbst manifestieren.[142] Gerade diese Kriterien, die sich nicht auf die Vorgesellschaft selber beziehen, werden aber durch die Länge des Zeitraums zwischen Eintragung und Geschäftsaufnahme nicht entwertet bzw. die Glaubwürdigkeit der Gründer nimmt nicht dadurch zu oder ab, inwieweit die anvisierte Geschäftätigkeit der Gesellschaft in der Zukunft liegt. Wenn jedoch die Zulässigkeit der verdeckten Vorratsgründung mit bestimmtem Gegenstand die Nachweisbarkeit der verdeckten Vorratsgründung mit fiktivem Gegenstand nicht beeinflusst, ist es auch nicht aus Praktikabilitätsgründen unumgänglich, diese gleichzusetzen.[143]

b) Offenlegung der wahren Absichten

Darüber hinaus argumentiert der BGH dass sich die Unzulässigkeit der verdeckten Vorratsgründung mit bestimmtem Gegenstand auch aus sachlichen Erwägungen ergebe, denn der wahre Charakter der Gesellschaft werde nicht durch die Gegenstandsbezeichung offen gelegt.[144]
Eine Gesellschaft, die zu einem späteren, ungewissen Zeitpunkt den Geschäftsbetrieb aufnehmen soll, sei aber „in der Sache auf Vorrat und nicht zum Betrieb eines konkreten Geschäfts gegründet".[145] Die Tätigkeit der Gesellschaft beschränkt sich daher für eine vorerst nicht absehbare Dauer eben nicht auf „die in

---

[141] Vgl. hierzu bereits oben § 2 II. 2. b).

[142] So dürfte beispielsweise ein wirksames Kriterium sein, ob aufgrund von bereits bekannten Vorratsgründungen der Gründer es gerechtfertigt erscheint, deren Versicherungen keinen Glauben zu schenken, vgl. hierzu bereits unter § 2 II. 2. b). Vielmehr wird deutlich, dass wenn die (Vor-) Gesellschaft über die zur Eintragung notwendigen Handlungen hinaus nicht tätig zu werden braucht, die Vorgesellschaft als Ganzes ein untaugliches Kriterium für die Ablehnung rechtfertigende Rückschlüsse bildet.

[143] Es sei darauf verwiesen, dass sich hieraus allerdings auch nicht im Umkehrschluss ein Argument *für* die differenzierte Sichtweise der Zulässigkeit von verdeckter Vorratsgründung mit bestimmtem und fiktivem Gegenstand ergibt.

[144] Vgl. BGHZ 117, 332 = ZIP 1992, 689, 693.

[145] Vgl. BGHZ 117, 332 = ZIP 1992, 689, 693.

ihrer Satzung angegebene Tätigkeit, sondern allein auf die Verwaltung des eigenen Vermögens."[146]

Aus der Argumentation des BGH lässt sich zum einen die Forderung schließen, dass die Angabe des Unternehmensgegenstandes den Erklärungswert enthält, die Gründer müssen die Absicht haben, den Gegenstand in einem absehbaren Zeitraum zu verwirklichen. Zum anderen ist es notwendig, dass bis auf einen kurzen Zeitraum nach Eintragung der Gesellschaft die in der Satzung angegebene Tätigkeit und die wirkliche Tätigkeit der Gesellschaft übereinstimmen müssen. Doch auch wenn das Unternehmen zu einem späteren Zeitpunkt seine Tätigkeit einstellt, so muss dies durch eine Satzungsänderung kenntlich gemacht werden. Ob dieser Argumentation so zuzustimmen ist, wird später noch zu diskutieren sein.[147]

---

[146] Vgl. BGHZ 117, 332 = ZIP 1992, 689, 693.
[147] Vgl. hierzu unten § 2 IV.

IV. Die Zulässigkeit der Vorratsgründung in der Literatur

Im Gegensatz zur Rechtsprechung war die Frage der Zulässigkeit der Vorratsgründung in der rechtswissenschaftlichen Literatur häufiger Gegenstand der Diskussion. Das Meinungsspektrum hierzu ist vielfältig.

1. Zulässigkeit der Vorratsgründung

Für die generelle Zulässigkeit der offenen, wie auch der verdeckten Vorratsgründung wird von einzelnen Stimmen in der Literatur angeführt, dass „solange eine Gesellschaft einen Geschäftsführer hat, ihre Verpflichtungen z.b. gegenüber dem Finanzamt und dem Handelsregister erfüllt," kein Grund einzusehen ist, weshalb diese mit Misstrauen betrachtet werden sollte.[148]

Neben der Position, die sich für die generelle Zulässigkeit der Vorratsgründung ausspricht, gibt es Stimmen, die hinsichtlich der Zulässigkeit zwischen der verdeckten Vorratsgründung mit bestimmtem und fiktivem Gegenstand unterscheiden, und Erstere für zulässig erachten.[149] Für die Zulässigkeit[150] der verdeckten Vorratsgründung mit bestimmtem Gegenstand wird angeführt, dass die Angabe des Unternehmensgegenstandes keine Aussage über den Zeitpunkt der Geschäftsaufnahme mache.[151] Da bei der verdeckten Vorratsgründung mit bestimmtem Gegenstand die angegebene Tätigkeit von den Gründern ernstlich gewollt sei, liege eine zulässige Gegenstandsangabe und mithin eine zulässige Gründung vor.

Inwieweit die Grundthese der fehlenden Erklärung der Gegenstandsangabe hinsichtlich des Zeitpunktes der Geschäftsaufnahme aufrechterhalten werden kann, soll später noch beurteilt werden.

2. Unzulässigkeit der Vorratsgründung

Zahlreiche Stimmen in der Literatur haben dagegen lange Zeit für die generelle Unzulässigkeit von Vorratsgründungen plädiert,[152] ohne allerdings die Möglichkeit der offenen Vorratsgründung zu thematisieren. Da mehrheitlich die Un-

---

[148] Vgl. *Rasner*, in Rowedder, GmbHG, 3. Aufl., § 60 Anm. 7.
[149] Zur Unterscheidung zwischen verdeckter Vorratsgründung mit bestimmtem und fiktivem Gegenstand vgl. oben II 1. b).
[150] Vgl. hierzu *Meyer-Landrut*; § 3 Rn. 15; sowie *Rowedder-Rittner*, § 3 Rn. 16,; siehe auch *Scholz-Winter*, § 3 Rn. 11; *Priester*, EWIR 1992, 113, 114; siehe auch *Löbenstein*, Mantelgründung, S. 14.
[151] Vgl. ferner *Ebenroth/Müller*, DNoTZ 1994, 75, 82 f.; *Kraft*, DStR 1993, 101, 103 und in KölnKomm, 2. Auflage, § 275 Rn. 24 f.
[152] Vgl. *Feine*, GmbH in Ehrenbergs-Handbuch des gesamten Handelsrechts, Band III, 3. Abt. 1929, S. 151; *Brodmann*, GmbHG, 2. Aufl. 1930, § 3 Anm. 4d; *Staub/Pinner*, HGB, 14. Aufl., 1933, § 195 Anm. 14c; *Schlegelberger/Quassowski*, AktG, 2. Aufl. 1937, § 16 Anm. 14; *Ritter*, AktG, 2. Aufl. 1939, § 16 Anm. 5 Nr. 2d; *Gadow/Heinichen*, AktG, 2. Aufl. § 16 Anm. 13.

zulässigkeit der Vorratsgründung in Anlehnung an das Kammergericht in der „unwahren" Angabe des Unternehmensgegenstandes gem. § 117 Abs. 1 BGB gesehen wurde und diese bei der offenen Vorratsgründung eben nicht mehr vorliegt, müssen diese Stimmen im Hinblick auf den Standpunkt einer generellen Unzulässigkeit von Vorratsgründungen relativiert werden.

Vereinzelt wurden jedoch Bedenken gegen die Vorratsgründung angeführt, die auch durch die Offenlegung des Vorratscharakters nicht ausgeräumt werden können. Nach einer Ansicht, die sich insoweit ausdrücklich gegen die Argumentation des Kammergerichts stellt, mache der Unternehmensgegenstand gerade keine Angaben über die Tätigkeit der Gesellschaft. Die Vorratsgründung diene lediglich dem „Umgehungszweck" und stelle daher einen Verstoß gegen die §§ 134, 138 BGB dar.[153] Die Gründung bilde die Hülle für ein künftiges Unternehmen, wodurch die Erfüllung der Gründungsvorschriften erspart werden könne. Sei ein derartiger Umgehungszweck nachweisbar, müsse die Eintragung aufgrund eines Verstoßes gegen die genannten Vorschriften zurückgewiesen werden.[154] Die Nichtigkeit ergebe sich eben nicht aus der „unwahren" Angabe des Unternehmensgegenstandes, weshalb die fehlende Unterscheidung zwischen offener und verdeckter Vorratsgründung in der Argumentation auch unschädlich ist, sondern bereits aus der späteren Verwendungsabsicht der Gesellschaft. Da der Umgehungszweck der Gesellschaft durch die Offenlegung nicht geheilt wird, ist im Sinne dieser Argumentation daher auch die offene Vorratsgründung als unzulässig anzusehen.

Eine andere Ansicht stellt die offene Vorratsgründung als eine „schwere Desavouierung gesetzgeberischer Intention" dar.[155] Ausgangspunkt dieser Argumentation ist die Überzeugung, dass die Gesellschaft im Falle der Vorratsgründung überhaupt keinen tauglichen Gegenstand habe - die Notwendigkeit einer Unternehmensgegenstandsangabe somit indirekt die Beschränkung der Gesellschaftstätigkeit auf die Vorratshaltung verbiete. Besteht der wirkliche Unternehmensgegenstand im „Sich-Selbst-Verkauf", so sollte dieser auch nicht aus rechtspolitischem Opportunismus heraus für zulässig erachtet werden. Denn ein „Etiket-

---

[153] So *Barz*, in: GroßkommAktG, 3. Aufl., 1973, § 23 Anm. 13; vgl. hierzu auch *Hueck*, in: Baumbach/Hueck, AktG, 13. Aufl. 1968, § 23 Rn. 5.

[154] Vgl. *Barz*, in: GroßkommAktG, 3. Aufl., 1973, § 23 Anm. 13; mit Verweis auf KG in Höchstrichterliche Rechtsprechung 33, 833; und OLG 43, 296.

[155] Vgl. *Wallner*, JZ 1986, 721, 723 in Fn. 23, 729; Bedenken hinsichtlich der Vorratshaltung als tauglicher Unternehmensgegenstand äußert auch Ulmer, in Hachenburg, 7. Aufl., § 3 Rdnr. 26a, stellt diese dann jedoch angesichts praktischer Bedürfnisse zurück; mit ähnlichem Hinweis ist nunmehr auch *Baumbach/Hueck*, 16. Aufl., § 3 Rdnr. 13, von seiner noch in der Vorauflage vertretenen Auffassung abgerückt, die gängige Formulierung „Verwaltung des eigenen Vermögens" genüge nicht den Anforderungen an die inhaltliche Ausgestaltung der statuarischen Gegenstandsangabe.

tenschwindel" bliebe auch dann eine eigenwillige Befriedigung von Bedürfnissen, wenn dieser „mehr oder minder offen zugegeben" werde.[156]

Beide Ansichten begegnen gewichtigen Einwänden und fanden in der Literatur keinen Zuspruch.[157] Zum einen ist nicht ersichtlich, welche Gründungsvorschriften durch die Vorratsgründung umgangen werden sollten. Wie bereits festgestellt, unterliegt die Vorratsgründung den gleichen gesetzlichen Anforderungen wie jede andere Gründung auch, so dass eine Umgehung der Gründungsvorschriften daher erst bei der späteren Verwendung – sprich beim Verkauf der Gesellschaft – in Betracht kommt. Diesen Bedenken durch ein generelles präventives Verbot aller Vorratsgesellschaften entgegenzutreten, würde vielen Vorratsgründungen nicht gerecht werden. Denn häufig soll mit Vorratsgründungen nur das langwierige Eintragungsverfahren mit seinen Haftungsrisiken umgangen werden und eben nicht die nötige Kapitalausstattung der Gesellschaft oder sonstiger „Gründungsvorschriften".[158]

Ebenso wenig kann die Argumentation überzeugen, dass es sich bei der Verwaltung des eigenen Vermögens zu Vorratszwecken um einen untauglichen Gegenstand handele; sich eine Beschränkung der Gesellschaftstätigkeit quasi aus dem Normzweck der §§ 23 Abs. 3 Nr. 2 AktG, § 3 Abs. 1 Nr. 2 GmbHG ergebe. Tätigkeitsverbote können lediglich aus den allgemeinen Bestimmungen der §§ 134, 138 BGB und den Spezialgesetzen[159] abgeleitet werden.[160] Denn weder aus den Bestimmungen der §§ 23 Abs. 3 Nr. 2 AktG, § 3 Abs. 1 Nr. 2 GmbHG, noch aus sonstigen Vorschriften des AktG und GmbHG lassen sich Rückschlüsse über die Erlaubtheit einer Gesellschaftstätigkeit ableiten. Darüber hinaus ist der Fortbestand der Gesellschaft nicht an die Fortführung irgendeiner, wie auch immer gearteten, Tätigkeit geknüpft. Dies ergibt sich indirekt aus der gesetzlichen Regelung der §§ 262 Abs. 1 Nr. 6 AktG, 60 Abs. 1 Nr. 7 GmbHG, 141 a FGG,[161] wonach lediglich vermögenslose, aber eben nicht unternehmenslose Gesellschaften von Amts wegen gelöscht werden können.[162]

---

[156] Vgl. *Wallner*, JZ 1986, 721, 723 (Fn. 23), 729.

[157] Vgl. hierzu nur *Ebenroth/Müller*, DNotZ 1994, S. 75 ff., sowie *Meyer*, ZIP 1994, 1661 ff..

[158] Vgl. hierzu *Meyer*, ZIP 1994, 1661, 1662; kritisch zum Bestand von Vorratsgesellschaften äußert sich auch K. *Schmidt*, Gesellschaftsrecht, § 4 II, S. 64 ff., siehe hierzu unten IV. 5.

[159] Vgl. hierzu §§ 37 Abs. 4 Nr. 5 AktG, 8 Abs. 1 Nr. 6 GmbHG.

[160] So auch *Tieves*, Unternehmensgegenstand, S. 185 f., m.w.N..

[161] Vgl. *Tieves*, Unternehmensgegenstand, S. 185.

[162] Der Sinn dieser Regelung besteht darin, die weitere Existenz vermögensloser juristischer Personen zu unterbinden; für unternehmenslose juristische Personen besteht gerade keine Sonderregelung, vgl. hierzu *Crisolli/Groschuff/Kaemmel*, Umwandlung und Löschung von Kapitalgesellschaften, 3. Aufl. 1937, S. 17 ff.; Heller, Die vermögenslose Gesellschaft, S.

Dies legt den Schluss nahe, dass der Gesetzgeber bewusst den Fortbestand von „tätigkeitslosen Gesellschaften" als unbedenklich eingestuft hat.[163] Warum dann aber die Beschränkung der Tätigkeit einer Gesellschaft auf die Verwaltung des eigenen Vermögens als „Desavouierung der gesetzgeberischen Intention"[164] angesehen werden soll, ist nicht ersichtlich.

3. Zulässigkeit der offenen Vorratsgründung

Die offene Bezeichnung des Vorratscharakters in der Satzung[165] stellte einen anfangs kritischen,[166] dann aber immer mehr Zuspruch[167] findenden Kompromissvorschlag dar, der seit der Grundsatzentscheidung des BGH[168] aus dem Jahre 1992 von der ganz herrschenden Meinung als zulässig erachtet wird.[169] Da die Gründer der Gesellschaft ihre wahre Absicht, die Gesellschaft zunächst zu Vorratszwecken zu halten, durch eine entsprechende Angabe des Gegenstandes offen legen, bleibt für die Annahme einer Scheinerklärung gem. § 117 BGB oder einen Verstoß gegen § 134 BGB iVm §§ 23 Abs. 3 Nr. 2 AktG, § 3 Abs.1 Nr. 2 GmbHG kein Raum mehr.[170] Auf der einen Seite berücksichtigt die offene Vorratsgründung die Forderung von Rechtsprechung und Literatur nach Übereinstimmung zwischen statuarischem und tatsächlichem Gegenstand der Gesellschaft. Auf der anderen Seite kommt die Vorratsgründung den praktischen Bedürfnissen des Wirtschaftsverkehrs nach schnell verfügbaren Kapitalgesellschaf-

---

[163] Zudem hat *Meyer* darauf verwiesen, dass vielfach bei im gemeinnützigen Bereich tätigen Kapitalgesellschaften sich der Unternehmensgegenstand gerade auf die Vermögensverwaltung beschränke vgl. *Meyer*, ZIP 1994, 1661, 1662.
[164] Vgl. *Wallner*, JZ 1986, 721, 723 (Fn. 23), 729.
[165] Die Entwicklung der offenen Vorratsgründung geht auf *Alfons Kraft* zurück, vgl. *Kraft*, KölnKommAktG, 1. Aufl. 1970, § 23 Rdnr. 35.
[166] Vgl. *Ulmer*, in Hachenburg, 7. Aufl., § 3 Rdnr. 26a; sowie *Wallner*, JZ 1986, 721, 723 (Fn. 23), 729.
[167] Hier zunächst *Barz*, GroßkommAktG, 3. Aufl. 1973, § 23 Anm. 13, dann *Winter*, in: Scholz/Winter, GmbHG, 6. Aufl. 1978, § 3 Rdnr. 11, später dann *Priester*, DB 1983, 2291, 2298; *Fischer/Lutter*, GmbHG, 11. Aufl. § 3 Rdnr. 7 (abweichend von vorheriger Auffassung in Fischer, GmbHG, 10. Aufl. 1983, § 3 Anm. 3); *Ulmer*, in Erg. § 3 Rdnr. 26a mit Abweichung von Ulmer, 7. Aufl. § 3 Rdnr. 26; sowie *Rittner*, in Rowedder, GmbHG, 1. Aufl. 1985, § 3 Rdnr. 16.
[168] BGHZ 117, 323 = WM 1992, 870.
[169] Vgl. hierzu noch *Emmerich*, in: Scholz, GmbHG, 8. Aufl. 1986, § 3 Anm. 19a; inzwischen wurde in der Neuauflage der Standpunkt revidiert.
[170] Vgl. hierzu KG, JFG 1, 200; KG, JFG 3, 192; *Lutter/Hommelhoff*, GmbHG, § 3 Rn. 7; *Rittner*, in Rowedder, GmbHG, § 75 Rn. 16; *Zimmermann*, in: Rowedder, GmbHG, § 75 Rn. 17, Vgl. *Raiser*, Recht der Kapitalgesellschaften, § 26 Rn. 16; *Priester*, DB 1983, 2298.

ten nach, welche wegen der „Dauer des Eintragungsverfahrens" die Vorratsgründung als „fast unentbehrlich" ansieht.[171]

4. Unzulässigkeit der verdeckten Vorratsgründung

Spiegelbildlich zu den Anforderungen, die im Rahmen der offenen Vorratsgründung an die Gegenstandsangabe gestellt werden, geht die ganz herrschende Meinung heute von der Unzulässigkeit der verdeckten Vorratsgründung aus.[172] In Übereinstimmung mit der Entscheidung des BGH spricht sich diese hierbei ausdrücklich für eine Gleichbehandlung der verdeckten Vorratsgründung mit fiktivem und bestimmtem Gegenstand aus. In der Herleitung der Unzulässigkeit kann zwischen zwei verschiedenen Lösungswegen unterschieden werden.

a) Unzulässigkeit nach § 117 BGB

Die herrschende Ansicht der älteren Literatur[173] und auch große Teile der neueren Literatur[174] schlossen sich zunächst ausdrücklich der Argumentation der beiden Kammergerichtsentscheidungen[175] an und gingen von der Unzulässigkeit der Vorratsgründung gem. § 117 Abs.1 BGB aus.[176] In jüngerer Zeit haben sich jedoch die kritischen Stimmen gegenüber dieser Argumentation vermehrt, wobei im Wesentlichen gegen die Anwendung von § 117 BGB zwei Argumente vorgebracht werden.

aa) Keine Anwendbarkeit von § 117 BGB

Zum einen wird darauf verwiesen, dass der Anwendungsbereich des § 117 BGB auf empfangsbedürftige Willenserklärungen beschränkt ist und daher auf einsei-

---

[171] Vgl. hierzu vor allem *Rittner*, in Rowedder, GmbHG, § 3 Rdnr. 16; hierzu kritisch *Wallner*, JZ 1986, 721, 723 (Fn. 23).

[172] Vgl. *Scholz/Emmerich* § 3 Rn. 20, *Meyding*, Mantel-GmbH, S. 37 ff.; *Meyer*, ZIP 1994, S. 1663 f.; *Kantak*, Mantel-GmbH, S. 65 f. m.w.N.

[173] Vgl. zur älteren Literatur: *Bulang*, Mantelgründung, S. 3; *Crisoli*, JW 1934, S. 936, 937; *Feine*, Die Gesellschaft mit beschränkter Haftung in Ehrenbergs-Handbuch des gesamten Handelsrechts, Bd. III, 3. Abt., 1929, S. 151; *Brodmann*, GmbHG, 2. Aufl. 1930, § 3 Anm. 4d; *Staub/Pinner*, HGB, 14. Aufl. 1933, § 195 Anm. 14c; *Schlegelberger/Quassowski*, AktG, 2. Aufl. 1937, § 16 Anm. 14; *Ritter*, AktG, 2. Aufl. 1939, § 16 Anm. 5 Nr. 2d; *Gadow/Heinichen*, AktG, 2. Aufl., § 16 Anm. 13.

[174] *Emmerich*, in: Scholz, GmbHG, 8. Aufl. 1986, § 3 Anm. 19a; *Ulmer*, in: Hachenburg, GmbHG, 8. Aufl. 1982, § 3 Anm. 32 f..

[175] KG, JFG 1, 200; KG, JFG 3, 192; vgl. hierzu bereits oben § 2 III. 1

[176] Auch wenn die Möglichkeit einer offenen Vorratsgründung noch nicht thematisiert wurde, ergibt sich in der konsequenten Fortführung dieser Argumentation deren Zulässigkeit. Da es bei dieser gerade der Absicht der Gründer entspricht, statuarische und tatsächliche Tätigkeit der Gesellschaft übereinstimmen zu lassen, kann eine nichtige Scheinerklärung i.S.d. § 117 Abs. 1 BGB nicht angenommen werden.

tige amtsempfangsbedürftige Willenserklärungen nicht anwendbar ist.[177] Dies würde zu dem Ergebnis führen, dass zwar die Vorratsgründung durch mehrere Gesellschafter nichtig wäre, die Einmann-Vorratsgründung hingegen nicht. Für eine solche Differenzierung in der Zulässigkeit zwischen der Mehrpersonen- und Einmann-Vorratsgründung fehlt es jedoch an sachlichen Gründen.[178] Weiterhin wird angeführt, dass es sich bei der Feststellung der Satzung einer Kapitalgesellschaft nicht um einen gegenseitigen Vertrag im eigentlichen Sinne, sondern eher um einen „objektive Normen erzeugenden Organisationsvertrag" handele.[179] Im Rahmen dieses Organisationsvertrages seien die Erklärungen der Beteiligten aber gerade nicht wechselbezüglich, sondern auf die Urkundsperson gerichtet, weshalb der Anwendungsbereich des § 117 BGB auch für die Mehrpersonen-Vorratsgründung nicht eröffnet ist. Da die Bestimmungen des BGB über Willensmängel nicht auf Gesellschafterbeschlüsse anwendbar sind,[180] könne für den die Satzung feststellenden Akt nichts anderes gelten.[181]

bb) Rechtsfolge gewollt

Zum anderen ist bei der verdeckten Vorratsgründung der Eintritt der Rechtsfolge gerade gewünscht. Der Normzweck des § 117 Abs. 1 BGB besteht darin, menschlichen Handlungen prinzipiell keinen rechtsgeschäftlichen Charakter beizumessen, wenn die Handelnden nicht beabsichtigen, Rechtfolgen herbeizuführen.[182] Entscheidend für das Vorliegen eines Scheingeschäfts gem. § 117 Abs. 1 BGB ist demnach, dass gerade die *Rechtsfolgen*, die mit der Erklärung verbunden sind, nicht eintreten sollen.[183] Eine Erklärung kann jedoch nicht gleichzeitig als steuerlich gewollt und zivilrechtlich als ungewollt betrachtet werden[184]- dies ist auch der Grund, weshalb ebenso Strohmann- und Umge-

---

[177] So ist grundsätzlich für den Anwendungsbereich des § 117 BGB ein Einverständnis der Parteien über den Scheincharakter erforderlich; da die Behörde dem Scheincharakter des Geschäfts jedoch nicht zustimmen kann, findet § 117 BGB keine Anwendung auf amtsempfangsbedürftige Willenserklärungen, vgl. Palandt/*Heinrichs*, § 117 Rn.2; Münch-KommBGB/*Kramer*, § 117 RdNr. 6; BGBKomm/*Jauernig*, § 117 Rn. 1.

[178] Es ist daher davon auszugehen, dass die Stimmen in der Literatur, welche die Nichtigkeit der Gegenstandsangabe auf § 117 Abs. 1 BGB stützen, den Anwendungsbereich der Norm (stillschweigend) auch auf die Einmann-Vorratsgründung ausdehnen.

[179] Vgl. *Tieves*, Unternehmensgegenstand, S. 235.

[180] Vgl. *Baumbach/Hueck*, § 2 Rdn. 5

[181] Nicht haltbar dagegen die Argumentation, dass die Bestimmungen des BGB über Willensmängel auf Gesellschafterbeschlüsse auf den die Satzung erstmals feststellenden Akt nicht anwendbar seien; so aber *Tieves*, Unternehmensgegenstand. S. 235.

[182] Vgl. *Kallimopoulos*, S. 28 f., sowie MünchKommBGB/*Kramer*, § 117, RdNr. 1.

[183] Vgl. BGH LM Nr. 8 = NJW 1984, 2350.

[184] Vgl. BGHZ 21, 378, 382 = NJW 1957, 19; OLG Celle DNotZ 1974, 732; *Häsemeyer*, Richterliche Rechtsfortbildung, FS Heidelberger Jurist. Fakultät, 1986, S. 165; *Schulze-Osterloh*, ACP 190, 1990, S. 147 f.; *Soergel/Hefermehl* RdNr. 9 ff.; Staudinger/Dilcher RdNr. 28 ff..

hungsgeschäfte nicht unter den Anwendungsbereich des § 117 Abs. 1 BGB fallen.[185] Die Rechtsfolge der Angabe des Unternehmensgegenstandes sowie der anderen notwendigen Angaben ist das Entstehen einer wirksamen Satzung. Diese Rechtsfolge ist von den Gründern gerade gewollt. Somit könne nicht argumentiert werden, dass die wirksame Entstehung der Satzung als Rechtsfolge der Angabe auf der einen Seite gewollt sei, andererseits aber die Erklärung über den Unternehmensgegenstand eine Scheinerklärung darstelle, da der Geschäftsbetrieb vorerst nicht aufgenommen werden soll.

cc) Bewertung

Zunächst begegnet die Argumenation gegen die Anwendbarkeit von § 117 BGB auf der Grundlagen einer fehlenden Wechselbezüglichkeit der Erklärungen Bedenken, da sie die Doppelnatur des Gesellschaftsvertrages verkennt.[186] So ist es zwar richtig, dass auf der einen Seite der Gesellschaftsvertrag einen Organisationsvertrag[187] darstellt, der die Grundlage für die Gesellschaft bildet und deren inneren Aufbau regelt. Auf der anderen Seite stellt der Gesellschaftsvertrag jedoch auch einen schuldrechtlichen Vertrag dar, durch den die Gesellschafter verpflichtet werden, die Gesellschaft entstehen zu lassen.[188] Den Erklärungen der Gründer per se die Wechselbezüglichkeit abzusprechen, würde der schuldrechtlichen Natur des Gesellschaftsvertrages nicht gerecht werden. Darüber hinaus vermag auch nicht der generelle Rückschluss hinsichtlich der Unanwendbarkeit von Nichtigkeitsregelungen, von einem auf alle Entwicklungsstadien der Gesellschaft, zu überzeugen. Der Abschluss eines Gesellschaftsvertrages sieht sich im Hinblick auf die Wirksamkeit der Erklärungen den gleichen Gefahren ausgesetzt, wie jeder andere Vertrag auch. Allerdings können die bürgerlich-rechtlichen Nichtigkeitsbestimmungen, welche regelmäßig zur ex-tunc wirkenden Nichtigkeit der Erklärung gelangen, im Gesellschaftsrecht nicht ohne weiteres übernommen werden, da hier die Interessen des Verkehrsschutzes entgegenstehen. Hinsichtlich der Vorgesellschaft, die ihre Geschäftätigkeit noch nicht aufgenommen hat und deren Rechtsbeziehungen sich vor Eintragung auf die Gesellschafter selber beschränkt, steht der uneingeschränkten

---

[185] Hier muss die mit dem Geschäft verbundene Rechtsfolge ja gerade eintreten, damit die Parteien ihre wahren Ziele verwirklichen können; vgl. MünchKommBGB/*Kramer*, § 117, Rdnr. 12.
[186] Vgl. zum Streitstand zwischen Vertragstheorie und Normentheorie bzgl. des Gesellschaftsvertrages, *Michalski*/GmbHG, § 2 Rn. 5, m.w.N..
[187] *Hachenburg*/*Ulmer*, § 2 Rn. 5; *Roth*/*Altmeppen*, § 2 Rn. 9; *Baumbach*/*Hueck*/*Fastrich*, § 2 Rn.5.
[188] Vgl. hierzu *Flume*, Juristische Person, § 9 I, *Wiedemann* I, § 3 II 1 b aa; *Lutter*, AcP 180, 1980, S. 95 ff..

Anwendung der bürgerlichrechtlichen Regelungen nichts im Wege.[189] Hat die
Gesellschaft jedoch ihre Tätigkeit aufgenommen, so können aus Gründen des
Verkehrsschutzes Mängel des Gesellschaftsvertrages nur eingeschränkt geltend
gemacht werden. Kommt es zur Eintragung der Gesellschaft, so ist die generelle
Geltendmachung bürgerlichrechtlicher Nichtigkeitsgründe bei Beitritts- und
Gründungserklärungen im Recht der Kapitalgesellschaften ausgeschlossen.[190]
Dies folgt zwingend aus der Verkehrsschutzfunktion der Registrierung: „Die
Öffentlichkeit, insbesondere künftige Gläubiger und Aktionäre, müssen sich auf
die Wirksamkeit dieser Erklärungen unbedingt verlassen können. Es muss Gewähr bestehen, dass das nach den Gründer- und Beitrittserklärungen vorhandene, der Gesellschaft zuzuführende Vermögen ihr in der Tat auch zufließt und
verbleibt".[191] Daher sollten die verschiedenen Interessenlagen der Gesellschafter und der Öffentlichkeit durch differenzierte Regelungen gegeneinander abge-
wogen und mit den einzelnen Entwicklungsstadien der Gesellschaft in Bezug
gesetzt werden. Der Einwand einer generellen Nichtanwendbarkeit von § 117
BGB auf alle Stadien der Enstehung einer Gesellschaft greift daher zu kurz.

Überzeugend erscheint dagegen der Einwand, dass § 117 BGB den Fall der verdeckten Vorratsgründung gar nicht erfasst, weil die Rechtsfolge der Erklärung
gerade gewollt ist. Hierzu soll zunächst die Rechtsfolge der Gegenstandsangabe
herausgestellt werden.
Die Angabe des Unternehmensgegenstandes ist notwendiger Bestandteil der
Satzung. Bei der Vorratsgründung kommt es den Gründern durch Angabe des
Unternehmensgegenstandes jedoch gerade darauf an, die Rechtsfolge – sprich
die Eintragung der Gesellschaft – herbeizuführen. Darüber hinaus ist die Rechtsfolge der Gegenstandsangabe nicht deckungsgleich mit ihrem Erklärungswert.
Auch wenn man daher davon ausgeht, dass durch die Angabe des Unternehmensgegenstandes die Gründer die Absicht zur alsbaldigen Aufnahme der Tätigkeit deutlich machen, bedeutet dies nicht, dass hieraus als Rechtsfolge der
Angabe dem Gründer die Pflicht zur Aufnahme der Tätigkeit erwächst. Dieses
könnte sich höchstens mittelbar aus der Pflicht zur Übereinstimmung zwischen
statuarischen und tatsächlichem Unternehmensgegenstand ableiten lassen - die
Angabe des Unternehmensgegenstandes kennt dagegen als Rechtsfolge die
Pflicht zur Aufnahme des angegebenen Geschäftsbetriebes nicht.[192] Die Gegens-

---

[189] Aus diesem Grund wird auch den Gründern das uneingeschränkte Recht zugestanden, ihre
Beitrittserklärungen ohne Beschränkung mit ex-tunc Wirkung anzufechten, vgl. *Michalski-*
GmbHG, § 2, Rn. 54 f..
[190] Das GmbHG und das AktG sehen im Fall der Eintragung einen abschließenden Katalog
von Nichtigkeitsgründen vor, vgl. MünchKommBGB/*Kramer*, § 117, Rdnr. 3.
[191] Vgl. *Soergel/Hefermehl* Vor § 116 RdNr.63; sowie G. *Küchenhoff*, FS Laufke, 1972, S.
272 ff. und MünchKommBGB/*Kramer*, § 119 RdNr. 21 ff..
[192] So schon *Kraft*, DStR, 1993, S. 101, 103.

tandsangabe bei der verdeckten Vorratsgründung muss, im Sinne dieser Argumentation, zwar als „unwahr" bezeichnet werden, doch stellt gerade nicht jede unwahre Erklärung ein Scheingeschäft i.S.d. § 117 Abs. 1 BGB dar. Die verdeckte Vorratsgründung ist somit auf jeden Fall nicht aufgrund § 117 Abs. 1 BGB unzulässig.[193]

Darüber hinaus bleibt der Einwand, dass keine empfangsbedürftige Willenserklärung vorliegt - § 117 Abs. 1 BGB auf die Einmann-Gründung somit nicht anwendbar ist. Da für eine Ungleichbehandlung der verschiedenen Vorratsgründungen keine sachlichen Gründe sprechen, bliebe nur noch die Möglichkeit, den Anwendungsbereich des § 117 BGB im Wege der Analogie für den entsprechenden Fall auszudehnen. Ob die Voraussetzungen einer solchen Analogie erfüllt wären, wird jedoch von den Vertretern dieser Meinung nicht nachgewiesen.[194]

b) Unzulässigkeit nach § 134 BGB

Ferner wird die Unzulässigkeit der verdeckten Vorratsgründung aus einem Verstoß gegen § 134 BGB i.V.m. §§ 23 Abs. 3 Nr. 2 AktG, 3 Abs. 1 Nr. 2GmbHG abgeleitet.[195] Nach dieser Ansicht handele es sich bei den §§ 23 Abs. 3 Nr. 2 AktG, 3 Abs. 1 Nr. 2GmbHG um Verbotsgesetze iSv § 134 BGB um Verbotsgesetze, also um Gesetze, die bestimmte Rechtsgeschäfte wegen ihres Inhalts oder wegen der Umstände, unter denen sie vorgenommen werden, untersagen.[196] Die Pflicht zur Angabe des Unternehmensgegenstandes enthalte im Umkehrschluss daher das Verbot, die Angabe nicht wahrheitsgemäß vorzunehmen, wobei die Forderung nach einer „wahrheitsgemäßen" Angabe insoweit bedeutet, dass nur die Tätigkeit in der Satzung angegeben werden darf, den die Gründer ernstlich zu verwirklichen beabsichtigen. Soll die Gesellschaft zunächst als Vorratsgesellschaft fungieren, so ist eben die Bereithaltung der Gesellschaft die angestrebte und ernstlich gewollte Tätigkeit. Diese muss durch eine entsprechende Kennzeichnung der Gegenstandsangabe kenntlich gemacht werden. Ebenso ist bei Gesellschaften zu verfahren, bei denen die Gründer zwar grundsätzlich die in der Satzung angegebene Tätigkeit betreiben wollen, der Zeitpunkt der Aufnahme der Geschäftstätigkeit jedoch noch nicht absehbar ist. Ob der Angabe des Unternehmensgegenstandes ein solcher „Erklärungswert" zugesprochen werden kann, wird später zu klären sein.[197]

---

[193] Ebenso *Kraft*, DStR 1993, S. 101, 103.
[194] Vgl. hierzu *Hachenburg/Hohner*, GmbHG, § 75, Rn. 18; MünchKommAKtG/*Pentz*, § 23 Rn. 89 ff..
[195] Vgl. Kantak,Mantelgründung, S. 42 ff.; Meyding, GmbH-Mantel, S. 36.
[196] Vgl. *Larenz*, BGB, Allg. Teil, § 22 II.
[197] Vgl. hierzu unten § 2 VI. 2.

V. Modell der Mantelverhinderung

Mit grundlegenden Bedenken begegnet eine weitere Ansicht der Vorratsgründung, indem diese zwar als de lege lata zulässig eingestuft, jedoch insgesamt als „rechtspolitisch verfehlt" angesehen wird.[198] So sei bei Verbänden der „gemeinsame Zweck" als überindividueller Verbandszweck, als „konstituierendes Verbandselement" zu betrachten.[199] Gerade Vorratsgesellschaften fehle es jedoch an einem solchen „greifbareren" Verbandszweck; sie würden vielmehr als „juristische Person an sich" ohne Tätigkeitskreis im Raum stehen und müssen daher als „irregulär" erscheinen.[200] Zudem stelle die Existenz solcher „funktionslosen Rechtsträger" eine Belastung für den Rechtsverkehr dar.[201] Da aber aufgrund fehlender gesetzlicher Regelungen nicht gegen bestehende Vorratsgesellschaften vorgegangen werden könne, plädiert diese Ansicht für ein „rechtspolitisch stimmiges" und „dogmatisch geschlossenes" Modell der Mantelverhinderung.[202] Nach diesem Modell soll einerseits die Vorratsgründung als generell unzulässig betrachtet werden. Andererseits sollte darüber hinaus die Möglichkeit eröffnet werden – wie etwa bei vermögenslosen Gesellschaften -[203], bereits bestehende Vorratsgesellschaften von Amts wegen zu löschen.[204]

Das Modell der Mantelverhinderung kann jedoch in mehreren Hinsichten nicht überzeugen.

1. Irregulärer Vorratszweck

Es ist zunächst richtig, dass jede Gesellschaft notwendig mit einem Zweck verknüpft sein muss.[205] Gesellschaften sind Zweckgemeinschaften. Jedoch wird der Begriff des Unternehmenszwecks bis heute unterschiedlich beurteilt. Während die ältere Rechtsprechung und Literatur den Gesellschaftszweck mit dem Unternehmensgegenstand gleichsetzte,[206] wird heute allgemein zwischen Zweck und

---

[198] Vgl. K. Schmidt, Gesellschaftsrecht, § 4 II, S. 64 ff.
[199] Vgl. K. Schmidt, Gesellschaftsrecht, § 4 II, S. 64 ff.
[200] Vgl. K. Schmidt, Gesellschaftsrecht, § 4 III, S. 66 f.
[201] Vgl. K. Schmidt, Gesellschaftsrecht, § 4 III, S. 69.
[202] Vgl. K. Schmidt, Gesellschaftsrecht, § 4 III, S. 69.
[203] Vgl. zur Löschung vermögensloser Gesellschaften *Crisoli/Groschuff/Kaemmel*, Umwandlung und Löschung von Kapitalgesellschaften, 3. Aufl. 1937; *Hachenburg/Ulmer*, GmbHG, Anhang zu § 60, Heller, Die vermögenslose GmbH, 1989, S. 100; *Scholz/Schmidt*, § 60.
[204] Vgl. §§ 262 I Nr. 6 AktG, 60 I Nr. 7 GmbHG, 81a GenG, 131 II Nr. 2 HGB, 141 a FGG, nach denen eine Aktiengesellschaft, eine Kommanditgesellschaft auf Aktien, GmbH, Genossenschaft oder GmbH & Co KG auf Antrag oder von Amts wegen im Handelsregister gelöscht werden können, wenn sie kein Vermögen mehr besitzen. Stellt sich später heraus, dass doch noch Gesellschaftsvermögen vorhanden ist, so findet eine Liquidation nicht statt, §§ 264 II AktG, 66 V GmbHG, 145 III HGB.
[205] Vgl. Winkler, NJW, 1970, 449;
[206] Vgl. KG DJZ 1903, 106 f.; RG DR 1939, 720, 721; *Feine*, Ehrenbergs Hdb.; Bd. III, 1. Abt., S. 78 Fn. 1 sowie R. *Fischer*, aaO, S. 88 Fn. 23 m.w.N..

Gegenstand differenziert.[207] Hierbei umschreibt der Unternehmensgegenstand den Bereich und die Art der Betätigung der Gesellschaft, der Gesellschaftszweck dagegen das gemeinsame Ziel[208] für den Zusammenschluss der Gesellschafter.[209] Gesellschaftszweck und Gegenstand können inhaltlich übereinstimmen, müssen dies jedoch nicht.[210] Das genaue Verhältnis von Gesellschaftszweck und Gegenstand des Unternehmens wird bis heute unterschiedlich beurteilt, für die hier vorgebrachten und aufgeworfenen Bedenken hinsichtlich Zulässigkeit von Vorratsgesellschaften ist es allerdings unerheblich.[211] Hier kommt es allein auf die aufgeworfene These an, dass der Vorratszweck nicht greifbar sei und daher „irregulär" erscheinen müsse.

a) Verfassung als Anknüpfungspunkt

Ausgangspunkt einer Beurteilung des Vorratszweckes als solchem soll zunächst die in Art. 9 Abs. 1 GG gewährleistete Vereinigungsfreiheit bilden, von der auch das Recht mehrerer Personen umfasst ist, eine AG oder GmbH zu gründen.[212] Art. 9 Abs. 1 GG trifft hinsichtlich des legitimen Vereinigungszweckes keine Vorentscheidung.[213] Die beteiligten Personen entscheiden grundsätzlich selber

---

[207] Der Begriff des Gesellschaftszwecks ist im Gegensatz zu §§ 1, 61 GmbHG nicht im AktG enthalten. Hinsichtlich der Unterschiede in der Begrifflichkeit von Zweck und Gegenstand im Aktien- wie auch im GmbH-Recht vgl. GroßkommAktG/*Barz*, 3. Aufl., § 23 Anm. 11, GroßkommAktG/*Brändel*, 4. Aufl., § 23 Rn. 12; GroßkommAktG/*Röhricht*, § 23 Rn. 90; *Hachenburg/Ulmer*, GmbHG, 8. Aufl., § 1 Rn. 5; sowie KölnKomm-*Zöllner*, § 179 Rn. 112 m.w.N..

[208] Systematisch kann zwischen erwerbswirtschaftlichen, sonstigen wirtschaftlichen und ideellen Gesellschaftszwecken unterschieden werden, wobei die Abgrenzung jedoch nicht scharf ist und lediglich unter der Prämisse erfolgt, den Überblick zu erleichtern. Erwerbswirtschaftliche Zwecke können mit dem auf Gewinnerzielung ausgerichteten Betrieb aller Arten von Gewerben verfolgt werden, vgl. BGHZ 33, 324; unter sonstigen wirtschaftlichen Zwecken können in der Regel nichtgewerbliche und nicht unmittelbar gewinnorientierte Zwecke subsumiert werden; der Begriff des ideellen Zwecks ist weit zu fassen i.S. nicht wirtschaftlicher Ziele, häufig Gesellschaften, die im politischen, künstlerischen, religiösen und sportlichen Bereich tätig sind. Vgl. *Hueck*, in: Baumbach/Hueck, GmbHG, § 1 Rn. 6; HK GmbH-Recht/*Bartl*, § 1 Rn. 3.

[209] Vgl. *Hueck*, in: Baumbach/Hueck, GmbHG, § 1 Rn. 5; sowie *Hachenburg/Ulmer*, GmbHG, § 1 Rn. 5 ff.; allgemein zum Gesellschaftszweck auch K. *Schmidt*, Gesellschaftsrecht, § 4, S. 57 ff..

[210] Die Abgrenzung und das Verhältnis von Gesellschaftszweck und Unternehmensgegenstand war in Rechtsprechung und Literatur lange umstritten. Zum Meinungsstand vgl. K. *Schmidt*, Gesellschaftsrecht, § 4 S. 57 ff und *Tieves*, Unternehmensgegenstand, S. 13 ff., m.w.N..

[211] Vgl. zum Meinungsstand *Sonnenberg*, Gesellschaftszweck, S. 7 ff.; sowie *Tieves*, Unternehmensgegenstand, S. 13 ff..

[212] Vgl. *Scholz*, in Maunz/Dürig, Art. 9 Rn. 38; die Einmangesellschaften des Kapitalgesellschaftsrechts werden dagegen durch andere Grundrechte, insbesondere Art. 2 Abs. 1 GG geschützt, vgl. *ders.*, aaO, Art. 9, Rn. 61.

und frei darüber, welcher Zweck gemeinschaftlich verfolgt werden soll - der grundrechtlichen Schutzrichtung liegt insoweit eine gewisse „Zielindifferenz und Zweckoffenheit" zu Grunde.[214] Die Offenheit bzgl. der verfolgten Zwecke für den Begriff der Vereinigung macht deutlich, dass die Vereinigungsfreiheit nicht die Zweckverfolgung allgemein, sondern nur deren vereinsmäßige Organisiertheit schützt.[215] Die Legitimität des Gesellschaftszwecks kann daher nur im Besonderen an den Schranken des Art. 9 Abs. 2 GG[216] und im Allgemeinen an den Regeln der Rechtsordnung, die ihrerseits die übrigen Grundrechten zu beachten haben, gemessen werden.[217]

Das Recht der Vereinigungsfreiheit umfasst allerdings nur das Recht zur Bildung von Vereinigungen, nicht die Bildung rechtsfähiger Vereinigungen.[218] Die Ausgestaltung der gesellschaftsrechtlichen Vereinigungstypen muss daher nicht als Beschränkung, sondern als Erweiterung der Handlungsmöglichkeiten verstanden werden. Rückschlüsse auf die Zulässigkeit oder Irregularität von Gesellschaftszwecken im Hinblick auf die gesellschaftsrechtlichen Organisationstypen lassen sich daher weder aus der Schutzrichtung des Art. 9 Abs. 1 GG gewinnen, noch kann das Grundprinzip der Zweckoffenheit der Vereinigungsfreiheit ohne weiteres als Maßstab für die Beurteilung der zulässigen Zwecke im GmbH- und Aktienrecht herangezogen werden. Da es „im Ansatz keiner Rechtfertigung dieser Regelung gegenüber dem Grundrecht aus Art. 9 Abs. 1 GG"[219] bedarf, müssen bei der Beurteilung des Gesellschaftszweckes daher die legislativen Vorgaben der konkreten Organisationstypen den entscheidenden Beurteilungsmaßstab bilden.

---

[213] Vgl. *Scholz*, in Maunz/Dürig, Art. 9 Rn. 38.

[214] BVerfGE 38, 281, 303; vgl. ferner *Sachs*, Höfling, Art. 9 Rn. 4.

[215] „Die Organisationsform der Zweckverfolgung, nicht der Zweck ist von Art. 9 Abs. 1 geschützt," vgl. Kemper, in v. *Mangoldt/Klein/Starck*, Art. 9 Rn. 32.

[216] Das Schrankenregime des Art. 9 GG statuiert zunächst in Art. 9 Abs. 2 GG ein Verbot für bestimmte Vereinigungen. Es wäre daher zunächst an eine Schutzbereichsbegrenzung zu denken. Jedoch ist heute allgemein anerkannt Art. 9 Abs. 2 GG als Schrankenklausel zu deuten, welche die Voraussetzungen, für einen verfassungsrechtlich gerechtfertigten Eingriff umschreibt, vgl. Sachs/Höfling, Art. 9 Rn. 38 f; *Jarass*, in: Jarass/Pieroth, Art. 9 Rn. 15. Entgegen dem eindeutigen Wortlaut („sind verboten") tritt die Rechtsfolge eines Verbotes jedoch nicht automatisch ein, sondern bedarf einer konkretisierenden und konstituierenden Verfügung, vgl. ferner BVerfGE 4, 188, 189; 47, 330, 351; sowie Dreier/Bauer, Art. 9 Rn. 49.

[217] Als Rechtfertigungsgrund für Eingriffe in den Schutzbereich des Art. 9 kommt durch einfachrechtliche Bestimmungen konkretisiertes, kollidierendes Verfassungsrecht in Betracht, vgl. hierzu *Jarass*, in Jarass/Pieroth, Art. 9 Rn. 20; *Sachs/Höfling*, Art. 9 Rn. 40.

[218] Vgl. *Kemper*, in v. Mangoldt/Klein/Starck, Art. 9 Rn. 49.

[219] Vgl. *Kemper*, in v. Mangoldt/Klein/Starck, Art. 9 Rn. 49.

b) GmbHG und AktG als Anknüpfungspunkt

Bei näherer Betrachtung lässt sich allerdings feststellen, dass auch AktG und GmbHG von einer gewissen „Zweckoffenheit" geprägt sind und gerade nicht vorschreiben, welcher Art der Zweck zu sein hat.[220] Besonders deutlich wird dies bei der GmbH, denn wie aus den Materialien[221] zu § 1 GmbHG ersichtlich, war dem Gesetzgeber ausdrücklich daran gelegen, eben nicht nur typische erwerbswirtschaftliche Zwecke als zulässig zu erachten.[222] Der Hinweis, dass es sich lediglich um einen gesetzlich zulässigen Zweck handeln muss, verdeutlicht, dass sich generelle Rückschlusse vom atypischen auf den unzulässigen Zweck verbieten und die Unzulässigkeit eines Gesellschaftszwecks nur aus einem *konkreten* Verstoß gegen eine gesetzliche Regelung hergeleitet werden kann.[223]

Dass es sich jedoch beim Vorratszweck nicht um einen de lege lata *unzulässigen* Zweck handelt, wird nun allerdings auch von der Ansicht nicht bestritten, die den Vorratszweck als „irregulär" bezeichnet.[224] Denn zum einen verstößt der Vorratszweck nicht gegen die spezialgesetzlichen Einschränkungen.[225] Zum anderen kann im Vorratszweck auch kein Verstoß gegen die §§ 134, 138 BGB gesehen werden; die bloße Befürchtung, bei einer späteren Verwendung könnten die Gründungsvorschriften umgangen werden, vermag eine Unzulässigkeit des Vorratszwecks nicht zu rechtfertigen.[226] Die „Irregularität" des Vorratszwecks solle sich daher aus dem Umstand ergeben, dass die Gesellschaft kein Ziel verfolge und der Zweck schwer greifbar sei. Wenn die Vorratsgesellschaft nun den Zweck verfolgt, zunächst nicht am Geschäftsverkehr teilzunehmen, sondern lediglich für eine spätere Verwendung bereitzustehen, so mag man diesen Vorratszweck wohl als untypisch bezeichnen, jedoch nicht als zweck- oder ziellos. Der Vorratszweck ist auch nicht schwer „greifbar"[227] - sondern hat für die Gründer das sehr konkrete Ziel, das mit der langen Eintragungszeit verbundene Haftungsrisiko zu vermindern.[228]

---

[220] Vgl. HK GmbH-Recht/Bartl, § 1 Rn. 2 m.w.N..

[221] Vgl. die amtliche Begründung zum GmbHG, Stenographische Berichte über die Verhandlungen des Reichstags, VIII. Legislaturperiode, 1. Session 1890/1892, 5. Anlagenband, Aktenstück Nr. 660, S. 3715, 3728.

[222] Vgl. hierzu auch *Tieves*, Unternehmensgegenstand, S. 23.

[223] Vgl. *Scholz/Emmerich*, GmbHG, § 1 Rn. 13.

[224] Vgl. K. *Schmidt*, Gesellschaftsrecht, § 4 III, S. 66 ff..

[225] Vgl. hierzu beispielsweise die Norm § 34b III GewO, die den Betrieb eines Versicherungsgeschäfts in der Form einer GmbH untersagt, sowie ferner § 8 ApothekenG, wonach eine Apotheke nicht als AG oder GmbH geführt werden darf.

[226] Vgl. hierzu ausführlich BGHZ 117, 332 = ZIP 1992, 689, 690 f..

[227] Vgl. K. *Schmidt*, Gesellschaftsrecht, § 4 III, S. 67.

[228] Vgl. BGHZ 117, 332 = ZIP 1992, 689, 692, der darauf verweist, dass dieses Haftungsrisiko „zu wesentlichen Teilen" erst durch die lange Dauer der Bearbeitung der Anmeldung geschaffen wird; vgl. hinsichtlich der weiteren Motivlage auch § 2 II 3.

Es sollte daher vielmehr als *Stärke* der Zweckoffenheit des AktG und GmbHG verstanden werden, wenn sich atypische Gesellschaftszwecke als Antwort auf veränderte Rahmenbedingungen im Kapitalgesellschaftsrecht formen. Die Vorratsgesellschaft ist daher eher eine *typische Folge* dieser Zweckoffenheit und sollte in Ermangelung konkreter Verstöße, als *legitime Antwort* auf das Phänomen langer Eintragungszeiten und damit verbundener Haftungsrisiken betrachtet werden.

2. Rechtspolitisch stimmig?

Das Modell der Mantelverhinderung spricht sich ferner für die generelle Unzulässigkeit der Vorratsgründung aufgrund rechtspolitischer Erwägungen aus. So stelle die Existenz von Vorratsgesellschaften für den Rechtsverkehr eine so große Belastung dar, dass dieser Gefahr nur durch ein ganzheitliches Verhinderungskonzept begegnet werden könne.

Der erste Kritikpunkt an dieser Argumentation ist die fehlende Differenzierung zwischen den einzelnen Typen von „Vorratsgesellschaften".[229] Die bisherige Untersuchung hat aufgezeigt, dass die durch die Vorratsgründung entstandene Vorratsgesellschaft in jeder Hinsicht den Anforderungen der Gründungsvorschriften genügt; eine Gefahr für den Rechtsverkehr daher nicht ohne weiteres anzunehmen ist. Inwiefern nun die Existenz „alter Vorratsgesellschaften"[230] den Rechtsverkehr belastet, bleibt aber unklar. Der allgemeine Hinweis, dass allein durch die Existenz von Vorratsgesellschaften eine Umgehung der Gründungsvorschriften zu befürchten sei, erscheint zu pauschal. Wie von dieser Ansicht selber dargestellt, geht das Gesetz bewusst von der Unbedenklichkeit unternehmensloser Gesellschaften aus, lediglich *vermögenslose* Gesellschaften können auf Antrag oder von Amts wegen gelöscht werden.[231] Warum es aber nunmehr

---

[229] Der Begriff der Vorratsgesellschaft wird hier entgegen der Darstellung unter § 2 II. 1, umfassend benutzt und umfasst alle unternehmenslosen Kapitalgesellschaften.

[230] Die „alte Vorratsgesellschaft" stellt nach der unter § 2 II. 1 und § 3 III. 3. dieser Untersuchung zu Grunde gelegten Definition lediglich eine Mantelgesellschaft dar. Der Begriff der Vorratsgesellschaft ist vorliegend dagegen auf solche Gesellschaften beschränkt, die durch Vorratsgründung entstanden sind.

[231] Nach gesetzlicher Lage können vermögenslose Aktiengesellschaften und GmbH auf Antrag oder von Amtswegen im Handelsregister gelöscht werden, §§ 262 I Nr. 6 AktG, 60 I Nr. 7 GmbHG, 131 II Nr. 2 HGB, 141 a FGG. Da der Sinn dieser Vorschrift darin besteht, den Rechtsverkehr vor vermögenslosen juristischen Personen zu schützen - eine entsprechende Regelung für unternehmenslose Gesellschaften jedoch fehlt, kann geschlossen werden, dass das AktG und GmbHG von der Bedenkenlosigkeit unternehmensloser Gesellschaften ausgehen; vgl. Gesetz über die Auflösung und Löschung von Gesellschaften und Genossenschaften v. 9.10.1934 (RHBl. I S. 914), siehe ferner hierzu *Heller*, Die vermögenslose Gesellschaft, S. 100; *Hachenburg/Ulmer*, Anhang zu § 60; *Crisolli/Groschuff/Kaemmel*, Umwandlung und Löschung von Kapitalgesellschaften, S. 13 ff.; K. *Schmidt*, Gesellschaftsrecht, § 11 V 3 a) cc) m.w.N..

notwendig ist, diese gesetzliche Grundkonzeption auch pauschal auf *unternehmenslose* Gesellschaften auszudehnen, kann nicht nachgewiesen werden. Ferner fehlt es auch an einer, für die rechtspolitische Stimmigkeit entscheidenden Abwägung der Nachteile einer vollständigen Mantelverhinderung mit den (angeblichen) Vorteilen für den Rechtsverkehr, die durch eine Mantelverhinderung entstehen würden. So wäre ein großer Nachteil eines solches Modells, dass es den Bedürfnissen des modernen Wirtschaftsverkehrs an schnell verfügbaren Kapitalgesellschaften keine Rechnung trägt, da die Möglichkeit durch den Kauf von (offenen) Vorratsgesellschaften das zeitraubende Gründungsverfahren abzukürzen, ersatzlos abgeschafft würde.[232] Dieses Bedürfnis wurde jedoch mittlerweile bereits von der Rechtsprechung anerkannt[233] und erscheint angesichts von Eintragungszeiten von bis zu einem Jahr[234] durchaus nachvollziehbar. Aufgrund der fehlenden Differenzierung zwischen den verschiedenen Formen von Vorratsgesellschaften und dem Bedürfnis des Rechtsverkehrs an schnell verfügbaren Kapitalgesellschaften ist das Modell der Mantelverhinderung daher abzulehnen.

---

[232] Den Gründern bliebe insoweit nur die Möglichkeit, bereits vor Eintragung den Geschäftsbetrieb aufzunehmen, vgl. zu den Gefahren einer persönlichen Haftung bei Aufnahme des Geschäftsbetriebes vor Eintragung der Gesellschaft bereits oben § 2 II. 3. c).

[233] BGHZ 117, 332 – ZIP 1992,689, 692

[234] Vgl. *Heerma*, Mantelverwendung, S. 9; *Ulmer*, in Hachenburg, GmbHG, § 11 Rn. 12.

VI. Lokalisierung des Problems

Obschon die bisherigen Untersuchungen zur Vorratsgründung den Eindruck entstehen lassen, das Hauptaugenmerk müsse sich auf die Frage der Anwendbarkeit einzelner Nichtigkeitsvorschriften richten, herrscht grundsätzlich darüber Einigkeit, dass es sich bei der Vorratsgründung um ein Problem des Unternehmensgegenstandes und seiner Voraussetzungen handelt.[235]

1. Vorratsgründung als Problem des Unternehmensgegenstandes und seines Erklärungswertes

Die verschiedenen Stimmen in Rechtsprechung und Literatur bzgl. der Zulässigkeit von Vorratsgründungen lassen sich dabei im Prinzip auf zwei grundsätzliche Positionen zurückführen, die der Gegenstandsangabe einen nicht deckungsgleichen Erklärungswert zusprechen. Der Begriff des Erklärungswertes bezeichnet hierbei den Informationsgehalt einer Aussage; also die Frage, welche Inhalte einer Angabe zuzuordnen sind. Der Erklärungswert einer Aussage bestimmt somit insgesamt, welche Informationen aus der Aussage abgeleitet werden können, und welche Erklärungen mit der Aussage transportiert werden sollen.

a) Absicht als Teil des Erklärungswertes

Zum einen wird der Gegenstandsangabe der Erklärungswert beigemessen, die Gründer der Gesellschaft müssten die Absicht haben

„einen dem satzungsmäßigen Unternehmensgegenstand entsprechenden Geschäftsbetrieb innerhalb eines absehbaren Zeitraums zu verwirklichen".[236]

Folgt man dieser Ansicht, so muss die Angabe eines Gegenstandes, der nicht in absehbarer Zeit verwirklicht werden soll, als Widerspruch zum intendierten Erklärungswert angesehen werden: Entweder stellt die Gegenstandsangabe dann eine *Scheinerklärung* dar,[237] weil sie nicht gewollt war, oder sie ist *unwahr*, da sie nicht den tatsächlichen Verhältnissen der Gesellschaft entspricht - „eine Lüge, die von der Rechtsordnung nicht toleriert werden kann".[238] Legt man diesen Erklärungswert der Gegenstandsangabe zu Grunde, so kann es – wie der BGH richtigerweise feststellt – letztlich dahinstehen, ob die Nichtigkeit der verdeckten Vorratsgründung auf § 117 BGB, § 134 BGB oder direkt aus den §§ 23 III Nr. 2 AktG, 3 I Nr. 2 GmbHG gestützt wird.

---

[235] Vgl. *Ebenroth/Müller*, DNoTZ 1994, 75, 82 f.; *Kraft*, DStR 1993, 101, 103 und in Köln-Komm, 2. Auflage, § 275 Rn. 24 f.; *Barz*, GroßkommAktG, 3. Aufl. 1973, § 23 Anm. 13, *Winter*, in: Scholz/Winter, GmbHG, 6. Aufl. 1978, § 3 Rdnr. 11, *Priester*, DB 1983, 2291, 2298; a.A K. *Schmidt*, Gesellschaftsrecht, § 4 II, S. 64 ff. m.w.N..
[236] Vgl. BGH ZIP 1992, 689, 693.
[237] Ablehnend hierzu bereits oben unter § 2 IV. 4. a).
[238] So *Tieves*, Unternehmensgegenstand, S. 183.

b) Gegenposition

Zum anderen wird der Gegenstandsangabe aber auch ein solcher Erklärungswert gerade abgesprochen.

„Daß ein Wille zur Aufnahme des Geschäftsbetriebes vorhanden sei, ist nicht Voraussetzung der Gründung und infolgedessen vom Registergericht auch nicht als Voraussetzung der Eintragung nachzuprüfen."[239]

Folgt man nunmehr der zweiten Ansicht, so stellt die Angabe eines Gegenstandes, der nicht in absehbarer Zeit verwirklicht werden soll, gerade keine „Lüge" oder „Scheinerklärung" dar: Denn umfasst eine Aussage nicht den Erklärungswert einer beabsichtigten, alsbaldigen Geschäftsaufnahme, kann das Fehlen einer solchen auch nicht deren Unwahrheit begründen bzw. diese als Scheinerklärung gelten lassen. Es scheidet daher sowohl eine Nichtigkeit nach § 117 Abs. 1 BGB als auch gem. § 134 BGB i.V.m. §§ 23 Abs.3 Nr. 2 AktG, 3 Abs. 1 Nr. 2 GmbHG aus.

c) Wahrheitspflicht als untauglicher Anknüpfungspunkt

Die aufgezeigten Positionen machen deutlich, dass zur Herleitung eines Erklärungswertes nicht auf eine dem Gesetz zu Grunde liegende Wahrheitspflicht abgestellt werden kann. Dass eine solche Wahrheitspflicht eine ungeschriebene Voraussetzung bei allen gesetzlich erforderlichen Angaben sei, ist genauso richtig, wie wenig hilfreich. Denn ob eine Erklärung wahr oder unwahr ist, kann bei der Angabe des Unternehmensgegenstandes nicht aus sich selbst heraus, sondern muss im Bezug zum Erklärungswert der Aussage ermittelt werden. Es bedarf eines Konsenses, über welche „Sachverhalte" die Angabe eine Aussage trifft. Unterstellt, die Gegenstandsangabe würde lediglich den (objektiven) Erklärungswert vermitteln, dass wenn die Gesellschaft (irgendwann einmal) tätig wird, dann auf dem in der Satzung angegebenen Gebiet, wäre die Angabe des Unternehmensgegenstandes bei der verdeckten Vorratsgründung wahr, denn die Absicht der Gründer zur alsbaldigen Geschäftsaufnahme wäre überhaupt nicht Bestandteil der Erklärung. Würde dagegen der Gegenstandsangabe der Erklä-

---

[239] Vgl. *Barz*, in GroßkommAktG, 3. Aufl. § 23 Anm. 13, der sich zwar aufgrund einer Umgehung der Gründungsvorschriften gegen die generelle Unzulässigkeit der Vorratsgründung ausspricht, jedoch die Absicht der Geschäftsaufnahme nicht als Teil der Gegenstandsangabe ansieht; mit Verweis auf *Hachenburg/Schillung*, GmbHG § 3 Anm. 12 a; *Scholz*, GmbHG, § 3 Anm. 6; siehe ferner *Kraft*, DStR 1993, 101, 103 und in KölnKomm, 2. Auflage, § 275 Rn. 24 f..

rungswert einer alsbaldigen Geschäftsaufnahme zugesprochen, so wäre die Angabe der Gründer im Rahmen einer verdeckten Vorratsgründung unwahr.[240] Das alleinige Abstellen auf die „Wahrheitspflicht" bei der Gegenstandsangabe stellt somit einen untauglichen Anknüpfungspunkt bei der Ermittlung des Erklärungswertes dar, da sie unterstellt, was noch zu beweisen gilt. Begriffe wie „Lüge" oder „Falschangabe" verdecken daher die Problematik und helfen in der Untersuchung von Vorratsgründungen wenig weiter.

2. Herleitung eines Erklärungswertes

Die bisherige Untersuchung hat verdeutlicht, dass es bei der Frage nach der Zulässigkeit von verdeckten Vorratsgründungen im Kern darum geht, welcher Erklärungswert der Gegenstandsangabe gem. §§ 23 III Nr. 2 AktG, 3 I Nr. 2 GmbHG zugesprochen werden muss.

a) Interpretationsvielfalt

Man mag sich angesichts der dargestellten unterschiedlichen Positionen zunächst die Frage stellen, wie es überhaupt zu solch diametral unterschiedlichen Zuordnungen von Erklärungswerten hinsichtlich der Gegenstandsangabe kommen kann.

Einigkeit herrscht in der rechtswissenschaftlichen Literatur lediglich darüber, dass die knappen begrifflichen Ausgestaltungen der §§ 23 Abs. 3 Nr. 2 AktG, 3 Abs. 1 Nr. 2 GmbHG[241] einen großen Spielraum für Interpretationsmöglichkeiten zulassen[242] und weder Wortverständnis, geschichtliche Entwicklung[243] oder Systematik der §§ 23 Abs. 3 Nr. 2 AktG, 3 Abs. 1 Nr. 2 GmbHG, einen zwingenden *hinreichenden* Schluss hinsichtlich des in Frage gestellten Erklärungswertes der Gegenstandsangabe erlauben.[244]

---

[240] Vgl. hierzu die Ausführung bei *Löbenstein*, Mantelgründung, S. 14: „Nicht die Bezeichnung des Gegenstandes trügt, sondern die hieraus gezogene Folgerung, die Gesellschaft müsse im Sinne des Gesellschaftszwecks tätig werden."

[241] §§ 23 Abs. 3 Nr. 2 AktG, 3 Abs. 1 Nr. 2 bestimmen lediglich, dass die Satzung den Gegenstand bestimmen bzw. enthalten muss. § 23 Abs. 3 Nr. 2 AktG enthält darüber hinaus noch die Konkretisierung „namentlich ist bei Industrie- und Handelsunternehmen die Art der Erzeugnisse und Waren, die hergestellt und gehandelt werden sollen, näher anzugeben."

[242] Vgl. die neueren Arbeiten von *Tieves*, Der Unternehmensgegenstand der Kapitalgesellschaft, Köln 1998; *Gumpert*; Rechtsfolgen einer Überschreitung des Unternehmensgegenstandes im Gemeinschaftsprivatrecht, Heidelberg, 2001; *Streuer*, Der statuarische Unternehmensgegenstand, Berlin 2001.

[243] Für die Aktiengesellschaft lässt sich das Erfordernis der Angabe des Unternehmensgegenstandes auf das Preußische Gesetz über die Aktiengesellschaften vom 9. November 1843 zurückverfolgen, vgl. hierzu John, Unternehmensgegenstand, S. 1 ff., m.w.N..

[244] Der Begriff der hinreichenden Bedingung ist zunächst ein Begriff aus der Logik und umschreibt das Verhältnis zweier Aussagen zueinander. Sind beispielsweise *A* und *B* zwei Aussagen, dann bezeichnet die Implikation „wenn *A*, dann *B*" Aussage, dass *B* aus *A* folgt. *A* ist

aa) Wortverständnis und Systematik

So kann beispielsweise den in den §§ 23 Abs. 3 Nr. 2 AktG, 3 Abs. 1 Nr. 2 GmbHG vorhandenen Begriffen *enthalten* bzw. *bestimmen* allein im Rahmen einer Wortsinnanalyse aufgrund ihrer Mehrdeutigkeit kein eindeutiger Sinngehalt im Hinblick auf die hier aufgeworfene Fragestellung beigemessen werden.[245]

Schwierigkeiten bereitet insoweit auch der Begriff des Unternehmensgegenstandes,[246] der weder im AktG, GmbHG noch in sonstigen handels- oder zivilrechtlichen Vorschriften positivrechtlich bestimmt ist und daher nur wenige hinreichende Erklärungswerte im Rahmen einer Wortsinnanalyse liefert.[247]

Ebenso wenig wie das Wortverständnis vermag aber auch die systematische Stellung der Gegenstandsangabe bzw. seiner Elemente Aufschluss über den hier diskutierten spezifischen Erklärungswert geben. Zwar finden sich im AktG und GmbHG zahlreiche gesetzlichen Bestimmungen,[248] die sich auf den Begriff des Unternehmensgegenstandes beziehen. So bestimmen etwa die §§ 39 Abs. 1 AktG, 10 Abs. 1 S. 1 GmbHG, dass der Unternehmensgegenstand in das Handelsregister eingetragen wird. Weiterhin legen die § 37 Abs. 4 Nr. 5 AktG und § 8 Abs. 1 Nr. 6 GmbHG fest, dass eine Genehmigungsurkunde der Anmeldung beim Registergericht beigefügt sein muss, wenn der Gegenstand des Unternehmens der staatlichen Genehmigung bedarf. Aufschluss darüber, ob die Absicht

---

hinreichende Bedingung von *B* und *B* notwendige Bedingung von *A*; Vgl. Brockhaus, 24 Bänder, Stichwort: Bedingung.

[245] Zum anderen kann aufgrund der unterschiedlichen Umschreibung der Gegenstandsangabe im AktG und GmbHG nicht auf eine legislative Intention geschlossen werden; vgl. hierzu John, Unternehmensgegenstand, S. 79 ff..

[246] Vgl. hierzu die Untersuchung von *Hohn*, aaO, S. 44 ff. hinsichtlich einer Systematisierung des Unternehmensbegriffs, *Hohn, B.*, Terminologie wirtschaftlicher Gebilde, in: Federmann, R. (Hrsg.): Betriebswirtschaftlehre, Unternehmenspolitik und Unternehmensbetreuung. Gerhard Mann zum 65. Geburtstag, Berlin 1993, S. 33- 73.

[247] Zwar war der Begriff des Unternehmensgegenstandes bereits häufig Gegenstand rechtswissenschaftlicher Untersuchungen. Im Zentrum der Diskussion stand hierbei häufig das Verhältnis der Begriffspaare Unternehmensgegenstand und Gesellschaftszweck. Hierbei geht es jedoch neben der grundsätzlichen rechtstheoretischen Zuordnung zum einen um den Problemkreis einer Anwendbarkeit von § 61 I GmbHG für den Fall, dass die Verfolgung des statuarischen Unternehmensgegenstandes unmöglich ist und zum anderen um die Frage, welche Mehrheiten für die Änderung von Gegenstand und Zweck im Recht der Körperschaften erforderlich sind und ist daher für die hier aufgeworfene Fragestellung, ob die Absicht der Gründer zur alsbaldigen Geschäftsaufnahme Teil des Erklärungswertes der Gegenstandsangabe ist, wenig fruchtbar; vgl. *Streuer*, Unternehmensgegenstand, S. 51 und *Tieves*, Unternehmensgegenstand, S. 19 mit jeweils weiteren Nachweisen.

[248] Vgl. ferner. §§ 179 Abs. 2 AktG, 53 GmbHG; §§ 76 Abs. 3 S. 4 AktG, 6 Abs. 2 S.4 GmbHG; sowie §§ 275 Abs. 1 AktG, 75 Abs. 1 GmbHG und die Vorschriften über das Amtslöschungsverfahren gem. §§ 144 Abs. 1, 147 Abs. 2 FGG, die sich auch auf den Gegenstand des Unternehmens beziehen.

der Gründer, den Gegenstand alsbald zu verwirklichen, Teil der Gegenstandsangabe ist, geben diese genannten Vorschriften allerdings nicht. Wenig hilfreich sind auch die Stimmen,[249] die aufgrund der §§ 39 Abs. 1 S. 1, 275 Abs. 1 S. 1 AktG, 10 Abs. 1 S. 1, 75 Abs. 1 GmbHG dem Unternehmensgegenstand im Verhältnis zu den übrigen Satzungsbestimmungen eine besondere Bedeutung zusprechen wollen.[250] Denn für die Annahme, dass sich aus dem Verhältnis eines Nichtigkeitsgrundes zu anderen Nichtigkeitsgründen Rückschlüsse auf die inhaltlichen Anforderungen der Gegenstandsangabe machen ließen, fehlt es an der Herleitung einer Beziehung zwischen beiden Aussagen. Die besondere Bedeutung der Gegenstandsangabe lässt per se noch keinen Schluss auf gesteigerte Genauigkeitserfordernisse bei der Angabe zu.[251]

bb) Historische Entwicklung

Historisch lässt sich das Erfordernis der Angabe des Unternehmensgegenstandes für die Aktiengesellschaft auf das Preußische Gesetz über die Aktiengesellschaften vom 9. November 1843 zurückverfolgen. Dessen § 2 verlangte hierbei neben der Bestimmung des Unternehmensgegenstandes auch eine Angabe darüber, ob der Gegenstand auf einen bestimmten Zeitraum beschränkt sei.[252] Die zusätzliche Angabe über eine etwaige Beschränkung lässt daher zunächst den Schluss zu, dass nach Vorstellung des historischen Gesetzgebers die Gegenstandsbestimmung alleine keine Angaben über die Geschäftstätigkeit der Gesellschaft machte.

Das Allgemeine Deutsche Handelsgesetzbuch (ADHGB) von 1861 brachte dann erstmals eine vollständige Kodifikation der inneren Organisation einer AG und baute hinsichtlich der Angabe des Unternehmensgegenstandes gem. Art. 209 auf

---

[249] Vgl. hierzu *Ulmer*, GmbHG, 7. Aufl., § 3 Rn. 21; *ders.* Erg., § 3 Rn. 19 f; siehe hierzu auch BayObLGZ 1975, 448 f., sowie *John*, Unternehmensgegenstand, S. 23 f.; obschon der Schlussfolgerung nicht zustimmend, sieht auch *Wallner*, Unternehmensgegenstand, S. 721 in den §§ 10, 75 GmbHG für die GmbH eine besondere Gewichtung der Gegenstandsangabe; zur Ansicht, der Unternehmensgegenstand müsse deshalb besonders genau angegeben werden, vgl. *Ulmer*, in Hachenburg, 8. Aufl. § 3 Rn. 21, § 53 Rn. 101.

[250] Vgl. hierzu *Tieves*, Unternehmensgegenstand, S. 47 ff., der anhand der gesetzlichen Entstehungsgeschichte der Bestimmungen verdeutlicht, dass sich weder aus den §§ 275 AktG, 75 GmbHG noch aus den §§ 39 AktG, 10 GmbHG eine besondere Bedeutung für die Gegenstandsangabe ergibt.

[251] Vgl. hierzu auch *Wallner*, Unternehmensgegenstand, S. 721, der zu Recht darauf verweist, dass diese Meinung etwas behauptet, was erst noch zu beweisen ist und daher von einer „Doppelverwertung" ein und desselben Grundgedankens gesprochen werden kann.

[252] „Der Gesellschaftsvertrag…muß insbesondere bestimmen: 2) den Gegenstand des Unternehmens und ob dasselbe auf eine gewisse Zeitdauer beschränkt ist oder nicht." Nachweis bei KGJ 34, A 149, 156 ff..

§ 2 PrAktG von 1843 auf.[253] Das auf das Konzessionssystem aufbauende Gesetz
wurde im Zuge der Liberalisierung durch das Aktiengesetz vom 11.7.1870[254]
durch ein System der Normativbestimmungen ersetzt und durch das Reichsgesetz vom 18.7.1884 besonders im Hinblick auf ein strengeres Gründungsrecht
novelliert. Diese Novelle wurde dann in den wesentlichen Zügen in das Handelsgesetzbuch vom 10.5.1897 übernommen, so dass § 182 Abs. 2 Nr. 2 HGB
ebenso wie Art. 209 Nr. 2 ADHGB lautete:

„Der Gesellschaftsvertrag muss bestimmen: den Gegenstand des Unternehmens."

Die Entstehungsgeschichte[255] des GmbHG macht deutlich, dass die Angabe des
Unternehmensgegenstandes gem. § 3 Abs. 1 Nr. 2 GmbHG[256] - der sich in seiner
ursprünglichen Fassung seit Begründung des GmbH-Gesetzes von 1892 gehalten hat - nicht nur vom Wortlaut aus an die aktienrechtliche Regelung angelehnt
war, sondern auch in der Systematik starke Parallelen zum AktG aufweist.[257]
Durch die Novellierung des AktG von 1965 endete dann die nahezu identische
Regelung bzgl. der Angabe des Unternehmensgegenstandes und die aktienrechtliche Regelung wurde um § 23 Abs. 3 Nr.2 2 HS AktG erweitert, ohne dass es

---

[253] vgl. *John*, Unternehmensgegenstand, S. 2; *Ring*, Das Reichsgesetz betreffend die Kommanditgesellschaften auf Aktien und die Aktiengesellschaften, 2. Aufl., Berlin 1893, Art. 209
Anm. 6; KGJ 34, A 156 m.w.N..
[254] Vgl. *Assmann*, in: GroßkommAktG, Einl. Rd. 21 ff; *Schubert*, Die Abschaffung des Konzessionssystems durch die Aktienrechtsnovelle von 1870, ZGR 1981, S. 285.
[255] In der Begründung zum Gesetz wurde ausdrücklich die Notwendigkeit der Angabe des
Unternehmensgegenstandes auch für die neue Gesellschaftsform festgestellt und die Gleichartigkeit der Gesellschaft mbH zur Aktiengesellschaft betont, vgl. RT Drucks. 1890/92 Nr. 660,
Anl. Bd. 5, S. 3728 und 3733; *John*, Unternehmensgegenstand, S. 3.
[256] Vgl. Art. 209 Abs. 2 Nr. 2 ADHGB 1884, Art. 209 Nr. 2 ADHGB 1861; hierzu auch *Tieves*, Unternehmensgegenstand, S. 102 Fn. 15, der darauf hinweist, dass die unterschiedliche
Formulierung „muss enthalten" im GmbHG im Gegensatz zu „muss bestimmen" im Aktienrecht der Sache nach keine Unterschiede begründet. Ein kurzer Überblick zur Gesetzgebungs-
geschichte findet sich bei *John*, Unternehmensgegenstand, S. 1 ff..
[257] Die Angabe des Unternehmensgegenstandes ist sowohl gem. § 23 Abs. 3 Nr. 2 AktG, wie
auch gem. § 3 Abs. 1 Nr. 2 GmbHG notwendiger Bestandteil des Gesellschaftsvertrages. E-
benso wie bei § 179 Abs. 2 AktG, darf auch gem. § 53 GmbHG nur unter bestimmten
Voraussetzungen geändert werden. Vgl. ferner die Parallelen bei §§ 39 Abs. 1 AktG, 10 Abs.
1 S. 1 GmbHG; „§ 37 Abs. 4 Nr. 5 AktG, 8 Abs. 1 Nr. 6 GmbHG; §§ 76 Abs. 3 S. 4 AktG, 6
Abs. 2 S.4 GmbHG; §§ 275 Abs. 1 AktG, 75 Abs. 1 GmbHG; §§ 144 Abs. 1, 147 Abs. 2
FGG.

jedoch der Absicht des Gesetzgebers entsprach eine nach AktG und GmbHG
differenzierte Regelung zu schaffen. [258]
Hinsichtlich der hier aufgeworfenen Frage, ob die Absicht der Gründer zur alsbaldigen Geschäftsaufnahme Teil des Erklärungswertes der Gegenstandsangabe
ist, liegt der Schluss nahe, dass der historische Gesetzgeber die Möglichkeit von
Vorratsgründungen nicht bedacht hatte, so dass die historische Entwicklung der
Gegenstandsangabe im AktG und GmbHG keinen eindeutigen Beitrag zur Klärung der Problematik zu leisten vermag. [259] Indirekt legt lediglich die Veröffentlichungspflicht gem. §§ 40 Abs. 1 AktG, 10 Abs. 3 GmbHG den Schluss nahe,
dass der historische Gesetzgeber davon ausging, dass die Gesellschaften nach
Eintragung ihre Geschäftätigkeit aufnehmen würden, da die Information des
Geschäftsverkehrs über untätige Gesellschaften wenig sinnvoll erscheint. [260] Ob
jedoch nunmehr im Umkehrschluss gefolgert werden kann, dass die Absicht zur
alsbaldigen Geschäftsaufnahme einen notwendigen Bestandteil der Unternehmensgegenstandsangabe darstellt, kann aus der historischen Betrachtung nicht
zwingend ermittelt werden.

b) Funktionsorientierte Analyse

Die Unzulänglichkeiten bei der Ableitung des Erklärungswertes der Gegenstandsangabe aus Wortverständnis und Systematik wird bei einem Blick auf die
in die Diskussion gebrachten Argumente bestätigt. [261] So entspringen die Argumente für die Annahme, dass die Absicht der Gründer zur alsbaldigen Geschäftsaufnahme Voraussetzung bei der Gegenstandsangabe ist, einer funktionsorientierten Betrachtungsweise, bei welcher auf Grundlage der verschiedenen
Funktionen des Unternehmensgegenstandes Rückschlüsse auf dessen Erklärungswert bzw. die inhaltliche Ausgestaltung der Gegenstandsangabe gezogen
werden. [262] Besonders deutlich lässt sich anhand eines solchen Argumentati-
onsmusters auch das Individualisierungsgebot bei der Gegenstandsangabe ableiten. Spricht man der Gegenstandsangabe die Funktion zu, Anknüpfungspunkt
staatlicher Reglementierung zu sein, damit das Registergericht die Erlaubnis-

---

[258] Vgl. hierzu auch die Textausgabe und Begründung bei *Kropf*, Textausgabe des Aktiengesetz, Düsseldorf 1965. Bzgl. des „Erläuterungscharakters" der Novellierung vgl. unten § 2
VII. 2.
[259] Der Umstand, dass die Regelung des § 2 des Gesetzes über die Aktiengesellschaften vom
9. November 1843 in seiner ursprünglichen Fassung davon ausgeht, dass die Gegenstandsangabe für sich keinen eigenen Erklärungswert über die Tätigkeit der Gesellschaft transportiert,
stellt lediglich einen schwachen Anhaltspunkt dar.
[260] Vgl. hierzu die Informationswirkung der Gegenstandangabe bei offener Vorratsgründung
unter § 2 VII. 4.
[261] Vgl. hierzu sogleich unter § 2 VI. 2 c) und d).
[262] Vgl. hierzu beispielsweise auch die „teleologische Determinierung" des Unternehmensbegriffs bei K. *Schmidt*, ZGR 1980, 277.

und Genehmigungsbedürftigkeit prüfen kann,[263] so kann aufgrund dieser Funktion grundsätzlich geschlossen werden, dass inhaltsleere Floskeln – wie etwa „Produktion von Waren" - der Gegenstandsangabe nicht genügen. Das Registergericht könnte ansonsten nicht erkennen, ob es sich um eine genehmigungspflichtige oder erlaubte Tätigkeit handele, insbesondere unter Berücksichtigung des Umstandes,[264] dass es für die Genehmigungsbedürftigkeit einer Tätigkeit bereits ausreicht, wenn ein Teil[265] der geplanten Aktivitäten der Gesellschaft genehmigungsbedürftig ist.[266] Die Problematik der notwendigen Individualisierung ist allerdings von der hier aufgeworfenen Fragestellung hinsichtlich der Absicht zur alsbaldigen Geschäftsaufnahme zu differenzieren. Bei Ersterer steht die Ermittlung eines Maßstabs im Vordergrund, welcher die hinreichende Zuordnung der Tätigkeit einer Gesellschaft zu einem Geschäftszweig als Sachbereich des Wirtschaftlebens bzw. eine entsprechende Einordnung im nichtwirtschaftlichen Bereich[267] ermöglicht.[268] Hiervon zu unterscheiden, ist die hier aufgeworfene Fragestellung, ob die Gründer die Absicht haben müssen, den hinreichend individualisierten Gegenstand auch zu verwirklichen.

c) Die Argumente für eine weite Auslegung der Gegenstandsangabe

Als Begründung für die Ansicht, dass die Absicht der Gründer zur alsbaldigen Geschäftsaufnahme eine Voraussetzung einer zulässigen Gegenstandsangabe darstellt, wird die These aufgestellt, dass die Gegenstandsangabe in ihrer Funktionalität gestört sei, wenn sie den beschriebenen Erklärungswert nicht transpor-

---

[263] Hinsichtlich der Grenzen nötiger Individualisierung herrscht dagegen noch Uneinigkeit; vgl. Hachenburg/Ulmer, GmbHG, § 3 Rn. 21 m.w.N.. Dafür, dass zumindest der Schwerpunkt der Geschäftstätigkeit durch die Angabe des Unternehmensgegenstandes deutlich gemacht werden muss, vgl. BHG DB 1981, 466; OLG Köln WM 1981, 805, 806; OLG Hamburg BB 1968, 267; BayObLG NJW 1976, 1694;; a.A. noch RGZ 62, 96, 98 f.

[264] Das Bedürfnis einer hinreichenden Individualisierung und Konkretisierung des Unternehmensgegenstandes ist daher generell unstrittig. Allerdings ist die Frage nach den genauen Grenzen nötiger Individualisierung in Rechtsprechung und Literatur noch nicht abschließend beantwortet worden. Ein guter Überblick findet sich bei *Tieves*, Unternehmensgegenstand, S. 99 ff. m.w.N., der für einen engen Maßstab bzgl. der Individualisierung des Gegenstandes plädiert.

[265] Vgl. BGHZ 102, 209, 217; BayObLG GmbHR 1979, 224 f..

[266] Für die hier aufgeworfene Fragestellung, ob die beabsichtigte alsbaldige Geschäftsaufnahme Teil der Gegenstandsangabe ist, hat die Problematik der nötigen Individualisierung allerdings keine Bedeutung, sondern soll nur das Argumentationsmuster erläutern.

[267] Vgl. *Hueck*, in: Baumbach/Hueck, GmbHG, § 3 Rn. 10.

[268] Für die verdeckte Vorratsgründung bedeutet dies einmal mehr, dass die Angabe des Unternehmensgegenstandes eben nicht „fiktiv" gewählt werden kann, sondern entsprechend individualisiert sein muss, vgl. hierzu bereits oben II. 1. b) bb).

tieren würde.[269] So liefen beispielsweise die §§ 37 Abs. 4 Nr. 5 AktG, 8 Abs. 1
Nr. 6 GmbHG leer, wenn sich die Gründer durch die Angabe eines anderen,
nicht gewollten, aber auch nicht genehmigungspflichtigen Unternehmensgegenstandes entziehen könnten.[270]
Teilweise wird hinsichtlich des erforderlichen Erklärungswertes auch auf den
Grundsatz der Gegenstandswahrheit als „Korrelat zur Informationsfunktion"[271]
zurückgegriffen. Dieser in Anlehnung an das firmenrechtliche Wahrheitsge-
bot[272] formulierte Grundsatz besagt, dass der statuarische Unternehmensgegenstand die tatsächlichen Verhältnisse der Gesellschaft zutreffend angeben müsse.
Nach einer anderen Auffassung[273] könne dagegen der Grundsatz der Gegenstandswahrheit auf der Grundlage einer funktionsorientierten Analyse direkt aus
der Informations- und Schutzfunktion der Gegenstandsbestimmung abgeleitet
werden. Denn die Informationsfunktion der Gegenstandsangabe sei nur dann
gewährleistet, wenn die „Angaben über Umstände, deren Aufdeckung gegenüber dem Register und der Öffentlichkeit gesetzlich geboten sind", die tatsächlichen Verhältnisse der Gesellschaft widerspiegeln würde. Eine Tätigkeit, die erst
in unbestimmter Zukunft einmal aufgenommen werden soll, dürfe daher gegen-
wärtig nicht in der Satzung aufgenommen werden.
Weniger überzeugend sind dagegen Stimmen, die die Absicht als Teil des Erklärungswertes mit dem Hinweis begründen, bei den §§ 23 §§ 23 Abs. 3 Nr. 2
AktG, 3 Abs. 1 Nr. 2 GmbHG handele es sich um keine bloßen formalen Ord-
nungsvorschriften.[274] Sieht man einmal davon ab, dass diese Argumentation etwas unterstellt, was es noch zu beweisen gilt, so sagt darüber hinaus das Fehlen
eines *bestimmten* Erklärungswertes zunächst nichts darüber aus, ob anstelle dessen nicht andere *notwendige* Erklärungswerte von der Vorschrift transportiert

---

[269] Vgl. hierzu BGHZ 117, 323, 334 f.; Meyer, ZIP 1994, S. 1661, 1667; *Tieves*, Unternehmensgegenstand, S. 120 ff. m.w.N..
[270] Vgl. hierzu *Meyer*, ZIP 1994, 1661, 1664 m.w.N..
[271] Vgl. die pointierte Bezeichnung bei *Streuer*, Unternehmensgegenstand, S. 123.
[272] Vgl. hierzu erstmalig *Wallner*, JZ 1986, 721 ff.; nach altem Recht war die Sachfirma gem.
§§ 4 Abs. 1 S. 1 AktG, 4 Abs. 1 GmbHG dem Gegenstand der Gesellschaft zu entnehmen
oder zumindest zu entlehnen. Wallner übertrug daher den Grundsatz der Firmenwahrheit, wonach eine Firma so zu fassen ist, dass eine Täuschung des Rechtsverkehrs über tatsächliche
oder rechtliche Verhältnisse ausgeschlossen ist, als Maßstab auf den Unternehmensgegenstand. Durch die Änderung des Firmenrechts und der Aufgabe des Entlehnungsgebotes ist dieser Argumentation allerdings die Grundlage entzogen worden. Denn wenn die Firma nicht
mehr dem Gegenstand entnommen werden muss, also keine notwendigen Angaben über diesen an den Rechtsverkehr preisgibt, so kann auch nicht ein wie auch immer gearteter Grundsatz der Firmenwahrheit auf den Unternehmensgegenstand übertragen werden. Siehe hierzu
auch S. *Weber*, Das Prinzip der Firmenwahrheit im HGBS, S. 88; *Heinrich*, Firmenwahrheit,
Rn. 129 ff mit Nachweisen zur Rechtsprechung in FN 529.
[273] Vgl. hierzu *Tieves*, Unternehmensgegenstand, S. 118 ff.
[274] Vgl. BGHZ 117, 332 = ZIP 1992, 689, 693.

werden und somit der Reduzierung einer Vorschrift auf „formales Ordnungsvorschriftenniveau" entgegenstehen.

d) Die Argumente für eine restriktive Auslegung der Gegenstandsangabe

Zur Begründung der Gegenposition, dass die Absicht der Gründer zur alsbaldigen Verwirklichung der statuarischen Gegenstandsangabe nicht notwendig sei, wurde ausgeführt, dass das Gesetz nicht vorschreibe, wann der in der Satzung angegebene Gegenstand des Unternehmens zu verwirklichen ist.[275] Da das Gesetz auf der einen Seite keine Betriebspflicht für Kapitalgesellschaften kenne, könne auf der anderen Seite bei der Gegenstandsangabe auch keine diesbezügliche Angabe (Erklärungswert) verlangt werden.[276] Überträgt man diese Argumentation auf die Ebene der Funktionalität, so würde dies bedeuten, dass, wenn dem Gegenstand nicht die Funktion zukommt, Informationen darüber abzugeben, ob und in welchem Umfang bzw. welcher Intensität die Gesellschaft tätig ist,[277] es auch nicht der Absicht der Gründer zur alsbaldigen Aufnahme der statuarischen Tätigkeit bedarf. Der Unternehmensgegenstand wird unter diesem Blickwinkel daher mehr als *Recht* bzw. als einberaumte *Möglichkeit* und nicht als Pflicht verstanden, in dem angegebenen Bereich tätig zu werden.[278]

Losgelöst von der Frage nach dem Erklärungswert der Gegenstandsangabe, werden des Weiteren rechtliche Bedenken hinsichtlich der Herleitung einer Nichtigkeitsfolge beim späteren Verstoß gegen die (absolute) Gegenstandswahrheit erhoben. Wird in dem Auseinanderfallen von tatsächlichem und statuarischem Unternehmensgegenstand eine „faktische Satzungsänderung"[279] gesehen und hieraus die Nichtigkeit der Gegenstandsangabe in der Satzung gefol-

---

[275] Vgl. *Kraft*, DStR 1993, S. 101, 103; sowie *Löbenstein*, Mantelgründung, S. 14 f, der auf die deklaratorische Natur der Gegenstandsangabe hinweist, die keine Verpflichtung zur Aufnahme der Tätigkeit oder zu deren Fortsetzung begründet.

[276] Fraglich bleibt im Rahmen dieser Argumentation jedoch der positive Erklärungswert der Gegenstandsangabe. Obschon dieser nicht deutlich formuliert wird, wird er zumindest lauten müssen, dass die Gründer die Absicht haben müssen keine andere unternehmerische Tätigkeit als die in der Satzung angegebene mit der Gesellschaft zu betreiben, vgl. hierzu auch unten § 2 VI. 6.

[277] Vgl. *Rasner*, in Rowedder, GmbHG, 3. Aufl., § 60 Anm. 7; ebenso *Meyer-Landrut*, GmbHG, 1987, § 3 Rn. 15; siehe hierzu insbesondere OLG Stuttgart, DB 1992, S. 133, 135.

[278] Vgl. hierzu auch die Ausführungen bei Heerma, Mantelverwendung, S. 129 der ausführt, dass die Gegenstandsangabe keine Zustandsbeschreibung, sondern eine Regelung darstellt. „Sie gibt nicht an, was Gegenstand des Unternehmens ist, sondern was der Gegenstand des Unternehmens sein soll – mit der Besonderheit allerdings, dass daraus keine Pflicht zur Aufnahme des satzungsmäßigen Geschäftsbetriebes folgt, sondern lediglich das Verbot anderweitiger Tätigkeit."

[279] Vgl. hierzu *Ulmer*, Hachenburg, GmbHG, § 53 Rn. 91.

gert,[280] würde unklar bleiben, woraus sich diese Nichtigkeit ergibt. So hat der
Verweis auf § 117 Abs.1 BGB[281] die Schwäche, dass es im Rahmen der
Scheinerklärung gerade auf die *Abgabe* der Willenserklärung ankommt - zum
Zeitpunkt der Abgabe der Willenserklärung dürften die Parteien somit keinen
Rechtsbindungswillen haben. *Nachträgliche* Willensänderungen sind jedoch ü-
berhaupt nicht vom Regelungsbereich des § 117 BGB erfasst und könnten somit
auch keinen Einfluss auf die Gültigkeit der Erklärung entfalten.[282] Weitere Bedenken werden auch gegen die Ansicht erhoben, welche in der Nichteinhaltung
des Gebots der Gegenstandswahrheit einen Verstoß gegen die §§ 134 BGB, 23
AktG, 3 GmbHG sieht und so zur nachträglichen Nichtigkeit der Gegenstandsbestimmung gelangt.[283] Nach beiden Ansichten würde durch das nachträgliche
Auseinanderfallen von statuarischer und tatsächlicher Tätigkeit die Wirksamkeit
der Satzung beeinflusst. Grundsätzlich lässt sich jedoch aus den §§ 179 Abs.1 S.
1 AktG, 53 Abs. 1 GmbHG die Prämisse ableiten, „dass eine Satzungsänderung
außerhalb des dafür vorgesehen Verfahrens unwirksam ist".[284] Bestätigt würde
diese Ansicht durch einen systematischen Vergleich im Falle des nichtwirtschaftlichen Vereins, der entgegen der Satzung einem wirtschaftlichen Geschäftsbetrieb nachgeht. § 43 II BGB macht in diesem Falle deutlich, dass das
Auseinanderfallen zwischen statuarischem und tatsächlichem Unternehmensgegenstand – also die „faktische Satzungsänderung" - eben nicht die Nichtigkeit
der Satzungsbestimmung zur Folge hat, sondern dem Registergericht lediglich
die Möglichkeit gibt, dem Verein die Rechtsfähigkeit zu entziehen.
Die Auseinandersetzung mit den soeben aufgeführten rechtlichen Einwänden
gegen die Annahme der Nichtigkeitsfolge kann jedoch dahinstehen, wenn bereits die zuvorderst dargestellte These des beschränkten Erklärungswertes der
Gegenstandsangabe bestätigt werden kann.

---

[280] Vgl. ferner *Wallner*, JZ 1986, 721, 729, K. *Schmidt* in Scholz, GmbHG, § 75 Rn. 11, *Pe-ters*, GmbH-Mantel, S. 95.
[281] Vgl. *Ulmer*, Hachenburg, GmbHG, § 53 Rn. 91 m.w.N.
[282] Vgl. *Heerma*, Mantelverwendung, S. 128 f..
[283] Vgl. *Tieves*, S. 245 ff..
[284] Vgl. hierzu *Heerma*, Mantelverwendung, S. 128 f..

VII. Der Unternehmensgegenstand im Hinblick auf den Informationswert einer beabsichtigten Geschäftsaufnahme

Das Hauptargument für die Annahme des hier diskutierten Erklärungswertes liegt in der These begründet, dass die Funktionalität des Unternehmensgegenstandes zumindest beeinträchtigt wird, wenn durch die Gegenstandsangabe nicht die Absicht der Gründer zum Ausdruck kommt, die angegebene Tätigkeit spätestens in einem absehbaren Zeitraum nach Eintragung zu verwirklichen. Diese Argumentation soll im Folgenden auf ihre Stichhaltigkeit überprüft werden.

1. Funktion der Gegenstandsangabe als Maßstab für Erklärungswert

Der Angabe des Unternehmensgegenstandes werden im Wesentlichen drei verschiedene Funktionen zugesprochen:

1. Der Unternehmensgegenstand bildet die Grundlage und den Anknüpfungspunkt einer staatlichen Kontrolle im Hinblick auf die Erlaubnis- und Genehmigungsbedürftigkeit der Gesellschaft.[285]
2. Der Unternehmensgegenstand bindet Gesellschafter und Geschäftsleitung und schützt so zum einen die Gesellschafter vor Eigenmächtigkeiten der Geschäftsleitung als auch den Minderheits[286] - vor den Mehrheitsgesellschaftern im Hinblick auf Änderungen des Tätigkeitsbereichs der Gesellschaft.[287]
3. Der Unternehmensgegenstand dient dem Schutz und der Information des Geschäftsverkehrs.[288]

---

[285] Vgl. KGJ 34 A 149, 159; BayObLG BB 1976, 104; BHGZ 102, 209, 211 ff.; *Sachs*, DNotZ 1976, 355; *Grobe*, BB 1968, 267; *Sudhoff*, GmbHR, 1969, 244; *Salch*, GmbHR 1971, 251, 253; *Wiedemann*, ZGR 1975, 385, 417 ff.; *Petzoldt* DB 1977, 1783 ff; *Baumbach/Hueck*, § 3 Rn. 9; *Bartl/Henkes*, § 3 Rn. 35; KölnKomm-Kraft, AktG, § 23 Rn. 43; GK AktG-*Röhricht*, § 23 Rn. 81.

[286] Der Minderheitsgesellschafter zeichnet sich dadurch aus, dass er „dauernd und institutionell auf die Willensbildung in einem Verband keinen Einfluss gewinnen kann, und dessen Angelegenheiten daher ständig, soweit die Verbandssphäre reicht, von der Mehrheit mitbesorgt werden", *Wiedemann*, Gesellschaftsrecht, S. 417; siehe hierzu auch *Gumpert*, aaO., S. 49 Fn. 24.

[287] Vgl. KGJ 34 A 149, 162; OLG Hamburg BB 1968, 267; BayOblG BB 1976, 104; OLG Köln WM 1981, 805, 806; BGH BB 1981, 450.

[288] Vgl. OLG Hamburg BB 1968, 267; OLG Düsseldorf BB 1970, 188; BGH BB 1981, 450; OLG Köln WM 1981, 805 f; OLG Frankfurt GmbHR 1987, 231; BayObLGZ 1993, 319 f.; BayObLG GmbHR 1995, 722; Sudhoff, GmbHR 1977, 219; *Petzoldt*, DB 1977, 1783; Jeck, DB 1978, 832; *Baumbach/Hueck*, § 3 Rn. 9; *Hachenburg/Ulmer*, § 3 Rn. 22; *Scholz/Emmerich*, § 3 Rn. 12; *Bartl/Henkes*, § 3 Rn. 35;KölnKomm-*Mertens*, § 82 Rn. 14; *Geßler/Hüffer*, § 275 Rn. 26.

Die hier beschriebenen Funktionen des Unternehmensgegenstandes werden hinsichtlich ihrer Wertigkeit untereinander aber auch hinsichtlich ihrer generellen Gültigkeit teilweise skeptisch beurteilt.[289] Da im Rahmen einer funktionsorientierten Analyse unterschiedliche Informations- und Schutzfunktionen auf der einen Seite zu unterschiedlichen Erklärungswerten auf der anderen Seite führen, diese Untersuchung eine grundsätzliche Bewertung der verschiedenen Funktionen des Unternehmensgegenstandes jedoch nicht leisten kann, sollen daher die zur Diskussion gestellten Gegenstandsfunktionen in ihrer Gesamtheit im Hinblick auf die Notwendigkeit des in Frage gestellten Erklärungswertes untersucht werden.

2. Gleichlauf der Untersuchung für AktG und GmbHG

Obschon sowohl in Rechtsprechung[290] als auch in Literatur[291] die Anforderungen an die Gegenstandsangabe für das Aktien- und GmbH-Rechts einheitlich beurteilt wurden, könnte fraglich sein, ob der Gegenstandsangabe bei der AG und GmbH der gleiche Erklärungswert im Hinblick auf die aufgeworfene Fragestellung zukommt.

Zu diesem Schluss könnte man gelangen, wenn man der These folgt, § 23 Abs. 3 Nr. 2 2.HS AktG stelle eine aktienrechtliche Sonderbestimmung gegenüber § 3 Abs. 1 Nr. 2 GmbHG dar.[292] Jedoch entsprach die Schaffung einer nach AktG und GmbHG differenzierten Regelung gerade nicht den Absichten des Gesetzgebers.[293] Vielmehr sollte lediglich dem in der Praxis üblichen Verfahren, den Gegenstand zu allgemein anzugeben, entgegengewirkt werden. Eine Neubewertung der Angabe des Unternehmensgegenstandes im Aktienrecht im Gegensatz zum GmbH-Recht war dagegen nicht gewollt und wurde in den Verhandlungen auch nicht erörtert. Der Erweiterung des § 23 Abs.3 Nr. 2 AktG[294] kann somit lediglich ein „Erläuterungscharakter" zugesprochen werden.[295] Ein Gleichlauf der Untersuchung hinsichtlich der Ermittlung eines gemeinsamen Erklärungs-

---

[289] Vgl. hierzu *Wallner*, JZ 1986, 721, 722; *Hachenburg/Schilling*, 1956, § 3 Rn. 9; *Scholz/Winter*, 6. Aufl. 1978/83, § 8 Rn. 5; *Hachenburg/Ulmer*, 1990, § 3 Rn. 22.

[290] Vgl. BGHZ 117, 332 = ZIP 1992, 689 ff., Der BGH bezieht seine Ausführungen zur Zulässigkeit von Vorratsgründungen ohne Differenzierung generell auf Kapitalgesellschaften, vgl. hierzu bereits Fn. 111.

[291] Vgl. hier nur *Kraft*, DStR 1993, S. 101 ff.; sowie K. *Schmidt*, Gesellschaftsrecht, § 4 II, S. 64 ff. m.w.N.

[292] Vgl. hierzu *Priester*, in: Aktienrecht in der notariellen Praxis, Script der aktuellen Praktikertagung des Deutschen Anwaltsinstituts e.V. – Fachinstitut für Notare am 30./31.10.1992, Bochum 1992, S. 29.

[293] Vgl. *Tieves*, Unternehmensgegenstand, S. 117 ff., m.w.N..

[294] bzw. dessen Vorläuferbestimmung § 16 Abs. 3 Nr. 2 AktG 1937.

[295] Vgl. *Richter*, Die Begrenzung der Geschäftsführung durch die Satzung der AG – Zielformulierung als Satzungsinhalt -. Diss. Frankfurt a. Main 1975.

wertes der Gegenstandsangabe bei GmbH und AktG scheint daher gerechtfertigt.[296]

3. Prüfung durch Registergericht

Eine Funktion der Pflicht zur Angabe des Unternehmensgegenstandes wird teilweise darin gesehen, dass dem Registergericht durch die Gegenstandsangabe die Möglichkeit einer Kontrolle des Gegenstandes ermöglicht wird.[297] Das Registergericht prüft, ob die angegebene Tätigkeit überhaupt erlaubt ist,[298] ob die Tätigkeit in der angestrebten Rechtsform betrieben werden kann,[299] oder ob die Tätigkeit die Erbringung bestimmter staatlicher Genehmigungen erforderlich macht.[300] Die registergerichtliche Kontrolle soll somit verhindern, dass juristische Personen mit generell unzulässigem oder mit einem mangels der erforderlichen staatlichen Genehmigung unerlaubten Unternehmensgegenstand zur Entstehung gelangen.

a) Formale und materielle Unzulässigkeit

Das Registergericht prüft hierzu zunächst, ob die formalen Voraussetzungen für die Eintragung der Gesellschaft vorliegen, also ob die Anmeldung die gesetzlich vorgeschriebenen Angaben, - Unternehmensgegenstand, Firma usw. – enthält.[301] Darüber hinaus unterzieht das Registergericht die Gegenstandsangabe einer materiellen Vorabkontrolle.[302]

Zum einen können Unternehmensgegenstände sich hierbei als gesetz- oder sittenwidrig herausstellen, §§ 134, 138 BGB, wobei es sich keineswegs immer um solch eindeutige Tätigkeiten wie Schmuggel oder Schutzgelderpressung handeln

---

[296] Zu gleichem Ergebnis kommt *Tieves*, Unternehmensgegenstand, S. 118 f.

[297] Vgl. Sachs, DNotZ 1966, 355; *Grobe*, BB 1968, 267; *Sudhoff*, GmbhR, 1969, 244; sowie bereits oben § 2 VII. 1.

[298] Vgl. hierzu *Grobe*, BB 1968, 267; *Salch*, GmbHR 1971, 253.

[299] *Bartl/Henkes*, § 3 Rn. 35, BayObLGZ 1975, 448.

[300] Besonders von Wallner wurde die Funktion des Unternehmensgegenstandes als Grundlage für die Beurteilung des Gesellschaftszwecks, der Erlaubtheit bzw. Genehmigungsbedürftigkeit der Gesellschaftstätigkeit aufgrund ihrer Wirksamkeit hinsichtlich der praktischen Umsetzung kritisiert und in Frage gestellt. Dem ist insofern zuzustimmen, als dass das Registergericht wenig Möglichkeiten hat, den Gründern vor Eintragung die Absicht nachzuweisen, eine unerlaubte Tätigkeit unter dem Deckmantel einer erlaubten Tätigkeit mit der Gesellschaft verfolgen zu wollen. Zudem ist es durchaus denkbar, dass die Gründer einer Gesellschaft über die Genehmigungspflicht der angegebenen Tätigkeit erst durch die Prüfung des Registergerichts erfahren. Dem Unternehmensgegenstand deshalb die Kontrollfunktion gänzlich abzusprechen, erscheint daher nicht überzeugend; vgl. *Wallner*, JZ 1986, S. 721 ff..

[301] BayObLG DB 1988, 2354; OLG Köln, GmbHR 1973, 11; siehe auch *Michalski-Heyder*, GmbHG, § 9c Rn. 8.

[302] BGHZ 113, 335, 351; BayObLG BB 1983, 83; OLG Düsseldorf GmbHR 1998, 235; *Scholz/Winter*, GmbHG, § 9c Rn. 7.

muss, um die materielle Unzulässigkeit der Tätigkeit zu indizieren.[303] Zum anderen können spezialgesetzliche Regelungen zur Unzulässigkeit der Gegenstandsangabe führen. Hier sind besonders die Regelungen zu nennen, die bestimmte wirtschaftliche Tätigkeiten natürlichen Personen oder juristischen Personen mit bestimmter Rechtsform vorbehalten.[304] Liegt eine unzulässige Tätigkeit vor, so ist die Satzung der Gesellschaft fehlerhaft und das Registergericht hat die Eintragung gem. §§ 38 Abs. 1 S. 2 AktG, 9c GmbHG abzulehnen.

b) Genehmigungspflicht der Gesellschaft

Die Angabe des Unternehmensgegenstandes dient weiterhin dem Registergericht dazu, eine mögliche Genehmigungsbedürftigkeit der Gesellschaftstätigkeit festzustellen.[305] Das Registergericht kontrolliert, ob die notwendigen Genehmigungen gem. §§ 37 Abs. 4 Nr. 5 AktG, 8 Abs. 1 Nr. 6 GmbHG[306] der Anmeldung beigefügt worden sind und kann darüber hinaus, falls Zweifel über die Genehmigungspflicht bestehen, eine Unbedenklichkeitsbescheinigung der zuständigen Behörde verlangen.[307] Liegen dem Registergericht die staatlichen Genehmigungen dagegen noch nicht vor,[308] so muss es die Eintragung bis zur vollständigen Erbringung der erforderlichen Genehmigungen zurückweisen.[309]

---

[303] So wurden beispielsweise die Tätigkeiten „Vertrieb von Zündhölzern" und „Vermittlung von Arbeitskräften" als verbotene Unternehmensgegenstände iSd. § 134 BGB angesehen, da diese Tätigkeiten eine Verletzung des Zündwarenmonopols bzw. einen Verstoß gegen das monopolisierte Dienstleistungsgebot bei der Arbeitsvermittlung darstellten; vgl. hierzu *John*, Unternehmensgegenstand, S. 106 ff.; siehe ferner BayObLG DB 1972, 1015; BayObLG NJW 1971, 528.

[304] So dürfen beispielsweise gem. § 34b Abs. 3 GewO Versteigerungsgewerbe nicht Gegenstand von Kapitalgesellschaften sein; vgl. ferner §§ 2 Hypothekenbankgesetzes, 2 Abs. 1 Schiffbankgesetzes, die bestimmen, dass die beschriebenen Kreditinstitute nur in der Rechtsform der AG oder der KGaA geführt werden dürfen; siehe auch § 7 Abs. 1 VAG, hierzu auch *Tieves*, Unternehmensgegenstand, S. 68 f..

[305] Die Genehmigung wird generell für die Gesellschaft und nicht für die Gesellschafter bzw. für den Geschäftsführer erteilt, vgl. hierzu OLG Hamm GmbHR 1997, 600, 601, sowie *Hachenburg/Ulmer*, GmbHG, § 8 Rn. 14; *Scholz/Winter*, GmbHG, § 8 Rn. 14.

[306] Als Maßstab für die Genehmigungspflicht können vom Registergericht alleine öffentlich-rechtliche Normen herangezogen werden, vgl. hierzu BayObLG DB 1990, 1079; OLG Celle NJW 1964, 1946. Beispielhaft für die Fälle einer Genehmigungspflicht sind § 3 Abs. 1 EinzelhG, §§ 8, 37 und 80 GüKG, § 2 PBefG, § 2 KAGG, § 10 FahrlG, § 11 TierschutzG, § 23 AFG, § 59 c BRAO sowie § 32 KWG zu nennen, vgl. hierzu auch *Michalski*, GmbHG, § 8 Rn. 18.

[307] Vgl. OLG Köln ZIP 1981, 736; Bay ObLG GmbHR 1979, 224 f..

[308] BayObLG RPfl. 1978, 448, 449; GmbHR 1994, 60, 61; bzgl. des Falls, dass eine Genehmigung erst nach der Entstehung der Gesellschaft erteilt werden kann, bspw. § 15 Abs. 4 S. 2 GüKG, wird das Registergericht zunächst eine Auskunft über die Genehmigungspflicht einholen oder eine entsprechende Bescheinigung der zuständigen Behörde verlangen, vgl. *Winter*, in Scholz, GmbHG, 8. Aufl. § 8 Rn. 14.

c) Schutzrichtung des Unternehmensgegenstandes im Hinblick auf seine Funktion als Grundlage einer staatlichen Kontrolle und der nötige Erklärungswert

Die aufgeführten Kontrollmöglichkeiten des Registergerichts machen deutlich, dass die §§ 23 Abs. 3 Nr. 2 AktG, 3 Abs. 1 Nr. 2 GmbHG[310] ihre Funktion als Anknüpfungspunkt staatlicher Reglementierung trotz des Wandels vom Konzessions- zum Normativsystem nicht gänzlich verloren haben. Auch wenn man die Wirksamkeit der Regelungen in Frage stellen mag,[311] so entspricht es immer noch der Intention der gesetzlichen Regelungen, die Entstehung juristischer Personen, mit unzulässigen oder mangels der erforderlichen staatlichen Genehmigung unerlaubten Unternehmensgegenständen,[312] zu verhindern.[313] Auf der Suche nach dem notwendigen Erklärungswert muss daher unter Beachtung des beschriebenen Normzweck der §§ 23 Abs. 3 Nr. 2 AktG, 3 Abs. 1 Nr. 2 GmbHG und der §§ 37 Abs. 4 Nr. 5 AktG, 8 Abs. 1 Nr. 6 GmbHG sichergestellt sein, dass die Gründer *nicht* die Absicht haben dürfen, einen unzulässigen oder genehmigungspflichtigen Gegenstand unter dem Deckmantel eines fiktiven Gegenstandes verwirklichen zu wollen, da ansonsten die Kontrollpflicht des Registergerichts leer laufen würde.

Ein Vergleich der Vorratsgründung mit einer „normalen Gründung" macht nunmehr deutlich, dass auch bei der verdeckten Vorratsgründung das Registergericht prüft, ob der fiktive Gegenstand zulässig bzw. genehmigungsbedürftig ist – die spätere Aufnahme des zunächst „fiktiv" gewählten Unternehmensgegenstandes würde somit in jeglicher Hinsicht den Anforderungen des Gründungsverfahrens genügen. Durch beide Gründungen entstehen Gesellschaften, denen nunmehr das Recht zugestanden wird, die in der Satzung angegebene Tätigkeit aufzunehmen. Der Unterschied zwischen den Gesellschaften liegt ledig-

---

[309] In BGHZ 102, 209, 211 ff. stellte der BGH sogar die Notwendigkeit einer Eintragung in die Handwerksrolle der Notwendigkeit einer staatlichen Genehmigung gleich; vgl. hierzu *Hachenburg/Ulmer*, 8. Aufl. § 8 Rn. 20.

[310] Vgl. hierzu auch §§ 37 Abs. 4 Nr. 5 AktG, 8 Abs. 1 Nr. 6 GmbHG.

[311] Nur selten wird sich aus dem Wortlaut der Satzung ein Rückschluss auf eine etwaige Gesetz- oder Sittenwidrigkeit ergeben. Ist die Tätigkeit dagegen offensichtlich unzulässig (Bsp. „Schutzgelderpressung im Gaststättenbereich") werden die Gründer kaum die wahre Tätigkeit offen legen, so dass die Wirksamkeit dieser Regelung stark eingeschränkt ist.

[312] Insofern ungenau die Ausführungen bei Scholz/Emmerich, GmbHG, § 3 Rn. 12, der von einem Mittel-Zweck-Verhältnis zwischen Gesellschaftszweck und Gegenstand ausgeht und der lediglich auf die Prüfung des Gesellschaftszwecks als Normzweck des § 3 GmbHG abstellt. Für die Fälle, in denen aus dem Gegenstand des Unternehmens nicht auf den Gesellschaftszweck geschlossen werden, wird durch die Angabe des Gegenstandes jedoch gerade sichergestellt, dass zumindest die Tätigkeit der Gesellschaft vom Registergericht überprüft werden kann.

[313] Vgl. *Winter*, in: Scholz, GmbHG, 8. Aufl. § 8 Rn. 14, BGHZ 102, 209, 217; BayObLG, GmbHR 1990, 454.

lich darin, dass die Gründer im Fall der verdeckten Vorratsgründung nicht in absehbarer Zeit die Absicht haben, von diesem Recht Gebrauch zu machen, sondern vielmehr die Tätigkeit der Gesellschaft auf die Verwaltung des eigenen Vermögens beschränken.

Wie nun jedoch durch die *Nichtausführung* einer *zulässigen* Tätigkeit bzw. einer Tätigkeit, für die eine Genehmigung *vorliegt,* die Kontrollfunktion der §§ 23 Abs. 3 Nr. 2 AktG, 3 Abs. 1 Nr. 2 GmbHG und der §§ 37 Abs. 4 Nr. 5 AktG, 8 Abs. 1 Nr. 6 GmbHG beeinträchtigt werden soll, ist nicht ersichtlich.[314] Da die Problematik der unzulässigen Tätigkeit einer Gesellschaft unter dem Deckmantel einer erlaubten Tätigkeit bereits von der Definition her kein Fall der verdeckten Vorratsgründung darstellt, kann sie auch nicht durch deren Unzulässigkeit oder Zulässigkeit gelöst werden.[315]

Die Absicht der Gründer, den angegebenen Gegenstand überhaupt nicht aufzunehmen, spricht somit nicht gegen das Prüfungsinteresse des Registergerichts, Gesellschaften mit verbotener oder genehmigungspflichtiger Tätigkeit vom Rechtsverkehr fernzuhalten. Im Umkehrschluss bedeutet dies somit, dass die Absicht der Gründer, den angegebenen Gegenstand in absehbarer Zeit zu verwirklichen, daher für die Erfüllung dieses Funktionsbereiches des Unternehmensgegenstandes unerheblich und somit nicht zwingender Erklärungswert der Gegenstandsangabe ist.[316] Notwendiger Erklärungswert ist vielmehr die Absicht der Gründer, *keine andere* als die in der Satzung angegebene unternehmerische Tätigkeit mit der Gesellschaft zu verwirklichen; insbesondere keine unerlaubte bzw. genehmigungspflichtige Tätigkeit.

4. Information und Schutz der Öffentlichkeit

Eine weitere Funktion des Unternehmensgegenstandes wird in der Information des Geschäftsverkehrs gesehen.[317] Fraglich ist demnach, ob die Informationsfunktion der Gegenstandsangabe, aus der teilweise auch auf eine Schutzfunktion geschlossen wird,[318] ohne den Informationswert einer beabsichtigten alsbaldigen Geschäftsaufnahme der Gründer unterlaufen wird.

---

[314] Nicht zutreffend daher die Behauptung *Meyers,* dass die §§ 37 Abs. 4 Nr. 5 AktG, 8 Abs. 1 Nr. 6 GmbHG leer liefen, „wenn sich die Gründer durch die Angabe eines anderen, nicht gewollten, aber auch nicht genehmigungspflichtigen Unternehmensgegenstandes entziehen könnten;" vgl. *Meyer,* ZIP 1994, S. 1661, 1664.

[315] Vgl. hierzu das Beispiel bei *Kantak,* Mantelgründung, S. 46.

[316] a. A. bei *Meyer,* ZIP 1994, S. 1661, 1664.

[317] Vgl. OLG Hamburg BB 1968, 267; BayObLG GmbHR 1995, 722; *Sudhoff,* GmbHR 1977, 219; *Petzoldt,* DB 1977, 1783; *Jeck,* DB 1978, 832; *KölnKomm-Mertens,* § 82 Rn. 14; *Geßler/Hüffer,* § 275 Rn. 26., weitere Nachweise in Fn. 269.

[318] Vgl. hierzu *Tieves,* Unternehmensgegenstand, S. 73 f.; sowie *Hachenburg/Ulmer,* GmbHG, § 3 Rn. 12.

a) Informationsfunktion des Unternehmensgegenstandes durch Eintragungs- und Veröffentlichungspflicht

Die Informationsfunktion des Unternehmensgegenstandes kann sowohl aus der Eintragungs- als auch aus der Veröffentlichungspflicht abgeleitet werden. Der Unternehmensgegenstand ist im Handelsregister gem. §§ 36 Abs. 1, 39 Abs. 1 AktG, 7 Abs. 1, 10 Abs. 1 GmbHG einzutragen.[319] Das Handelsregister wird vom Amtsgericht gem. §§ 125 bis 158 FGG als öffentliche Aufgabe des Staates geführt und ist eine Liste, in der Kaufleute und ihre Zweigniederlassungen eingetragen werden. Zweck des Handelsregisters ist die möglichst genaue und zuverlässige Unterrichtung der Öffentlichkeit über rechtserhebliche kaufmännische Verhältnisse[320] - also über solche Tatsachen, die für den Rechtsverkehr von Bedeutung sind.[321] Durch die Offenlegung wird dem Umstand Rechnung getragen, dass für außenstehende Dritte die innere Organisation sowie die Kapitalausstattung von Kapitalgesellschaften häufig nicht erkennbar ist.[322] § 9 Abs. 1 HGB schafft hier Abhilfe und gewährt jedermann ein Einsichtsrecht in die Datei und zugehörigen Schriftstücke.[323]

Der Geschäftsverkehr hat die Möglichkeit sich neben dem Unternehmensgegenstand über die Geschäftsleiter, den Sitz und vor allem über die Höhe des Grund- bzw. Stammkapitals ein Bild zu machen. Neben der konstitutiven Wirkung erfüllt die Registereintragung des Unternehmensgegenstandes somit auch eine Informationsfunktion.[324]

Darüber hinaus sind gem. §§ 40 Abs. 1 AktG, 10 Abs. 3 GmbHG Registereintragungen und somit auch der Unternehmensgegenstand zu veröffentlichen. Durch den Publizitätsakt der Bekanntmachung, der für die Konstituierung der Gesellschaft keine Funktion hat, wollte der Gesetzgeber das Registergericht entlasten und vermeiden, dass weite Kreise sich in kurzen Abständen immer wieder durch Einsichtnahme von dem jeweiligen Stand des Registers unterrichten.[325]

---

[319] Zur beweisrechtlichen Bedeutung der Eintragung vgl. *Klostermann*, Rosinentheorie, S. 25 f..

[320] *Klostermann*, Handelsregister, S. 33; *Schlegelberger/Hildebrandt/Steckhan*, HGB, 5. Aufl. 1973, § 15 Rn. 2.

[321] Vgl. bezüglich der Grenzen des Informationsinteresses *John*, Unternehmensgegenstand, S. 119 ff. m.w.N..

[322] Vgl. hierzu die Ausführungen zu den Motiven zum Preußischen Handelsgesetzbuchs (1858): Es wird in einem solchen Handelsregister in zweckmäßiger Weise ein Organ geschaffen, welches auf ähnliche Weise, wie das Hypothekenbuch über den Rechtszustand der Grundstücke, über die Verhältnisse des Handelsstandes des Bezirks, soweit sie von allgemeinem Interesse sind, genauen Aufschluss gibt."

[323] Vgl. *Bülow*, Handelsrecht, S. 11.

[324] Vgl. hierzu *Hachenburg/Ulmer*, § 10 Rn. 1 m.w.N..

[325] Vgl. *Klostermann*, Handelsregister, S. 35.

b) Schutzrichtung des Unternehmensgegenstandes im Hinblick auf seine Funktion als Informationsquelle für den Rechtsverkehr und der nötige Erklärungswert

Die Gegenstandsangabe erfüllt im Außenverhältnis der Gesellschaft eine Informationsfunktion.[326] Auf der Grundlage der durch die Registereintragung und Veröffentlichung bereit gestellten Informationen hat der Geschäftsverkehr die Möglichkeit, Rückschlüsse auf das Unternehmen zu ziehen. Wurde bereits ein rechtsgeschäftlicher Kontakt hergestellt oder soll ein solcher hergestellt werden, haben (potentielle) Geschäftpartner die Möglichkeit anhand der Informationen zu entscheiden, ob sie den Kontakt eingehen bzw. intensivieren möchten. Teilweise wird aufgrund dieser Informationsfunktion auch eine Schutzfunktion[327] der Gegenstandsangabe abgeleitet, denn die Gegenstandsangabe kann als Teil dieser Informationen zum einen dazu dienen, potentiellen Anlegern Informationen über die Marktchancen und Risiken zu geben.[328] Zum anderen bietet die Gegenstandsangabe potentiellen Gläubigern – wie etwa Lieferanten und Kunden - Anhaltspunkte bei der Kreditwürdigkeit, indem der Gegenstand Anhaltspunkte über die Kapitalausstattung liefert.[329] Zwar ist „ein Erfolg versprechender Tätigkeitsbereich noch lange keine Garantie"; umgekehrt kann jedoch

---

[326] Die herrschende Meinung geht lediglich von der Informationsfunktion der registergerichtlichen Angaben aus, vgl. zur Rechtsprechung BGH BB 1981, S. 450; OLG Köln, WM 1981, S. 805; OLG Frankfurt, GmbHR 1987, S. 231; BayObLGZ 1993, S. 320; BayObLG GmbHR 1995, S. 722; zur Literatur vgl. *Meyer-Landrut*, GmbHG, § 3 Rn. 12; *Lutter/Hommelhoff*, § 3 Rn. 8; *Hüffer*, AktG, § 23 Rn. 21.

[327] Kritisch zur Schutzfunktion des Unternehmensgegenstandes äußerte sich vor allem auch *Schilling* in Hachenburg/Schilling, § 3 Rn. 9, der darauf verwies, dass der Rechtsverkehr kein Interesse an der Kenntnis des Unternehmensgegenstandes hätte. Ebenso vertraten *Kraft*, in KölnKomm/*Kraft*, § 23 Rn. 43 und *Wiedemann*, in:GK/*Wiedemann*, § 275 Rn. 3 die Ansicht, dass dem Unternehmensgegenstand nicht eine Geschäftsverkehrschutzfunktion zukomme, da dieser bereits durch die §§ 82 Abs. 1 AktG, 37 Abs. 2 GmbHG geschützt sei. Schließlich konnte auch *Salch* in der Angabe des Unternehmensgegenstandes keine Geschäftsverkehrschutzfunktion erkennen, denn ein Vergleich mit den Personengesellschaften mache deutlich, dass diese zwar auch in das Handelsregister eingetragen werden, jedoch die Angabe des Unternehmensgegenstandes gerade nicht zwingend notwendig ist; vgl. *Salch*, GmbHR 1971, 251, 253. Wie bereits bemerkt, soll in dieser Untersuchung eine kritische Auseinandersetzung mit diesen Argumenten nicht erfolgen, sondern vielmehr die größtmögliche Schutzfunktionsbreite unterstellt werden.

[328] So können bei einer Gesellschaft mit dem Gegenstand „Handel mit Steinkohle" aus der Gegenstandsangabe zumindest Anhaltspunkte über die zukünftigen Marktchancen des Unternehmens gewonnen werden. Vgl. hierzu *John*, Unternehmensgegenstand, S. 117 f..

[329] Vgl. hierzu das Beispiel bei *Tieves*, Unternehmensgegenstand, S. 75 Fn. 101, der darauf hinweist, dass ein Stammkapital von 50 TD€ bei einer GmbH generell als unbedenklich erscheint, im Zusammenhang aber mit dem Unternehmensgegenstand „Handel und Vermittlung von börsennotierten Terminoptionen" Zweifel an der Kreditwürdigkeit aufkommen lassen, siehe hierzu auch *Heinrich*, Firmenwahrheit, S. 155 mit Verweis auf *Pisko*, ZPÖRG 1910 (Band 37), 699, 760.

eine „am Markt" vorbeilaufende, geplante Aktivität für die Beurteilung der Kreditwürdigkeit ein wichtiger Maßstab und gegebenenfalls auch ein „Warnsignal" sein.[330]
Auf der Suche nach dem notwendigen Erklärungswert stellt sich für die verdeckte Vorratsgründung nunmehr die Frage, ob durch die fehlende Absicht der Gründer zur Aufnahme der angegebenen Tätigkeit die Schutz- bzw. Informationsfunktion der Gegenstandsangabe berührt wird. Auf der einen Seite soll sich der Geschäftsverkehr auf die Angabe im Handelsregister verlassen können. Die zur Verfügung gestellten Informationen dienen dazu, die interessierte Öffentlichkeit – wie etwa potentielle Kreditgeber, Lieferanten, Kunden, und Wettbewerber[331] - hinsichtlich eines bereits bestehenden oder eines geplanten rechtsgeschäftlichen Kontakts abzusichern oder zu informieren und sind von ihrer Intention her Ausdruck von Vertrauensschutz. Auf der anderen Seite ist jedoch gerade die Vorratsgesellschaft darauf ausgelegt, keinen Geschäftsverkehr hervorzurufen, der dazu veranlasst sein könnte, sich auf die Informationen der Gegenstandsangabe zu verlassen. Es erscheint daher wenig sinnvoll, den Geschäftsverkehr vor einer Gesellschaft zu schützen bzw. diesen über eine solche zu informieren, wenn diese sich auf die Verwaltung des eigenen Vermögens beschränkt und gerade nicht am Geschäftsverkehr teilhaben will. Die Nichtverwirklichung einer in der Satzung angegebenen Tätigkeit stellt für sich noch keine Gefährdung des Geschäftsverkehrs dar.[332]
Wenig überzeugend ist auch die Annahme, die Gegenstandsangabe transportiere die Information an eine „interessierte Öffentlichkeit", ob die Gesellschaft geschäftstätig ist oder nicht. Die Information der Geschäftstätigkeit wird vielmehr durch die werbende, am Markt auftretende Gesellschaft selber gesetzt, so dass es einer Bestätigung dieser Information durch den Unternehmensgegenstand nicht notwendigerweise bedarf. Ist dagegen die Gesellschaft untätig, hat sie also ihren Geschäftsbetrieb eingestellt, so kann dies die interessierte Öffentlichkeit viel einfacher „am Markt" selber erfahren.[333] Alles andere würde darauf hinauslau-

---

[330] Vgl. hierzu *Wallner*, JZ 1986, 721, 725.

[331] Vgl. hierzu die Aufzählung der interessierten Öffentlichkeit bei *John*, Unternehmensgegenstand, S. 117 ff.

[332] Überspitzt formuliert könnte vielmehr angesichts der Vielzahl der Insolvenzen und der Höhe der Ausfallquoten argumentiert werden, dass die Absicht der Gründer den Unternehmensgegenstand zu verwirklichen den Geschäftsverkehr gefährdet. Die Gegenannahme, dass durch die Untätigkeit einer Gesellschaft der Geschäftsverkehr nicht gefährdet wird, ist dagegen noch nicht widerlegt.

[333] Es dürfte schon fraglich sein, wie Außenstehende überhaupt Kontakt mit der untätigen Gesellschaft aufnehmen sollten, da diese idR weder über öffentliche Geschäftsräume noch über telefonische Ansprechpartner verfügen dürfte. So würde lediglich die Möglichkeit bestehen, von der Existenz der Gesellschaft durch Einsichtnahme in das Handelsregister bzw. durch die Lektüre der gem. §§ 40 Abs. 1 AktG, 10 bs. 3 AktG notwendigen Veröffentlichung

fen, der Möglichkeit einer Einsichtnahme in das Handelsregister bzw. einer Veröffentlichungspflicht gem. §§ 40 Abs. 1 AktG, 10 bs. 3 AktG in der Tagespresse die Funktion zuzusprechen, eine geschäftliche Kontaktaufnahme zu ermöglichen. Durch den Publizitätsakt der Bekanntmachung wollte der Gesetzgeber jedoch lediglich das Registergericht entlasten und wiederholte Einsichtnahmen über den Stand des Registers vermeiden.[334] Zudem wäre eine solche Information aus dem Handelsregister für sich alleine wenig hilfreich, da die Intensität und der Umfang der Geschäftstätigkeit auch nicht durch das Handelsregister kenntlich gemacht werden könnten.

Bei der Ermittlung des notwendigen Erklärungswertes, ist daher festzustellen, dass die *Tätigkeit als solche* nicht zwingend Bestandteil der Gegenstandsangabe sein muss. Vielmehr ist der Informations- und Schutzfunktion der Gegenstandsangabe bereits dann Genüge getan, wenn lediglich die *unternehmerisch* tätige Gesellschaft sich dazu verpflichtet, den tatsächlichen und statuarischen Gegenstand übereinstimmen zu lassen. Für die Gründer einer Vorratsgesellschaft bedeutet dies, dass diese bzgl. der Gegenstandsangabe lediglich die Absicht haben müssten, zum Zeitpunkt, in dem die Gesellschaft ihre Vorratstätigkeit einstellt und über die Verwaltung des eigenen Vermögens hinaus tätig wird, den statuarischen und tatsächlichen Unternehmensgegenstand übereinstimmen zu lassen.

5. Schutz der Gesellschafter

Eine weitere Funktion des Unternehmensgegenstandes wird darin gesehen, die Grenzen der den Gesellschaftsorganen zustehenden Befugnisse zu bestimmen[335] und so dem Gesellschafterschutz zu dienen.[336] Inwieweit auf Grundlage einer internen Bindungsfunktion der Gegenstandsangabe Rückschlüsse hinsichtlich des Erklärungswertes Gegenstandsangabe gemacht werden können, soll im Folgenden untersucht werden.

a) Gesellschafterschutz ohne Ultra-vires-Lehre?

Dass der Gegenstandsangabe überhaupt eine Gesellschafterschutzfunktion zugesprochen wird, mag zunächst verwundern und wird aufgrund der fehlenden Bindung der Geschäftsführung im Außenverhältnis auch skeptisch beurteilt.[337]

---

in der Tagespresse zu erfahren; die geschäftliche Kontaktaufnahme wird durch diese Information allerdings noch nicht ermöglicht.

[334] Vgl. hierzu bereits oben § 2 VII. 4. a), sowie *Klostermann*, Handelsregister, S. 35.

[335] Vgl. hierzu *Tieves*, aaO., S. 73 ff.; Großkomm.AktG-*Wiedemann*, § 179 Rn. 6 ff.; *Bartl/Henkes*, § 3 Rn. 35; *Baumbach/Hueck*, § 3 Rn. 9; *Grobe*, B 1968, 267;

[336] Nach *Brodmann* hat die Angabe des Unternehmensgegenstandes seine Hauptfunktion darin, das Verhältnis der Gesellschafter untereinander und zur Geschäftsführung zu bestimmen, vgl. *Brodmann*, GmbHG, § 3, Nr. 4a, S. 20 f..

[337] Vgl. *Wallner*, JZ 1986, S. 721, 724; *Roth*, § 3 Anm. 2.3.1.; siehe auch *Geßler*, FS Stimpel, S. 771, 782, der die beschränkte Gesellschafterschutzfunktion des Unternehmensgegenstandes

Denn die dem angloamerikanischen Rechtsraum entspringende ultra-vires- Leh-re[338], wonach nicht nur die Geschäftsführung, sondern auch die Vertretungsbe-fugnis der gesetzlichen Vertreter einer Korporation auf den Unternehmensge-genstand beschränkt ist, ist dem deutschen und europäischen Recht fremd.[339] Im Außenverhältnis ist daher eine Beschränkung der Geschäftsführungsbefugnis für die AG und GmbH gem. §§ 82 Abs. 1 AktG, 37 Abs. 2 GmbHG unwirksam. Auf europäischer Ebene bestimmt in Übereinstimmung mit der deutschen Kon-zeption Art. 9 Abs. 1 und 2 der Publizitätsrichtlinie[340] den Grundsatz, dass nur gesetzliche, nicht aber satzungsmäßige oder sonstige Beschränkungen der Ver-tretungsmacht Dritten entgegengehalten werden können; und Letztere auch dann unwirksam sind, wenn sie bekannt gemacht werden.[341] Dieser Grundsatz wurde weiterhin auch bei der Schaffung der Europäischen Wirtschaftlichen Interessen-vereinigung (EWIV)[342] beibehalten, die als eigenständige europäische Gesell-schaftsform die grenzüberschreitende Zusammenarbeit von Unternehmen und natürlichen Personen fördern soll.[343] Die Stimmen, die sich für eine Gesellschafterschutzfunktion der Gegenstands-angabe aussprechen, weisen allerdings zu Recht darauf hin, dass eine fehlende

---

nicht auf die §§ 82 Abs. 1 AktG, 37 Abs. 2 GmbHG stützt, sondern auf die in der Praxis übli-che weite Fassung des Unternehmensgegenstandes; *Tieves*, Unternehmensgegenstand, S. 84 Fn. 139 führt hierzu aus, dass ein solcher Rückschluss von der Praxis der Gegen-standsangabe auf die Gesellschafterschutzfunktion jedoch nicht zwingend ist.

[338] Vgl. *Baumann*, Handelsgesellschaften im englischen Rechtskreis, S. 72 ff.; *Merkt*, US-amerikanisches Gesellschaftsrecht, Rn. 245 ff..

[339] Der Unternehmensgegenstand, wie er im memoramdum of association bezeichnet ist, be-grenzt den Wirkungskreis der Gesellschaft. „The memorandumg of asociation is.....the area beyond which the action of the company cannot go", vgl. Ashbury Railway Carriage an Iron Co Ltd. V. Richie (1875) LR 7 HL 653, 671 (Lord Cairns); vgl. hierzu auch *Gumpert*, Unternehmensgegenstand,. S. 73 ff. der auf die unterschiedliche Zuordnung der ultra-vires Doktrin im deutschen Recht hinweist, wonach teilweise die Doktrin als Beschränkung der Rechtsfähigkeit gilt, vgl. hierzu *Ennecerus-Nipperdey*, aao., § 105 I Fn. 4 oder *Schnei-der/Burgard*, aaO., S. 501, oder auch als Beschränkung der Handlungsfähigkeit angesehen wird, wie etwa bei *Schlink*, aaO., S. 16. vgl. ferner *Flume*, Juristische Personen, § 10 II; ders., Unternehmen, S. 45 ff.; *Raiser*, ACP 199, (1999), 134.

[340] Erste Richtlinie des Rates vom 9.3.1968 zur Koordination der Schutzbestimmungen, die in den Mitgliedstaaten den Gesellschaften im Sinnes des Art. 58 Abs. 2 des Vertrages im Inte-resse der Gesellschafter sowie Dritter vorgeschrieben sind, um diese Bestimmungen gleich-wertig zu gestalten (68/151/EWG), ABl. EG Nr. L 65 vom 14.3.1968, S. 8.

[341] Vgl. *Gumpert*, Unternehmensgegenstand ,S. 109 ff..

[342] Eingehend zur EWIV vgl. *Ganske*, DB-Beil. Nr. 20/85, S. 1-12 und *ders.*, Das Recht der Europäischen wirtschaftlichen Interessenvereinigung (EWIV), München 1998.

[343] So bestimmt Art. 20 Abs. 1 Unterabsatz 2 und 3 der EWIV Verordnung : „Eine Be-schränkung der Befugnisse des Geschäftsführers oder der Geschäftsführer durch den Grün-dungsvertrag oder durch den Beschluss der Mitglieder kann Dritten nicht entgegengesetzt werden, selbst wenn sie bekanntgemacht worden sind." Vgl. Verordnung (EWG) Nr. 2137/85 vom 25.7.1985, Abl. EG Nr. L 199 vom 31.7.1985, S. 7.

Beschränkung der Geschäftsführung im Außenverhältnis nicht alleiniger Maßstab für die Herleitung einer Gesellschafterschutzfunktion sein kann. So wird
zunächst grundsätzlich durch die „zwingende Kompetenzzuweisung"[344] einer
Änderung des Gegenstandes an das Gesellschafterorgan die Geschäftsleitung in
ihrer Entscheidungsfreiheit beschränkt. Darüber hinaus haben im Innenverhält-
nis die „Geschäftsführer" im Verhältnis zur Gesellschaft und den Gesellschaftern die Beschränkungen, die sich aus der Satzung und damit auch aus dem Unternehmensgegenstand ergeben, einzuhalten.[345] Die Bezeichnung des Unternehmensgegenstandes schreibt der Verwaltung und den übrigen Geschäftführungs-
organen vor, mit welchen Mitteln bzw. auf welchem wirtschaftlichen Gebiet die
Gesellschaft tätig werden soll.[346] Die freie Entscheidung der Gesellschafter auf
ein zulässiges Betätigungsfeld ist dabei auch immer eine Einigung über das ein-
zugehende Verlustrisiko[347] - eine Risikoprognoseentscheidung bzgl. des der
Gesellschaft zur Verfügung gestellten Kapitals.[348] Die Gesellschafter können
häufig keinen Einfluss auf die Geschäftsführung ausüben; sie haben daher ein
Interesse daran sicherzustellen, dass die Gesellschaft, in die sie ihr Kapital investieren, sich nicht ohne weiteres auf einem aus unternehmerischen Gesichtspunkten risikoreicheren Gebiet betätigt.[349] Denn unterschiedliche unternehmerische Betätigungsfelder ziehen unterschiedliche Risiken hinsichtlich des einge-
setzten Kapitals nach sich.

Dass es hierzu nicht notwendigerweise einer ultra-vires-Doktrin bedarf, und die
interne Beschränkung der Geschäftsführung nicht bloß um ein stumpfes Schwert
zum Gesellschafterschutz darstellt, wird dadurch deutlich, dass eine Überschreitung der internen Befugnisse für die Geschäftsführung zu beträchtlichen Haftungsrisiken führen kann.[350] Zum einen stehen der Gesellschaft die speziellen

---

[344] So *Gumpert*, Unternehmensgegenstand, S. 47.

[345] Zur gesetzlich normierten internen Bindung der Geschäftsleitung an den Unternehmensgegenstand im Rahmen der §§ 82 Abs. 2 AktG, 37 Abs. 1 GmbHG vgl. BayObLG GmbHR
1976, 38; OLG Köln, WM 81, 805; OLG Hamburg BB 1968, 267; siehe auch *Schmidt-
Leithoff*, Die Verantwortung der Unternehmensleitung, S. 163 f.; *Mertens*, NJW 1970, 1718
ff.; *Rowedder/Rittner/Schmidt-Leithoff*, GmbHG, § 1 Rn. 5.

[346] Vgl. *Wiedemann*, Gesellschaftsrecht, Bd. 1, S. 329; *Tieves*, Unternehmensgegenstand, S.
83 f..

[347] Vgl. *Wiedemann*, Gesellschaftsrecht, S. 516; *Kropff*, ZGR 1984, 112, 130; *Henze*, FS Bou-
jong, S. 233, 246.

[348] Vgl. hierzu *Großmann*, aaO. S. 166 f.; *Gumpert*, aaO.; S. 57.

[349] Vgl. hierzu das Beispiel bei *Tieves*, Unternehmensgegenstand, S. 84 Fn. 137, der darauf
verweist, dass das unternehmerische Risiko eines auf die Automobilproduktion ausgerichteten
Unternehmens ein anderes darstellt als bei einem Rüstungsunternehmen.

[350] Vgl. §§ 93 Abs. 2 S. 1 AktG, 43 Abs. 2 GmbHG; die Umkehrung der Beweislast gem. §
93 Abs. 2 S. 2 AktG hinsichtlich des Nachweises eines fehlenden Verschuldens des Vorstandes wird aufgrund fehlender Regelung im GmbHG entsprechend angewandt, vgl. hierzu
Scholz/Schneider, GmbHG, § 43 Rn. 167 ff., siehe ferner Brodmann, GmbHG, § 3, Nr. 4a, S.
20 f., sowie Goette, ZGR 1995, 648 ff..

Schadensersatzansprüche gem. §§ 93 Abs. 2 AktG, 43 Abs. 2 GmbHG, aber auch die allgemeinen Haftungsgrundlagen der §§ 823 Abs. 1 und Abs. 2 BGB und des § 826 BGB zur Verfügung.[351] Stellt der Verstoß gegen die interne Beschränkung der Geschäftsführung darüber hinaus auch noch eine unzulässige Wettbewerbshandlung dar, so ist ferner eine Haftung gem. §§ 88 Abs. 2 S. 1, 93 Abs. 2 AktG, 43 Abs. 2 GmbHG denkbar.[352] Zudem haben die Gesellschafter einer AG oder GmbH die Möglichkeit, die Gesellschaft auf Unterlassung zu verklagen, wenn die Geschäftsleitung eine Erweiterung des Unternehmensgegenstandes betreibt.[353]

b) Gegenstand als Zielvorgabe?

Die Bestimmung des Gegenstandes eröffnet ferner die Möglichkeit durch eine Vergleichsschau zu ermitteln, ob die in Frage stehende unternehmerische Tätigkeit die Grenzen der Gegenstandsangabe überschreitet. Unternehmerische Entscheidungen, welche aus wirtschaftlichen Gesichtspunkten unvernünftig sind, sich aber innerhalb des durch die Gegenstandsbezeichnung gezogenen Rahmens bewegen, sind allerdings von der internen Bindung nicht berührt und werden daher von der Schutzfunktion des Unternehmensgegenstandes gerade nicht erfasst. Da allein durch die Vorgabe negativ formulierter Verhaltensmaßregeln jedoch ein Unternehmen nicht wirksam gesteuert werden kann, sondern es hierzu vielmehr der Vorgabe positiver Ziele bedarf, wird die begrenzte Wirksamkeit des Unternehmensgegenstandes im Hinblick auf seine Gesellschafterschutzfunktion deutlich. Dies hat dazu geführt, dass die Gegenstandsangabe vermehrt als positive Zielvorgabe angesehen wird, welche die Geschäftsleitung zur Ausfüllung des Gegenstandes verpflichte.[354] Dies müsse besonders deshalb gelten, da die Bestimmung des Unternehmensgegenstandes auch immer eine Entscheidung über das sich aus den unterschiedlichen Einzelrisiken zusammensetzende

---

[351] Für das selbstständige Nebeneinander von deliktischen und gesellschaftsrechtlichen Ansprüchen spricht sich insb. *Mertens*, FS R. Fischer, S. 461 ff.; *ders.* KölnKomm, § 93 Rn. 156 aus; vgl. hierzu auch BGHZ 100, 190, 200; a.A. Geßler/Hefermehl, § 93 Rn. 86. Da die Beweislastumkehr der gesellschaftsrechtlichen Ansprüche für die deliktischen Ansprüche nicht greift, komme Letztere auf jeden Fall eine geringe praktische Relevanz zu, vgl. Tieves, Unternehmensgegenstand, S. 334.

[352] Vgl. *Golling*, Sorgfaltspflicht, S. 42; *Weisser*, Corporate Opportunities, S. 230 ff..

[353] Die Möglichkeit einer solchen Klage ergibt sich aus dem Kompetenzübergriff der Geschäftsführung auf die Mitgliedsrechte der Gesellschafter, vgl. hierzu BGHZ 83, 122, 134 f.; BGH NJW 1994, 51, 53; OLG Hamburg, ZIP 1980, 1000, 1003. Ausdrücklich auch für ein Klagerecht bei der GmbH tritt *Tieves*, Unternehmensgegenstand, S. 389 ff., ein, der darauf verweist, dass sich hinsichtlich der Änderung der Gesellschaftssatzung die Stellung der Gesellschafter in AG und GmbH entsprechen; ebenso *Binge*, Gesellschafterklagen, S. 59 ff..

[354] Vgl. *Hachenburg/Ulmer*, GmbHG, § 3 Rn. 25; *Scholz/Emmerich*, GmbHG, § 3 Rn. 16; *Mertens*, NJW 1970, 1718, 1720 ff; *Tieves*, Unternehmensgegenstand, S. 88 f..

Gesamtrisiko enthalte.[355] Die Gesellschafter hätten daher ein vitales Interesse daran sicherzustellen, dass der gesamte Unternehmensgegenstand ausgefüllt werde, und dass der Unternehmensgegenstand auch die Verpflichtung der Geschäftsleitung zur Ausfüllung des Gegenstandes nach sich ziehe.[356] Für die Zulässigkeit der verdeckten Vorratsgründung stellt sich daher die Frage, ob die Beschränkung der Geschäftsführung auf die Verwaltung des eigenen Vermögens einen ständigen Verstoß gegen die Pflicht zur Ausfüllung des Gegenstandes darstellen würde. Jedoch wird die Pflicht zur Ausfüllung des Unternehmensgegenstandes gerade nicht aus dem Unternehmensgegenstand selber, sondern aus der Zweckverfolgungspflicht abgeleitet.[357] Hinsichtlich der Vorratsgesellschaft gilt daher festzuhalten, dass wenn man die mit der Vorratsgesellschaft verbundene Zweckverfolgungsabsicht, die Tätigkeit auf die Verwaltung des eigenen Vermögens zu beschränken, als zulässig erachtet,[358] auch nicht aus einer wie auch immer umschriebenen Gegenstandsangabe eine Verpflichtung der Geschäftsleitung zur Ausfüllung derselben abgeleitet werden kann.

c) Schutzrichtung des Unternehmensgegenstandes im Hinblick auf seine Funktion als Gesellschafterschutz und der nötige Erklärungswert

Der Unternehmensgegenstand erfüllt seine Funktion als Gesellschafterschutznorm dadurch, dass durch die beschriebene Tätigkeit Grenzen abgesteckt werden, an die sowohl die Geschäftsleitung als auch die (Mehrheits-) Gesellschafter gebunden sind. Die Bindung an den Unternehmensgegenstand wirkt hierbei als interne Machtbegrenzung, berührt also nicht das Außenverhältnis der Gesellschaft. Um die Wirksamkeit dieser inneren Grenzziehungsfunktion der Gegenstandsangabe zu gewährleisten, sind haftungsrechtliche Konsequenzen an ein grenzüberschreitendes Verhalten geknüpft.

Hinsichtlich der hier aufgeworfenen Frage, ob die Absicht der Gründer, den Unternehmensgegenstand in absehbarer Zeit nach Eintragung zu verwirklichen,

---

[355] vgl. hierzu *Tieves*, Unternehmensgegenstand, S. 300, mit Verweis auf *Amstutz*, Konzern, Rn. 572 a.E.

[356] Vgl. *Hommelhoff*, Konzernleitung, S. 58 ff.; *Spoer*, Treuhandanstalt, S. 49; *Streuer*, Unternehmensgegenstand, S. 69 f..

[357] „Die Zweckverfolgungspflicht impliziert die Pflicht zur Ausfüllung des Unternehmensgegenstandes", vgl. Streuer, Unternehmensgegenstand, S. 69, mit Verweis auf Timm, Aktiengesellschaft, S. 24 und *Hommelhoff*, Konzernleitungspflicht, S. 65; vgl. ferner *Amstutz*, Konzern, Rn. 572; *Semler*, Aufsichtsrat, S. 109 f.; *Ebenroth*, Konzernbildung, S. 26; siehe hierzu auch *Tieves*, Unternehmensgegenstand, S. 88 ff und S. 300 m.w.N. in Fn.: 109; der bzgl. der Verpflichtung zur Ausfüllung ebenso nicht auf den Unternehmensgegenstand selber, sondern auf das Unternehmensziel abstellt. *Tieves* geht in seiner Argumentation von einem dreigliedrigen Modell aus, indem Gesellschaftsziel und Unternehmensgegenstand Teilabschnitte aus dem umfassenderen Gesellschaftszweck darstellen.

[358] Vgl. oben § 2 III. 3. sowie § 2 IV.3.

nötiger Erklärungswert der Gegenstandsangabe sein muss, damit diese seine Gesellschafterschutzfunktion erfüllen kann, ist zwischen zwei Alternativen zu unterscheiden. Sieht man die Gesellschafterschutzfunktion der Gegenstandsangabe darin begründet, die Tätigkeit auf außerhalb des umschriebenen Tätigkeitsfeldes zu beschränken, *überschreitet* die Verwaltung des eigenen Vermögens sicherlich nicht den durch die Satzung definierten Rahmen. Wird dagegen die Gesellschafterschutzfunktion darin gesehen, dass die Gegenstandsangabe eine positive Zielvorgabe enthält, so kann eine solche positive Zielvorgabe nur aus der Zweckverfolgungsabsicht hergeleitet werden. Diese zielt jedoch im Fall der Vorratsgründung gerade darauf, den in der Satzung angegebenen Gegenstand mit unternehmerischen Mitteln zunächst nicht zu verwirklichen. Die Gesellschafterschutzfunktion des Unternehmensgegenstandes wird daher nicht berührt.[359]

6. Zusammenfassung

Die Analyse der verschiedenen Funktionen der Gegenstandsangabe hat deutlich gemacht, dass die Absicht zur alsbaldigen Geschäftsaufnahme keinen notwendigen Erklärungsinhalt der Gegenstandsangabe darstellt. Die vom BGH geäußerte Feststellung, dass die Gegenstandsangabe ohne den beschriebenen Erklärungswert zur „formalen Ordnungsvorschrift" verkomme, ist dagegen zu pauschal. Das Fehlen einer Absicht zur alsbaldigen Geschäftsaufnahme bedeutet eben nicht, dass nunmehr die Gegenstandsangabe *überhaupt* keinen Erklärungswert hinsichtlich der subjektiven Willensrichtung der Gründer enthält. Der hier in Frage gestellte Erklärungswert kann vielmehr durch drei differenziertere *notwendige* Erklärungsinhalte ersetzt werden.

Auf der Grundlage der hier unterschiedenen (unterstellten) Schutzfunktionen lauten diese:

1. Die Gründer erklären, *keine andere* als die in der Satzung angegebene unternehmerische Tätigkeit mit der Gesellschaft zu verwirklichen; insbesondere keine unerlaubte bzw. genehmigungspflichtige Tätigkeit.

---

[359] Entgegen *Tieves*, Unternehmensgegenstand, S. 246 Fn. 89 handelt es sich bei der Vorratsgründung eben nicht um einen Fall der Gegenstandsüberschreitung; die Verwaltung des eigenen Vermögens ist quasi als Minus in jeder anderen unternehmerischen Tätigkeit enthalten. Vgl. hierzu die Ausführungen bei *Schloz/Emmerich*, § 3 Rn. 16; *Kropff*, FS Geßler, S. 111, 119, sowie *Rowedder/Rasner*, § 60 Rn. 7, bzgl. der Annahme, dass durch die Aufgabe des Geschäftsbetriebes der Gegenstand einer Gesellschaft nicht verändert wird.

2. Die Gründer erklären, bei *Aufnahme* der Geschäftstätigkeit statuarischen und tatsächlichen Gegenstand übereinstimmen zu lassen.

3. Die Gründer erklären, die interne Bindung, die sich durch die Bestimmung des Unternehmensgegenstandes ergibt, nicht zu *überschreiten.*

VIII. Die fehlende Betriebspflicht im AktG und GmbHG als tauglicher Anknüpfungspunkt zur Herleitung eines Erklärungswertes?

Nachdem bisher das Argument entkräftet werden konnte, die Unternehmensgegenstandsangabe sei grundsätzlich in ihrer Funktionalität gestört, wenn diese nicht die Absicht zur alsbaldigen Aufnahme der Geschäftstätigkeit enthalte, soll nunmehr die Argumentation der Gegenansicht[360] auf ihre Stichhaltigkeit untersucht werden.

Deren Hauptargument besteht in dem Hinweis, dass weder das AktG noch das GmbHG eine Betriebspflicht kennen würden. Es würde daher einen Widerspruch darstellen, auf der einen Seite an die Entstehung einer gesellschaftsrechtlichen Rechtsform die Absicht der Gründer zur Geschäftsaufnahme zu knüpfen, während auf der anderen Seite keine Pflicht besteht, diese Tätigkeit auch wirklich aufzunehmen.[361]

1. Verfassungsrechtliche Einordnung einer Betriebspflicht

Um zu klären, ob in zulässiger Weise Rückschlüsse aus dem Fehlen einer Betriebspflicht[362] im AktG und GmbHG auf die Absicht zur Geschäftsaufnahme bei der Gegenstandsangabe gezogen und in einen Bedingungszusammenhang gesetzt werden können, sollen zunächst beide Regelungen hinsichtlich ihres Rechtscharakters eingeordnet werden.

Die gesetzliche Normierung einer Betriebspflicht im AktG und GmbHG könnte zunächst als Eingriff in den Schutzbereich des Art. 9 Abs. 1 GG angesehen werden. Hierbei gilt es jedoch zu berücksichtigen, dass der Vereinigungsfreiheit des Art. 9 Abs. 1 GG zwar ein grundsätzlich offener Schutzbereich zu Grunde liegt, die verschiedenen Organisationstypen im Gesellschaftsrecht und ihre rechtliche Verfasstheit jedoch nicht ohne weiteres am Schrankensystem des Art. 9 Abs. 2 GG gemessen werden können.[363] So gilt grundsätzlich, dass die „rechtliche Verfasstheit im Allgemeinen und Rechtsfähigkeit im Besonderen nicht zu den Begriffsmerkmalen einer Vereinigung i.S.d. Art. 9 GG gehören."[364] Dem Gesetzge-

---

[360] Vgl. *Barz*, in GroßkommAktG, 3. Aufl. § 23 Anm. 13, *Hachenburg/Schilling*, GmbHG § 3 Anm. 12 a; siehe ferner *Kraft*, DStR 1993, 101, 103 und in KölnKomm, 2. Aufl., § 275 Rn. 24 f., *Löbenstein*, Mantelgründung, S. 14 f.; *Winter*, in Scholz/Winter, GmbHG, 6. Aufl., § 3 Rdnr. 11.

[361] Vgl. *Kraft*, DStR 1993, S. 101, 103; *Löbenstein*, Mantelgründung, S. 14 f..

[362] Die Feststellung, dass weder das AktG noch das GmbHG eine Betriebspflicht kennt, ist grundsätzlich unbestritten, vgl. hierzu *Priester*, DB 1983, 2291, 2298, mit Hinweis auf *Schilling*, in Hachenburg/Schilling, GmbHG, 6. Aufl. 1956, § 3 Anm. 12a sowie *Winter*, in Scholz/Winter, GmbHG, 6. Aufl. 1978, § 3 Rdnr. 11.

[363] „Die Interessen des Gemeinwohls, die der Staat zum Schutz anderer Rechtsgüter wahrnimmt", müssen hierbei „der Intensität des Eingriff in die Vereinsfreiheit an Gewicht entsprechen." Vgl. BVerfGE 84, 372, 378 f, vgl. ferner *Dreier/Bauer*, GG, Art. 9 Rn. 56.

[364] Vgl. *Kemper*, in v. Mangoldt/Klein/Starck, GG, Art. 9 Rn. 49.

ber steht es daher frei, normativ die Voraussetzungen zu bestimmen, die zur Erlangung eines gesellschaftsrechtlichen Vereinigungstypus erforderlich sind. Normen, welche bestimmte Voraussetzungen für das Entstehen von gesellschaftsrechtlichen Organisationstypen umschreiben, können somit (grundsätzlich) nicht als Eingriffe angesehen werden. Sie begrenzen nicht die Möglichkeit Vereinigungen zu bilden, sondern schaffen „lediglich die Voraussetzungen für die Inanspruchnahme bestimmter Rechtformen".[365] Der konkretisierende Gesetzgeber ist hierbei in seiner Ausgestaltung nicht völlig frei. Die gesetzgeberischen Inhaltsbestimmungen der Vereinigungsfreiheit sind hinsichtlich ihrer Ausgestaltung verfassungsrechtlichen Bindungen unterworfen,[366] so dass sich die Inhaltsbestimmungen auch am Schutzgut von Art. 9 GG zu orientieren haben.[367] Da der Grundrechtsträger jedoch nicht an die verschiedenen vereins- und gesellschaftsrechtlichen Typen von Vereinigungen gebunden ist, muss grundsätzlich in der „legislativen Bereitstellung und Ausgestaltung dieser Organisationstypen"[368] als solche zunächst keine Beschränkung, sondern eine *Erweiterung* der Handlungsmöglichkeiten gesehen werden.

Nichtsdestotrotz sind auch bei Anerkennung einer freien gesetzgeberischen Inhaltsbestimmung hinsichtlich gesellschaftsrechtlicher Vereinigungstypen gesetzliche Regelungen, welche die Freiheit unternehmerischer Entscheidung begrenzen, von sonstigen Grundrechten erfasst und damit rechtfertigungsbedürftig.[369] Gesetzliche Organisationsnormen haben daher die Schutzbereiche anderer Grundrechte zu beachten,[370] so dass eine etwaige Regelung, die die rechtliche

---

[365] Vgl. *Pieroth/Schlink*, Grundrechte, Rn. 805.

[366] „Demgemäß ist mit der verfassungsrechtlichen Garantie der Vereinigungsfreiheit seit jeher die Notwendigkeit einer gesetzlichen Ausgestaltung dieser Freiheit verbunden, ohne die sie praktische Wirksamkeit nicht gewinnen könnte. Diese Notwendigkeit gehört von vornherein zum Inhalt des Art. 9 I GG .... Aus der Notwendigkeit einer Ausgestaltung kann nicht folgen, dass eine bestimmte bestehende Ausgestaltung Verfassungsrang erhielte. Auf der anderen Seite darf der Gesetzgeber die Ausgestaltung nicht nach seinem Belieben vornehmen.... Insofern sind für den Umfang und die Dichte einer erforderlichen Regelung maßgebend der jeweilige Sachbereich sowie die Ordnungs- und Schutznotwendigkeit, die sich aus ihm ergeben." So BVerfGE 50, 290, 354 f.; vgl. ferner *Dreier/Bauer*, Art. 9 Rn. 49.

[367] Gewährleistet Art. 9 Abs. 1 GG das Individualgrundrecht der positiven Vereinigungsfreiheit, sind hiervon mehrer Teilgarantien, wie etwa die sog. Vereinsautonomie, welche die Freiheit der Gründung, einschließlich der freien Entscheidung über Zeitpunkt, Zweck und Rechtsform enthält, umfasst. Als äußere Grenze für die inhaltlichen Regelungen muss daher „in jedem Fall....das Prinzip freier Assoziation und Selbstbestimmung grundsätzlich gewahrt bleiben", vgl. BVerfGE 50, 290, 355; siehe hierzu auch *Sachs/Höfling*, Art. 9 Rn. 16; *Scholz*, in Maunz/Dürig, Art. 9 Rn. 86; v.*Mutius*, Jura 1984, 193,196.

[368] Vgl. *Kemper*, in v. Mangoldt/Klein/Starck, Art. 9 Rn. 46.

[369] Vgl. *Canaris*, JZ, 1987, 993, 995 ff.; *Maunz/Di Fabio*, Art. 2 Abs. 1, Rn. 102.

[370] Zwar bedarf es hier zunächst einer Klärung der Konkurrenzproblematik, also der Frage, „welches von mehreren auf den ersten Anschein einschlägigen Grundrechten jeweils maßgeblich ist", vgl. *Pieroth/Schlink*, § 6 V 2, Rn. 337, sowie *Kemper*, in: v. Mangoldt/Klein/Starck,

Verfasstheit an eine Betriebspflicht bindet, zwar nicht an den Schranken des Art. 9 GG, sondern insbesondere an Art. 2 Abs. 1 GG zu messen wäre. Die von Art. 2 Abs. 1 GG garantierte allgemeine Vertragsfreiheit umfasst hierbei notwendigerweise auch das Recht, keine Rechtsverhältnisse eingehen zu müssen.[371] Zudem sichert Art. 2 Abs. 1 GG als Ausprägung der wirtschaftlichen Entfaltungsfreiheit die Unternehmerfreiheit zu. Die Unternehmerfreiheit umschreibt dabei das Recht, ein Unternehmen zu gründen und frei über die Art und Weise zu entscheiden, wie die Betriebs- und Investitionsmittel eingesetzt werden sollen[372] - folglich also auch die Entscheidung, die unternehmerische Tätigkeit ruhen zu lassen. Denn die durch Art. 2 Abs.1 Halbsatz 2 GG mögliche Einschränkung dieser Freiheit findet ihre Grenze darin, dass dem Unternehmen „in jedem Fall ein angemessener Spielraum zur Entfaltung der Unternehmerinitiative" verbleiben muss.[373] Die Entscheidung, die unternehmerische Tätigkeit vorübergehend oder länger einzustellen, wird man als Kernbestand der Unternehmerfreiheit ansehen müssen.

Eine Betriebspflicht würde darüber hinaus mit der verfassungsrechtlich garantierten Wettbewerbsfreiheit kollidieren, die sowohl als institutionelle Voraussetzung der Berufsfreiheit wie auch als allgemeine wirtschaftliche Handlungsfreiheit angesehen werden kann.[374] Auf jeden Fall gewährleistet sie neben der positiven Freiheit, in den Wettbewerb einzutreten und sich unter Wettbewerbsbedingungen mit anderen messen zu lassen, auch die *negative* Freiheit, nicht zum Wettbewerb verpflichtet zu sein.[375]

2. Unzulässiger Rückschluss

Ebenso wie eine etwaige Betriebspflicht wäre auch eine Absichtsbekundung bei der Gegenstandsangabe zur alsbaldigen Aufnahme des Geschäftsbetriebes nicht

---

GG Art. 9 Rn. 113 m.w.N..; im Verhältnis von Art. 9 Abs. 1 GG zu anderen Grundrechten gilt jedoch, dass jedes Grundrecht spezieller ist, von dem über Art. 9 Abs. 1GG hinausgehend das betreffende Verhalten geschützt ist, vgl. *Kemper*, in: v. Mangoldt/Klein/Starck, GG Art. 9 Rn. 113.

[371] Hoheitliche Vorgaben wie etwa das Erfordernis einer Vertragsabschlusspflicht – und auf nichts anderes würde eine Betriebspflicht hinauslaufen – würden somit Eingriffe in die grundrechtlich gewährleistete Vertragsfreiheit darstellen, vgl. hierzu auch *Maunz/Di Fabio*, Art. 2 Abs. 1, Rn. 102.

[372] Vgl. *Ossenbühl*, AÖR 115 (1990), S. 1 ff.; *Erichsen*, HbStR, Bd. VI, § 152, Rn. 60 ff. m.w.N..

[373] Vgl. *Maunz/Di Fabio*, Art. 2 Abs. 1, Rn. 126.

[374] Für eine Verankerung der Wettbewerbsfreiheit bei Art. 12 Abs. 1 GG hat sich das BVerfG ausgesprochen, BVerfGE 32, 311, 317; 46, 120, 137. Als Bestandteil der allgemeinen Handlungsfreiheit sieht dagegen das Bundesverwaltungsgericht die Wettbewerbsfreiheit an, BVerwGE 17, 306, 309; 30, 191, 198; 60, 154, 159; vgl. hierzu auch *Maunz/Di Fabio*, Art. 2 Abs. 1 Rn. 116 m.w.N..

[375] Vgl. *Maunz/Di Fabio*, Art. 2 Abs. 1, Rn. 117.

direkt vom Schrankensystem des Art. 9 Abs. 2 GG erfasst, sondern als Organisationsnorm an den Schutzbereichen anderer Grundrechte zu messen. Bei einem Vergleich beider Regelungen wird deutlich, dass die gegen die Statuierung einer Betriebspflicht ins Feld geführten Argumente gegen eine weite Interpretation der Gegenstandsangabe nicht greifen, da deren „Eingriffscharakter" auf einen einzelnen Moment *beschränkt* ist. Denn dass zu einem bestimmten Zeitpunkt die Absicht zur Geschäftstätigkeit notwendige Voraussetzung zur Erlangung einer bestimmten Rechtsform ist, bedeutet gerade nicht, dass die Gründer zu einem späteren Zeitpunkt *verpflichtet* wären, ihre Absicht auch umzusetzen.[376] Daher wird weder der Kernbereich der Unternehmerfreiheit noch die verfassungsrechtlich garantierte Wettbewerbsfreiheit durch das Erfordernis einer Absicht zur Geschäftsaufnahme im Zeitpunkt der Gegenstandsangabe berührt. Eine so gestaltete Gegenstandsangabe würde daher ein zulässiges Erfordernis darstellen, dass der Gesetzgeber im Rahmen seiner Ausgestaltungskompetenz der Vereinigungsfreiheit an die Inanspruchnahme der Rechtsform AG und GmbH knüpfen dürfte.[377] Dies bedeutet jedoch auch, dass nicht zwingend das Fehlen einer - unzulässigen – Betriebspflicht im AktG und GmbHG im Widerspruch zum Erfordernis einer - zulässigen - momentanen Absichtserklärung zur Geschäftsaufnahme steht.

3. Fazit

Da das Vorhandensein einer ernstlich gewollten Absicht zur Geschäftsaufnahme gerade nicht dazu *verpflichtet*, diese auch umsetzen zu müssen, sondern lediglich die geänderte unternehmerische Entscheidung durch den Unternehmensgegenstand kenntlich zu machen, kann aus der fehlenden Betriebspflicht im AktG und GmbHG - die einen schwerwiegenden Eingriff in die grundrechtlich geschützten Positionen sowohl der Gründer als auch der Gesellschaft selber darstellen würde – nicht auf das Fehlen einer solchen Voraussetzung geschlossen werden. Spricht man, wie die herrschende Ansicht[378] dies tut, der Gegenstandsangabe das Erfordernis einer beabsichtigten alsbaldigen Geschäftsaufnahme zu, so stellt dieses Erfordernis per se keinen Eingriff in den Schutzbereich des Art. 9 Abs. 1 GG dar, sondern eine zunächst grundsätzlich legitime Voraussetzung, die der Gesetzgeber im Rahmen seiner Ausgestaltungskompetenz an die Inanspruchnahme der Rechtsform AG und GmbH geknüpft hat. Man mag das Erfor-

---

[376] Geht man von der (absoluten) Gegenstandswahrheit aus, so würde den Gründern lediglich die Pflicht auferlegt, ihre Entscheidung durch eine Änderung des Unternehmensgegenstandes kenntlich zu machen; a.a.dagegen *Löbenstein*, Mantelgründung, S. 13 ff.; sowie *Kraft*, DStR 1993, S. 101, 103.
[377] Zur gesetzlichen Ausgestaltung der Vereinigungsfreiheit vgl. BVerfGE 50, 290, 356 ff.; *Jarass/Pieroth*, GG, Vorb. Vor Art. 1 Rn. 25, Art. 9 Rn. 14.
[378] Vgl. hierzu die Nachweise in Fn. 231.

dernis zur alsbaldigen Geschäftsaufnahme angesichts einer fehlenden Betriebspflicht und einer grundsätzlich freien unternehmerischen Entscheidungskompe-
tenz daher zwar als „überraschende"[379] Regelung ansehen, einen Widerspruch
stellt es jedoch nicht dar.

---

[379] Ebenso überraschend mutet in diesem Kontext die gesetzliche Regelung an, dass nach der
Eintragung das Fehlen dieser Absicht für den Bestand der Gesellschaft völlig unerheblich ist,
vgl. hierzu sogleich unter § 2 IX.2.

IX. Die relative Gegenstandswahrheit als Antwort auf die notwendigen Erklärungsinhalte der Gegenstandsangabe

Die bisherige Untersuchung hat gezeigt, dass sich zwingend weder aus der fehlenden Betriebspflicht auf das *Fehlen* des diskutierten Erklärungswertes noch aus der funktionsorientierten Analyse auf die *Notwendigkeit* des diskutierten Erklärungswertes schließen lässt.[380]

1. Heilung durch Offenlegung?

Vielmehr wurde deutlich, dass das Postulat einer (absoluten) Gegenstandswahrheit zur Information und zum Schutz des Rechtsverkehrs über die zur Erhaltung der Funktionalität notwendigen Erklärungsinhalte *hinausgeht*, ohne dass hierfür Notwendigkeiten bestehen würden. Dass diese Überschreitung der notwendigen Erklärungswerte zu zweifelhaften Ergebnissen führt, wird besonders im Fall der offenen Vorratsgründung deutlich.

Berücksichtigt werden soll hierbei zunächst die Gesamtheit der Informationen, die dem Geschäftsverkehr gem. §§ 39, 40 AktG, 10 GmbHG zur Verfügung gestellt sind. Neben dem Unternehmensgegenstand werden im Wesentlichen nur noch die Firma, der Sitz der Gesellschaft, die Höhe des Stamm- bzw. Grundkapitals sowie die Geschäftsleiter und die Art ihrer Vertretungsbefugnis in das Register eingetragen und so der interessierten Öffentlichkeit zugänglich gemacht.[381] Geht man nunmehr davon aus, dass die Funktion des Handelsregisters bzw. der Veröffentlichungspflicht nicht darin begründet liegt, den Geschäftskontakt zu ermöglichen, mag man sich schon die Frage stellen, warum einer interessierten Öffentlichkeit, über die notwendigen Mindestangaben hinaus, gerade mitgeteilt werden soll, dass eine Gesellschaft *nicht* am Geschäftsverkehr teilnehmen wird. Das Erfordernis einer (absoluten) Gegenstandswahrheit kreiert und transportiert vielmehr Informationen, für die weder ein nachvollziehbares Informationsinteresse noch Informationsbedürfnis des Geschäftsverkehrs besteht.

Der wahre Sinn der Offenlegung dürfte daher auch nur schwerlich in der *momentanen* Information des Geschäftsverkehrs über die unternehmerische Untätigkeit der (Vorrats-) Gesellschaft gesehen werden, sondern - wie es der BGH auch angedeutet hat[382] - vielmehr darin, die Kontrolle des Gesellschaftskapitals bei der *späteren* Verwendung sicherzustellen. Der Angabe des Unternehmensgegenstandes nunmehr aber die Funktion einer abermaligen Grundkapitalsiche-

---

[380] Siehe hierzu oben § 2 VII. sowie § 2 VIII.

[381] Darüber hinaus können gem. § 9 HGB auch weitergehende Anmeldeunterlagen beim HR von jedermann ohne Darlegung berechtigten Interesses eingesehen werden, vgl. K. Schmidt, Handelsrecht, § 13 I. 1. ff.; Koller/Roth/Morck, HGB-Komm., § 9 Rn. 2 m.w.N..

[382] Vgl. BGHZ 117, 332 = ZIP 1992, 689, 693.

rung durch das Registergericht zuzusprechen, erscheint angesichts der generellen Schwierigkeiten bei der Nachweisbarkeit von Vorratsgründungen als wenig überzeugend - stellt doch das Erfordernis der Offenlegung grundsätzlich kein effektives Mittel dar, um die Kontrolle des Gesellschaftskapitals bei der späteren Verwendung sicherzustellen.[383]

2. Die rechtliche Zulässigkeit unternehmensloser Gesellschaften

„Überraschend"[384] erscheint auch der Umstand, warum der Gesetzgeber auf der einen Seite zur Entstehung einer Gesellschaft die Absicht zur alsbaldigen Geschäftsaufnahme fordern sollte, wenn auf der anderen Seite nach der Eintragung das Fehlen dieser Absicht für den Bestand der Gesellschaft völlig unerheblich ist.[385]

Denn nach gesetzlicher Lage können zwar vermögenslose Aktiengesellschaften und GmbH[386] auf Antrag oder von Amts wegen im Handelsregister gelöscht werden, §§ 262 I Nr. 6 AktG, 60 I Nr. 7 GmbHG, 131 II Nr. 2 HGB, 141 a FGG, unternehmenslose Gesellschaften jedoch nicht. Da der Sinn dieser Vorschrift darin besteht, den Rechtsverkehr vor vermögenslosen juristischen Personen zu schützen,[387] eine entsprechende Regelung für unternehmenslose Gesellschaften jedoch fehlt, kann geschlossen werden, dass das AktG und GmbHG von der Bedenkenlosigkeit unternehmensloser Gesellschaften ausgehen.[388] Das Registergericht hat somit trotz der Kenntnis um die Unternehmenslosigkeit der Gesellschaft keine Möglichkeit, die Gesellschaft durch Löschung zu beseitigen. Durch das Erfordernis einer (absoluten) Gegenstandswahrheit wird zwar nunmehr die unternehmerische Entscheidung, einen Geschäftsbetrieb zu eröffnen oder einen solchen vorübergehend bzw. für einen längeren Zeitraum einzustellen, nicht in Frage gestellt; jedoch wird die Gesellschaft dazu verpflichtet, ihre Entscheidung über die Einstellung des Geschäftsbetriebes offen zu legen. Gerade diese Verpflichtung erscheint jedoch angesichts der gesetzlichen Wertung einer Unbedenklichkeit unternehmensloser Gesellschaften unstimmig.

---

[383] Vgl. oben II. 1 b) cc).

[384] Vgl. hierzu auch die Ausführungen zur Betriebspflicht unter VIII.3.

[385] Bzw. für den Fall der offenen Vorratsgründung die öffentliche Kenntlichmachung einer fehlenden Absicht zur Geschäftsaufnahme.

[386] Ebenso wie Kommanditgesellschaften auf Aktien, Genossenschaften oder GmbH & Co., vgl. §§ 81 a GenG, 131 II Nr. 2 HGB, 141 a FGG.

[387] Vgl. Gesetz über die Auflösung und Löschung von Gesellschaften und Genossenschaften v. 9.10.1934 (RHBl. I S. 914), siehe ferner hierzu *Heller.*, S. 100; *Hachenburg/Ulmer*, Anhang zu § 60; *Crisolli/Groschuff/Kaemmel*, Umwandlung und Löschung von Kapitalgesellschaften, S. 13 ff.; Schmidt, Gesellschaftsrecht, § 11 V 3 a) cc) m.w.N..

[388] Die alte Vorratsgesellschaft kann somit „jahre- und jahrzehntelang" unbeanstandet fortbesthen; vgl. Schmidt, Gesellschaftsrecht, § 4 III 2. a).

3. Jahresbilanz als Informationsquelle

Eine weitere wichtige Informationsquelle für die Öffentlichkeit stellt neben dem
Unternehmensgegenstand die gem. §§ 242 ff., 266 ff. HGB zu erstellende Jahresbilanz dar. Der Informationswert dieser für die AG und GmbH zwingenden
Angaben soll daher im Folgenden näher untersucht und mit dem hier diskutierten Informationswert der Gegenstandsangabe verglichen werden.
Die Anforderungen an die Rechnungslegung von Kapitalgesellschaften bestimmen sich zunächst nach deren Größenklasse, die sich nach jeweils zwei von drei
Merkmalen gem. §§ 267 Abs. 1 Nr. 1-3 bzw. Abs. 2 Nr. 1-3 HGB bestimmt.[389]
Größenmerkmale sind die Bilanzsumme, die Umsatzerlöse und die Zahl der Arbeitnehmer. Da sich die durch eine Vorratsgründung entstandene AG oder
GmbHG auf die Verwaltung des eigenen Vermögens beschränkt, wird sie aus
bilanzrechtlicher Sicht somit *stets* als Kleine Kapitalgesellschaft zu qualifizieren
sein.
Neben dem Jahresabschluss haben die gesetzlichen Vertreter einer Kapitalgesellschaft grundsätzlich eine Gewinn- und Verlustrechnung sowie einen Lagebericht zu erstellen. Gem. § 275 Abs. 2 Nr. 1 HGB umfasst die Gewinn- und Verlustrechnung auch die Umsatzerlöse. Unter diesem Posten sind gem. § 277 Abs.
1 HGB die Erlöse aus dem Verkauf oder der Vermietung der „für die gewöhnliche[390] *Geschäftstätigkeit* der Gesellschaft typischen Erzeugnisse und Waren sowie Erlöse aus den für die Geschäftstätigkeit typischen Dienstleistungen auszuweisen".[391]
Der Lagebericht gem. § 289 HGB hat dagegen die Funktion durch zusätzliche
Informationen allg. Art den Geschäftsverlauf und die Lage der Gesellschaft ergänzend darzustellen.[392] Hierzu gehören Ausführungen bzgl. Marktstellung und
Auftragseingänge ebenso wie Ausführungen über Beschäftigungsgrad und Umsatzentwicklung. Darüber hinaus sieht § 289 Abs. 2 Nr. 2 HGB die Verpflichtung vor, dass der Lagebericht Ausführungen über die voraussichtliche Entwicklung der Kapitalgesellschaft enthalten soll.[393]
Die bilanzrechtliche Systematik macht somit deutlich, dass der Informationswert
der Geschäftstätigkeit sowohl durch die Gewinn- und Verlustrechnung als auch
durch den Lagebericht (Prognose) transportiert wird – für die interessierte Öf-

---

[389] Die Schwellenwerte für die Kleine Kapitalgesellschaft liegen bei a) Bilanzsummen bis zu
3, 438 Mio. € bei b) Umsätzen bis zu 6,875 Mio. € und Arbeitnehmern bis zu 50 Arbeitnehmern.

[390] Erträge aus nicht betriebstypischen Nebengeschäften sind dagegen unter den sonstigen
betrieblichen Erträgen gem, § 275 Abs. 2 Nr. auszuweisen; vgl. hierzu *Kirnberger*, in HK-HGB, § 275 Rn. 8.

[391] Vgl. hierzu *Kirnberger*, in HK-HGB, § 275 Rn. 8 m.w.N..

[392] Vgl. hierzu Begründung zum Regierungsentwurf 1983, BTDrucks 10/377, S. 94.

[393] Die herrschende Ansicht betrachtet § 289 Abs. 2 lediglich als Ergänzung mit klarstellendem Charakter, vgl. hierzu Koller/Roth/Morck, HGB-Komm., § 289 Rn. 3 f. m.w.N..

fentlichkeit bestünde somit grundsätzlich auch dann die Möglichkeit, Informationen über den Geschäftsbetrieb der AG oder GmbH aus dem Handelsregister-Eintrag zu gewinnen, wenn der Unternehmensgegenstand selber diese Information nicht transportieren würde.

Jedoch gilt, dass der Informationsgehalt der Bilanz für die Kleine Kapitalgesellschaft stark eingeschränkt ist. So sind Kleine Kapitalgesellschaften zum einen gem. § 264 Abs. 1 S. 3 HGB von der Aufstellung eines Lageberichts befreit. Weiterhin haben Kleine Kapitalgesellschaften gem. §§ 267 Abs. 1 S. 3 ivm Abs. 2 und 3 HGB lediglich eine verkürzte Bilanz aufzustellen. So brauchen sie die Posten des § 275 Abs. 2 Nr. 1-5 (Gesamtkostenverfahren) bzw. Abs. 3 Nr. 1-3 (Umsatzkostenverfahren) nur zusammengefasst („Rohergebnis") auszuweisen, § 276 HGB.[394] Letztlich sind kleine Kapitalgesellschaften von der Veröffentlichung der gesamten Gewinn- und Verlustrechnung ausgenommen, § 326 HGB. Die Erleichterungen für Kleine Kapitalgesellschaften machen zunächst deutlich, dass das Bilanzrecht von einem kapitalmarktorientierten Gläubiger- und Anlegerschutz ausgeht. Da Kleine Kapitalgesellschaften nicht typischerweise auf Kapitalmärkten zugelassen sind,[395] sind diese auch hiervon ausgenommen. Börsennotierte Kapitalgesellschaften gelten dagegen stets als große Kapitalgesellschaften, § 267 Abs. 3 S. 2 HGB. Der weitere Sinn dieser Vorschriften besteht neben der offensichtlichen generellen Erleichterung der Bilanzierung aber auch in dem Schutz vor wettbewerbsschädlichen Gefahren, die durch die Veröffentlichung von Unternehmensinterna gerade bei kleineren Gesellschaften auftreten würden. So könnte gerade bei Gesellschaften mit wenigen Produkten oder wenigen Abnehmern ein Wettbewerbsnachteil dadurch entstehen, wenn aufgrund eines offenen Umsatzausweises die Umsatzzahlen der Gesellschaft den Konkurrenten bekannt werden.[396]

Bezogen auf die durch Vorratsgründung entstandene Vorratsgesellschaft bedeutet dies, dass aus bilanzrechtlicher Perspektive dieser das Recht zugestanden wird, der interessierten Öffentlichkeit *keine* Informationen über den Umfang der Geschäftstätigkeit geben zu müssen. Dieses Ergebnis wird dagegen durch das Erfordernis einer (absoluten) Gegenstandswahrheit konterkariert, da diese auch die Kleine Kapitalgesellschaft verpflichtet, die Einstellung des Geschäftsbetriebes der (interessierten) Öffentlichkeit durch Änderung des Unternehmensgegenstandes kenntlich zu machen.

---

[394] Die Befreiung von der Erläuterungspflicht zu außerordentlichen Erträgen und Aufwendungen, gem. § 277 Abs. 4 S. 2, 3, gilt außerdem nur für kleine Kapitalgesellschaften. Die Vorschrift wurde erst mit dem DMBilGÄndG vom 25.7.1994 (BGBl. I, 1686) eingefügt.

[395] Vgl. *Heymann / Hermann*, HGB, § 267, Rn. 6; *Herrmann*, ZGR 1989, 273, 284 ff m.w.N.

[396] Vgl. *Meilicke*, DB 1986, 2445 f.; *Heymann / Hermann*, HGB § 276 Rn. 1.

4. Gegenstandswahrheit contra notwendige Erklärungsinhalte

In der bisherigen Untersuchung wurde deutlich, dass auf der einen Seite auf der Grundlage einer (absoluten) Gegenstandwahrheit der Gegenstandsangabe ein Erklärungswert zugeschrieben wird, der über das zu der Erfüllung der ihm zugeschriebenen Funktionen notwendige Maß hinausgeht. Auf der anderen Seite müssen der Gegenstandsangabe jedoch auch notwendige Erklärungsinhalte zugesprochen werden, damit dieser die ihm zugeschriebene Funktion erfüllen kann. Es stellt sich daher die Frage, wie das Spannungsverhältnis zwischen notwendigen Erklärungsinhalten und dem Gebot zur Gegenstandswahrheit aufgelöst werden kann.[397]

a) Relation zwischen dem Gebot zur Gegenstandwahrheit und unternehmerischer Tätigkeit der Gesellschaft

Eine Lösung dieses Spannungsverhältnisses bietet sich für die (verdeckte) Vorratsgründung an, indem das Postulat der Gegenstandswahrheit in *Relation* zur unternehmerischen Tätigkeit gesetzt wird. Für den Erklärungswert der statuarischen Gegenstandsbezeichnung bedeutet dies, dass die Gründer die Absicht haben müssen, diese mit dem tatsächlichen Gegenstand der *unternehmerisch*[398] tätigen Gesellschaft übereinstimmen zu lassen.

Der Begriff der „unternehmerischen" Tätigkeit umfasst hier jede Tätigkeit, die über die Verwaltung des eigenen Vermögens hinausgeht und ist insoweit wesentlich weiter als der handelsrechtliche, schwer abzugrenzende Unternehmensbegriff.[399] Durch die weite Fassung der unternehmerischen Tätigkeit soll deutlich gemacht werden, dass, sobald das Tätigkeitsfeld der Gesellschaft sich nach „außen" richtet und über den zur lediglichen Erhaltung der Gesellschaft notwendigen Tätigkeitsrahmen hinausgeht, sie, wie bisher, dem Erfordernis der Gegenstandswahrheit obliegt.

---

[397] Vgl. hierzu auch oben § 2 V. 2.

[398] Im Handelsrecht ist jeder Gewerbebetrieb, der nach Art und Umfang eine kaufmännische Organisation erfordert, als Unternehmen anzusehen. Da bei Eintragung im Handelsregister unabhängig von der ausgeübten Tätigkeit die Existenz eines Unternehmens fingiert wird, §§ 5, 6 HGB, ist die handelsrechtliche Systematik hinsichtlich des Unternehmensbegriffs hier gerade nicht übertragbar.

[399] Da der handelsrechtliche Unternehmensbegriff andere Gebilde umfasst als beispielsweise der gesellschaftsrechtliche, oder kartellrechtliche Unternehmensbegriff, konnte bisher ein für die gesamte Rechtsordnung einheitlicher und verbindlicher Unternehmensbegriff nicht ermittelt werden - und wird, aufgrund der am Normzweck orientierten Determinierung wohl auch, nicht ermittelt werden können; vgl. hierzu K. *Schmidt*, Handelsrecht, S. 63 ff.; *ders.* in MünchKomm-HGB, § 1 Rn. 11 f; *ders.* ZGR 1980, 277 f; *Gierke/Sandrock* I § 13 I 3; Henssler, ZHR 161 (1997), 13, 16 ff.; *Würdinger*, Aktien- und Konzernrecht, 4. Aufl. 1981, § 63; *Emmerich*, Kartellrecht, § 4.1; *Henssler*, in Heymann/Walz, HGB § 290, Rn. 9 m.w.N..

Legt man einen solchen Erklärungswert der Gegenstandsangabe zu Grunde, wäre somit *weiterhin* jede Angabe „unwahr" und unzulässig, bei welcher ein unzulässiger, genehmigungspflichtiger oder sonstiger Gegenstand, der über die Verwaltung des eigenen Vermögens hinausgeht, unter dem Deckmantel eines anderen (fiktiven) Gegenstandes verwirklicht werden soll.
Wird dagegen ein Gegenstand eingetragen und fehlt es den Gründern lediglich
an der Absicht, diesen alsbald oder überhaupt zu verwirklichen, so ist die Gegenstandsangabe *allein* aus diesem Grunde weder „unwahr" noch unzulässig.[400]
Eine solche Sichtweise unterstreicht den „Regelungscharakter" der Gegenstandsangabe und macht deutlich, dass die Angabe des Unternehmensgegenstandes in der Satzung keine „Zustandsbeschreibung" darstellt.[401]

**b) Übereinstimmung mit den notwendigen Erklärungswerten des Unter-
nehmensgegenstandes?**

Das gefundene Ergebnis deckt sich auch mit den notwendigen Erklärungswerten, die zur Erhaltung der Funktionen des Unternehmensgegenstandes ermittelt
wurden.[402]
So entspricht es dem Normzweck[403] der §§ 23 Abs. 3 Nr. 2 AktG, 3 Abs. 1 Nr.
2 GmbHG, die Entstehung juristischer Personen mit unzulässigen oder mangels
der erforderlichen staatlichen Genehmigung unerlaubten Unternehmensgegenständen zu verhindern, wenn die Gründer die Absicht haben, statuarischen und
tatsächlichen Gegenstand der unternehmerisch tätigen Gesellschaft übereinstimmen zu lassen. Denn entschließen sich die Gründer, den eingetragenen Unternehmensgegenstand zu verwirklichen, so wurde dieser bereits bei Eintragung
vom Registergericht überprüft. Soll dagegen ein anderer Unternehmensgegenstand verwirklicht werden, so bedarf es, wie bisher auch, einer Änderung des statuarischen Unternehmensgegenstandes, um die Überprüfung des Gegenstandes
durch das Registergericht sicherzustellen.
Ebenso ergeben sich durch die Koppelung der Gegenstandswahrheit an die
grundsätzliche Geschäftstätigkeit der Gesellschaft auch keine Auswirkungen auf
die Gesellschafterschutzfunktion der Gegenstandsangabe.[404] Denn verpflichten
sich die Gründer durch die Angabe des Unternehmensgegenstandes, den statua-

---

[400] Vgl. hierzu die Ausführungen von *Bing*, Düringer-Hachenburg, Anh. zu § 182 Anm. 1,
sowie *Löbenstein*, Mantelgründung, S. 14, die darauf verweisen, dass das Registergericht keine Möglichkeit besitzt, allein auf Grund einer später beabsichtigten Satzungsänderung die
Eintragung zu verweigern.
[401] So treffend formuliert von *Heerma*, Mantelverwendung, S. 129.
[402] Vgl. hierzu oben § 2 VII.6.
[403] Vgl. *Winter*, in: Scholz, GmbHG, 8. Aufl. § 8 Rn. 14, BGHZ 102, 209, 217; BayObLG,
GmbHR 1990, 454.
[404] Vgl. hierzu bereits oben § 2 VII. 5; zur Gesellschafterschutzfunktion der Gegenstandsangabe vgl. Großkomm.AktG-*Wiedemann*, § 179 Rn. 6 ff.; *Bartl/Henkes*, § 3 Rn. 35; *Baum-
bach/Hueck*, § 3 Rn. 9; *Grobe*, BB 1968, 267 m.w.N..

rischen Gegenstand und den tatsächlichen Gegenstand der unternehmerisch tätigen Gesellschaft übereinstimmen zu lassen, beinhaltet eine solche Angabe auch, die interne Bindung des Unternehmensgegenstandes nicht zu *überschreiten.*

Letztlich ist auch dem Informations- und Schutzbedürfnis des Rechtsverkehrs hinsichtlich des Unternehmensgegenstands Rechnung getragen. Kommt ein rechtsgeschäftlicher Kontakt zu Stande oder soll ein solcher zukünftig zu Stande kommen, so hat die interessierte Öffentlichkeit die Möglichkeit, durch Einsichtnahme in das Handelsregister Informationen über die Gesellschaft zu erlangen. Da die unternehmerisch tätige Gesellschaft dazu verpflichtet ist, den statuarischen und tatsächlichen Gegenstand übereinstimmen zu lassen, ergeben sich auch insoweit *keine* Unterschiede zu den Anforderungen, welche sich auf der Grundlage einer (absoluten) Gegenstandswahrheit stellen würden.

Ein „Auseinanderfallen" zwischen statuarischem und tatsächlichem Gegenstand stellt sich nur für den Fall ein, in welchem die Gesellschaft ihren Geschäftsbetrieb vollständig aufgibt und sich auf die Verwaltung des eigenen Vermögens konzentriert. Für den Erklärungswert der Gegenstandsangabe bedeutet dies lediglich, dass die interessierte Öffentlichkeit nicht mehr *aufgrund der Gegenstandsangabe* darauf vertrauen kann, dass die eingetragene Gesellschaft weiterhin einen Geschäftsbetrieb unterhält.

Ob dieser „Verlust" an Information von der interessierten Öffentlichkeit überhaupt als solcher empfunden werden würde, dürfte allerdings zweifelhaft sein, da die Aufgabe der Geschäftstätigkeit wesentlich leichter und sicherer „am Markt" selber in Erfahrung zu bringen sein wird und die wenigsten Einsichtnahmen in das Handelsregister zu diesem Zweck erfolgen.[405] Zudem wäre der praktische Nutzen einer Information über die Geschäftstätigkeit einer Gesellschaft durch den Unternehmensgegenstand sehr begrenzt, da beispielsweise alleine die Gegenstandsbezeichnung „Handel mit Computern" noch nichts über die Intensität der Geschäftstätigkeit aussagt.

Für den Fall der verdeckten Vorratsgründung gilt darüber hinaus, dass die Gesellschaft von sich aus noch überhaupt nicht werbend am Markt aufgetreten ist – rechtsgeschäftliche Beziehungen zu Dritten somit nicht zu erwarten sind. Denn auch wenn die (interessierte) Öffentlichkeit von der Existenz der Gesellschaft durch Registereintrag und Veröffentlichung erfährt, beinhaltet das Wissen um die Existenz einer Gesellschaft noch nicht die Möglichkeit der Aufnahme rechtsgeschäftlicher Beziehungen - besteht das Bestreben der Vorratsgesell-

---

[405] Das Handelsregister wird als Informationsquelle vornehmlich von Kreditinstituten, Anwälten, Notaren und Behörden zur Vorbereitung und zum Abschluss von Verträgen bzw. zur Vorbereitung oder Durchführung gerichtlicher oder außergerichtlicher Streitigkeiten benutzt – Hinweise dafür, dass der Rechtsverkehr über den Unternehmensgegenstand Informationen generiert, ob die Gesellschaft überhaupt geschäftstätig ist, konnten dagegen nicht gefunden werden; vgl. *Gustavus*, BB, 1979, S. 1175; *John*, Unternehmensgegenstand, S. 115 f..

schaft doch gerade darin, keinen rechtsgeschäftlichen Kontakt aufkommen zu lassen.

c) Verwaltung des eigenen Vermögens als zulässige Unterschreitung des Gegenstandes

Der Begriff der Gegenstandsunterschreitung umschreibt die Konstellation, bei welcher die Geschäftstätigkeit der Gesellschaft im Gegensatz zur Gegenstands- überschreitung nicht ausgedehnt, sondern eingeschränkt wird.[406] Fällt nunmehr die tatsächliche Tätigkeit der Gesellschaft hinter die statuarische Tätigkeit für einen längeren Zeitraum[407] zurück, so muss konsequenterweise auch die Unter- schreitung auf der Grundlage einer (absoluten) Gegenstandswahrheit als Verstoß angesehen werden und letztlich die Möglichkeit eines Nichtigkeitsverfahrens gem. § 144 FGG eröffnen.[408]

Auf der Grundlage einer relativen Gegenstandswahrheit erscheint dagegen die Beschränkung der Gesellschaftstätigkeit auf die Verwaltung des eigenen Ver- mögens nicht mehr als Gegenstandsüberschreitung,[409] sondern lediglich als zu- lässige Gegenstandsunterschreitung, die vom Rahmen der statuarischen Gegens- tandsbeschreibung mit umfasst ist.[410] Dies kann dagegen nicht für solche Gesell- schaften gelten,[411] die ihre *unternehmerische Tätigkeit* auf einen Bereich redu- zieren, der zwar von der statuarischen Gegenstandsklausel gedeckt ist, jedoch den angegeben Bereich nicht mehr vollständig ausschöpft, da diese weiterhin am Rechtsverkehr teilnehmen und daher die Annahme einer „Täuschung des

---

[406] Vgl. hierzu *Hommelhoff*, Konzernleitungspflicht, S. 65; *Timm*, Konzernspitze, S. 23 ff., *Streuer*, Unternehmensgegenstand, S. 69 f..

[407] Unstrittig ist, dass ein lediglich vorübergehendes Auseinanderfallen zwischen statuari- schem und tatsächlichem Unternehmensgegenstand nicht als faktische Gegenstandsänderung angesehen werden kann; vgl. hierzu *Hommelhoff*, Konzernspitze, S. 67 f.; *Streuer*, Unterneh- mensgegenstand, S. 70 f.; *Tieves*, Unternehmensgegenstand, S. 247; KölnKomm-*Zöllner*, § 179 Rn. 88.

[408] Vgl. hierzu *Wallner*, JZ 1986, 721, 726; *Timm*, Konzernspitze, S. 26, GK AktG – *Fischer*, § 146 Rn. 7; *Tieves*, Unternehmensgegenstand, S. 245 ff..

[409] Die Gegenstandsüberschreitung ist im Sinne einer vollkommenen Aufgabe des alten und der Aufnahme eines neuen Gegenstandes zu verstehen; vgl. hierzu *Tieves*, Unternehmensge- genstand, S. 246 Fn. 89.

[410] Zu gleichem Ergebnis – dass die Unterschreitung des Unternehmensgegenstandes eben keine Änderung darstellt und daher eine Einstellung des Geschäftsbetriebes auch nicht im HRG kenntlich gemacht zu werden braucht – gelangen auch: RG DR 1939, 720, 721 m. Anm. *Groschuff*; *Kropff*, FS Geßler, S. 111, 119; *Rowedder-Rasner*, § 60 Rn. 7; *Scholz/Emmerich*, § 3 Rn. 16.

[411] Insoweit dagegen übereinstimmend mit *Wallner*, JZ 1986, 721, 726; *Timm*, Konzernspit- ze, S. 26; GK AktG 4. Aufl. – *Wiedemann*, § 179 Rn . 60; GK AktG, 2. Aufl. – *Fischer*, § 146 Rn. 7; *Tieves*, Unternehmensgegenstand, S. 245 ff..

Rechtsverkehrs"[412] nicht von vornherein ausgeschlossen werden kann. Dagegen stellt die Einstellung des Geschäftsbetriebes – ob nun kurzfristig oder länger – keinen Verstoß gegen das Gebot der relativen Gegenstandswahrheit dar. Die Gesellschaft kann jederzeit den in der Satzung angegebenen Unternehmensgegenstand wieder aufnehmen.[413]

5. Zusammenfassung

Die besseren Gründe sprechen somit dafür, der Angabe des Unternehmensgegenstandes das Erfordernis einer *relativen* Gegenstandswahrheit zu Grunde zu legen. Die Gründer verpflichten durch die Gegenstandsangabe keine andere als die in der Satzung angegebene unternehmerische Tätigkeit mit der Gesellschaft zu verwirklichen; insbesondere keine unerlaubte bzw. genehmigungspflichtige Tätigkeit. Des Weiteren erklären sie durch die Angabe des Unternehmensgegenstandes, bei Aufnahme der Geschäftstätigkeit statuarische und tatsächlichen Gegenstand übereinstimmten zu lassen. Letztlich erklären die Gründer, die interne Bindung, die sich durch die Bestimmung des Unternehmensgegenstandes ergibt, nicht zu überschreiten. Überträgt man das gefundene Ergebnis auf die Gründung einer Vorratsgesellschaft, so wird deutlich, dass allein aus dem Umstand eines gewollten Auseinanderfallens von statuarischem und tatsächlichem Unternehmensgegenstand im Stadium der Unternehmenslosigkeit weder ein gesetzlicher Verstoß gem. § 117 BGB noch gem. § 134 BGB i.V.m §§ 23 Abs. 3 Nr. 2 AktG, 3 Abs. 1 Nr. 2 GmbHG abgeleitet werden kann. Die verdeckte Vorratsgründung ist daher als zulässig anzusehen.

---

[412] Vgl. *Tieves*, Unternehmensgegenstand, S. 247.
[413] Zustimmend hierzu *Kober*, Mantelkauf, S. 33.

X. Thesen zu § 2

1. Eine Vorratsgründung liegt immer dann vor, wenn die Gesellschaft mit der Absicht gegründet wird, ihre Geschäftstätigkeit für einen ungewissen Zeitraum nicht über den Bereich der Verwaltung des eigenen Vermögens hinausgehen zu lassen. Von einer offenen Vorratsgründung wird gesprochen, wenn durch die Angabe des Unternehmensgegenstandes in der Satzung der Vorratscharakter der Gesellschaft kenntlich gemacht wird. Eine verdeckte Vorratsgründung liegt dagegen vor, wenn der Vorratscharakter der Gründung nicht durch die Angabe des Unternehmensgegenstandes kenntlich gemacht wird.

2. Allein die fehlende unternehmerische Tätigkeit der Gesellschaft vor Eintragung berechtigt das Registergericht nicht, weitere Nachforschungen hinsichtlich des Vorliegens einer Vorratsgründung zu unternehmen. Ebenso vermögen einzelne Indizien, wie etwa fehlende Kooperation mit der IHK oder die Unerreichbarkeit am Sitz, es nicht, eine Vorratsgründung nachzuweisen und die Ablehnung der Eintragung zu rechtfertigen.

3. Zwischen den Motiven für Vorratsgründung und Mantelverwendung ist strikt zu trennen. Die Vorratsgründung von AG und GmbH hat sich als eigenständige unternehmerische Tätigkeit mit Gewinnerzielungsabsicht im Wirtschaftsleben etabliert. Das Motiv der Haftungsminimierung ist dagegen kein entscheidendes Motiv für die Vorratsgründung, da aufgrund ausreichender Verfügbarkeit von Vorratsgesellschaften am Markt diese jederzeit „günstig" erworben werden können.

4. Beim Vorratszweck handelt es sich nicht nur um einen de lege lata *zulässigen* Gesellschaftszweck; vielmehr kann es als Stärke der Zweckoffenheit des AktG und GmbHG verstanden werden, wenn sich atypische Gesellschaftszwecke als Antwort auf veränderte Rahmenbedingungen im Kapitalgesellschaftsrecht formen. Die Vorratsgesellschaft ist daher eher eine *typische Folge* dieser Zweckoffenheit und sollte in Ermangelung konkreter Verstöße als *legitime Antwort* auf das Phänomen langer Eintragungszeiten und damit verbundener Haftungsrisiken betrachtet werden.

5. Aus der fehlenden Betriebspflicht im AktG und GmbHG - die einen schwerwiegenden Eingriff in die grundrechtlich geschützten Positionen

sowohl der Gründer als auch der Gesellschaft selber darstellen würde – kann nicht auf das Fehlen des Erfordernisses einer Absicht zur alsbaldigen Geschäftsaufnahme bei Angabe des Unternehmens-gegenstandes geschlossen werden. Darüber hinaus würde ein solches Erfordernis per se keinen Eingriff in den Schutzbereich des Art. 9 Abs. 1 GG darstellen, sondern eine zunächst legitime Voraussetzung, die der Gesetzgeber im Rahmen seiner Ausgestaltungskompetenz an die Inanspruchnahme der Rechtsform AG und GmbH geknüpft hat.

6. Die Absicht zur alsbaldigen Geschäftsaufnahme stellt jedoch auch keinen notwendigen Erklärungsinhalt der Gegenstandsangabe dar. Anhand der verschiedenen Schutzfunktionen der Gegenstandsangabe lassen sich vielmehr drei *notwendige* Erklärungswerte ableiten:

- Die Gründer erklären, *keine andere* als die in der Satzung angegebene unternehmerische Tätigkeit mit der Gesellschaft zu verwirklichen; insbesondere keine unerlaubte bzw. genehmigungspflichtige Tätigkeit.

- Die Gründer erklären, bei *Aufnahme* der Geschäftstätigkeit statuarischen und tatsächlichen Gegenstand übereinstimmen zu lassen.

- Die Gründer erklären, die interne Bindung, die sich durch die Bestimmung des Unternehmensgegenstandes ergibt, nicht zu überschreiten.

7. Das Postulat der Gegenstandswahrheit steht somit in *Relation* zur unternehmerischen Tätigkeit. Für den Erklärungswert der statuarischen Gegenstandsbezeichnung bedeutet dies, dass die Gründer lediglich die Absicht haben müssen, diese mit dem tatsächlichen Gegenstand der *unternehmerisch* tätigen Gesellschaft übereinstimmen zu lassen. Eine solche Interpretation deckt sich mit den notwendigen Erklärungswerten, die zur Erhaltung der Funktionen des Unternehmensgegenstandes ermittelt wurden, und verdeutlicht, dass es sich bei der Gegenstandsangabe nicht um eine Zustandsbeschreibung bzgl. der Geschäftstätigkeit der Gesellschaft handelt.

8. Die verdeckte Vorratsgründung ist zulässig.

§ 3 Mantelverwendung

I. Einleitung

Hat sich der angehende Unternehmensgründer dafür entschieden sein Unternehmen in der Rechtsform einer Kapitalgesellschaft – hier insbesondere AG oder GmbH – zu führen, stellt für ihn die Neugründung einer solchen Gesellschaft den gesetzlichen Normalfall dar. Das AktG und GmbHG statuieren hierzu ein in großen Teilen parallel laufendes Gründungsverfahren, an dessen Ende die Entstehung der juristischen Person durch Eintragung in das Handelsregister erfolgt.

Neben der Neugründung eröffnet sich für den „potentiellen Neugründer" jedoch auch die *Alternativmöglichkeit* des Anteilserwerbs einer bereits bestehenden Kapitalgesellschaft, um mit dieser unternehmerisch tätig zu werden.[414] Grundsätzlich bieten sich hierzu unternehmenslose wie unternehmerisch tätige Kapitalgesellschaft an – allerdings dürften der Erwerb und die Verwendung Letzterer ein solch aufwändiges Unterfangen darstellen, dass wohl nur theoretisch von einer Alternativmöglichkeit zur rechtlichen Neugründung gesprochen werden kann.[415]

Wesentlich praktikabler dürfte es dagegen sein, die Anteile einer unternehmenslosen Kapitalgesellschaft zu erwerben.[416] Ist die unternehmenslose Gesellschaft zudem vermögensschwach, eröffnet sich zusätzlich für den Erwerber die Möglichkeit, die Anteile der Gesellschaft für einen vielfach geringeren finanziellen Aufwand zu erlangen, als wenn er den Weg der rechtlichen Neugründung beschritten hätte.[417] Ein solcher Anteilskauf einer unternehmenslosen (und vermögensschwachen) Kapitalgesellschaft und die sich hieran häufig anschließende Einsetzung der Kapitalgesellschaft als neuer Unternehmensträger werden allgemein als Mantelkauf bzw. Mantelverwendung bezeichnet.[418] Die beschriebenen

---

[414] Zumeist sind in einem solchen Fall neben dem Anteilserwerb zwar noch eine Änderung des Unternehmensgegenstandes oder des Firmensitzes notwendig. Nach den entsprechenden Satzungsänderungen kann die erworbene dann jedoch ebenso wie die neu gegründete Kapitalgesellschaft als Unternehmensträgerin eingesetzt werden.

[415] Insbesondere deshalb, da in der Regel Verbindlichkeiten aus der bestehenden Geschäftstätigkeit bestehen und die Vermögenswerte der Gesellschaft errechnet und bezahlt werden müssen. Ferner wird in der Regel an den einzelnen Vermögensbeständen auch kein Interesse bestehen; vgl. hierzu *Schlutius*, Mantelkauf, S. 8; *ders.* GmbHR 1964, 129, 130 f.; *Heerma*, Mantelverwendung, S. 5. Letztlich dürfte das Angebot an unternehmerisch tätigen und vermögenden Kapitalgesellschaft recht überschaubar sein, vgl. hierzu auch unten § 3 VI. 3. a).

[416] Die Wahrscheinlichkeit, dass noch Verbindlichkeiten bestehen, sinkt, je länger der Zeitraum der Geschäftstätigkeit zurückliegt; vgl. hierzu auch unten § 3 VI. 3. a)

[417] Vgl. zur Vermögenslosigkeit der Mantelgesellschaft auch unten unter § 3 IV. 1 b).

[418] Wobei jedoch hinsichtlich der wesentlichen Begriffsmerkmale noch keine Einigkeit erzielt werden konnte, vgl. hierzu sogleich unter § 3 III.

Phänomene haben schon früh sowohl Rechtsprechung[419] und Literatur[420] als auch den Gesetzgeber beschäftigt.[421] Standen zunächst Fragen der rechtlichen Existenz bzw. der rechtlichen Zulässigkeit eines Erwerbs der Mantelgesellschaft im Mittelpunkt, wurde im späteren Verlauf in der Literatur besonders intensiv die Frage diskutiert, ob und unter welchen Umständen bei Änderung des Unternehmensgegenstandes und/oder Wiederaufnahme einer unternehmerischen Tätigkeit einer AG oder GmbH die Gründungsvorschriften erneut angewendet werden sollten.[422] Ein Teil des neueren Schrifttums sah dagegen die Mantelproblematik als Teilaspekt der materiellen Unterkapitalisierung[423] an und plädierte dafür, das Konzept eines Haftungsdurchgriffs auf die Mantelverwendung anzuwenden.[424] Der Bundesgerichtshof stellte sich nunmehr in seinen jüngsten Ent-

---

[419] Vgl. KG v. 3.7.1924, JW 1924, 1535; KG v. 18.12.1924, JW 1925, 635; KG v. 23.6.1932, JFG 10, 152, 155; KG v. 7.12.1933, JW 1934, 988; OLG Dresden, Beschluss v. 6.1.1931, JFG 8, 157; siehe hierzu auch RFH 1, 126; RFH 19, 230;

[420] Vgl. *Erlinghagen*, Der sog. „Verkauf der Form einer Aktiengesellschaft", in JW 1920, 549 ff.; *Byk*, Anmerkung zu KG v. 3.7.1924, JW 1924, 1535; *Hachenburg*, Anmerkung zu KG v. 3.7.1924, JW 1924, 1536; *Breit*, Anmerkung zu KG v. 18.12.1924, JW 1925, 635; *Fuld*, Kauf von Mänteln einer GmbHG, in: GmbHR 1925, 313; *ders*, Der Erwerb des Mantels einer GmbH, in: ZHR 1926, 206; *Becker*, Steuerumgehung. Insbesondere Umgehung der Gesellschaftssteuer durch Erwerb der Rechtsform einer abgestorbenen GmbH, in Steuer und Wirtschaft 1926, Sp. 1527 ff.; *ders*. Wirtschaftliche Neugründung bei der GmbH, in: GmbHR 1927, 46 ff.; *Becher*, Der Handel mit Aktien- und GmbH-Mänteln, in: Zentralblatt für Handelsrecht 1927, 163 ff.; *ders.*, Der Kauf von GmbH-Mänteln, in GmbHR, 1927, 375 ff.; Fuchs, Mantelkauf und GmbH-Novelle, in: Recht und Handel, 1927, 382; *Strauß*, Der Mantelkauf, 1928; *Haver*, Der Gesellschaftsmantel im Rechtsverkehr, 1929; *Löbenstein*, Mantelgründung und Mantelverwertung, 1933; *Kaufmann*, Kritisches zu der Frage der Zulässigkeit der Einmanngesellschaft und der Mantelverwertung, 1934; *Danert*, Der Mantelkauf, 1935; *Hauser*, Der Mantel bei der Aktiengesellschaft und Gesellschaft mit beschränkter Haftung, 1939.

[421] Vgl. hierzu § 42 I, 2. DVO zur GBVO 1924, RGBl. I s. 385, 392; Art. II Abs. 2 GmbH-Novelle 1926, RGBl. I S. 515; EGAktG 1937, RGBl. I S. 166; die genannten Vorschriften finden sich teilweise zitiert bei *Heerma*, Mantelverwendung, S. 5 f..

[422] Vgl. *Ulmer*, BB 1983, 1123, 1126; *Priester*, DB 1983, 2291, 2296; *Ihrig*, BB 1998, 1197, 1203; *Lübbert*, BB 1998, 2221 f.; *Keller*, DZWiR 1998, 230 ff; *Baumbach/Hueck*, § 3 Rn. 14 f.; *Röhricht*, in: Großkomm 132 ff.; K. *Schimdt*, Gesellschaftsrecht, § 4 III 3d, S. 76; *Brandes*, WM 1995, 641; *Goette*, GmbH Rechtsprechung, § 1 Rn. 18; *Huber*, in: Soergel/Huber, BGB 12. Aufl. 1991, § 433 Rn. 62; *Peters*, GmbH-Mantel, S. 73 ff.; *Pentz*, in: MünchKomm/AktG, § 23 Rn. 101; weitere Nachweise unter § 3 V. 1. und 2.

[423] Zum Begriff der Unterkapitalisierung vgl. unten unter § 3 V. 2.

[424] Vgl. hierzu zuletzt *Altmeppen* , DB 2003, 2050 ff.; sowie weitere Nachweise unter § 3 V. 2.

scheidungen[425] dem neueren Schrifttum entgegen und sprach sich für die entsprechende Anwendung der Gründungsvorschriften aus.

Die vorliegende Untersuchung möchte neben einer grundlegenden Erarbeitung der begrifflichen Grundlagen die Argumentation der höchstrichterlichen Rechtsprechung nachzeichnen, etwaige offen gebliebene Fragestellungen herausstellen und eigene Lösungsvorschläge zur praktikablen Handhabung des Phänomens der Mantelverwendung unterbreiten.

---

[425] Vgl. BGH, Beschl. V. 9.12.2002 – II ZB 12/02, BGHZ 153, 158 = ZIP 2003, 251, weitere Nachweise unter § 3 V. 3. a); BGH, Beschl. v. 7.7.2003 - II ZB 4/02; ZIP 2003 1698, weitere Nachweise unter § 3 V. 3. b).

II. Motive für Mantelkauf und Mantelverwendung

Die Motive für den Erwerb unternehmensloser Kapitalgesellschaften und deren
Einsetzung als Unternehmensträger sind eng mit den gesetzlichen Rahmenbedingungen verbunden und sind daher, wechselbezüglich zu diesen, einem steti-
gen Wandel ausgesetzt. Die Beliebtheit der Mantelverwendung wurde hierbei
nicht zuletzt durch einen Gesetzgeber begünstigt, der Tatbestände und Rahmenbedingungen schuf, die den Anteilserwerb einer Mantelgesellschaft als Alternative zur Neugründung einer Kapitalgesellschaft erst interessant machten.[426]

1. Motive im Wandel der Zeit

Zahlreiche Motive, die in der Vergangenheit Grund zum Mantelkauf und deren
Verwendung waren, wurden daher auch vom Gesetzgeber - nachdem dieser zu-
nächst die Grundlagen hierzu geschaffen hatte - mittlerweile wieder beseitigt.
Der Blick zurück auf die überholten Motive offenbart hierbei einen interessanten
Einblick in die Geschichte des Kapitalgesellschaftsrecht und einer oftmals lü-
ckenhaften – weil nicht alle Folgen berücksichtigenden – Gesetzgebung.[427]

Das Hauptmotiv für den Anteilserwerb einer Mantelgesellschaft und deren Einsetzung als Unternehmensträgerin lag hierbei häufig in der Erlangung finanzieller Vorteile durch die Ausnutzung gesetzlicher „Schlupflöcher". Als prominen-
teste Beispiele einer solchen „Mantelförderungsgesetzgebung" sind hier die Abschaffung der Stempelsteuer,[428] die Verschärfung des Depotrechtes[429] sowie lü-
ckenhafte Übergangsregelungen bei der Anhebung der Kapitalaufbringungsvorschriften zu nennen.[430]

---

[426] Ein guter Überblick über die historischen Motive zur Mantelverwendung finden sich bei
Kantak, Mantelgründung, S. 19 ff.; sowie bei *Heerma*, Mantelverwendung, S. 16 ff.; vgl. ferner *Butz*, Mantelverwertung, S. 11 ff.; *Rosendorff*, Goldmarkbilanz, S. 297.

[427] Vgl. hierzu bereits oben § 2 II 2. b).

[428] Durch die Stempelsteuer entstanden bei Neugründung einer AG oder GmbH nicht uner-
hebliche Beurkundungskosten, siehe § 1 Reichsstempelgesetz in der Fassung v. 3.7.1913,
RGBl. S. 544. Das Reichsstempelgesetz wurde durch das Kapitalverkehrsteuergesetz vom
8.4.1922, RGBl. I, S. 353 ff., abgelöst.

[429] So waren gem. § 10 I des Gesetzes gegen die Kapitalflucht v. 26.1.1923, RGBl. I, S. 91
nur solche Banken zu Depot- und Depositgeschäften ermächtigt, die bereits vor dem
16.1.1920 im Inland einen solchen Geschäftsbetrieb unterhalten hatten. Auch hier bot sich
durch Erwerb eines bereits existierenden Bankgeschäft an, das Depotrecht zu erlangen,
vgl. hierzu *Kantak*, Mantelgründung, S. 21; *Heerma*, Mantelverwendung, S. 18.

[430] Ganz im Gegensatz zur bereits oben erwähnten Goldbilanzverordnung vom 28.12.1923,
bei welcher die für schon bestehende AG getroffene Ausnahmeregelung bereits nach drei
Monaten wieder zurückgenommen wurde und die Zulässigkeit der Eintragung von Satzungsänderungen an die Erfüllung der für Neugründungen geltenden Kapitalaufbringungsregeln
geknüpft wurde, ließ sich der Gesetzgeber bei der Behebung von Tatbeständen, welche durch

Auch dem lange Zeit bestimmenden Motiv einer Erlangung von Verlustvorträgen[431] durch den Kauf einer Mantelgesellschaft wurde durch eine konsequente Gesetzgebung im Steuerrecht der Boden entzogen. So wurde zunächst die Geltendmachung steuerlicher Verlustvorträge für das neue Unternehmen durch die Abkehr des BFH von seiner bisherigen Rechtsprechung[432] - in der neben der rechtlichen auch die wirtschaftliche Personenidentität des Steuerpflichtigen vorliegen müsse - im Jahre 1986[433] begünstigt, indem das Gericht die Möglichkeit des Verlustvortrages allein von der zivilrechtlichen Identität der Körperschaft abhängig machte. Als Reaktion auf die geänderte Rechtsprechung des BFH fügte der Gesetzgeber jedoch bereits am 25.7.1988[434] durch § 8 Abs. 4 KStG als Voraussetzung für den Verlustabzug (wieder) die Voraussetzung von rechtlicher

---

Übergangsregelungen im AktG im Rahmen der Währungsreform geschaffen wurden, erheblich mehr Zeit, vgl. hierzu § 17 II GBVO vom 28.12.1923, RGBl. 1923 I, S. 1253 ff. sowie , § 42 I, 2. DVO zur GoldbilanzVO vom 23.3 1924, RGBl I, S. 385. So wurde zwar grundsätzlich durch die Währungsreform das Mindestgrundkapital der AG auf 100.000 DM festgelegt, vgl. DM-Bilanzgesetz v. 21.8.1949, WiGBL. S. 279. Für Altgesellschaften war es jedoch für den Zeitraum von 1949 bis 1965 weiterhin zulässig, ein Mindestgrundkapital von lediglich 50.000 DM zu haben. Erst durch die Reform des Aktienrechts von 1965 wurde durch § 2 II EGAktG, RGBl. 1924 I, S. 385 ff. eine mit § 42 I, 2. DVO der GBVO vergleichbare Regelung eingeführt. In welchem Umfang es in diesem Zeitraum aufgrund der finanziellen Begünstigung zu einem vermehrten Handel mit (Mantel-) Altgesellschaften kam, kann heute nur noch vermutet werden.

[431] Ein Verlustvortrag entsteht gem. § 10 II EStG, wenn die Kapitalgesellschaft Verluste nicht mit Gewinnen des Vorjahres saldieren kann. Die Kapitalgesellschaft wird in einem solchen Fall das Recht eingeräumt, den so entstandenen Verlustvortrag als Sonderausgabe vom Gesamtbetrag der Einkünfte des Folgejahres abzuziehen. Ziel des Verlustvortrages ist es, gerade bei unregelmäßiger Gewinnerzielung der Gesellschaft die Nachteile der Abschnittsbesteuerung abzufedern und eine gleichmäßigere Steuerbelastung der Gesellschaft zu gewährleisten, vgl. hierzu auch *Heerma*, Mantelverwendung, S. 13 ff.

[432] Vgl. hierzu BFHE 85, 217, 222, wonach es Sinn und Zweck des Verlustabzuges sei, dass Personenidentität zwischen demjenigen, der die Verluste erlitten habe und demjenigen, der sie geltend mache, vorliege. Die Frage der Personenidentität sei jedoch nicht nur rechtlich, sondern auch wirtschaftlich zu bestimmen. Gerade Letztere sei jedoch bei der Mantelverwendung mit Gesellschafterwechsel und anschließender Zuführung neuen Betriebsvermögens nicht mehr gegeben. Trotz des rechtlichen Fortbestehens der Kapitalgesellschaft als solche, müsse daher der Gesellschaft im Fall der Mantelverwendung der Verlustvortrag versagt werden; siehe hierzu auch die älteren Entscheidungen BFHE 66, 250, 257; 73, 755, 759; die bei der Mantelverwendung zwar grundsätzlich auch die Möglichkeit des Verlustvortrages versagten, in der Begründung jedoch auf eine (schwer nachweisbare) Missbrauchsabsicht abstellten; vgl. hierzu auch *Heerma*, Mantelverwendung, S. 100 ff.

[433] Vgl. hierzu die beiden Entscheidungen BFHE 148, 152; 148, 160;

[434] Vgl. hierzu Art. 2 Nr. 3, 12 Steuerreformgesetz 1990, BGBl. I 1988, S. 1093; zwar gilt § 8 Abs. 4 KStG grundsätzlich erst ab dem Veranlagungszeitraum 1990, jedoch ist sie der Regelung entsprechend auch auf Mantelkäufe anzuwenden, die nach dem 23.6.1988 getätigt wurden den.

und wirtschaftlicher Identität[435] ein und trat so der Gefahr steuerlicher Minde-
reinahmen, die durch den Verkauf von Mantelgesellschaften mit ausgewiesenem
Verlustvortrag droht, entgegen.[436] Flankiert wurden die verschärften Anforderungen des § 8 Abs. 4 KStG durch die Neufassung des § 54 EStDVO, wonach
Notare verpflichtet sind, dem Finanzamt die Beurkundung der Abtretung von
GmbH-Anteilen mitzuteilen. Weiterhin sind gem. § 90 AO Name und Anschrift
der zu mehr als 25% beteiligten Anteilseigner anzugeben.[437]
Die Mantelgesellschaft diente nicht zuletzt dazu, gesetzesimmanente Schranken
bei der Neugründung von Kapitalgesellschaften zu umgehen und die Einmann-
gründung einer GmbH oder AG faktisch zu ermöglichen.[438] Die Einmanngesellschaft wurde im GmbH-Recht zwar seit längerem durch Rechtsfortbildung als
zulässig angesehen,[439] die Gründung einer Einmanngesellschaft wurde jedoch
erst durch die GmbH-Novelle von 1980 möglich.[440] Für die AG wurde sogar erst
mit dem Gesetz für kleine Aktiengesellschaften und zur Deregulierung des Aktienrechts v. 2.8.1994[441] die Einmanngründung der AG als zulässig erklärt.[442]

2. Motive für Anteilserwerb einer Gesellschaft als Alternative zur Neu-
gründung

Auch die heutige Gesetzeslage bietet weiterhin Anreize für den Kauf und die
Verwendung von Mantelgesellschaften. Den Schwerpunkt bilden hierbei die
Motive der schnellen Verfügbarkeit einer Kapitalgesellschaft und der damit ver-

---

[435] Vgl. die jetzige (verschärfte) Fassung des § 8 Abs. 4 KStG, wonach die wirtschaftliche
Identität nicht gegeben ist, wenn mehr als die Hälfte der Anteile der Kapitalgesellschaft übertragen werden und die Gesellschaft danach ihren Geschäftsbetrieb mit überwiegend neuem
Betriebsvermögen wieder aufnimmt. Ursprünglich sah die bis 1997 geltende Fassung die
wirtschaftliche Identität erst ab einer Übertragung von drei Viertel der Anteile als nicht mehr
als gegeben an.
[436] Vgl. BT-Drs. XI/2157, S. 171.
[437] Vgl. hierzu *Heerma*, S. 16, Fn. 16, wonach in der Praxis eine solche Angabe jedoch zumeist sanktionslos unterbleibt; dies führe nach *Heerma* dazu, dass trotz § 8 IV KStG de facto
zahlreich Mantelgesellschaften aufgrund einer Übertragung des Verlustvortrages gesucht und
angeboten werden; hiervon abrückend dagegen in *ders*, GmbHR 1999, 640 641.
[437] Vgl. *Hüffer*, AktG, § 36 Rn. 1.
[438] Unter einer Einmanngesellschaft ist eine Kapitalgesellschaft zu verstehen, deren Geschäftsanteile alle in der Hand eines Gesellschafters liegen; vgl. hierzu BGHZ 21, 379, 384;
Kuhn, Strohmanngründung, S. 12 ff.; *Göggerle*, GmbHR 1979, 79 ff..
[439] Die Praxis bediente sich ferner der Strohmanngründung, bei der die Gesellschaft zunächst
formal von mindestens 2 bzw. 5 Gesellschaftern gegründet wurde, und die „Strohmänner"
die Anteile nach Eintragung der Gesellschaft abtraten; vgl. hierzu RG JW 1938, 862, BGHZ
21, 378, 381, sowie *Heerma*, Mantelverwendung, S. 20 f.
[440] Vgl. hierzu *Hachenburg/Ulmer*, GmbHG, § 2 Rn. 45 ff.
[441] Vgl. BGBl. I, S. 1961.
[442] Vgl. hierzu *Hüffer*, AktG, § 2 Rn. 4, 4a.

bundenen Minimierung von Haftungsrisiken sowie die „Umgehung" der Kapitalaufbringungsvorschriften.

a) „Umgehung" der Kapitalaufbringungsvorschriften – Kontrolle über die Kapitalgesellschaft ohne finanzielles Mindestengagement

Der Begriff der „Umgehung" ist aufgrund der ihm bereits innewohnenden rechtlichen Wertung mehrdeutig und wird insgesamt kritisch beurteilt.[443] Er umschreibt die Alternativmöglichkeit eines potentiellen Gründers zwischen der Neugründung und dem Anteilserwerb einer bereits bestehenden Kapitalgesellschaft. Das Ziel des potentiellen Gründers ist in beiden Fällen das Gleiche: die Erlangung der Anteile an einer Kapitalgesellschaft, um diese dann als Unternehmensträgerin einzusetzen.

Während bei der Neugründung die Gründer zur Leistung der Mindesteinlage verpflichtet sind und die Kapitalaufbringungsvorschriften ein Minimum an finanzieller Eigenbeteiligung der Gründer gemäß ihrem Anteil gewährleisten,[444] bietet der Kauf einer vermögensschwachen Kapitalgesellschaft die Möglichkeit, die Anteile einer Kapitalgesellschaft für einen Betrag zu erwerben, der weit unter der gesetzlichen Mindesteinlage liegt. So haben der oder die Anteilserwerber lediglich den Kaufpreis zu entrichten, welcher sich jedoch am Vermögen der Gesellschaft orientiert und nicht der Gesellschaft zu Gute kommt, sondern den bisherigen Anteilseignern zufließt. Je geringer das Vermögen der Gesellschaft, desto günstiger werden die Anteile zu erwerben sein. Insbesondere im Fall der Neugründung einer Einmann-Gesellschaft kommen auf den potentiellen Gründer verschärfte Anforderungen an die Kapitalaufbringung zu[445] - der vollständige Erwerb einer vermögenslosen Gesellschaft stellt dagegen eine „günstige" Alternativmöglichkeit dar. Das finanzielle Mindestengagement der „Neugründer" kann somit - bei entsprechender vermögensschwacher Ausstattung der Mantelgesellschaft - um ein Vielfaches geringer ausfallen, als bei der Neugründung. Diese „Einsparmöglichkeit" gilt zwar zunächst für alle vermögensschwachen Kapitalgesellschaften und ist nicht auf unternehmens- und vermögenslose Gesellschaften beschränkt. Der Vorteil von vermögensschwachen Mantelgesellschaften liegt jedoch darin begründet, dass, je länger die Gesellschaft bereits unternehmenslos war, umso höher die Gewähr für die Anteilskäufer ist, dass nicht

---

[443] Vgl. *Heerma*, Mantelverwendung, S. 20 ff..

[444] Vgl. §§ 7 II 2 GmbHG, § 36a AktG, sowie zur wechselseitigen Ausfallhaftung, §§ 36a, 54 III AktG, siehe hierzu auch *Hüffer*, AktG, § 36a Rn. 1.

[445] Im Falle der Einpersonengründung gelten grundsätzlich strengere Kapitalaufbringungsregeln – es gilt das sog. Volleinzahlungsgebot. So sind schon vor Eintragung etwaige Sacheinlagen voll zu bewirken, Bareinlagen sind ganz einzuzahlen bzw. bei nur teilweiser Leistung ist eine Sicherheit zu bestellen (siehe hierzu §§ 7 II, 8 II, 19 IV GmbHG), vgl. hierzu *Winter*, ZGR 1994, 570 ff.; *Kleberger*, Einmann-GmbH, S. 24 ff.; K. *Schmidt*, Gesellschaftsrecht, S. 1241 ff..

doch noch alte Verbindlichkeiten bestehen, welche die Vermögenssituation der Gesellschaft belasten, und dem Ansinnen der Anteilskäufer, die Gesellschaft als neue Unternehmensträgerin einzusetzen, entgegenlaufen.

Neben der Kostenersparnis durch „Umgehung" der Kapitalaufbringungsvorschriften ist weiterhin eine Ersparnis von Gründungskosten, die etwa durch die Beurkundung des Gesellschaftsvertrages, die Eintragung ins Handelsregister sowie durch die Bekanntmachung im Bundesanzeiger und in der Tagespresse entstehen, als Motiv für die Mantelverwendung denkbar; diese dürfte jedoch unter Berücksichtigung der auch bei der Mantelverwendung enstehenden Kosten - etwaig notwendige Satzungsänderung - angesichts des geringen Einsparpotenzials kein erhebliches Motiv für die Mantelverwendung darstellen.[446]

b) Schnelle Verfügbarkeit ohne Haftungsrisiko

Die rechtliche Neugründung einer AG oder GmbH kann von Anmeldung bis zu deren Eintragung mehrere Monate beanspruchen[447] – eine Zeitspanne, die den tatsächlichen Ansprüchen des heutigen Wirtschaftslebens und dessen Bedarf nach schnell verfügbaren Kapitalgesellschaften nicht gerecht wird. Zwar ist durch die Aufgabe des Vorbelastungsverbotes es den Gründern grundsätzlich freigestellt, schon vor Eintragung den Geschäftsbetrieb aufzunehmen – die Ausübung dieser Freiheit will jedoch gut überlegt sein. So drohen den Gründern und Handelnden unbeschränkte Haftungsrisiken, obschon zumeist gerade deren Vermeidung den Ausschlag für die Gründung der Kapitalgesellschaft gegeben haben wird. Das Haftungsrisiko tritt besonders dadurch zu Tage, dass AG und GmbH nicht in einem Gründungsakt entstehen, sondern mehrere zeitlich auseinanderfallende Stadien durchlaufen. Es stellt sich zwangsläufig die Frage, inwieweit die Rechtsvorschriften des AktG und GmbHG bereits auf die Vorgesellschaften anzuwenden und insbesondere inwieweit die Gründer und die Organe der Vorgesellschaft einer unbeschränkten Haftung ausgesetzt sind.[448]

Während die ältere Rechtsprechung noch davon ausging, der Zweck der Vorgesellschaft bestehe ausschließlich darin, die Gründung der Gesellschaft voranzu-

---

[446] So weist Heerma, Mantelverwendung, S. 9 f. durch einen Vergleich der notwendigen Kosten für die Gründung einer Einmann-GmbH mit gesetzlichem Mindeststammkapital mit den notwendigen Kosten, die durch die Verwendung einer vermögenslosen Mantel-GmbH entstehen, nach, dass sich eine Kostenersparnis von lediglich ca. 150 € ergibt; a.A. dagegen *Butz,* Mantelverwertung, S. 23 *Meyding,* Mantel-GmbH, S. 5; *Crezelius,* JZ 1987, 731; sowie *Kober,* Mantelkauf, S. 11, der sogar von einer „erheblichen Reduzierung spricht - allerdings mit fragwürdigem Verweis auf *Kantak,* Mantelgründung, S. 23, der richtigerweise nur von einem Nebeneffekt spricht.

[447] Das Eintragungsverfahren kann in einzelnen Fällen sogar bis zu einem Jahr in Anspruch nehmen. Trotz der Novellierung des Firmenrechts konnte eine erhebliche Verkürzung der Eintragungszeiten bisher nicht erreicht werden, vgl. *Beater,* GRUR 2000, 119, 120 ff..

[448] Vgl. BGH NJW 1997, 1507, 1509; *Stimpel,* FS Fleck, S. 345, 360.

treiben,[449] ist die Vertretungsmacht der Geschäftsführer[450] heute nicht mehr durch das Vorbelastungsverbot beschränkt.[451] Doch sind anstelle des Vorbelastungsverbots andere Sicherungsmechanismen getreten. So ist die unbegrenzte Verlustdeckungshaftung der Gründer bzgl. der Verluste der Vorgesellschaft heute im Wesentlichen anerkannt, auch wenn die Frage der Haftungsabwicklung im Innen-[452] oder Außenverhältnis[453] noch heftig umstritten ist. Ebenso droht den Handelnden gem. § 41 Abs. 1 S. 2 AktG und § 11 Abs. 2 GmbHG die unbeschränkte Haftung für Verluste der Vorgesellschaft.[454] Die Handelndenhaftung tritt hierbei neben die Gründerhaftung und stellt sicher, dass den Gläubigern der Vorgesellschaft zumindest der Handelnde[455] als Schuldner zur Verfügung steht.[456]

Die Möglichkeit der Aufnahme unternehmerischer Tätigkeit vor Eintragung wird somit mit einem erheblichen Haftungsrisiko „erkauft"[457] und sollte von den Gesellschaftern gründlich überdacht werden.[458] Die Gesellschafter sind somit letztlich vor die Wahl gestellt, ob sie die unternehmerische Tätigkeit bis zur Entstehung der Kapitalgesellschaft als juristischer Person ruhen lassen, oder ob sie sich dem Risiko einer persönlichen Haftung aussetzen und bereits mit der Vor-Gesellschaft unternehmerisch tätig werden. Dieses bei der rechtlichen Neugründung einer Kapitalgesellschaft aufgezeigte und sich durch den Umstand der langen Eintragungszeit verstärkende Dilemma kann durch den Anteilserwerb einer Mantelgesellschaft umgangen werden. Aufgrund der Unternehmenslosig-

---

[449] Vgl. zur Beschränkung auf Geschäfte, die auf die Herbeiführung der Eintragung gerichtet waren, RGZ 83, 370, 373; 105, 228, 229; 134, 121, 122; vgl. zur Entwicklung der Rechtsprechung *Hueck*, FS 100 Jahre GmbHG, 1992, S. 127, 153.

[450] Vgl. für die AG § 41 Abs. 1 S. 2 AktG

[451] BGHZ 80, 129 ff; vgl. hierzu auch *Flume*, NJW 1981, 1753; *Priester*, ZIP 1982, 1141; *Fleck*, GmbHR 1983, 5.

[452] BGHZ 134, 333 = NJW 1997, 1507; sowie *Ulmer*, ZIP 1996, 733 ff.; *Wilken*. ZIP 1995, 1164 ff; *Dauner-Lieb*, GmbHR 1996, 91.

[453] Vgl. K. *Schmidt*, Gesellschaftsrecht, S. 1021 ff.; *Raiser*, Kapitalgesellschaften, § 26 Rn. 110: *Flume*, Juristische Personen, § 5 III 3; *Raab*, WM 1999, 1596 ff..

[454] Die Handelndenhaftung geht historisch auf das Konzessionssystem und die Vorbelastungshaftung zurück, durch welche die Tätigkeit der Gesellschaft auf die Zeit nach Eintragung und Konzessionserteilung beschränkt werden sollte, vgl. hierzu *Ulmer*, in Festschrift Ballerstedt,, S. 287 ff.

[455] Zur Auslegung des „Handelndenbegriffs" vgl. BGHZ 47, 25; BGH ZIP 2001, 789; *Lutter/Hommelhoff*, § 11 Rn. 14; sowie K. Schmidt, Gesellschaftsrecht, S. 1025 ff..

[456] Vgl. *Grunewald*, Gesellschaftsrecht, 2.F. Rn. 38; kritisch bzgl. Zweckmäßigkeit der Handelndenhaftung äußern sich *Lieb*, FS Stimpel, 1985, S. 399 ff., sowie *Meister*, FS Werner, 1984, S. 521 ff..

[457] So treffend bemerkt von *Grunewald*, Gesellschaftsrecht, 2.F. Rn. 36.

[458] Vgl. zur Differenzhaftung BGHZ 80, S. 129 ff.; sowie *Hachenburg/Ulmer*, GmbHG, § 11 Rn. 70 ff; für die AG vgl. KölnKomm/*Kraft*, AktG, § 41 Rn. 118 ff..

keit der Gesellschaft ist keine durch eine Abwicklung entstehende Zeitverzöge-
rung zu befürchten – die Kapitalgesellschaft kann sofort als neue Unternehmensträgerin fungieren, ohne dass die Gründer dem Haftungsrisiko ausgesetzt sind.[459]
Die Vermeidung dieser Haftungsrisiken stellt somit ein nachvollziehbares und
mittlerweile auch von der Rechtsprechung[460] anerkanntes Motiv dar.[461]

c) Erlangung von Rechtspositionen der Kapitalgesellschaft

Ein weiteres Motiv zur Verwendung einer Mantelgesellschaft wird in der Erlangung einer bestehenden Rechtsposition gesehen, die die Kapitalgesellschaft als
juristische Person erlangt hat.[462] Zum einen kann Interesse daran bestehen, eine
bereits eingeführte Firma zu erwerben, um das neue Unternehmen hierunter zu
gründen.[463] Zum anderen können solche Rechtspositionen auch gewerberechtli-
che Konzessionen sein, soweit sie an die Kapitalgesellschaft selber vergeben
wurden.[464] So wird eine Vielzahl gewerberechtlicher Konzessionen zwar der
Gesellschaft im Hinblick auf die Person des Geschäftsführers erteilt, jedoch erlöschen sie nicht automatisch bei deren Wechsel.[465] Aufgrund der Widerrufs-
möglichkeit der gewerblichen Konzession wird die Konzessionserlangung aber
wohl nur ein begleitendes Motiv der Mantelverwendung darstellen – der letztlich entscheidende Aspekt dürfte dagegen auch beim „Erwerb" einer gewerbe-
rechtlichen Konzession durch Mantelkauf in der Zeitersparnis liegen, die Geschäftstätigkeit sofort aufnehmen zu können, ohne das Verfahren zur Erteilung
der Konzession abwarten zu müssen.[466]

d) Zusammenfassung

Im Vergleich zur rechtlichen Neugründung bietet der Anteilserwerb einer vermögensschwachen und unternehmenslosen Gesellschaft zwei entscheidende
Vorteile: Zum einen erübrigt sich das oftmals langwierige Gründungsverfahren

---

[459] Zumindest gilt dies nach nahezu einhelliger Meinung für die Verwendung eine offenen
Vorratsgesellschaft mit ungeschmälertem Barvermögen, vgl. hierzu BGH v. 9.12.2002, DB
2003, S.330, sowie *Thaeter/Meyer*, DB 2003, 539, 541 m.w.N..

[460] Vgl. BGHZ 117, 332 = ZIP 1992, 689, 692.

[461] Vgl. hierzu *Ebenroth/Müller*, DnotZ 1994, S. 75, 77; *Priester*, DB 1983, 2291, 2299; *Kantak*, Mantelgründung, S. 23 f..

[462] Vgl. hierzu die Einteilung von *Heerma*, Mantelverwendung, S. 12 ff..

[463] Vgl. *Pape*, BB 1955, 1099, 1100; *Bommert*, GmbHR 1983, 209; *Crezelius*, JZ 1987, 731;
Heerma, Mantelverwendung, S. 12; abzugrenzen ist der Erwerb der Firma von dem Erwerb
des freilich hiermit zusammenhängenden „good will" – ein solcher kann idR nur nutzbar gemacht werden, wenn die bisherige Geschäftstätigkeit weitergeführt werden soll, vgl. hierzu
auch *Priester*, DB 1983, 2291;

[464] Vgl. hierzu *Heerma*, Mantelverwendung, S. 12 f.; a.A. dagegen *Beuck*, GmbHR 1957, 61;
Priester, DB 1983, 2291; *Kantak*, Mantelgründung, S. 29,

[465] Vgl. §§ 2 GastG, 33i GewO.

[466] So auch *Beuck*, GmbHR 1957, 61; *Priester*, DB 1983, 2291; *Kantak*, Mantelgründung, S.
29,

der Gesellschaft, zum anderen sind die Anteile der Gesellschaft mit geringerem finanziellen Aufwand zu erlangen, was letztlich eine geringere Eigenbeteiligung am zukünftigen unternehmerischen Risiko bedeutet. Entscheidender Faktor dürfte somit neben der schnellen Verfügbarkeit die Möglichkeit sein, die Gesellschaft ohne persönliches Haftungsrisiko als Unternehmensträgerin einzusetzen. Durch den Kauf und die Verwendung von Mantelgesellschaften stehen potentiellen Neugründern somit wirksame Instrumentarien zur Verfügung, ihr Haftungsrisiko zu minimieren. Das Motiv der schnellen Verfügbarkeit von Mantelgesellschaften wurde hierbei mittlerweile von Rechtsprechung[467] und Literatur[468] nahezu einhellig als legitimes Ziel anerkannt. Insgesamt hat die Mantelgesellschaft hierdurch eine Aufwertung erfahren, da sie nicht mehr als Ganzes kritisch beurteilt wird, sondern in Teilbereichen eine anerkannte eigenständige Funktion im Kapitalgesellschaftsrecht erfüllt.[469] Lediglich die Bewertung des Motivs einer Einsparung bzw. Umgehung von Kapitalaufbringungspflichten bleibt weiterhin strittig.[470]

In welchem Umfang die Verwendung von ehemals aktiven Gesellschaften heute stattfindet, kann dagegen nicht zuverlässig geschätzt werden. Jedoch legt die Häufigkeit der Anzeigen in überregionalen Tageszeitungen auch hier den Schluss auf ein reges Interesse des Geschäftsverkehrs nahe, obschon sich beim Mantelkauf das Risiko ergibt, dass die Gesellschaft noch mit Altverbindlichkeiten belastet ist.[471]

---

[467] Vgl. BGHZ 117, 323 = NJW 1992, 1824,

[468] Vgl. hierzu die Nachweise unter § 2 III. und IV. kritisch dagegen K. *Schmidt*, Gesellschaftsrecht, § 4 II, S. 64 ff., siehe hierzu § 2 V.

[469] Vgl. hierzu auch Heerma, GmbHR 1999, 640, 641.

[470] Vgl. hierzu auch unten § 3 V 1. und 2.

[471] Vgl. hierzu die widersprüchliche Einschätzung *Heermas*, der zunächst feststellt, dass trotz § 8 Abs. 4 KStG die Übertragung des Verlustvortrages angesichts praktischer Probleme bei der Erkennbarkeit von Beteiligungsverhältnissen weiterhin ein Motiv für die Mantelverwendung darstellt – diese Einschätzung werde dadurch bestätigt, dass de facto zahlreiche Mantelgesellschaften mit Verlustvortrag in Tageszeitungen angeboten werden, vgl. Heerma, Mantelverwendung, S. 15 f.; in einem späteren Beitrag weist der Autor jedoch darauf hin, dass die Verwendung von „alten Gesellschaftsmänteln" eine *Ausnahme* darstelle, da ein etwaiger Verlustvortrag aufgrund von § 8 Abs. 4 KStG seit 1988 steuerlich nicht mehr geltend gemacht werden könne, vgl. *Heerma*, GmbHR 1999, 640, 641.

III. Die wesentlichen Merkmale der Mantelgesellschaft

Obschon es an einer intensiven Diskussion und neuen Begriffsdefinitionen keinen Mangel gab, hat sich auch nach über 80 Jahren Rechtsprechung hinsichtlich
der Begrifflichkeit „Mantelgesellschaft" und ihrer Verwendung noch keine einheitliche Begriffsdefinition[472] herausbilden können.[473]

1. Rechtsanwendungsbegriff

Die Schwierigkeit bei der Suche nach einer einheitlichen Definition wird häufig
versucht damit zu begründen, dass es sich bei den Begriffen Mantelverwen-
dung/-kauf und Mantelgesellschaft um Rechtsanwendungsbegriffe handele.[474]
Um Begriffe also, denen eben nicht durch gesetzgeberische Tätigkeit im Sinne
einer Benennungsdefintion[475] ein Sinngehalt zugesprochen wurde, sondern
vielmehr um solche, die von Literatur und Rechtsprechung entwickelt wurden,
um ein rechtliches Phänomen des Kapitalgesellschaftsrechts zu umschreiben.
Grundsätzlich gilt, dass der Inhalt und die Bedeutung von Begriffen, insbesondere Rechtsbegriffen, einem ständigen Wandel unterlegen sind. Werden inhaltliche Bedeutungsänderung bzw. –verschiebung als solche nicht immer erkannt,
stellen sie daher - genährt durch die subjektive, selektive Wahrnehmung[476] des
Einzelnen - auch die vornehmlichste Quelle für Missverständnisse dar. Richtig
ist ferner, dass der Begriff der Mantelgesellschaft aufgrund seiner beschreibenden Funktion eines gesellschaftsrechtlichen Phänomens bei sich ständig verän-
dernden wirtschaftlichen und rechtlichen Rahmenbedingungen wechselbezüglich zu diesen einem inhaltlichen Wandel ausgesetzt ist. Die verschiedenen
Funktionen der Mantelgesellschaft im Laufe der Jahre sowie die einzelnen Re-
aktionen des Gesetzgebers hierauf, verdeutlichen, dass die rechtliche Fortent-
wicklung immer wieder auf die Begriffsbestimmung durchschlug. Alleine dieser
„natürliche Wandel" vermag jedoch die grundsätzlichen Unterschiede hinsichtlich der tatbestandlichen Anknüpfungspunkte der verschiedenen Definitionen
nicht überzeugend zu erklären. Denn auch bei anderen Begriffen der Rechtsanwendung,[477] die von Rechtsprechung und Literatur entwickelt und benutzt werden, um rechtliche Phänomene des Kapitalgesellschaftsrechts zu umschreiben,

---

[472] Vgl. hierzu K. *Schmidt*, Gesellschaftsrecht, § 20 II, 1.a), S. 567, der pointiert ausführt,
dass eine gute Begriffsbildung zwar keine Fälle löst, eine schlechte bei der Lösung aber hin-
derlich sein kann – was im Besonderen für das Phänomen der Mantelgesellschaft gelten mag.
[473] Lediglich der Begriff der Vorratsgründung/ Mantelgründung ist inzwischen allgemein anerkannt und wird einheitlich interpretiert, vgl. hierzu oben § 2 II. 1.
[474] Vgl. *Feine*, GmbH, S.444; *Kober*, Mantelkauf, S. 1 f.; *Meyding*, Mantel-GmbH, S. 9 f..
[475] Der Gesetzgeber gibt bei der Benennungsdefinition den Sinn vor, der mit einem Wort verbunden werden soll. Zur Begrenztheit von Benennungsdefinition vgl. *Schneider*, Logik, S. 45.
[476] „Quae volumus, ea credimus libenter" - Gern glaubt der Mensch, was er wünscht, - zitiert
nach Schneider, Logik, S. 24.
[477] So treffend *Heerma*, Mantelverwendung, S. 2.

konnte eine weiterreichende Einigkeit hinsichtlich der inhaltlichen Bedeutung erzielt werden.

2. Der Makel des Mantelbegriffs und seine Erweiterung und Loslösung vom (haftungs-)rechtlich Problematischen

In der rechtswissenschaftlichen Diskussion wurde die Mantelgesellschaft zumeist als Synonym für einen rechtlich problematischen Sachverhalt gesehen und nicht als Oberbegriff für ein Phänomen des Kapitalgesellschaftsrechts, welches lediglich in Teilbereichen - also unter bestimmten zusätzlichen Voraussetzungen – rechtliche Fragen aufwirft und etwaige Rechtsfolgen nach sich zieht. Eine solche ausschließlich inhaltliche Ausrichtung des Mantelbegriffs an ein – wie auch immer zu umschreibendes – (haftungs-) rechtlich bedeutsames Rechtsproblem wird jedoch der Funktion und Notwendigkeit exakter Begriffsbestimmung nicht gerecht.

a) Funktion und Notwendigkeit von exakter Begriffsdefinition

Eine Begriffsdefinition hat die Aufgabe, die inhaltliche Bedeutung des Begriffs zu klären und so Missverständnisse zu vermeiden. Hierzu werden in der Definition alle dem Begriff wesentlichen Merkmale herausgestellt. Eine Definition im logischen Sinn zeichnet sich durch Nennung der nächsthöheren Gattung und der Hinzufügung der spezifischen Artunterschiede aus.[478] Da das Unbekannte für den menschlichen Intellekt nur durch Bekanntes einsichtig und verstehbar gemacht werden kann,[479] muss hierbei die inhaltliche Bedeutung der einzelnen Merkmale bekannt sein, damit der Inhalt der Definition *verstanden* wird.[480] Dienen Begriffe der Rechtsanwendung somit dazu, Vorgänge des Rechtslebens kommunizierbar zu machen, so gilt, dass je häufiger hierbei ein Vorgang im Rechtsleben stattfindet, desto dringlicher die Notwendigkeit einer einheitlichen Begriffsdefinition wird. Erheblich ist hierbei, dass dem beschriebenen Sachverhalt überhaupt eine eigenständige Bedeutung zukommt. Unerheblich ist es dagegen, ob sich diese Bedeutung aufgrund einer (haftungs-) rechtlichen Folge er-

---

[478] „Omnis definitio fit per genus proximum et differentiam specificam", vgl. hierzu *Schneider*, Logik, S. 43.

[479] Vgl. hierzu *Schneider*, Logik, S. 42 ff.

[480] Abzugrenzen sind diese definierenden Merkmale von Beschreibungen oder Erklärungen, die das „Was und Wie" oder das „Warum und Wozu" eines Phänomens deutlich machen. Solche beschreibende Schilderungen eines Sachverhalts mögen für das Verständnis hilfreich sein, genügen zumeist jedoch den Anforderungen an eine Definition nicht, vgl. *Schneider*, Logik, S. 44.

gibt. Die Reduzierung von Begrifflichkeiten auf den rechtlich problematischen Sachverhalt greift daher insgesamt zu kurz.[481]

b. Das Scheitern der Suche nach einheitlicher Begrifflichkeit

Die Entwicklung der einzelnen Definitionsvorschläge zur Mantelgesellschaft verdeutlicht, dass durch die soeben aufgezeigte Verquickung von (haftungs-)rechtlicher Folge und Mantelbegriff der Weg für eine einheitliche Begriffsfindung versperrt war, da jeder neuerliche *rechtliche* Lösungsansatz auch die Mantelgesellschaft als solche *begrifflich* neu beschrieb.

aa) Verwendungsabsicht zur „wirtschaftlichen Neugründung"

So wurde eine der ersten Definitionen des Kammergerichts[482] zur Mantelgesellschaft, auf die im Übrigen auch heute immer noch Bezug genommen wird,[483] bereits nach kurzer Zeit von Teilen der Literatur mit der Begründung kritisiert, dass hierdurch nicht alle rechtlich problematischen Fälle erfasst werden könnten.[484] Es ging hierbei zunächst um die Frage, ob die Mantelgesellschaft durch objektive Kriterien beschreibbar sei oder ob nicht vielmehr eine bestimmte Absicht der Gesellschafter die Gesellschaft zur Mantelgesellschaft werden ließ.[485] Das Kammergericht umschrieb die Mantelgesellschaft als „eine durch die Geschäftsanteile oder Aktien verkörperte äußere Rechtsform einer als juristischen Person bestehenden Kapitalgesellschaft, die in Ermangelung eines zur Wiederaufnahme dieses oder eines anderen Betriebes ausreichenden Vermögens keine wirtschaftliche Bedeutung mehr hat;"[486] und versuchte die Mantelgesellschaft anhand von objektiven Kriterien – Vermögensschwäche und Unternehmenslosigkeit – zu beschreiben.

Im Gegensatz hierzu verfolgten Teile der älteren Literatur einen vollkommen unterschiedlichen Ansatz und stellten überhaupt keine *objektiven* Anforderungen an den Zustand der Gesellschaft. Im Prinzip konnte so jede Kapitalgesellschaft

---

[481] Wenn *Heerma* also ausführt, dass eine tatbestandliche Erfassung des Mantelbegriffs unterbleiben kann, wenn keine haftungsrechtlichen Konsequenzen daran geknüpft werden, so offenbart dies ein grundsätzliches Missverständnis hinsichtlich der Notwendigkeit begrifflicher Abgrenzungsmöglichkeit von Rechtsanwendungsbegriffen, vgl. *Heerma*, Mantelverwendung, S. 7.

[482] Vgl.KG, Beschluss vom 3.7.1924 = JW 1924, 1535, siehe hierzu auch § 3 IV. 2.

[483] Vgl. hierzu. *Gürtner*, MDR 1954, 76; Pape, BB 1955, 1099; *Bommert*, GmbHR 1983, 209; *Ulmer*, BB 1983, 1123, 1124.

[484] Vgl. *Löbenstein*, Mantelverwendung, S. 24; *Danert*, Mantelkauf, S. 6 f.; *Schlutius*, Mantelkauf, S. 5 ff.; *Strauß*, Mantelkauf, S. 9 f.

[485] Die herrschende Meinung versuchte zwar den ersten Weg, konnte sich folgend jedoch nicht auf die wesentlichen Elemente des Mantelbegriffs einigen, vgl. hierzu die Nachweise unter § 3 III. 3.

[486] Vgl. KG, JFG 10, 152, 154 f.; siehe hierzu auch KG, NJW 1925, 635, 637; OLG Koblenz ZIP 1989, 165, 166; OLG Frankfurt a.M., DB 1991, 2328.

Gegenstand einer Mantelgesellschaft sein - entscheidend war vielmehr der Aspekt der Mantelverwendung, also die *subjektive* Absicht der Anteilserwerber zur „wirtschaftlichen Neugründung".[487] Der Begriff der „wirtschaftlichen Neugründung" wurde hierbei verwendet, um die Gleichartigkeit des Mantelkaufs mit der rechtlichen Neugründung aufzuzeigen.[488] Denn ebenso wie diese ziele die wirtschaftliche Neugründung letztlich darauf hinaus, ein Unternehmen in der Rechtsform einer Kapitalgesellschaft zu führen und in den Genuss der Haftungsbeschränkung zu gelangen.

Der Ansatz, lediglich auf die Verwendungsabsicht der Gesellschafter abzustellen, konnte sich jedoch nicht durchsetzen, denn zum einen zog er die (ungelöste) Frage nach sich, anhand welcher Elemente auf die Absicht einer „wirtschaftlichen Neugründung" geschlossen werden durfte[489] und wie diese vom zulässigen Anteilskauf unterschieden werden sollte.[490] Zum anderen vermochte dieser Ansatz - durch den Verzicht auf das objektive Kriterium der Unternehmenslosigkeit - nicht das tatsächliche Phänomen des Handels mit Anteilen von unternehmenslosen Kapitalgesellschaften zu umschreiben.

bb) Tatbestandliche Erfassung der Mantelgesellschaft und Begriffsvielfalt

Die Rechtsprechung und überwiegende Teile der Literatur versuchten daher vor dem Hintergrund von „nicht lösbaren" Abgrenzungsproblemen der Mantelverwendung zur zulässigen Umorganisation einer Gesellschaft,[491] wesentliche Merkmale der Mantelgesellschaft herauszuarbeiten. Hierzu wurden die vom Kammergericht bereits aufgeworfenen Tatbestandsmerkmale der Unternehmens- und Vermögenslosigkeit in alternativer oder kumulativer Form herangezogen, ohne dass sich jedoch eine einheitliche Meinung herausbilden konnte. Neben der grundsätzlichen Diskussion in Literatur und Rechtsprechung über die wesentlichen – tatbestandlichen - Merkmale des Mantelbegriffs wurde die Suche nach einer einheitlichen Begriffsdefinition nicht unerheblich auch durch die Vielzahl von neuen Begriffskreationen erschwert. So wurden immer wieder neue, bildhafte Ausdrücke in die Diskussion eingeführt, die zwar das Ziel ver-

---

[487] Vgl. *Löbenstein*, Mantelverwendung, S. 24; *Danert*, Mantelkauf, S. 6 f.; *Schlutius, Mantelkauf*, S. 5 ff.; *Strauß*, Mantelkauf, S. 9 f..

[488] BGHZ 117, 323, 331; *Ulmer*, BB 1983, 1116; *Ihrig*, BB 1988, 1197; *Brandes*, WM 1995, 641.

[489] Wird lediglich auf die subjektive Verwendungsabsicht abgestellt, so ergeben sich ebenso auch Unterscheidungsschwierigkeiten hinsichtlich der als zulässig erachteten Umorganisation, Umwandlung oder Sanierung, vgl. hierzu auch § 3 VI. 3.

[490] Zudem wurde der Begriff der „wirtschaftlichen Neugründung" auf sprachlicher Ebene kritisiert, da er impliziere, dass die Rechtsform der AG oder GmbH in ihrer rechtlichen Existenz von „wirtschaftlichen Faktoren", wie etwa der Existenz eines Unternehmens oder eines sonstigen Substrats, abhängig sei. Vgl. *Heerma*, GmbHR 1999, 640, 643.

[491] Vgl. hierzu *Priester*, DB 1983, 2291, 2298.

folgten, das gesellschaftsrechtliche Gebilde der Mantelgesellschaft zu verdeutlichen, die jedoch in ihrer Gesamtheit durch die fast unüberschaubare Vielzahl
sprachlicher Neuschöpfungen das Gebot begrifflicher Klarheit hinter sich ließen.[492]
So wurde in Anlehnung an eine Kammergerichtsentscheidung aus dem Jahre
1924 die Mantelgesellschaft im Hinblick auf ihre Unternehmens-, Funktions-
und/oder Vermögenslosigkeit zunächst als „leere Hülse", „Hülle",[493] „Rechts-
kleid"[494] oder „Gebilde"[495] umschrieben.[496] Beliebt waren aber auch weitere
Differenzierungen des Mantelbegriffs durch solche Umschreibungen wie
„tot",[497] „inhaltslos",[498] „gebraucht" und „leer"[499] – seltener dagegen schon die –
fast positiven - Umschreibungen wie „neu", „sauber" und „voll".[500]
Letztlich wurde die Diskussion um die Merkmale der Mantelgesellschaft auch
immer wieder durch kritische Stimmen belebt, die danach fragten, ob die gefun-
denen Merkmale – an die sich bestimmte rechtliche Folgen anschlossen - in der
„Praxis" erkennbar und zuverlässig handhabbar waren.[501]

c) Erweiterung des Mantelbegriffs

Den entscheidenden Aspekt für die immer noch unklare Begriffsdefinition liegt
in der fehlenden Zurückführung des „Mantelbegriffs" auf wesentliche Merkmale, die nicht in ihrer Gesamtheit (haftungs-) rechtliche Folgen auslösen, begründet.
Die Mantelgesellschaft und deren Verwendung ist ein alltägliches Phänomen
des Kapitalgesellschaftsrechts geworden. Während zwar einzelne Motive, die
zur Verwendung von Mantelgesellschaften führen, heute immer noch kritisch
beurteilt werden, werden andere Motive dagegen einhellig als legitim anerkannt.[502] Dies gilt im Besonderen angesichts der Entwicklung im Bereich des

---

[492] So beschäftigen sich die zahlreiche der zu diesem Thema erschienen Arbeiten – notwendigerweise - aufgrund der Vielfalt der neu eingeführten Begriffe mit einer (immer neuerlichen)
Fixierung des Untersuchungsgegenstandes, vgl. Meyding, Mantel-GmbH, S. 1 ff.; Peters,
GmbH-Mantel, S. 12 ff.; Kantak, Mantelgründung, S. 4 ff..
[493] Vgl. Danert, Mantelkauf, S. 3.
[494] BFHE 86, 369, 370; 85, 217, 223; Hachenburg/Schilling, GmbHG, § 2 Anm. 60.
[495] Vgl. Kantak, Mantelgründung, S. 10.
[496] KG, JW 1924, 1535, 1537; bzw. „bloße Hülse" in KG, JW 1925, 635, 636; so später auch
BGHZ 117, 323, 331.
[497] Hönn, ZHR 138, 1974, 50, 54; vgl. auch Kantak, Mantelgründung, S. 10, der allerdings
von einem „toten Gebilde" spricht.
[498] Vgl. KG, JW 1924, 1535; KG JW 1925, 635.
[499] KG JW 1927, 1383; KG, JFG 10, 153, 154; BayObLG v. 14.10.1993, GmbHR 1994, 189;
Janberg, GmbH 1952, 132, 133; Butz, GmbHR 1972, 270, 271.
[500] Vgl. Schlutius, Mantelkauf, S.8; sowie Heerma, Mantelverwendung, S. 5.
[501] Vgl. hierzu Peters, GmbH-Mantel, § 3 III S. 32 ff..
[502] Vgl. BGHZ 117, 332 = ZIP 1992, 689, 692; sowie Ebenroth/Müller, DnotZ 1994, S. 75,
77; Priester, DB 1983, 2291, 2299; Kantak, Mantelgründung, S. 23 f. m.w.N..

Handels mit Vorratsgesellschaften. Die höchstrichterliche Anerkennung[503] des Motivs der Zeitersparnis als legitimes Ziel sowie die Beliebtheit und Notwendigkeit von Vorratsgesellschaften im Rechtsverkehr, haben zu einer Aufwertung der Mantelgesellschaft geführt und ihr zu einer eigenständigen Bedeutung [auch ohne (haftungs-) rechtlichen Bezug] verholfen. Diese gestiegene Bedeutung der Mantelgesellschaft muss daher auch bei der Begriffsbestimmung berücksichtigt werden - eine begriffliche Ausrichtung des Mantelbegriffs auf die noch rechtlich strittigen Fragen greift dagegen zu kurz und wird der heutigen Beutung des Begriffs nicht mehr gerecht.

3. Begriffsdefinitionen

Nach heutigem Meinungsstand ist lediglich die Unternehmenslosigkeit[504] als wesentliches Merkmal der Mantelgesellschaft unstreitig anerkannt.[505] Die Fortführung des alten Unternehmens stellt das entscheidende Negativmerkmal der Mantelgesellschaft dar.[506] Ob dagegen auch der Vermögenszustand der Gesellschaft ein wesentliches Begriffsmerkmal der Mantelgesellschaft darstellt, ist sowohl grundsätzlich[507] als auch hinsichtlich der genauen Höhe umstritten.[508]

---

[503] Vgl. BGHZ 117, 332 = ZIP 1992, 689, 692.

[504] Da es an einem einheitlichen Unternehmensbegriff fehlt, gehen jedoch auch hier die Meinungen im Einzelnen, wenn auch gering, auseinander; vgl. hierzu die Darstellung bei Kober, Mantelkauf, S. 29 ff. Dieser Untersuchung liegt folgende, allgemein anerkannte, Definition des Unternehmensbegriffs zu Grunde: Ein Unternehmen ist eine auf der organisatorischen Verbindung von personellen und sachlichen Mitteln beruhende rechtliche Einheit, die nach ökonomischen Methoden arbeitet und wirtschaftliche Werte hervorbringt, um über den Markt die Nachfrage der Allgemeinheit nach seinen Erzeugnissen und mit dem Erlös die Einkommenswünsche und sonstige Bedürfnisse seiner Anteilseigner, Arbeitnehmer und Unternehmensleiter zu befriedigen, vgl. *Raiser*, Kapitalgesellschaften, S. 21; *Beisel/Klump*, Unternehmenskauf, S. 3 f.; K. *Schmidt*, Handelsrecht, § 4 I 2, S. 59 f..

[505] *Bechler*, ZBlfHR, 1927, 163; *Gürtner*, MDR 1954, 76; *Pape*, BB 1957, 179; *Bachmeyer*, DB 1970, 798; *Kantak*, Mantelgründung, S. 11.

[506] vgl. hierzu *Butz*; Mantelverwendung, S. 6; *ders.* GmbHR 1972, 270 f.; *Priester*, DB 1983, 2291; *Peters*, GmbH-Mantel, S. 1.

[507] Für *Kantak* und *Rasner* ist die Unterscheidung zwischen Vermögenslosigkeit und Vermögensschwäche entbehrlich, da die Vermögenssituation kein wesentlicher Bestandteil des Mantelbegriffs ist, vgl. *Kantak*, Mantelgründung, S. 11; *Rasner*, in: Rowedder, GmbHG, § 30 Rn. 7.

[508] Für Vermögenslosigkeit treten ein: KG JW 1925, 635, 637; KG JFG 10, 152, 154; *Scholz/Emmerich*, GmbHG, § 3 Rn. 18; *Hueck*, Gesellschaftsrecht, S. 347; *Rittner*, in. Rowedder, GmbHG, § 3 Rn. 17; *Soergel/Huber*, Kommentar zum BGB, Vor § 433 Rn. 213; *Meyding*, Mantel-GmbH, S. 20 f.; *Raiser*, Kapitalgesellschaften, S. 263; *Winnefeld*, BB 1975, 70; *Kober*, Mantelkauf, S. 46 f.; keine zwingende Vermögenslosigkeit, aber zumindest für einen Vermögenszustand unterhalb der Grenze des Mindestkapitals plädierend, dagegen *Priester*, DB 1983, 2291 („kein wirtschaftlich relevantes Vermögen"); *Bommert*, GmbHR 1983, 209 („mehr oder minder vermögenslos"); *Brodmann*, Aktienrecht, § 180 Anm. 1 („notleidend); siehe auch OLGFrankfurt a.M., DB 1991, 2328; sowie *Janberg*, GmbHR 1952, 132;

Unter Bezugnahme auf die grundsätzlichen Funktionen von Rechtsbegriffen verfolgen die folgenden Definitionen das Ziel, zunächst das gesellschaftsrechtliche
Phänomen als solches beschreibbar zu machen und so der gestiegenen Bedeutung der Mantelgesellschaft gerecht zu werden, ohne hierdurch die Verknüpfung (haftungs-) rechtlicher Folgen zu implizieren. Hierzu sollen objektive Kriterien - Gattung und Artunterschiede - zur Beschreibung herangezogen und auf
subjektive Kriterien der Gesellschafter verzichtet werden.

a) Mantelgesellschaft

Die Mantelgesellschaft ist eine unternehmenslose Kapitalgesellschaft. Als Anknüpfungspunkt für das Merkmal der Unternehmenslosigkeit bietet sich das Tä-
tigkeitsbild der Vorratsgesellschaft an, welche sich auf die Verwaltung des eigenen Vermögens beschränkt, ohne darüber hinaus weitere wirtschaftliche und
unternehmerische Ziele zu verfolgen.[509]
Das Kammergericht ging davon aus, dass nur bei endgültiger Aufgabe des Geschäftsbetriebes ein Mantelkauf vorliegen würde; läge dagegen nur ein einstwei-
liger Stillstand vor, so bestehe die Möglichkeit, dass das Unternehmen fortbe-
stehe.[510] Auf die Einbringung einer zeitlich-subjektiven Komponente hinsichtlich des Merkmals der Unternehmenslosigkeit soll vorliegend aufgrund besagter
Argumente verzichtet werden. Folglich kann auch bei einer vorübergehenden
Aufgabe des Geschäftsbetriebs eine Mantelgesellschaft vorliegen, sofern diese
sich auf die Verwaltung des eigenen Vermögens beschränkt.
Der Begriff der Vorratsgesellschaft ist im Rahmen der vorliegenden Untersuchung in seinem Anwendungsbereich reduziert und spezifisch auf solche Gesellschaften beschränkt, die durch Vorratsgründung gegründet wurden. Der Begriff
der Mantelgesellschaft umfasst dagegen als Oberbegriff sowohl die Vorratsgesellschaften als auch ehemals unternehmerisch tätige, nunmehr aber unternehmenslos gewordene Kapitalgesellschaften. Während Letztere neben der anfäng-
lichen Unternehmenslosigkeit vielfach auch durch eine schlechte Vermögenslage gekennzeichnet sein werden, wird bei Vorratsgesellschaften das Gesellschaftsvermögen regelmäßig nur um die Gründungskosten und geringfügige
Steuerbeträge geschmälert sein und zudem das Risiko einer Inanspruchnahme
für Verbindlichkeiten aus der früheren Betriebstätigkeit naturgemäß nicht bestehen.[511] Jedoch stellt das Merkmal der Vermögenslosigkeit *kein* wesentliches
Merkmal der Mantelgesellschaft dar. Sprachliche Differenzierungen hinsichtlich

---

Beuck, GmbHR 1957, 69 f.; *Butz,* Mantelverwertung, S. 270 f.; *Buyer,* DB 1987, 1959; *Handzik,* FR 1987, 374; unklar dagegen die Position *Ulmers,* GmbHR 1984, 256, 258, wonach
Vermögenslosigkeit kein regelmäßiges Merkmal sei; a.A. dagegen *ders.,* in: Hachenburg,
GmbHG, § 3 Rn. 24.
[509] Ebenso *Kantak,* Mantelgründung, S. 11; *Rasner,* in: Rowedder, GmbHG, § 30 Rn. 7.
[510] Vgl. KG, JW 1934, 988f..
[511] Vgl. *Priester,* DB 1983, 2291.

der Vermögenslage sind daher auch abzulehnen.[512] Der einzige Artunterschied ist die Phase wirtschaftlicher Betätigung.[513]
Der Verzicht auf das Merkmal der Vermögenslosigkeit entspricht zudem der sprachlich konsequenten Fortführung der gängigen Kommentierungspraxis zur Vorratsgründung, die durchgängig auch als Mantelgründung bezeichnet wird.[514]
Denn geht man davon aus, dass das Ergebnis einer Mantelgründung notwendigerweise eine Mantelgsellschaft ist, so wird diese idR über das gesetzliche Mindestkapital verfügen, also eben nicht vermögenslos sein. Es ist daher davon auszugehen, dass alle diejenigen, die von einer Mantelgründung sprechen, die Vermögenslosigkeit nicht als wesentliches Merkmal der Mantelgesellschaft ansehen.[515]

b) Mantelverwendung und Mantelkauf

Ausgangspunkt der folgenden Definitionen hinsichtlich der Begriffe Mantelverwendung und Mantelkauf ist die Prämisse, dass gemeinsamer Bezugspunkt der Mantelverwendung und des Mantelkaufs immer die Mantelgesellschaft ist.

---

[512] Im Leben einer Gesellschaft gilt es bei der Verschlechterung der Vermögenssituation verschiedene Stadien auseinander zu halten. Der Begriff der Vermögenslosigkeit daher ist von den Begriffen der Unterbilanz, Überschuldung und Masselosigkeit zu unterscheiden. Während eine Unterbilanz bereits gegeben ist, wenn das Reinvermögen der Gesellschaft nach Abzug aller Schulden ohne Rückstellungen und Rücklagen das Stammkapital nicht mehr erreicht, liegt eine Überschuldung vor, wenn die Verbindlichkeiten der Gesellschaft nicht mehr durch das Gesellschaftsvermögen, das immer noch beträchtlich sein kann, gedeckt werden, vgl. hierzu K. Schmidt, GesR, S. 1133, Michalski, GmbHR, Syst. Darst. 1, Rn. 69 ff.. Die Masselosigkeit einer Gesellschaft ist gegeben, wenn die Gesellschaft zwar noch Vermögenswerte besitzt, diese jedoch nicht mehr genügen, die Verfahrenskosten zu bestreiten. Eine Gesellschaft gilt somit erst dann als vermögenslos, wenn für die Gläubigerbefriedigung kein verwertbares Aktivvermögen vorhanden ist, vgl. Michalski, GmbHR, Syst. Darst. 1, Rn. 69; Heller, S. 24 ff., OLG Frankfurt WM 1983, 281;
[513] Die aufgezeigten Unterschiede zwischen Vorratsgesellschaften und unternehmenslos gewordenen Gesellschaften haben zu oftmals wenig überzeugenden Begriffskreationen geführt: so wurden Letztere als „leere Mäntel" bezeichnet, vgl. hierzu KG, JFG 10, 152, 154; Kantak, Mantelgründung, S. 11 f.. Erstere wurden dagegen als „saubere Mäntel" bzw. „volle Mäntel" bezeichnet, siehe hierzu Schlutius, Mantelkauf, S.8; sowie Heerma, Mantelverwendung, S. 5. Wem es zu umständlich ist, von ehemals tätigen Mantelgesellschaften zu reden, dem sei die Bezeichnung einer „gebrauchten Mantelgesellschaft" nahe gelegt, vgl. Priester, DB 1983, 2291 f.
[514] Vgl. Roth/Altmeppen, GmbHG, § 3 Rn. 11; Scholz/Emmerich, GmbHG, Rn. 18; HAchenburg/Ulmer, GmbHG, § 3 Rn. 20; Hüffer, AktG, § 23, Rn. 26 m.w.N..
[515] Vgl. hierzu auch Heerma, Mantelverwendung, S. 5.

aa) Mantelverwendung

Wesentliches Merkmal der Mantelverwendung ist die Einsetzung der Mantelgesellschaft als neue Unternehmensträgerin. Eine Mantelverwendung liegt somit vor, wenn eine Mantelgesellschaft - respektive eine Vorratsgesellschaft oder eine unternehmenslos *gewordene* Mantelgesellschaft[516] - als Unternehmensträgerin eines neu zu gründenden Unternehmens oder eines bereits bestehenden Unternehmens genutzt wird.[517] Die Anteilsverteilung[518] auf die einzelnen Gesellschafter ist dagegen ebenso wenig ein wesentliches Element der Mantelverwendung wie die Notwendigkeit eines Gesellschafterwechsels.[519]

Zur Klärung der inhaltlichen Bedeutung des Begriffs der Mantelverwendung[520] wurde in der Vergangenheit häufig darauf verwiesen, dass es sich bei der Mantelverwendung um das Phänomen einer „wirtschaftlichen Neugründung" eines Unternehmens handele – also die Neugründung oder Weiterführung eines Unternehmens unter Verwendung einer bereits existierenden Kapitalgesellschaft.[521] Das Bild der „wirtschaftlichen Neugründung" ist hierbei jedoch wenig hilfreich. Zunächst sollte vermieden werden, zur Erklärung eines unbestimmten Rechtsbegriffes einen neuen – ebenso unbestimmten - Rechtsbegriff zu verwenden.[522] Zum anderen ist der Begriff irreführend, da er die Aufnahme bzw. Weiterführung eines Unternehmens mit dem Bestehen der Kapitalgesellschaft verbindet. Im Gegensatz zu Handelsgesellschaften stellt jedoch im Kapitalgesellschaftsrecht das Unternehmen grundsätzlich ein von der Gesellschaft zu unterscheiden-

---

[516] Bzw. einen „gebrauchter Mantel"; siehe hierzu die Anmerkung in Fn.488 mit Verweis auf *Priester*, DB 1983, 2291 f..

[517] Vgl. hierzu *Peters*, GmbH-Mantel, S. 54 ff..

[518] Vgl. hierzu *Heerma*, Mantelverwendung, S. 4; a.A. dagegen *Danert*, Mantelkauf, S. 5; *Schlutius*, Mantelkauf, S. 6; *Löbenstein*, Mantelkauf, S. 5; zur Problematik bei mehreren Gesellschaftern, sowie beim Stillhalten der alten Anteilseigner vgl. *Kober*, Mantelkauf, S. 19.

[519] Wenig hilfreich ist dagegen der Vorschlag, die Mantelverwendung in die Mantelverwendung in sonstiger Weise und in die Mantelverwendung durch Mantelkäufer zu unterteilen. Erstere soll vorliegen, wenn die Mantelverwendung durch die bisherigen Gesellschafter durchgeführt wird. Warum Erstere nicht einfach „Mantelverwendung durch bisherige Gesellschafter" genannt werden soll, bleibt unklar, vgl. hierzu die Einteilung von *Butz*, Mantelverwertung, S. 6 f; dem folgend *Priester*, DB 1983, 2291; bei der jedoch die Verwendungsabsicht als wesentliches Merkmal des Mantelkaufs angesehen wird und die Mantelverwendung somit den Oberbegriff zu Mantelkauf und Mantelverwendung in sonstiger Weise darstellt.

[520] Teilweise auch als Mantelverwertung bezeichnet: So *Löbenstein*, Mantelkauf, S. 17 ff.; *Butz*, Mantelverwertung, S. 3 ff.; *Ihrig*, BB 1988, 1197 f; vgl. hierzu auch *Priester*, DB 1983, 2291 und *Heerma*, Mantelverwendung, S. 3 die dem Mantelverwertungsbegriff ablehnend gegenüberstehen, da er eine nicht stattfindende Zerschlagung der Gesellschaft impliziert.

[521] Vgl. *Kantak*, Mantelgründung, S. 15.

[522] So schon kritisiert von *Heerma*, GmbHR 1999, 640, 643 m.w.N..

des Rechtssubjekt dar.[523] So kann die Übertragung eines Unternehmens zum einen durch Abtretung[524] einer bestimmten Menge von Anteilen der betreibenden Gesellschaft, zum anderen aber auch durch die Übertragung wesentlicher Wirtschaftsgüter und Verbindlichkeiten als Sachgesamtheit erfolgen.[525] Dass der Begriff der Mantelverwendung weiterhin häufig durch die Formulierung als „wirtschaftliche Neugründung" beschrieben wird, mag daran liegen, dass er besonders plastisch die häufige Motivlage der Anteilserwerber widerspiegelt;[526] dennoch sollte aufgrund der beschriebenen Widersprüchlichkeiten die Formulierung fallen gelassen und direkt auf das dahinter liegende Merkmal der Einsetzung der Mantelgesellschaft als Unternehmensträgerin abgestellt werden.

bb) Mantelkauf

Der Begriff des Mantelkaufs umschreibt dagegen eine häufige *Vorstufe*[527] der Mantelverwendung, nämlich den Anteilserwerb einer Mantelgesellschaft,[528] und erfasst hierbei sowohl das schuldrechtliche wie auch das dingliche Rechtsgeschäft des Anteilserwerbs.[529]

---

[523] Vgl. §§ 105, 106 HGB; ebenso *Heerma*, Mantelverwendung, S. 57 f.; zur Rechtssubjektsqualität des Unternehmens sowie zur Möglichkeit einer isolierten Haftung siehe auch K. Schmidt, Handelsrecht, § 4 IV, S. 78 ff..

[524] Vgl. hierzu *Beisel/Klumpp*, Der Unternehmenskauf, S. 928 ff..

[525] Vgl. hierzu *Beisel/Klumpp*, Der Unternehmenskauf, S. 928, 930f..

[526] Vgl. hierzu oben unter § 3 II. 2. d).

[527] Vgl. hierzu *Löbenstein*, S. 19; sowie Strauß, S. 9.

[528] Vgl. hierzu K. *Schmidt*, Gesellschaftsrecht, 1986, S. 56; *Hueck*, in: Baumbach/Hueck, 1988, § 3 Rn. 14; abzulehnen, weil nur schwer von der Mantelverwendung abgrenzbar, ist dagegen ein den Verwendungsaspekt bereits einschließenden (weiteren) Mantelkaufbegriff, wie er dagegen von *Bommert*, GmbHR 1983, 209, *Priester*, DB 1983, 2291; sowie zuletzt A. Schmidt, GmbH, S. 379, für die GmbH vertreten wird: „Mantelkauf ist der Erwerb aller oder fast aller Geschäftsanteile einer GmbH, die ihren Geschäftsbetrieb eingestellt hat oder über kein nennenswertes Vermögen mehr verfügt, durch eine oder mehrere Personen, um die fortbestehende juristische Person für ihre eigenen, von denjenigen der bisherigen Gesellschaft regelmäßig stark abweichenden Zwecke zu verwenden".

[529] Hier wird deutlich, dass dem Mantelkaufbegriff als Begriff der Rechtsanwendung zunächst die Funktion zukommt, rechtliche Phänomene der Praxis als beschreibenden Oberbegriff zu erfassen, auch wenn hierdurch die rechtliche Natur der einzelnen Rechtsgeschäfte nicht deutlich zum Vorschein gelangt. Dem Nachteil rechtlicher Undifferenziertheit steht der Vorteil einer einfacheren und daher einheitlichen Begriffsanwendung gegenüber. Dies verlangt vom Rechtsanwender daher eine genauere Auseinandersetzung; unklar dagegen OLG Hamburg, v. 15.4.1983, GmbHR 1983, S. 219; siehe hierzu *Ulmer*, BB 1983, 1123, 1125; vgl. hierzu auch die unklaren Ausführungen des KG in JW 1924, 1535; JW 1933, 988; aufgeführt und auszugsweise zitiert bei *Heerma*, Mantelverwendung, S. 2 Fn. 3.

Die Verwendungsabsicht ist dagegen keine wesentliche und notwendige Eigenschaft des Mantelkaufbegriffs.[530] Zwar wird regelmäßiges Ziel des Mantelkaufs
die spätere Verwendung der Gesellschaft sein, weshalb zumeist beim Mantelkauf auch die Mehrheit der Geschäftsanteile übertragen werden wird – jedoch ist
diese Annahme keineswegs zwingend. Durch obige Definition und den Verzicht
auf die Verwendungsabsicht können auch die Fälle erfasst werden, in denen bis
zur Verwendung der Mantelgesellschaft weitere Mantelkäufe dazwischen treten.
Dies kann beispielsweise immer dann geschehen, wenn sich der erste Anteilskäufer einen wirtschaftlichen Gewinn allein durch den *Weiterverkauf* der Anteile erhofft. Sieht man die Verwendungsabsicht als wesentliches Merkmal an, läge
in einem solchen Fall kein Mantelkauf vor.
Ebenso wenig stellt das Erfordernis einer bestimmten Höhe des Anteilserwerbs
ein wesentliches Merkmal des Mantelkaufbegriffs dar. Das Merkmal einer bestimmten Beteiligungsquote führt zu einer unerwünschten Einengung des Mantelkaufbegriffs und geht auf den reduzierenden Ansatz zurück, den Mantelkauf
als Synonym für einen (haftungs-) rechtlichen Tatbestand zu begreifen. So bejaht ein großer Teil der Literatur grundsätzlich das Erfordernis einer bestimmten
Höhe des Anteilserwerbs gerade mit der Begründung, dass nicht jeder Beteili-
gungskauf an einer Mantelgesellschaft haftungsrechtliche Konsequenzen nach
sich ziehen könne;[531] strittig ist unter den einzelnen Stimmen lediglich die genaue Anzahl der Anteile, die erworben werden muss.[532] Ungelöst sind innerhalb
dieser Meinungen die Fälle, in denen die bisherigen Anteilseigner einen Teil der
Anteile behalten, jedoch durch Stillhalten der Verwendung durch satzungsän-
dernde Beschlüsse nicht im Wege stehen. Ebenso problematisch dürften die Fälle zu beurteilen sein, in denen der Anteilserwerb gestückelt wird bzw. mehrere
Anteilserwerber den Mantelkauf vornehmen, so dass jeder einzelne Anteilserwerb die allgemein als wesentlich eingestufte Marke von ¾ der Anteile nicht
überschreiten würde.[533] Um die beschriebenen Fälle zu erfassen, bedarf es in

---

[530] Insofern stellt die Verwendungsabsicht eine Eigenschaft dar, die dem beschriebenen Gegenstand zukommen kann, ihm aber nicht notwendigerweise zukommen muss („accidens
simpliciter"), vgl. hierzu *Schneider*, Logik, S. 36 f..
[531] Vgl. hierzu *Kober*, Mantelkauf, S. 49, der annimmt, dass ein Mantelkauf dagegen nur dann
vorliege, wenn die Beteilungen an dem Gesellschaftsmantel entgeltlich übertragen werden
und die oder den Erwerber in die Lage versetzen, durch Beschlussfassung in der Gesellschafterversammlung die Satzung der Gesellschaft oder deren Gesellschaftervertrag auf der erworbenen Beteiligung abzuändern.
[532] Für einen Erwerb sämtlicher bei Mantelkauf, *Klunzinger*, Grundzüge, S. 230; *Leh-
man/Dietz*, S. 430; *Bulang*, Mantelgründung, S. 5; *Bachmayr*, DB 1970, 798, für die Übertragung *fast* aller Geschäftsanteile; Autenrieth, DStZ 1987, 203 f., die Mehrheit er Geschäftsanteile verlangt dagegen *Schlutius*, Mantelkauf, S. 6 f.; *Fichtelmann*, Mantelkauf, StW 1988,
S. 77 f.; *Pape*, Gesellschaftsmäntel, BB 1955, 1099; siehe hierzu auch unten § 3 VI. 3. c).
[533] Erwerben beispielsweise die Mehrzahl von 6 Erwerbern sämtliche Anteile einer Gesellschaft, so stellt jede Beteiligung an sich eine Minderheitsbeteiligung dar. In einem solchen

einem solchen Fall einer nachgelagerten Gesamtbetrachtung.[534] Da vorliegend jedoch auf begrifflicher Ebene auf die Umschreibung eines haftungsrechtlich relevanten Tatbestandes verzichtet wird, besteht für die Einführung einer bestimmten Beteiligungsquote keine Notwendigkeit mehr. Somit bildet letztlich der generelle zivilrechtliche Übertragungstatbestand das alleinige wesentliche Merkmal des Mantelkaufbegriffs.

4. Zusammenfassung

Die Mantelgesellschaft ist eine unternehmenslose Kapitalgesellschaft – eine Gesellschaft also, die ihre Tätigkeit auf die Verwaltung des eigenen Vermögens reduziert hat und keine darüber hinausgehenden wirtschaftlichen oder unternehmerischen Ziele mehr verfolgt. Die Vorratsgesellschaft stellt dagegen einen Sonderfall der Mantelgesellschaft dar – sie liegt nur vor, wenn die Gesellschaft durch Vorratsgründung entstanden ist, also von Anfang an unternehmenslos war.

Gemeinsamer Bezugspunkt von Mantelkauf und Mantelverwendung ist die Mantelgesellschaft. Ein Mantelkauf liegt vor, wenn Anteile der Mantelgesellschaft übertragen werden. Auf das Merkmal einer Verwendungsabsicht sowie das Merkmal einer bestimmten Beteiligungsquote kann verzichtet werden, da sie zu einer nicht erwünschten Einschränkung des Mantelkaufbegriffs führen. Die Reduzierung des Mantelkaufbegriffs auf jeglichen Anteilserwerb einer Mantelgesellschaft ermöglicht es dagegen, den ausschließlichen - ohne Verwendungsabsicht erfolgenden - Handel mit Anteilen von Mantelgesellschaften begrifflich zu erfassen. Insofern wird auch die *Parallele* zu den Anbietern von offenen Vorratsgesellschaften deutlich, welche sich ebenso lediglich einen Gewinn durch den Anteilsverkauf der Gesellschaft erhoffen und eben nicht die Absicht haben, die Gesellschaft als Unternehmensträgerin zu verwenden.[535] Durch die Erweiterung des Mantelkaufbegriffs auf jeglichen Anteilserwerb einer Mantelgesellschaft wird zudem eine klare Abgrenzung zum Begriff der Mantelverwendung ermöglicht. Eine Mantelverwendung liegt dagegen vor, wenn die Mantelgesellschaft als Unternehmensträgerin eines neu zu gründenden oder bereits bestehenden Unternehmens eingesetzt wird.

Vorteil und Nachteil der hier aufgezeigten - (notwendigerweise) weiter gefassten - Definition ist, dass der rechtlich problematische Sachverhalt nur noch ei-

---

Fall würde der einzelne Anteilserwerb für sich, nicht über die kritische Marke ½ oder ¾ der Anteile gelangen.

[534] Die unterschiedlichen Ansätze machen deutlich, wie durch die Verquickung des Mantelbegriffs mit haftungsrechtlichen Konsequenzen jeder neuerliche *rechtliche* Ansatz auf die inhaltliche *begriffliche* Ebene durchschlagen muss.

[535] Der Unterschied besteht lediglich darin, dass in diesem Falle die Mantelgesellschaft vorher noch nicht unternehmerisch tätig war, vgl. hierzu auch oben § 2 II. 3.

nen Teilaspekt des Mantelbegriffs darstellt und somit von diesem daher nicht exakt ohne Erweiterung wiedergegeben werden kann.[536] Dieser „Preis" sollte angesichts der gestiegenen Bedeutung der Mantelgesellschaft als legitimes Instrumentarium zur Verkürzung langer Eintragungszeiten und besonders aus Gründen der begrifflichen Übersichtlichkeit gezahlt werden.

---

[536] So etwa durch die Zusätze unterbilanziert oder vermögenslose Mantelgesellschaft, vgl. hierzu auch § 3 VI. 2. b.aa), sowie § 3 VI. 4. a).

IV. Rechtliche Entwicklung zur Mantelgesellschaft

Im Gegensatz zur begrifflichen Ebene konnten einige grundlegende rechtliche Fragen zur Mantelgesellschaft im Laufe der letzten 80 Jahre durch Rechtsprechung und Literatur einer einheitlichen Lösung zugeführt werden.

1. Existenz der Mantelgesellschaft

Gemäß dem Grundsatz, dass ein rechtliches Nullum nicht Gegenstand einer Anteilsübertragung sein kann,[537] beschäftigten sich Rechtsprechung und Literatur zunächst mit der Frage, ob die Mantelgesellschaft rechtlich überhaupt noch existent sei, oder ob sie durch Erreichen eines bestimmten Zustandes bzw. Wegfall eines bestimmten Substrates ihre rechtliche Existenz verloren habe.

a) Keine Existenzgefährdung durch Einstellung unternehmerischer Tätigkeit

Die Aufgabe der Geschäftstätigkeit stellt weder einen gesetzlichen Erlöschensgrund noch einen Auflösungsgrund[538] dar. Eine dem § 141 a FGG entsprechende Norm bzgl. des Fortfalls des Unternehmens ist dem GmbHG und AktG fremd.[539] Vielmehr soll nach der Systematik des AktG und GmbHG die unternehmerische Tätigkeit erst nach Eintragung in das Handelsregister erfolgen.[540] Wenn also schon zu Beginn die Gesellschaft wirksam ohne unternehmerische Tätigkeit entsteht, so wäre auch nur schwerlich begründbar, warum deren späterer Fortfall die Existenz der juristischen Person berühren sollte.

Ferner akzeptiert der Gesetzgeber an weiteren Stellen das Vorhandensein unternehmensloser Gesellschaften, ohne deren rechtliche Existenz in Frage zu stellen. So ist nach der gesetzlichen Systematik regelmäßig[541] dem Erlöschen des Rechtsträgers ein Abwicklungsverfahren vorausgeschaltet.[542] Das Ziel der Ab-

---

[537] Zur Wirksamkeit des Anteilskaufs vgl. Neues Schuldrecht. Objektive Unmöglichkeit, vgl. hierzu auch *Skibbe*, in FS Felix S. 417 ff.; sowie *Heerma*, Mantelverwendung, S. 32 Fn. 137 m.w.N..

[538] Vgl. hierzu auch *Heerma*, Mantelverwendung, S. 33, der feststellt, dass somit nur ein ungeschriebener Erlöschensgrund in Frage kommt.

[539] Das Fehlen einer entsprechenden Regelung legt eher den Schluss nahe, dass der Gesetzgeber von der Bedenkenlosigkeit unternehmensloser im Gegensatz zu vermögenslosen Kapitalgesellschaften ausging.

[540] Vgl. hierzu den Entwurf der 1. Lesung bzgl. Art. 189 eines ADHGB: „Die Gesellschaft kann erst nach erhaltener Genehmigung und erfolgter Eintragung in das Handelsregister ihren Geschäftsbetrieb mit rechtlicher Wirkung beginnen." Vgl. hierzu auch die Ausführungen von *Heerma*, Mantelverwendung, S. 57 Fn. 252.

[541] Sonderregelungen bestehen im Fall der Gesamtrechtsnachfolge, der Verschmelzung und Aufspaltung von Handelsgesellschaften sowie beim liquidationslosen Erlöschen der vermögenslosen Gesellschaft, vgl. hierzu K. Schmidt, Gesellschaftsrecht, S. 316 ff..

[542] Vgl. § 730 BGB, § 145 HGB, § 264 AktG, § 66 GmbHG.

wicklung ist es, die laufenden Geschäfte zu beenden und das Gesellschaftsvermögen in Geld umzusetzen. Geleitet vom Gläubigerschutz hat der Gesetzgeber zwischen Abwicklung und Verteilung des Abwicklungserlöses ein Sperrjahr gesetzt, in dessen Zeitraum die Gesellschaft zwar unternehmenslos ist, jedoch bis zur Eintragung der Löschung weiterhin als juristische Person existent ist.[543] Die Einstellung der unternehmerischen Tätigkeit einer AG oder GmbH berührt somit nicht die Existenz des Rechtssubjekts als solcher.

b) Die Existenz der vermögenslosen Mantelgesellschaft

Ebenso ist heute allgemein anerkannt, dass der Zustand der Vermögenslosigkeit auch bei kumulativ gegebener Unternehmenslosigkeit der Kapitalgesellschaft die rechtliche Existenz der Gesellschaft als solche nicht berührt.[544] Obschon das Merkmal der Vermögenslosigkeit nach herrschender Meinung kein wesentliches Merkmal der Mantelgesellschaft darstellt[545] und es sich somit bei dieser Rechtsfrage *nicht* um ein *spezifisches* Problem der Mantelgesellschaft handelt, war die Frage nach der Wirkung der Vermögenslosigkeit eng mit der Diskussion um die Mantelgesellschaft verzahnt. Die Verbindung dieser Rechtsfrage mit der Mantelgesellschaft ist dadurch begründet, dass der Handel mit vermögenden Mantelgesellschaften in der Vergangenheit die Ausnahme darstellte, wohingegen heute durch den Handel mit Vorratsgesellschaften gerade der Handel mit (vermögenden) Vorratsgesellschaften den Regelfall darstellen dürfte.[546] So war lange Zeit in Rechtsprechung und Literatur streitig, ob der Eintragung der Löschung im Handelsregister lediglich deklaratorische Wirkung zukomme und der Eintritt der Vermögenslosigkeit für sich zum Erlöschen der Gesellschaft – also zum Ende der Existenz der Gesellschaft als Rechtspersönlichkeit – führt.[547] Ausgangspunkt dieser Überlegung war die Regelung des § 141a FGG,[548] wonach eine Kapitalgesellschaft aus dem Handelsregister gelöscht wer-

---

[543] Neben den rechtlichen Argumenten wäre eine solche Ansicht zudem nur schwerlich praktikabel und würde durch die auftretenden Abgrenzungsprobleme zu einer Gefährdung der Rechtssicherheit führen, vgl. hierzu *Bärwaldt/Schabacker*, GmbHR 1998, 1005, 1006; *Heerma*, Mantelverwendung, S. 34 ff., 58 f..

[544] Besonders die Schwierigkeit einer verlässlichen Feststellung des Eintritts der Vermögenslosigkeit steht der Handhabbarkeit dieser Ansicht entgegen. Die Vermögenslosigkeit wird daher als alleiniges Kriterium für das Erlöschen heute fast einhellig abgelehnt, vgl. hierzu *Scholz/Schmidt*, Anh. § 60 Rn. 18 f., *Michalski/Nerlich*, GmbHG, § 74 Rn. 32 m.w.N..

[545] Vgl. hierzu oben unter § 3 III. 3. a).

[546] Vgl. oben unter § 2 II. 3. und 4. unter Berücksichtigung der regelmäßigen Ausstattung der Vorratsgesellschaft mit dem Mindestkapital sieh auch BGH II ZB 4/02, ZIP 2003, 1698, 1699 f.

[547] Vgl. *Scholz/Schmidt*, Anh. § 60 Rn. 18 f.; Höhn, ZHR 138, 1974, 51; *Bork*, JZ 1991, 841;844; Uhlenbruck, ZIP 1996, 1641, 1647.

[548] Vgl. hierzu auch §§ 74 Abs. 1 Satz 2 GmbHG, 273 Abs. 1 Satz 4 AktG.

den kann, wenn sie kein Aktivvermögen mehr besitzt.[549] So gingen die ältere Rechtsprechung[550] und Literatur[551] zunächst von der deklaratorischen Wirkung der Löschung aus, konnten sich aber insbesondere aufgrund der nicht gelösten Schwierigkeit einer verlässlichen Feststellung des Eintritts der Vermögenslosigkeit nicht durchsetzen. Das heutige Meinungsbild zur Wirkung der Löschung ist uneinheitlich. Zum einen wird der Löschung im Handelsregister konstitutive Wirkung beigemessen.[552] Bedenken bereitet diese Ansicht dann, wenn sich nachträglich herausstellt, dass die Gesellschaft noch über Vermögenswerte verfügt. Da die erloschene Gesellschaft nicht mehr Träger von Rechten und Pflichten sein kann, stellt sich die Frage, wie die notwendige Nachtragsliquidation zu lösen wäre. Die Vorschläge reichen von der Fiktion einer nach Löschung noch bestehenden juristischen Person bis hin zur Nachgesellschaft. Daher hat sich ein beträchtlicher Teil der Literatur der Lehre vom Doppeltatbestand angeschlossen, wonach die Gesellschaft nur dann erlischt, wenn sie im Handelsregister gelöscht ist und kein Vermögen mehr besitzt.[553]

Da jedoch beide heute noch vertretenen Ansichten allein aufgrund der Vermögenslosigkeit der Gesellschaft deren rechtliche Existenz nicht gefährdet sehen, kann für die vorliegende Untersuchung letztlich dahinstehen, welcher Ansicht zu folgen ist.[554]

---

[549] Eine bloße Überschuldung reicht daher nicht aus; ein zusätzlicher Fortfall des Geschäftsbetriebes bzw. Gewerbebetriebes ist dagegen nicht erforderlich – so aber *Rasner*, in: Rowedder, GmbHG § 60 Rn. 3; *Wilhelmi*, in Godin/Wilhelmi, AktG, § 262 Anm. 8; siehe hierzu auch *Heerma*, Mantelverwendung, s. 38 ff., sowie S. 39 Fn. 169.

[550] RGZ 109, 387, 391; 134, 91, 93; 149, 293, 296; vgl. ferner hierzu BGHZ 48, 303, 307; 75, 178, 182; BGH, LM Nr. 1 zu § 74 GmbHG; BHG WM 1957, 975; sowie BayObLG DNotZ 1955, 638, 640; OLG Stuttgart NJW 1969, 1493; OLG Düsseldorf GmbHR 1979, 227, 228; BayObLG ZIP 1982, 1205, 1206; FG Baden-Württemberg, EFG 1990, 540.

[551] Vgl. *Däubler*, GmbHR 1964, 246; *Sudhoff*, Gesellschaftsvertrag, S. 552; *Marowski*, JW 1938, 11; W. *Schmidt*, in Hachenburg, GmbHG, 6. Aufl.. § 60 Rn. 4.; *Hofmann*, GmbHR 1976, 258, 267; *Jessen*, NJW 1974, 2275; *Bokelmann*, NJW 1977, 1130; *Ahmann*, GmbHR 1987, 439.

[552] *Hönn*, ZHR 138, 1974, 50 ff., *Hüffer*, in: GS Schultz, S. 99 ff.; *Hachenburg/Ulmer*, Anh. § 60, GmbHG, Rn. 33 f.; *Buchner*, Amtslöschung, S. 105; *Kraft*, in: KommAktG, § 1 Rn. 10; *Pape*, BB 1955, 1099 f..

[553] Vgl. hierzu K. *Schmidt* 1988, 209,211; ders. GmbHR, 1994, 829,832; *Scholz/K. Schmidt*, Anh. § 60 Rn. 18 f; *Uhlenbruck*, ZIP 1006, 1641 ff.; vgl. hierzu auch die neuere Ansicht zum erweiterten Doppeltatbestand *Saenger*, GmbHR 1994, 301 ff., wonach die Gesellschaft dann erlischt, wenn sie im Handelsregister gelöscht ist, kein Vermögen mehr besitzt, und kein weiterer Abwicklungsbedarf besteht.

[554] Durch die Neufassung des § 74 Abs. 1 GmbHG wurde die Formulierung des § 273 AktG in das GmbH-Recht übernommen. Der Gesetzgeber stellte im Rahmen des Gesetzes zur Durchführung der 11. Richtlinie klar, dass auch bei der GmbH die Löschung konstitutive Wirkung hat.

2. Rechtliche Zulässigkeit von Mantelkauf und Mantelverwendung

Die Anteile einer GmbH oder AG sind grundsätzlich frei veräußerlich[555] – es gilt der Grundsatz der freien Übertragbarkeit.[556] Dennoch war lange Zeit strittig, ob der Mantelkauf[557] also der Anteilserwerb einer (vermögenslosen) Mantelgesellschaft sowie die häufig mit der Mantelverwendung einhergehenden Satzungsänderungen grundsätzlich zulässig seien.

a) Nichtigkeit des Mantelkaufs gem. § 138 BGB

Die Nichtigkeit des Anteilserwerbs[558] einer Mantelgesellschaft wurde in der Vergangenheit zunächst vom Kammergericht auf Grundlage eines Verstoßes gegen die guten Sitten begründet.[559] Die folgende Rechtsprechung[560] und Literatur[561] stand dieser Ansicht jedoch von Beginn an kritisch gegenüber.

aa) Nichtigkeit aufgrund Einmanngründung

Das Kammergericht ging in seiner ersten Entscheidung[562] von der Nichtigkeit der Abtretung sämtlicher Geschäftsanteile aus, stützte sich allerdings in der Entscheidung nicht auf die Umgehung der Gründungsvorschriften, sondern darauf, dass die vorhandene Gesellschaft nur als „Deckmantel"[563] diene, um das Ge-

---

[555] Vgl. § 15 Abs. 1 GmbHG, § 68 AktG.

[556] Der Grundsatz der freien Übertragbarkeit ist im GmbH-Recht im Verhältnis zum Akt-Recht eingeschränkt; so sind sowohl für das Verfügungs- als auch das Verpflichtungsgeschäft Formvorschriften zu beachten, § 15 Abs. 3 und 4 - diese Vorschrift hat die Funktion insbesondere den spekulativen Handel mit Geschäftsanteilen zu erschweren, vgl. hierzu BGHZ 13, 49 ff., BGH, NJW 1994, 3327 ff.; BGH WM, 1995, 670 f.; ferner ist der Geschäftsanteil darüber hinaus nicht ohne weiteres teilbar, § 17, und kann nicht als Wertpapier verbrieft werden, vgl. hierzu *Michalski/Ebbing*, GmbHG § 14 Rn. 38, § 15 Rn. 1; zum AktG siehe hierzu *Hüffer*, AktG, § 68 Rn. 10 m.w.N..

[557] Der Mantelkauf umfasst als Oberbegriff zwei voneinander zu trennende Rechtsgeschäfte – den Kaufvertrag und die Anteilsübertragung; vgl. hierzu oben unter § 3 III. 3. b) bb).

[558] Vgl. *Kober*, Mantelkauf, S. 54, der zu Recht darauf verweist, dass es sich beim Mantelkauf um eine Form des Beteilungs- oder Anteilskaufes handelt, der sich lediglich durch eine besondere wirtschaftliche Verfassung der Gesellschaft auszeichnet.

[559] Vgl. KG, Beschluss vom 3.7.1924 = JW 1924, 1535.

[560] Differenzierend hierzu bereits, OLG Dresden JFG 8, 157, 161, das den Anteilserwerb einer Mantelgesellschaft mit anschließender Kapitalerhöhung nicht generell für sittenwidrig hielt; vgl. hierzu auch RG, JW 1924, 27 zur Haftung eines Notars bei nicht ausreichender Aufklärung bzgl. der Risiken eines Mantelkaufs; aus neuerer Rechtsprechung LG Ravensburg, NJW 1964, 597; OLG Karlsruhe, DB 1978, 1219 f..

[561] Zu älterer Literatur vgl. *Strauß*, Mantelkauf, S. 28 ff.; *Danert*, Mantelkauf, S. 21 f; *Bulang*, Mantelgründung, S. 13 ff; *Pape*, BB 1951, 1100; *Gürtner*, MDR 1954, 77 ff; *Schlutius*, Mantelkauf, S. 17 ff..

[562] Vgl. KG, Beschluss vom 3.7.1924 = JW 1924, 1535.

[563] Vgl. KG, JW 1924, 1535, 1536.

schäft eines Einzelkaufmannes in der Form einer GmbH zu gründen. Bis zur GmbH-Novelle des Jahres 1980 bedurfte es zur Gründung einer GmbH gem. §§ 2, 3 GmbHG eines Gesellschaftsvertrages mit mindestens zwei übereinstimmenden Willenserklärungen - bis 1994 mussten nach § 2 AktG a.f. mindestens fünf Personen an der Feststellung der Satzung beteiligt sein. Das Kammergericht argumentierte nunmehr, dass der vollständige Anteilserwerb einer unternehmenslosen Gesellschaft für eine Einzelperson faktisch die Möglichkeit böte, die gesetzgeberische Wertung eines Verbots der Einmanngründung zu umgehen und müsse daher als Missbrauch angesehen werden.[564] Indem mittlerweile der Gesetzgeber sowohl im GmbHG als auch im AktG die Möglichkeit der Einmanngründung geschaffen hat, kann die Sittenwidrigkeit nicht mehr dadurch begründet werden, dass durch den Mantelkauf die Geschäftsanteile in einer Person vereinigt würden.[565]

bb) Nichtigkeit wegen Risikoabwälzung und Umgehung der Gründungsvorschriften

Das Kammergericht stellte in seiner zweiten Entscheidung[566] für die Aktiengesellschaft[567] bzgl. der Sittenwidrigkeit zusätzlich noch auf die Zweckvereitelung der Gründungsvorschriften ab. Diese würde dadurch erzielt, dass die im Gesetz für die Gründung einer Aktiengesellschaft vorgesehenen Vorschriften beim Anteilserwerb einer „Mantelgesellschaft" nicht zur Anwendung gelangen würden. Das Kammergericht berücksichtigte in seiner Argumentation zum einen nicht genügend, dass eine Schädigung von Gläubigern erst mittelbar aufgrund weiterer Rechtsgeschäfte möglich wäre,[568] und nicht unmittelbar aus dem Kauf bzw. der Abtretung der Gesellschaftsanteile hergeleitet werden kann. Doch auch wenn man über den Unmittelbarkeitszusammenhang der Sittenwidrigkeit hinwegsieht, gilt ferner zur berücksichtigen, dass sich die Sittenwidrigkeit eines Rechtsgeschäfts aus einer Gesamtwürdigung von Inhalt, Motiv und Zweck ergibt, wobei neben objektiven auch subjektive Momente zu beachten sind.[569] So muss der subjektive Tatbestand[570] bei allen Beteiligten vorliegen,[571] wenn erst das Motiv oder der Zweck des Rechtsgeschäfts die objektive Sittenwidrigkeit begründet oder wenn sich der Sittenverstoß gegen die Allgemeinheit oder gegen

---

[564] Vgl. hierzu oben § 3 II. 1.
[565] Vgl. hierzu *Ulmer*, BB 1983, 1123, 1124.
[566] Vgl. KG JW 1925, 635 ff..
[567] Das Kammergericht führte aus, dass für die GmbH der Gründungsschutz sich nicht in gleicher Weise herausgebildet habe, so dass nicht generell die Sittenwidrigkeit des Anteilserwerbs einer „Mantelgesellschaft" angenommen werden könne, vgl. KG JW 1925, 635, 636.
[568] Vgl. *Heerma*, Mantelverwendung, S. 75 f.
[569] Vgl. BGH NJW-RR 98, 591; *Jauernig*, § 138 Rn. 8.
[570] Hier reicht bereits die Kenntnis oder grobfahrlässige Unkenntnis derjenigen Umstände aus, welche die objektive Sittenwidrigkeit begründen, vgl. BGH 146, 301.
[571] Vgl. BGH NJW 1995, 2284;

Dritte richtet. Wenn nun das Kammergericht argumentiert, dass sich beim Anteilserwerb der „Mantelgesellschaft" der Sittenverstoß gerade nicht gegen den
Geschäftsgegner, sondern vielmehr in der Gefährdung zukünftiger Gläubiger
durch den Aspekt einer sittenwidrigen Risikoabwälzung manifestiere, so bedarf
es des Nachweises der subjektiven Gläubigergefährdung. Gerade eine solche
wird jedoch nur schwerlich in den Fällen zu begründen sein, in denen die Anteilserwerber der Gesellschaft Eigenkapital in ausreichender Höhe zur Verfügung stellen und lediglich aus Gründen der Zeitersparnis den Mantelkauf der
Neugründung vorziehen. Der Kauf einer vermögenslosen Mantelgesellschaft
rechtfertigt aufgrund einer Risikoabwälzung somit nicht generell die Nichtigkeit
des Rechtsgeschäfts gem. § 138 BGB.[572]

b) Nichtigkeit des Mantelkaufs aufgrund Umgehung der Gründungsvorschriften gem. § 134 BGB

Wohl aufgrund der heftigen Kritik in der Literatur stützte das Kammergericht in
einer weiteren Entscheidung[573] die Nichtigkeit nicht mehr auf §138 BGB, sondern auf §134 BGB; hielt hierbei jedoch inhaltlich weiter an dem Argument der
Umgehung von Gründungsvorschriften – und hier insbesondere von Kapitalaufbringungsvorschriften - fest, welches bereits in seiner zweiten Entscheidung
angeführt wurde.[574] Doch auch der neuerliche Ansatz des Kammergerichts stieß
in der Literatur auf nahezu einhellige Ablehnung[575] und wurde auch von der
nachfolgenden Rechtsprechung nicht aufgenommen.[576] Lediglich das OLG
Hamburg vertrat im Jahre 1983 die Ansicht, dass der Anteilserwerb einer Mantelgesellschaft gem. § 134 BGB als nichtig angesehen werden müsse, wenn die
Vorschriften über Mindestkapitalausstattung und Mindesteinzahlungen nicht

---

[572] So aber gerade im Fall, welcher der Entscheidung des OLG Hamburg ZIP 1983, 570 = BB
1983, 1116 zu Grunde liegt. Die 1978 gegründete DDV-GmbH hatte ein satzungsmäßiges
Stammkapital von 20.000 DM, auf das 5000 DM eingezahlt waren. Nach Erwerb der Geschäftsanteile durch den Mantelkäufer wurde zunächst der offene Betrag von 15.000 DM eingezahlt. Nach sechs Wochen wurde zudem durch Satzungsänderung eine Kapitalerhöhung auf
100.000 DM beschlossen, zu welcher es allerdings aufgrund der Eröffnung des Konkursverfahrens nicht mehr kam. *Heerma* weist zu Recht darauf hin, dass es nur schwerlich nachvollziehbar sei, im vorliegenden Fall dem Mantelkäufer eine sittenwidrige Umgehung der Gründungskosten zur Last zu legen, vgl. hierzu *Heerma*, Mantelverwendung, S. 71 Fn. 298.
[573] Vgl. KG, JFG 10, 153.
[574] Vgl. KG, JFG 10, 153.
[575] Vgl. *Strauss*, Mantelkauf, S. 28; *Danert*, Mantelkauf, S. 27 f; *Gürtner*, MDR 1954, 78;
Pape, BB 1955, 1101; *Schlutius*, Mantelkauf, S. 17 ff.; *Butz*, Mantelverwertung, S. 272; a.A.
dagegen *Winter*, in Scholz, GmbHG 6. Aufl. § 3 Rn. 12.
[576] Vgl. LG Ravensburg, NJW 1964, 597; OLG Karlsruhe, DB 1978, 1219.

eingehalten wurden.[577] Das Urteil ist auf starke Kritik in der Literatur[578] gestoßen und auch die nachfolgende Rechtsprechung ist ihr nicht gefolgt.[579] Gegen die Anwendbarkeit des § 134 BGB bzgl. des Mantelkaufs werden mehrere Bedenken vorgebracht. Auf methodischer Ebene ist zunächst strittig, ob das Umgehungsgeschäft[580] überhaupt einen eigenständigen Nichtigkeitsgrund darstellt. Während vereinzelt der Umgehungstatbestand als eigenständiger Nichtigkeitsgrund anerkannt wird, soweit das Rechtsgeschäft zwar nicht selber gegen ein gesetzliches Verbot verstößt, hierdurch jedoch gesetzlich verbotener Erfolg erreicht werden soll,[581] lehnt die herrschende Ansicht[582] eine solche Argumentation ab. Der Anwendungsbereich einer Norm werde gerade nicht nach dem Wortlaut, sondern nach deren Sinn und Zweck auf einen bestimmten Sachverhalt angewandt. Da der Wortlaut hinter die teleologische Norminterpretation durch Erweiterung bzw. Reduktion zurücktrete, bleibe kein Spielraum für eine mögliche Umgehung. Die Umgehung eines gesetzlichen Verbots sei somit grundsätzlich ausgeschlossen, denn entweder wird durch Auslegung von Sinn und Zweck des betreffenden Verbotsgesetztes das Rechtsgeschäft von diesem erfasst oder nicht.[583]

Eine Entscheidung darüber, ob das Umgehungsgeschäft einen eigenständigen Nichtigkeitsgrund darstellt, kann jedoch vorliegend dahinstehen, da es in jedem Falle am Vorhandensein eines Verbotsgesetzes fehlt. Sowohl das GmbHG als auch das AktG kennen eine Nichtigkeitssanktion[584] für die Nichteinhaltung der

---

[577] Vgl. OLG Hamburg, BB 1983, 1116, 1118.

[578] Vgl. hierzu *Ulmer*, BB 1983, 1124 f.; *Priester*, DB 1983, 2294; *Bommert*, GmbHR 1983, 210.

[579] Vgl. hierzu LG Hamburg, BB 1985, 1286; siehe hierzu auch die Rechtsprechung des BFH, BStBl. 1987, 308 und 310, der sich in seiner Entscheidung zwar nicht ausdrücklich mit der rechtlichen Zulässigkeit des Mantelkaufs auseinandersetzt, jedoch bejaht er die Zulässigkeit des steuerlichen Verlustabzuges nach Anteilsübertragung und somit auch indirekt die zivilrechtliche Zulässigkeit der Anteilsübertragung; siehe hierzu auch *Kober*, Mantelkauf, S. 125; *Crezelius*, JZ 1987, 731.

[580] Eine Umgehung liegt vor, wenn aufgrund der wörtlichen Interpretation einer Norm deren Anwendung auf einen bestimmten Sachverhalt vermieden wird, obschon Sinn und Zweck eine Anwendung gebieten würden, bzw. wenn aufgrund der wörtlichen Auslegung der Anwendungsbereich nicht eröffnet wäre, obschon die teleologische Auslegung der Norm eine Anwendung gebietet, vgl. hierzu *Heerma*, Mantelverwendung, S. 92.

[581] Vgl. hierzu *Enneccerus/Nipperdey*, AT, S. 1161; *Hübner*, AT, § 38 Rn. 492; vgl. hierzu auch die Rechtsprechung BGHZ 34, 200, 205; BGHZ 85, 39, 46.

[582] Vgl. hierzu *Flume*, Rechtsgeschäft, S. 350 ff.; *Hefermehl* in Soergel, BGB § 134 Rn. 37; *Teichmann*, Gesetzesumgehung, S. 102; sowie BGHZ 110, 47, 64;

[583] Vgl. *Jauernig*, § 134 BGB, Rn. 18.

[584] Vgl. *Bommert*, GmbH-Mantelkauf, GmbHR 1983, S. 209, 211, der die Nichtigkeitsfolge als gesellschaftsrechtlich systemwidrig ansieht; dem ausdrücklich folgend *Meyding*, Mantel-GmbH, S.61 ff..

Gründungs- bzw. der Kapitalaufbringungsvorschriften nicht.[585] Zudem genügt
es einer Anwendbarkeit des § 134 BGB nicht, dass *überhaupt* gegen ein gesetzliches Verbot verstoßen wird - vielmehr muss zusätzlich aus Sinn und Zweck
der einzelnen Verbotsvorschrift die Nichtigkeitsfolge abgeleitet werden können.[586] Gerade das GmbHG und das AktG sehen jedoch bei einem Verstoß gegen die Kapitalaufbringungsregeln grundsätzlich nicht die Nichtigkeitsfolge vor,
sondern kompensieren Mängel bei der Kapitalaufbringung durch die persönliche
Haftung der Beteiligten[587] bzw. statuieren die Auflösungsreife der Gesellschaft.[588] Wenn somit nicht einmal bei der normalen Gründung die Nichtigkeitsfolge bei der Nichtbeachtung der Kapitalaufbringungsregeln greift, wird eine
solche nur schwerlich zu einem späteren Zeitpunkt zu rechtfertigen sein.[589]

3. Zusammenfassung

Einwände gegen die rechtliche Existenz der vermögenslosen Mantelgesellschaft
sowie gegen die rechtliche Zulässigkeit des Anteilserwerbs und der Verwendung einer Mantelgesellschaft bestehen nicht mehr. Sowohl der Anteilserwerb
(Kaufvertrag und Abtretung der Gesellschaftsanteile) als auch die Mantelverwendung sowie etwaige hierzu erforderliche Satzungsänderungen sind nach heute absolut herrschender Meinung unabhängig von dem Zustand der Vermögensschwäche[590] und/oder der Unternehmenslosigkeit[591] der Gesellschaft grundsätzlich als wirksames Rechtsgeschäft anzusehen.[592] Die höchstrichterliche Aner-

---

[585] Vgl. hierzu *Ulmer*, BB 1983, 1123, 1124; *Priester*, DB 1983, 2291, 2294; *Meyding*, Mantel-GmbH, S. 59 ff..
[586] Einschränkend gilt ferner, dass sich das gesetzliche Verbot an alle Beteiligten und nicht
nur an eine Vertragspartei richten muss. Sind beide Parteien vom gesetzlichen Verbot umfasst, so ist das Rechtsgeschäft in der Regel nichtig; ist dagegen nur für eine Partei die Vor-
nahme des Rechtsgeschäfts verboten, so ist das Rechtsgeschäft in der Regel gültig, vgl. hierzu
auch BGH 115, 125; 143, 287.
[587] Vgl. hierzu §§ 9, 9a, 24, 82 GmbHG, §§ 46 ff., 399 AktG.
[588] So führen auch schwerwiegende Mängel bei der Gründung nicht zur Nichtigkeit der Gesellschaft. Fehlt die Angabe des Nennkapitals so greift die Nichtigkeitsklage gem. § 75
GmbHG bzw. § 275 AktG. Bei nichtiger Angabe des Nennkapitals erfolgt dagegen ein Amtslöschungsverfahren gem. § 144a I FGG bzw. § 144a IV FGG. Vgl. hierzu auch *Heerma*, Mantelverwendung, S. 73 Fn. 307.
[589] So auch Heerma, Mantelverwendung, S. 72.
[590] Vgl. hierzu § 3 IV. 1. b).
[591] Vgl. hierzu § 3 IV. 1. a).
[592] Vgl. hierzu auch Mayer, NJW 2000, 175, 178, der im Hinblick auf die Rechtssicherheit
feststellt, dass aufgrund der Drittwirkung gegenüber Vertragspartnern, Gesellschaftern und
Mitarbeitern feststellbar sein muss, ob die Abtretung der Geschäftsanteile bzw. eine etwaig
sich anschließende Satzungsänderung rechtswirksam sind, oder nicht; siehe ferner *Janberg*,
GmbHR 1952, 132; *Pape*, BB 1955, 1099; *Röhricht*, GroßKommAktG, § 23, Rn 132; *Heerma*, Mantelverwendung, S. 23 f..

kennung des Motivs der Zeitersparnis durch Verwendung eines Vorratsmantels hat die Diskussion insoweit zu einem Abschluss gebracht.
Bestärkt wird diese Ansicht nicht zuletzt durch die Neufassung des § 8 Abs. 4 KStG, die durch zwei Entscheidungen des BFH[593] eingeleitet wurde. So geht der Gesetzgeber von der generellen zivilrechtlichen Zulässigkeit des Anteilserwerbs von Mantelgesellschaften aus, verwehrt der Gesellschaft aber lediglich die Geltendmachung des steuerlichen Verlustausgleiches, falls keine „wirtschaftliche Identität" vorliegt.[594]

---

[593] Vgl. BFH, BStBl. 1987, 308 und 310, sowie die Anmerkungen von *Crezelius*, JZ 1987, 731.
[594] Zu den steuerrechtlichen Aspekten des Mantelkaufs vgl. *Meyding*, Mantel-GmbH, S. 133 ff..

V. Heutiger Meinungsstand

Uneins sind Rechtsprechung und Literatur sich heute (lediglich) darüber, ob, und wenn ja, welche haftungs- bzw. formal-rechtlichen Folgen die grundsätzlich zulässige Mantelverwendung als Alternative zur Neugründung auslösen soll. Die Verschiedenartigkeit und Vielzahl der Lösungsansätze hinsichtlich der Mantelverwendung lassen es sinnvoll erscheinen, diese im Hinblick auf die verschiedenen rechtstheoretischen Ebenen zu verorten.

1. Methodische Ebene

Unter dem Blickwinkel der juristischen Methodenlehre stellt sich zunächst die Frage, ob es überhaupt zulässig ist, Rechtsvorschriften analog auf ein bestimmtes Phänomen anzuwenden.[595] Voraussetzung für die Rechtsfortbildung ist hierbei zunächst eine Gesetzes- bzw. Regelungslücke.[596] Eine solche liegt vor, „wenn das Gesetz, verstanden als abkürzender Ausdruck für die Gesamtheit der in den Gesetzen oder im Gewohnheitsrecht gegebenen, der Anwendung fähigen Rechtsregeln, für einen bestimmten Sachverhalt keine Rechtsfolgenanordnung enthält und die Unvollständigkeit planwidrig ist."[597] Eine Rechtsfortbildung ist somit ausgeschlossen, „wo die Rechtsordnung unter Ausschöpfung aller methodischen Möglichkeiten für die betreffende Fallgestaltung eine Regelung vorsieht".[598]

Die herrschende Literatur[599] und Rechtsprechung[600] gingen lange Zeit vom Vorliegen einer Regelungslücke aus, ohne sich allzu intensiv mit den soeben erwähnten methodischen Grundvoraussetzungen auseinanderzusetzen. In der jüngeren Literatur mehrten sich dagegen die Stimmen, die sich grundsätzlich gegen eine analoge Anwendung wendeten und keine besonderen rechtlichen Folgen an

---

[595] Die hier vorgenommene Unterteilung ist angelehnt an die Untersuchung Ehrickes zur methodischen Begründbarkeit der Durchgriffshaftung, vgl. *Ehricke*, AcP 1999, 257 ff..

[596] Vgl. *Canaris*, Lücken im Gesetz, S. 129 ff.; *Klug*, in: FS Nipperdey, S. 71 ff.; *Ehricke*, AcP 1999, S. 273.

[597] Vgl. *Ehricke*, AcP 1999, S. 273 mit Verweis auf: *Larenz/Canaris*, Methodenlehre, S. 21; *Canaris*, Lücken im Gesetz, S. 16 und 31 ff.; siehe ferner *Bydlinski*, Methodenlehre, S. 473 ff..

[598] Vgl. *Ehricke*, AcP 1999, S. 273 m.w.N.; die Definitionselemente „Gesetzeslücke" und „Planwidrigkeit" sind im Einzelnen sehr komplex und werden hinsichtlich ihrer konkreten Ausgestaltung nicht einheitlich beurteilt, vgl. hierzu *Larenz/Canaris*, Methodenlehre, S. 189 ff., sowie *Engisch*, Juristisches Denken, S. 138 ff., und *Koch/Rüßmann*, Juristische Begründungslehre, S. 254.

[599] Vgl. hierzu die Nachweise in Fn. 581, 582, 583.

[600] Vgl. aus der neueren Rechtsprechung OLG Brandenburg v. 28.01.2002 – 8 Wx 60/01, GmbHR 2003, 851; OLG Stuttgart v. 2.12.1998 – 3 U 44/98, GmbHR 1999, 610; OLG Frankfurt a.M. v. 4.11.1998 – 21 U 264/97, GmbHR 1999, 32; LG Düsseldorf v. 22.10.2002 – 98 T 73/01, GmbHR 2002, 1066.

die Mantelverwendung anschließen wollen.[601] Insbesondere sprach sich das
BayObLG im Jahre 1999 aufgrund methodischer Bedenken gegen das Vorliegen
einer Regelungslücke aus.[602] Als Hauptargument wurde angeführt, dass sich der
Rechtsverkehr eben nicht darauf verlassen dürfe, dass eine einmal gegründete
Kapitalgesellschaft noch über ein Vermögen in Höhe des Grund- bzw. Stammkapitals verfüge. Daher bedürfe es im Fall der Mantelverwendung auch nicht
eines besonderen Gläubigerschutzes durch eine Analogie mit den Gründungsvorschriften.[603] Besonders missbräuchliche Fälle der Mantelverwendung könnten dagegen über die allgemeinen Haftungstatbestände des § 826 BGB oder einer Haftung aus culpa in contrahendo[604] gelöst werden. Weiterhin sei zu berücksichtigen, dass der Gesetzgeber genügend Zeit gehabt hätte, die mit Mantelkauf
und Mantelverwendung zusammenhängenden Fragen zu klären.[605]

2. Dogmatische Ebene

Bejaht man auf methodischer Ebene die Voraussetzungen einer planwidrigen
Regelungslücke, so stellt sich auf dogmatischer Ebene die Frage, welche
Rechtsvorschriften mit welcher Begründung zur Anwendung gelangen, damit
die aufgezeigte Regelungslücke gefüllt werden kann. Ferner müssen hierbei die
einzelnen Rechtsverhältnisse umschrieben werden, die zwischen den beteiligten
Subjekten bestehen.

Im Schrifttum haben sich in den letzten Jahren zwei Ansätze herauskristallisiert,
die durch Mantelkauf und Mantelverwendung auftretende Regelungslücke dogmatisch zu füllen. Nach dem herrschenden Schrifttum sollen die „Gründungsvorschriften" analog auf den Fall des Mantelkaufs bzw. der Mantelverwendung

---

[601] Vgl. hierzu *Meyding*, Mantel-GmbG, S. 96 ff; *Kantak*, Mantelgründung, S. 96 f.; *Kober*,
Mantelkauf, S. 188 ff; *Heerma*, Mantelverwendung, S. 159 ff; *Bärwaldt/Schabacker*, GmbHR
1998, 1055 ff; *Banerjea*, GmbHR 1998, 814 ff.; *Mayer*, NJW 2000, 178 f..

[602] Vgl. BayObLG v. 24.3.1999 – 3 Z BR 295/98, GmbHR 1999, 607; sowie hierzu auch LG
Kleve c. 14.3.2002 – 8 T 2/01, GmbHR 2002, 854.

[603] Vgl. *Rasner*, in Rowedder, GmbHG § 60 Rn. 7; *Bommert*, GmbHR 1983, 212; *Kraft*, in
KK AktG, § 23 Rn. 60; *Meyer-Landruth*, GmbHG 1983, 212; *Skibbe* in FS Felix, S. 417, 424;
bzgl. des älteren Schrifttums siehe die Nachweise bei *Heerma*, Mantelverwendung, S. 23 Fn.
86.

[604] Vgl. hierzu *Kober*, Mantelkauf, S. 174, für den Fall, wenn der für die erworbene Gesellschaft Handelnde bei den Gläubigern der Gesellschaft falsche Vorstellungen über die wirtschaftliche Bedeutung der Gesellschaft oder deren Kapitalkraft und Vermögenslage erweckt;
so auch *Priester*, DB 1983, 2297.

[605] So habe der Gesetzgeber nicht einmal ein Jahr gebraucht, um auf die veränderte Rechtsprechung des BFH zur zivilrechtlichen Identität einer Körperschaft und deren Möglichkeit
zum Verlustabzug zu reagieren. Das Problem der Mantelverwendung und die in diesem Zusammenhang erhoben Vorwürfe einer Umgehung der Gründungsvorschriften sei jedoch viel
älter, ohne dass der Gesetzgeber hierzu Stellung genommen hätte, vgl hierzu BFH, BStBl II
1987, 308 ff , sowie *Mayer*, NJW 2000, 175, 178 m.w.N..

anzuwenden sein.[606] Hinsichtlich der analogen Anwendung der Gründungsvorschriften sind im Detail jedoch starke Unterschiede festzustellen. Überwiegend wird vertreten, die analoge Anwendung der Kapitalaufbringungsvorschriften auf das Mindestkapital zu beschränken, §§ 5 I, 7 II, III GmbHG, §§ 7, 36a AktG,[607] während andere Stimmen den Mantelkäufer zur Aufbringung des satzungsmäßigen Stamm- bzw. Grundkapitals verpflichten.[608] Ebenso habe hinsichtlich der Einhaltung der Gründungsvorschriften – also insbesondere hinsichtlich der Aufbringung des (Mindest-) Kapitals - eine registergerichtliche Kontrolle zu erfolgen.[609] Äußerst umstritten ist im Rahmen der Diskussion um die analoge Anwendung der Gründungsvorschriften, inwieweit die materiell-rechtlichen Sicherungssysteme der Handelnden[610] - und Differenzhaftung[611] auf den Tatbestand der Mantelverwendung übertragbar sind.

---

[606] Vgl. *Ulmer*, BB 1983, 1123, 1126; *Priester*, DB 1983, 2291, 2296; *Ihrig*, BB 1998, 1197, 1203; *Lübbert*, BB 1998, 2221 ff.; *Keller*, DZWiR 1998, 230 ff; *Göz/Gehlich*, ZIP 1999, 1653, 1659 m.w.N..

[607] vgl. hierzu *Priester*, DB 1983, 2291, 2295; *Ulmer*, BB 1983, 1123, 1124; *Hachenburg/Ulmer*, § 3 Rn. 39; *Ihrig*, BB 1988, 1197, 1202; *Baumbach/Hueck*, § 3 Rn. 14 f.; *Röhricht*, in: Großkomm 132 ff.; *K. Schimdt*, Gesellschaftsrecht, § 4 III 3d, S. 76; *Brandes*, WM 1995, 641; *Goette*, GmbH Rechtsprechung, § 1 Rn. 18; *Gummert*, DStR 1997, 1007, 1011.

[608] So *Huber*, in: Soergel/Huber, BGB 12. Aufl. 1991, § 433 Rn. 62; *Peters*, GmbH-Mantel, S. 73 f.; *Pentz*, in: MünchKomm/AktG, § 23 Rn. 101; *Schick*, GmbHR 1997, 982, 984; *Ahrens* DB 1998, 1069, 1071 ff..

[609] Vgl. *Ulmer*, BB 1983, 1123, 1126; *Priester*, DB 1983, 2291, 2296; *Schick*, GmbHR 1997, 982, 985 f; *Ihrig*, BB 1998, 1197, 1203; *Lübbert*, BB 1998, 2221 ff.; *Keller*, DZWiR 1998, 230 ff; *Göz/Gehlich*, ZIP 1999, 1653, 1659; *Lachmann*, NJW 1998, 2263, 2264.

[610] Für die Anwendung der Handelndenhaftung spricht sich insbesondere aus: OLG Stuttgart, MDR 1999, 621; KG NZG 1998, 731 f; LG Hamburg NJW 1985, 2426; OLG Hamburg, 1983, 2289 ff; *Ulmer*, BB 1983, 1123, 1124; *Hachenburg/Ulmer*, § 3 Rn. 40; *Baumbach/Hueck*, § 11 Rn. 46; *Lutter/Hommelhoff*, § 11 Rn. 18; *Ihrig*, BB 1988, 1197, 1203; a.A. dagegen OLG Brandenburg, ZIP 1998, 2095 f; OLG Koblenz WM 1989, 304 f; OLG Karlsruhe DB 1978, 1219, 1220; OLG Hamburg, BB 1987, 505; *Bommert*, GmbHR 1983, 209, 211 f; *Priester*, DB 1983, 2291, 2296; *Feddersen*, BB 1987, 1782, 1787; *Scholz/K.* Schmidt, § 11 Rn. 99; *Rowedder/Rittner/Schmidt-Leithoff*, § 3 Rn. 17, sowie § 11 Rn. 102; *Peters*, Mantel-GmbH, S. 120 f; *Kober*, Mantelkauf, S. 162; *Keller*, DZWiR 1998, 230, 232; *Werner*, NZG 1999, 146, 148; *Göz/Gehlich* ZIP 1999, 1653; *Röhricht*, in Großkomm Rn. 140; *Scholz/K.* Schmidt, § 11 Rn. 99.

[611] Für die analoge Anwendung der Differenzhaftung sprechen sich insbesondere aus: *Ulmer*, BB 1983, 1123, 1126; *Hachenburg/Ulmer*, GmhG, § 3 Rn. 40; *Ihrig*, BB 1998, 1197, 1203; *Röhricht*, in: Großkomm z. AktG, § 23, Rn. 139; MünchKommAktG/*Pentz*, § 23 Rn. 113; *Lachmann*, NJW 1998, 2263 f; *Lübbert*, BB 1998, 2221 f; vgl. hierzu auch *Lutter/Hommelhoff*, § 3 Rn. 8, der die Haftung aufgrund einer Analogie zum sonstigen Gründungsrecht ausdrücklich abgelehnt; a.A. dagegen *Priester*, DB 1983, 2291, 2296; *Keller*, DZWiR 1998, 230, 232; *Peters*, GmbH-Mantel, S. 129 ff; *Scholz/K.* Schmidt, § 11 Rn. 125; *K. Schmidt*, Gesellschaftsrecht, § 4 III e, S. 77.

Ein Teil des neueren Schrifttums sieht dagegen die Mantelproblematik als Teilaspekt der materiellen Unterkapitalisierung[612] an und möchte daher die in diesem Bereich entwickelten „Durchgriffs- bzw. Haftungskonzepte" auf die Mantelverwendung anwenden.[613] Da grundsätzlich der Vorwurf einer Umgehung der Kapitalaufbringungsvorschriften nur dann erhoben werde, wenn die Gesellschaft bei ihrer Verwendung unterkapitalisiert sei, werde die analoge Übertragung von Gründungsvorschriften dem eigentlichen Kern des Problems nicht gerecht.[614] Durch einen Haftungsdurchgriff aufgrund Unterkapitalisierung könne dagegen die problematische Kernfrage der Mantelverwendung für jede Gesellschaft gesondert erfasst werden.

3. Rechtsprechung des BGH

Der BGH hat sich in seinen beiden Grundsatzentscheidungen auf methodischer Ebene der herrschenden Meinung des Schrifttums[615] angeschlossen und das Vorhandensein einer Regelungslücke bejaht. Auf dogmatischer Ebene hat er sich dagegen dem neueren Schrifttum entgegengestellt und hinsichtlich der rechtlichen Ausgestaltung und Konzeption für eine umfassende analoge Anwendung der „Gründungsvorschriften" ausgesprochen.

a) BGH – Beschluss vom 09.12.2002 zur Verwendung einer Vorratsgesellschaft

Dem BGH bot sich in der vorliegenden Entscheidung[616] erstmals die Möglichkeit, seine grundlegende Entscheidung zur Zulässigkeit von Vorratsgesellschaften aus dem Jahre 1992[617] fortzuentwickeln.

aa) Sachverhalt

Die D. F. Verwaltungsgesellschaft wurde als sog. Vorratsgesellschaft mbH mit einem Stammkapital von 25.000 € gegründet und in das Handelsregister einge-

---

[612] Eine Gesellschaft ist unterkapitalisiert, wenn das Eigenkapital nicht ausreicht, um den nach Art und Umfang der angestrebten oder tatsächlichen Geschäftstätigkeit unter Berücksichtigung der Finanzierungsmethoden bestehenden, nicht durch Kredite Dritter zu befriedigenden mittel- oder langfristigen Kapitalbedarf zu decken, vgl. *Hachenburg/Ulmer*, Anh. § 30, Rn. 16; kritisch hierzu *Vonnemann*, Materielle Unterkapitalisierung, S. 180 ff..

[613] Vgl. hierzu *Heerma*, Mantelverwendung, S. 147 ff. m.w.N.; sowie *Altmeppen* , DB 2003, 2050 ff..

[614] Vgl. hierzu *Heerma*, Mantelverwendung, S. 150.

[615] Vgl. hierzu die Nachweise in Fn. 574.

[616] BGH, Beschl. V. 9.12.2002 – II ZB 12/02, BGHZ 153, 158 = ZIP 2003, 251 = WM 203, 348 = GmbHR 2003, 227 m.Anm. *Peetz* = BB 2003, 324 = DStR 2003. 298 m.Anm. *Goette* = DB 2003, 330 = EWiR § 7 GmbHG 2/03 S. 327.

[617] Vgl. BGHZ 117, 332 = ZIP 1992, 689, 693; sowie oben unter § 2 III. 3.

tragen. Einziger statuarischer Unternehmensgegenstand war die Verwaltung des
eigenen Vermögens. Der Alleingesellschafter B. teilte seinen Geschäftsanteil in
zwei Anteile von 24.500 € und 500 € auf und übertrug diese zum Kaufpreis von
27.000 € an S. und E. In dem notariellen Kaufvertrag sicherte B. zu, dass die
Gesellschaft noch keine Geschäftstätigkeit ausgeübt habe. In einer noch am sel-
ben Tag durchgeführten Gesellschafterversammlung beriefen die Gesellschafter
den bisherigen Geschäftsführer ab und beriefen E. zur neuen alleinvertretungs-
berechtigten Geschäftsführerin. Ferner wurden der Sitz, die Firma, der Unternehmensgegenstand sowie weitere Bestimmungen des Gesellschaftsvertrages
geändert. Neuer Gegenstand der Gesellschaft war – bei unverändertem Stammkapital – der Betrieb eines Partyservice. E meldete die Änderungen bei dem Registergericht an, gab jedoch keine Erklärung nach § 8 II GmbHG ab. Das Registergericht beanstandete dies, woraufhin die E Kontoauszüge vorlegte, aus denen
sich ergab, dass die Gesellschaft über ein Bankguthaben von 24.987,32 € verfügt.[618]

bb) Begründung

Geradezu „apodiktisch"[619] stellt der Senat in seiner neuen Entscheidung die
Aussage voran, dass die Aufnahme einer werbenden Tätigkeit mit einer auf Vorrat gegründeten GmbH als Unternehmensträgerin eine „wirtschaftliche Neugründung" darstellt. Die Ausstattung der Gesellschaft mit einem Unternehmen
und die erstmalige Aufnahme ihres Geschäftsbetriebes erfordern daher die entsprechende Anwendung der Gründungsvorschriften einschließlich der registergerichtlichen Kontrolle - soweit diese der Gewährleistung der Kapitalausstattung
dienen.
Der BGH nutzt in seiner Entscheidung erkennbar die Gelegenheit, einen Bogen
zur Grundsatzentscheidung aus dem Jahre 1992 zur Vorratsgesellschaft zu span-
nen.[620] So habe der Senat bereits im Jahre 1992 festgestellt, dass allein die Gefahr einer Umgehung von Gründungsvorschriften zwar noch kein generelles,

---

[618] Das Registergericht wies den Eintragungsantrag u.a. wegen der fehlenden Versicherung
nach § 8 II GmbHG zurück. E legte daraufhin Beschwerde beim Landgericht ein und begrün-
dete diese dahingehend, dass es nach einer wirksamen Vorratsgründung bei einer späteren
Änderung des Unternehmensgegenstandes keiner Versicherung nach § 8 II GmbHG bedürfe.
Die Beschwerde blieb jedoch ohne Erfolg. Das OLG legte nunmehr aufgrund der seiner
Rechtsansicht widersprechenden Entscheidungen des BayObLG vom 24.04.1999 (GmbHR
1999, 907) und des OLG Frankfurt vom 14.5.1991 (GmbHR 1992, 456) die Sache gem. § 28
II FGG dem II. Zivilsenat des BGH zur Entscheidung vor. Dieser wies nunmehr letztlich die
weitere Beschwerde der Antragstellerin zurück.
[619] So treffend die Formulierung von *Peetz*, GmbHR 2003, S. 227, 229.
[620] Zur ausdrücklichen Anwendung, der für die Vorrats-AG aufgestellten Grundsätze auf den
Fall einer auf Vorrat gegründeten GmbH vgl. BGH, GmbHR 2003, S. 227, 228 mit Verweis
auf *Baumbach/Hueck/Fastrich*, GmbH, 17. Aufl., § 3 Rz. 15.

präventiv wirkendes Verbot von Vorratsgesellschaften rechtfertige - im Interesse
eines wirksamen Schutzes der Gläubiger aber bei der späteren Verwendung des
Mantels die sinngemäße Anwendung der Gründungsvorschriften geboten sei.
„Offen gelassen wurden damals lediglich die nicht entscheidungserheblichen
Einzelheiten der rechtlichen Ausgestaltung einer Analogie, also wie der Gläubigerschutz aus Anlass der Mantelverwendung nach Vorratsgründung im Wege
der analogen Anwendung der Gründungsvorschriften auszugestalten sei."[621]
Diese Lücke versucht der BGH in seiner neueren Entscheidung nunmehr zu
schließen, wobei er sich jedoch in seinen Ausführungen auf die analoge Anwendung der formal-rechtlichen registergerichtlichen Präventivkontrolle beschränkt.
Da Gegenstand des Beschlusses ein Rechtsstreit über die Eintragung in das Handelsregister war, konnte es der BGH offen lassen, auf die rechtlich brisanteren
Fragen eines weitergehenden (materiell-rechtlichen) Schutzes durch Haftung der
an der Mantelverwendung beteiligten Personen einzugehen.
Man mag zudem die Eindeutigkeit, mit welcher der BGH nunmehr das erste Urteil[622] zur Vorratsgesellschaft als grundsätzliche Entscheidung für die analoge
Anwendung der Gründungsvorschriften wertet, bezweifeln. Dennoch war die
Entwicklung der jetzigen Entscheidungen abzusehen, insbesondere deshalb, da
sich zwei Mitglieder des II. Senats bereits im Vorfeld der Entscheidung für die
analoge Anwendung der Gründungsvorschriften ausgesprochen hatten.[623] Im
Rahmen einer formal-rechtlichen Präventivkontrolle hat nach Ansicht des Senats
das Registergericht nunmehr entsprechend § 9c GmbHG i.V.m. § 12 FGG in
eine Gründungsprüfung einzutreten, die sich jedenfalls auf die Erbringung der
Mindeststammeinlagen und im Falle von Sacheinlagen auf deren Werthaltigkeit
zu beziehen hat. Hierdurch soll die Ausstattung der Gesellschaft mit dem gesetzlich vorgeschriebenen Haftungsfond sichergestellt werden. Denn auch wenn in
der Regel bei der Verwendung einer Vorratsgesellschaft das satzungsmäßige
Stammkapital noch unversehrt sein wird, ist es dennoch nicht auszuschließen,
dass die Gesellschaft aufgrund vorzeitiger Geschäftsaufnahme unter dem neuen
Unternehmensgegenstand bereits zum Zeitpunkt der Anmeldung Verluste erlitten hat oder das ursprünglich eingezahlte Kapital wieder entnommen worden ist.
Der Geschäftsführer hat daher entsprechend §§ 8 II, 7 II, III GmbHG zu versichern, dass die Leistungen auf die Stammeinlage bewirkt sind und sich weiterhin in seiner freien Verfügung befinden. Bestehen darüber hinaus – nicht näher
vom BGH bezeichnete - Anhaltspunkte, dass entgegen der Versicherung die
Mindesteinlagen bereits ganz oder teilweise aufgezehrt sind, so muss das Registergericht weitergehend prüfen, ob die Gesellschaft nicht bereits zum Zeitpunkt

---

[621] Vgl. BGH, GmbHR 2003, S. 227, 228.
[622] Vgl. BGHZ 117, 332 = ZIP 1992, 689, 693.
[623] Vgl. *Götte*, Die GmbH, § 10 Rz. 38 i.V.m. § 1 Rz. 20 f; *Henze*, Handbuch des GmbH-
Rechts, Rz. 49; siehe hierzu auch *Peetz*, Anm. zu BGH v. 9.12.2002, GmbHR 2003, S. 227,
230.

der Anmeldung der Mantelverwendung eine Unterbilanz aufweist.[624] Die vom
BayOblG in seiner Entscheidung v. 24.3.1999[625] aufgeführten Bedenken gegen
eine registergerichtliche Kontrolle aufgrund der begrenzten Erkenntnismöglichkeit einer Mantelverwendung durch das Registergericht und etwaige Schwierigkeiten der Abgrenzung zwischen wirtschaftlicher Neugründung und der rechtlich nicht zu beanstandenden Umorganisation, werden vom BGH ausdrücklich
für nicht durchgreifend erachtet. Die regelmäßig mit der Verwendung einhergehenden eintragungspflichtigen Änderungen, wie etwa die Neufassung der Firma,
die Neubestellung der Organmitglieder, Änderung des Unternehmensgegenstandes sowie die Verlegung des Sitzes, böten kumulativ, aber auch einzeln dem
Registergericht ein hinreichendes Indiz dafür, dass eine „wirtschaftliche Neugründung" vorliege. Offen lässt der BGH dagegen, welche Folgen eine falsche
Anmeldeversicherung nach sich zieht. Aufgrund des strafrechtlichen Analogie-
verbots dürften strafrechtliche Sanktionen nicht greifen; in zivilrechtlicher Sicht
ergibt sich dagegen eine Schadensersatzhaftung des Geschäftsführers gem. § 9 a
GmbHG.[626]

**b) BGH - Beschluss vom 7.7.2003 zur Verwendung einer ehemals tätigen
Mantelgesellschaft**

In der Entscheidung vom 7.7. 2003[627] hatte der BGH die Gelegenheit, die in seiner vorigen Entscheidung gemachten Ausführungen zur Ausgestaltung der Analogie zu vervollständigen und auf den in der Praxis bedeutsamen Fall der Mantelverwendung einer ehemals tätigen Mantelgesellschaft auszudehnen. Hatte der
Senat sich in seinem Beschlusses vom 09.12.2002[628] noch auf die analoge Anwendung des formal-rechtlichen registergerichtlichen Präventivschutzes beschränkt, nutzte er es nunmehr die Gelegenheit zur Ausgestaltung des materiell-
rechtlichen Schutzes auf Haftungsebene. Im Rahmen eines umfangreichen obiter
dictum konkretisierte er die Anwendung der Handelnden- und Differenzhaftung,
obschon auch dieser Fall an sich kein Anlass bot, über die Frage einer Anwendung von § 8 Abs. 2 GmbHG hinauszugehen.

[624] Vgl. hierzu BGH v. 9.3.1981 – II ZR 54/80, BHGZ 80, 129, 143 = GmbHR 1981, 114.
[625] Vgl. hierzu BayObLG v. 24.3.1999 – 3 Z BR 295/98, GmbHR 1999, 607 ff. sowie oben
unter § 3 V. 1.
[626] Vgl. hierzu *Auernhammer*, RnotZ 2003, 196, sowie *Schaub*, DNotZ 2003, 443,449, die
durch das Fehlen einer strafrechtlichen Sanktion das Erfordernis einer Versicherung in der
Praxis entwertet sehen.
[627] II ZB 4/02; ZIP 2003 1698 = WM 2003, 1814 = NZG 2003, 972 = BB 2003, 2079 m.
Anm. *Gronstedt* = DB 2003, 2055 = EWiR § 7 GmbHG 3/ 03, S. 967 (*Keil*) = GmbHR 2003,
1125 m. Anm. *Peetz*.
[628] Vgl. BGH II ZB 12/02, DB 2003 S. 330 = ZIP 2003, S. 251.

aa) Sachverhalt

Die gesamten Anteile der im Jahre 1972 gegründeten und im Handelsregister unter der Firma „U.J.F.GmbH" eingetragenen Antragstellerin wurden im Jahre 1991 von der F. Bauunternehmung AG erworben; anschließend wurden Gesellschaftszweck sowie Firma und Unternehmensgegenstand den Vorstellungen der neuen Alleingesellschafterin angepasst. Nachdem über das Vermögen der F. Bauunternehmung AG im Jahre 1998 das Konkursverfahren eröffnet wurde, veräußerte der Konkursverwalter die Geschäftsanteile der Antragstellerin im Nennwert von 50.000 DM zu einem Kaufpreis von 5.000 DM. Die neuen Gesellschafter beriefen die bisherigen Gesellschafter ab, verlegten den Sitz der Gesellschaft und änderten den Gegenstand des Unternehmens. Das Registergericht machte mit Zwischenverfügung die Eintragung der Satzungsänderungen von einer Versicherung im Sinne des § 8 Abs. 2 GmbHG abhängig.[629]

bb) Begründung

Der BGH knüpft im vorliegenden Fall nahtlos an die Entscheidung vom 9.12.2002 zur Anwendung der Gründungsvorschriften bei Verwendung einer Vorratsgesellschaft an und greift in seiner Begründung wieder auf das Bild der „wirtschaftlichen Neugründung" zurück. Ebenso wie die Verwendung einer „auf Vorrat" gegründeten Gesellschaft, stellt nach Ansicht des Senats auch die Verwendung eines alten Gesellschaftsmantels, also einer Gesellschaft, die ihr ursprünglich vorhandenes Unternehmen eingestellt bzw. endgültig aufgegeben hat, eine wirtschaftliche Neugründung dar. „Die für die Verwendung der auf Vorrat gegründeten Gesellschaft aufgestellten Grundsätze sind (daher) auf den Fall der Verwendung des „alten" Mantels einer existenten, im Rahmen ihres früheren Unternehmensgegenstandes tätig gewesen, jetzt aber unternehmenslosen GmbH entsprechend übertragbar."[630] In der Konsequenz haben somit auch hier die Geschäftsführer gem. § 8 Abs. 2 GmbHG zu versichern, dass die Stammeinlagen bewirkt sind und sich in seiner freien Verfügung befinden. Eine Neuerung stellt dagegen die nunmehr vom Senat in seinem Beschluss geforderte Verpflichtung der Geschäftsführer zur Offenlegung der wirtschaftlichen Neugrün-

---

[629] Die hiergegen gerichtete Beschwerde der Antragstellerin wurde vom LG Frankfurt (Oder) durch Beschluss vom 29.09.2001 zurückgewiesen. Die dagegen erhobene Beschwerde wurde von OLG Brandenburg, DB 2002, S. 1600 = NZG 2002, S. 641, dem BGH zur Entscheidung vorgelegt, da es sich an der Zurückweisung der Beschwerde durch die Entscheidungen des Bayerischen Obersten Landesgerichtes vom 24.03.1999, DB 1999, S. 954 = GmbHR 1999, S. 607, und des OLG Frankfurt/Main vom 14.05.1991, DB 1991, S. 2328 = GmbHR 1992, S. 456, gehindert sah.
[630] Vgl. BGH, Beschluss v. 7.7.2003 – II ZB 4/02, ZIP 2003, 251, 252 = DZWIR 2003, 202, 203; mit Verweis auf OLG Brandenburg, a.a.O. 641 ff, sowie *Baumbach/Hueck/Fastrich*, GmbHG, 17. Aufl., § 3 Rn. 15 - mit jeweils weiteren Nachweisen.

dung gegenüber dem Registergericht dar, wobei allerdings unklar bleibt, in welcher Form eine solche Erklärung zu erfolgen hat. In seinem Beschluss v. 9. 12. 2002 zur Vorrats-GmbH hatte der Senat noch offen gelassen, ob die Versicherung am satzungsmäßigen oder, wie teilweise in der Literatur gefordert,[631] am gesetzlichen (Mindest-)Stammkapital auszurichten sei. Der Senat stellt nunmehr klar, dass in der konsequenten analogen Anwendung der Kapitalaufbringungsvorschriften die Versicherung am satzungsmäßigen Stammkapital auszurichten ist, so dass zum Zeitpunkt der Offenlegung die Gesellschaft noch ein Mindestvermögen in Höhe der statuarischen Stammkapitalziffer besitzen muss.[632] Ebenso wie bei der rechtlichen Neugründung soll auch bei der wirtschaftlichen Neugründung die Kapitalaufbringung im Umfang der statuarisch festgelegten Kapitalziffer sichergestellt werden. Da sich das zu schützende Vertrauen des Rechtsverkehrs an der im Handelsregister verlautbarten statuarischen Kapitalziffer orientiert, verbiete sich die Ausrichtung der Kapitalaufbringung auf einen hypothetischen, nur mit dem Mindeststammkapital ausgestatteten Gesellschaftsmantel.

Im Hinblick auf die weitergehende materiell-rechtliche Haftungsebene soll nach Ansicht des Senats die reale Kapitalaufbringung bei der Mantelverwendung als auch bei der Aktivierung einer Vorratsgesellschaft durch die entsprechende Anwendung des Haftungsmodells der Unterbilanzhaftung sowie der Handelndenhaftung analog § 11 Abs. 2 GmbHG sichergestellt werden. Die reale Kapitalaufbringung als das zentrale rechtfertigende Element für die Haftungsbegrenzung auf das Gesellschaftsvermögen müsse auch im Fall der Mantelverwendung sichergestellt werden und löse daher die analoge Anwendung materiell-rechtlicher Haftungsmodelle aus. Die Unterbilanzhaftung legt den Gesellschaftern im Falle der wirtschaftlichen Neugründung eine Haftung in Höhe der Differenz zwischen Stammkapital und Gesellschaftsvermögen auf, wobei als Stichtag für die Unterbilanzhaftung die Offenlegung der wirtschaftlichen Neugründung gegenüber dem Registergericht gilt. Mit nur einem Satz deutet der Senat dagegen an, dass zusätzlich zur Unterbilanzhaftung die Handelndenhaftung analog § 11 Abs. 2 GmbHG greifen soll, „wenn vor Offenlegung der wirtschaftlichen Neugründung

[631] Vgl. hierzu *Priester*, DB 1983, 2291, 2295; *Ulmer*, BB 1983, 1123, 1124; *Hachenburg/Ulmer*, § 3 Rn. 39; *Ihrig*, BB 1988, 1197, 1202; *Baumbach/Hueck*, § 3 Rn. 14 f.; *Röhricht*, in: Großkomm 132 ff.; *K. Schimdt*, Gesellschaftsrecht, § 4 III 3d, S. 76; *Brandes*, WM 1995, 641; *Goette*, GmbH Rechtsprechung, § 1 Rn. 18; *Gummert*, DStR 1997, 1007, 1011.

[632] Hiervon muss sich wertmäßig ein Viertel – mindestens aber 12.500 € - in der freien Verfügung der Geschäftsführung befinden, vgl. BGH, Beschluss v. 7.7.2003 – II ZB 4/02, ZIP 2003, 251, 253 = DZWIR 2003, 202, 204; vgl. hierzu auch *Peters*, DB 1983, 2291, 2295; , *Huber* in: Soergel/Huber, BGB 12. Aufl. 1991, § 433 Rn. 62; *Pentz*, in: MünchKomm/AktG, § 23 Rn. 101; *Schick*, GmbHR 1997, 982, 984; *Ahrens* DB 1998, 1069, 1071 ff..

die Geschäfte aufgenommen werden, ohne dass dem alle Gesellschafter zugestimmt haben."[633]

c) Anmerkungen

Die beiden jüngsten Entscheidungen des BGH und die Statuierung einer umfassenden analogen Anwendung der Gründungsvorschriften sind in der Literatur[634] auf zum Teil starke Kritik gestoßen. Bevor im Einzelnen die Herleitung und Übertragbarkeit der Gründungsvorschriften untersucht wird, sollen zuvorderst noch einmal die entscheidenden Kritikpunkte zusammengefasst werden.

aa) Trennung zwischen Unternehmen und Kapitalgesellschaft - Problem mit wirtschaftlicher Neugründung

Die Verknüpfung der analogen Anwendung von Gründungsvorschriften an den Tatbestand der „wirtschaftlichen Neugründung" - also die Aufnahme unternehmerischer Tätigkeit nach einem Zustand der Unternehmenslosigkeit durch eine als juristische Person bereits bestehende GmbH - begegnet starken Bedenken. So beruht eine solche Argumentation auf der Prämisse, „dass ein *Unternehmen* beim erstmaligen Erwerb der beschränkten Haftung mit einem bestimmten Kapital auszustatten sei und diese Pflicht nicht durch Mantelgründung umgangen werden dürfe."[635] Ein solcher Grundsatz existiert jedoch gerade nicht: Zum einen wird nach dem Umwandlungsgesetz ein Unternehmen nicht den Kapitalaufbringungsvorschriften unterworfen, wenn es durch Aufnahme mit einer Kapitalgesellschaft verschmolzen wird und so die Haftungsbeschränkung erhält.[636] Zum anderen kann ein Unternehmen als Sacheinlage in eine Kapitalgesellschaft eingebracht werden.[637] Letztlich wird darauf verwiesen, dass sowohl das GmbHG als auch das AktG außerhalb der besonderen Beschränkungen hinsichtlich der inhaltlichen Änderung des Unternehmensgegenstandes, den Gesellschaftern die freie unternehmerisch Entscheidung zuzugestehen, die Gesellschaft mit einem anderen Unternehmensgegenstand weiterzuführen. Hier wird deutlich, dass das Unternehmen als Anknüpfungspunkt nicht geeignet ist.

Der Begriff der wirtschaftlichen Neugründung verquickt jedoch schon allein sprachlich die Führung eines Unternehmens mit der rechtlichen Existenz einer

---

[633] Vgl. , Beschluss v. 7.7.2003 – II ZB 4/02, ZIP 2003, 251, 253 = DZWIR 2003, 202, 205.

[634] Insbesondere die undifferenzierte Übertragung der Gründerhaftung auf den Fall der Mantelverwendung stieß hierbei auf Unverständnis, vgl. hierzu *Altmeppen*, DB 2003, 2050, 2052; Bedenken hinsichtlich einer drohenden Überregulierung äußerten, *Kallmeyer*, GmbHR 2003, 322; *Schaub*, NJW 2003, 2125, *Thaeter/Mayer*, 2125.

[635] So *Banerjea*, GmbHR 1998, 814, 815; mit Verweis auf *Röhricht*, GroßkommAktG, 4. Aufl., § 23 Rn. 134.

[636] Vgl. § 2 UmwG, sowie *Banerjea*, GmbHR 1998, 814, 816.

[637] Vgl. K. *Schmidt*, Gesellschaftsrecht, S. 73 ff..

Kapitalgesellschaft. Die Argumentation mit der wirtschaftlichen Neugründung steht somit vor dem Dilemma, dass sie nicht klar benennen kann, worin denn nun der „Umgehungstatbestand" liegen soll. Gesellschaft und Unternehmen sind in ihrem Bestand voneinander unabhängig. Was neu gegründet wird, ist aber ein Unternehmen und nicht die Gesellschaft. Eine gesetzliche Regel, die besagt, dass „der vom Recht gewiesene Weg für den Betrieb eines Unternehmens die Neugründung einer Gesellschaft wäre", gibt es dagegen nicht.[638] Folglich kann auch aus diesem Gesichtspunkt heraus keine Umgehung der Gründungsvorschriften begründet werden.

Der BGH setzt sich ferner mit der pauschalen Übertragung und Gleichsetzung der wirtschaftlichen mit der rechtlichen Neugründung der Kritik einer fragwürdigen Methodik einer Sachverhaltsinterpretation aus. Da die Mantelverwendung gerade keine rechtliche Neugründung darstelle und von den Parteien eine solche auch nicht gewollt sei, könne auch nicht durch eine „wirtschaftliche Betrachtungsweise" der Sachverhalt in der Gestalt uminterpretiert werden, dass nunmehr die Anwendung der Gründungsvorschriften gerechtfertigt sei. So ist jedoch eine Interpretation des Sachverhalts der modernen Methodenlehre fremd; vielmehr stellt umgekehrt die Norm den Bezugspunkt der Interpretation dar.[639] Aus diesem Grund wirft auch der Versuch der „Umgehung" einer gesetzlichen Vorschrift keine rechtlichen Probleme auf. Ist eine Norm ihrem Sinn und Zweck - nicht aber ihrem Wortlaut - nach auf einen Sachverhalt anzuwenden, so wird die Norm bei Vorliegen einer entsprechenden Regelungslücke analog auf den Sachverhalt angewandt. Wird mit der wirtschaftlichen Neugründung argumentiert, so wird in Wahrheit ein Sachverhalt ausgelegt und behauptet, dieser Stelle sich dar wie die rechtliche Neugründung. Ausgangspunkt einer tragbaren rechtlichen Methodik müsse jedoch die Norm selber als Bezugspunkt nehmen.

Angesichts der aufgezeigten Bedenken wird durch das Schlagwort der „wirtschaftlichen Neugründung" eine Auseinandersetzung mit Sinn und Zweck der einzelnen Gründungsschriften, die durch die Mantelverwendung gefährdet sein sollen, letztlich erschwert. Die Entscheidung des BGH macht dies deutlich. Der Senat begnügt sich in seiner Entscheidung mit der Feststellung, dass den Problemen des Gläubigerschutzes bei der Verwendung eines GmbH-Mantels durch die analoge Anwendung der Gründungsvorschriften mit dem Ziel der realen Kapitalaufbringung entgegenzutreten sei.[640] Eine Auseinandersetzung mit den methodischen Bedenken bzgl. einer planwidrigen Regelungslücke, die nicht

---

[638] So treffend *Heerma*, Mantelverwendung, S. 107.
[639] Vgl. hierzu *Schröder*, Gesetzesauslegung, S. 10 ff. m.w.N..
[640] Vgl. hierzu die Anmerkung von *Peets* zu BGH, 9.12.2002, GmbHR 2003, 227, 230.

zuletzt durch die entgegenstehende Entscheidung des BayObLG (wieder) aufgeworfen wurde, findet dagegen auch in der neueren Entscheidung nicht statt.[641]

bb) Die „gesetzestypische Gesellschaft"?

Unklar bleiben in diesem Zusammenhang auch die Ausführungen *Goettes,*[642] der die Ansicht äußert, dass erst mit der Verwendung der „auf Vorrat" geschaffenen Gesellschaft, ungeachtet der Eintragung der Vorratsgesellschaft in das Handelsregister, und ihrem rechtlichen Entstehen eine „gesetzestypische Gesellschaft" geschaffen werde.[643] Offen bleibt hierbei zunächst, was unter einer gesetzestypischen Gesellschaft überhaupt zu verstehen ist. Angesichts der statuarischen Flexibilität, der typologischen Erscheinungsvielfalt der GmbH im Rechtsleben und nicht zuletzt aufgrund der weit zu ziehenden Unternehmenszwecke dürfte vielmehr die Bestimmung einer gesetzestypischen Gesellschaft nahezu unmöglich sein.[644] Des Weiteren wurde bereits im Rahmen dieser Untersuchung deutlich gemacht, dass es als Stärke der Zweckoffenheit des AktG und GmbHG verstanden werden sollte, wenn sich atypische Gesellschaftszwecke als Antwort auf veränderte Rahmenbedingungen des Kapitalgesellschaftsrechts formen. Vorratsgesellschaften sollten unter diesem Blickwinkel daher als *typische* Folge dieser Zweckoffenheit angesehen werden und in Ermangelung konkreter Verstöße als *legitime Antwort* auf das Phänomen langer Eintragungszeiten und damit verbundener Haftungsrisiken betrachtet werden.[645]

---

[641] Hauptkritikpunkt gegen die Annahme einer Regelungslücke sei der Umstand, dass der Vermögensbestand einer Gesellschaft aufgrund der gesetzlichen Regelungen lediglich im Gründungsstadium im Rahmen der Eintragung kontrolliert wird. Nach notarieller Gründung und Registereintragung stellen andere Vorschriften des GmbHG (wie z.B. § 30 I GmbHG) einen ungebührlichen Abfluss von Mitteln sicher, so dass von einer planwidrigen Gesetzeslücke keine Rede sein könne. Es gebe somit keine Notwendigkeit einer weiteren präventiven Registerkontrolle. Bei der wirtschaftlichen Neugründung einer GmbH handele es sich somit gerade nicht um eine rechtliche Neugründung, vgl. hierzu BayObLG v. 24.03.1999, DStR 1999, 1036, 1037.

[642] Vgl. *Goette,* DStR 2003, 300.

[643] Vgl. *Goette,* DStR 2003, 300; siehe hierzu auch *Schaub,* DNotZ 2003, 448.

[644] Nicht zuletzt wird durch das Bild der „wirtschaftlichen Neugründung" die Frage aufgeworfen, „ob die Verwendung einer GmbH letztlich die Vollendung eines mit der Errichtung einer GmbH „auf Vorrat" begonnenen Gründungsaktes sieht"; vgl. hierzu *Schaub,* DNotZ 2003, 448 ff..

[645] Vgl. hierzu bereits oben unter § 2 V.

cc) Verstoß gegen Offenlegungspflicht als zulässiger Bezugspunkt für unbegrenzte Haftung?

Nach der Haftungskonzeption des BGH setzen sich sowohl die Gesellschafter als auch der Geschäftsführer einer Mantelgesellschaft bei Nichtbeachtung der vom BGH geforderten Offenlegungspflicht einer unbeschränkten Haftung aus. Allein aufgrund des Verstoßes gegen eine im Wege der richterlichen Rechtfortbildung geschaffenen Offenlegungspflicht eine materiell-rechtliche Haftung zu statuieren, erscheint jedoch besonders in solchen Fällen bedenklich, in denen im Zeitpunkt der Verwendung das Eigenkapital der Gesellschaft das gesetzlich geforderte Stammkapital bei weitem übersteigt und der Grund für eine spätere Insolvenz mit dem Vorgang der Mantelverwendung nichts zu tun hat.[646] War Ausgangspunkt der Regelungslücke die Umgehung der Kapitalaufbringungsvorschriften bzw. die Erlangung der Haftungsbeschränkung ohne finanzielles Eigenengagement, und liegt ein solcher Tatbestand eindeutig nicht vor, so ist nur schwer einsichtig, dass alleine aufgrund eines Verstoßes gegen eine - im Wege der Rechtsfortbildung geschaffene – Offenlegungspflicht eine unbeschränkte Haftung ausgelöst werden sollte. Die richterliche Rechtsfortbildung ist nach Art. 20 Abs. 3 GG auf die Sachverhalte begrenzt, die entweder eine planwidrige Regelungslücke darstellen oder die aufgrund einer das Gesetz überholenden tatsächlichen Entwicklung der dringenden Anpassung durch die Rechtsprechung bedürfen.[647] Es ist insoweit nachvollziehbar, wenn gegen eine solche Übertragung und Gleichbehandlung unbeschränkter zivilrechtlicher Haftungssysteme auf sämtliche Fälle der Aktivierung von unternehmenslosen Kapitalgesellschaften verfassungsrechtliche Bedenken erhoben werden.[648]

Die Annahme eines der Rechtsfortbildung bedürftigen Sachverhalts scheint weiterhin auch für den Fall der Aktivierung einer unternehmenslosen Gesellschaft durch die alten Gesellschafter mehr als fraglich: So steht es den Gesellschaftern einer unternehmerisch tätigen, aber unterkapitalisierten Gesellschaft jederzeit zu, den Unternehmensgegenstand zu ändern, ohne hierdurch eine weitergehende Haftung befürchten zu müssen. Stellen dagegen die Gesellschafter den alten Unternehmensgegenstand zunächst ein und beginnen erst nach einer Phase der Unternehmenslosigkeit das neue Unternehmen, so soll sie nunmehr eine neuerliche Kapitalaufbringungspflicht, eine Offenlegungspflicht sowie bei Verstoß hierge-

---

[646] Vgl. hierzu *Altmeppen*, DB 2003, 2050, 2052.

[647] Vgl. *Larenz*, Methodenlehre, S. 397 ff..

[648] So *Altmeppen*, DB 2003, 2050, 2052; unklar bleibt in diesem Zusammenhang auch die Frage nach der konkreten Ausgestaltung eines Verstoßes gegen die neu statuierte Offenlegungspflicht. Die Rechtsfolge kann insoweit zum einen in der Fortführung des Unterbilanzhaftungsmodells mit anteiliger Innenhaftung der Gesellschafter in Höhe der bestehenden Unterbilanz oder zum anderen in einer gesamtschuldnerischen Außenhaftung wegen Nichterfüllung der Bedingungen für das Privileg einer beschränkten Haftung bestehen, vgl. hierzu auch *Röhricht*, aaO., S. 19.

gen eine unbeschränkte Differenzhaftung treffen. Haben also die Gesellschafter allein dadurch, dass sie zeitweise das alte Unternehmen einstellten, ihre durch das AktG und GmbHG statuierte Satzungsautonomie *verwirkt*?

4. Zusammenfassung

Herrschendes Schrifttum sowie höchstrichterliche Rechtsprechung bejahen hinsichtlich der Phänomene Mantelkauf und Mantelverwendung auf methodischer Ebene das Vorliegen einer planwidrigen Regelungslücke im AktG und GmbHG. Hinsichtlich der dogmatischen Begründung und Ausgestaltung gehen dagegen die Lösungsansätze immer noch weit auseinander. Der BGH hat sich in seinen beiden jüngsten Entscheidungen zum Phänomen der Mantelgesellschaft für eine umfassende analoge Anwendung der Gründungsvorschriften und somit für die Gleichbehandlung der rechtlichen und „wirtschaftlichen Neugründung" entschieden. Durch die Statuierung der Handelnden- und Differenzhaftung für alle Fälle der Aktivierung unternehmensloser Kapitalgesellschaften stellt sich der BGH damit den neueren Tendenzen in der Literatur,[649] die das Phänomen der Mantelverwendung unter dem Gesichtspunkt einer Durchgriffshaftung aufgrund Unterkapitalisierung zu lösen versuchte, entgegen. Andererseits bleiben auch nach den beiden Entscheidungen Fragen unbeantwortet, die sich im Wesentlichen auf die vom BGH statuierte Offenlegungspflicht beziehen. Zum einen bleibt unklar, ob die Offenlegung der Mantelverwendung zu einer Eintragung ins Handelsregister führt oder nur zu den Registerakten zu nehmen ist. Zum anderen ist fraglich, inwieweit alleine auf der Grundlage einer unterlassenen Offenlegung die Rechtsfolge eine unbeschränkten Haftung hergeleitet werden kann, auch wenn zum Zeitpunkt ihrer Verwendung das Eigenkapital der Gesellschaft das gesetzlich geforderte Stammkapital bei weitem übersteigt. Letztlich differenzieren die jüngsten Entscheidungen des BGH nicht zwischen der Frage, ob die Verwendung der Mantelgesellschaft durch alte und neue Gesellschafter stattfindet. Insbesondere im Fall einer Mantelverwendung durch die alten Gesellschafter stellt sich die Frage, ob alleine der Umstand einer zeitweiligen Einstellung des Geschäftsbetriebes die *neuerliche* Pflicht zur Aufbringung des Mindesthaftkapitals rechtfertigt.

---

[649] Vgl. hierzu *Heerma*, Mantelverwendung, S. 147 ff. m.w.N..; sowie *Altmeppen* , DB 2003, 2050.

VI. Die Mantelverwendung - eine planwidrige Regelungslücke?

Inwieweit die Einigkeit innerhalb höchstrichterlicher Rechtsprechung und herrschender Literatur hinsichtlich der Annahme einer planwidrigen Regelungslücke
für den Fall der Mantelverwendung begründet ist, soll folgend untersucht werden. Die Argumente beschränken sich hierbei im Wesentlichen auf eine Umgehung der Kapitalaufbringungsvorschriften. Eine „Umgehung" bzw. Gefährdung
der übrigen Gläubigerschutzvorschriften durch Mantelkauf und Mantelverwendung wurde dagegen, soweit ersichtlich, noch nicht vertreten.[650]
Es stellt sich somit die Frage, inwieweit Mantelkauf und Mantelverwendung den
durch Kapitalaufbringung intendierten Gläubigerschutz gefährden.[651] Hierbei
gilt es zu berücksichtigen, dass die Kapitalaufbringungsvorschriften lediglich
einen Teilausschnitt des normativen Gläubigerschutzes darstellen, so dass ebenso zu untersuchen sein wird, ob die als problematisch bezeichneten Tatbestände
nicht bereits ausreichend durch alternative Gläubigerschutzmechanismen erfasst
werden können. Da die Regelungen im AktG und GmbHG zumeist parallel ver-
laufen, kann die Untersuchung für beide Gesellschaftsformen gemeinsam erfolgen.[652]

1. Der normative Gläubigerschutz des GmbHG und AktG

Die Kapitalaufbringungsvorschriften sind ein wichtiges Instrumentarium des
normativen Gläubigerschutzes im GmbHG und AktG. Sie werden flankiert
durch die Sicherungsinstrumente der Kapitalerhaltungsvorschriften sowie der
Insolvenzantrags- und Publizitätspflicht. Kapitalaufbringungs- und Kapitalerhaltungsvorschriften sind hierbei hinsichtlich ihrer Funktionsweise an verschiedene Stadien der Entwicklung der juristischen Person gekoppelt. So greifen die
Kapitalaufbringungsvorschriften im Zeitraum der Entstehung der juristischen
Person und gewährleisten, durch die Verpflichtung einer finanziellen Eigenbeteiligung der Gesellschafter, dass der Gesellschaft ein Minimum an Eigenkapital
zur Verfügung steht. Die Kapitalerhaltungsvorschriften greifen dagegen nach
Entstehung der Gesellschaft und versuchen einen ungebührlichen Abfluss von
Kapital zu unterbinden.

---

[650] So bereits BGHZ 117, 332 = ZIP 1992, 689, 693.

[651] Plakativ verkürzt stellt sich die Frage: Wenn die Erfüllung der Seriositätsschwelle auch als
„Preis" für die Haftungsbeschränkung angesehen wird, ist es dann gerechtfertigt Letzteres auch
„unter Preis" zu erlangen?

[652] Liegen dagegen unterschiedliche Regelungen vor, so wird im Einzelnen gesondert darauf
verwiesen.

a) Gläubigerschutz durch Kapitalaufbringung

Der Begriff der Kapitalaufbringung umschreibt im Aktien- und GmbH-Recht die Zufuhr von Eigenkapital[653] an die Gesellschaft.[654] AG und GmbH sind durch die Eintragung im Handelsregister mit einer eigenen Rechtspersönlichkeit ausgestattet.[655] Die unbeschränkte persönliche Haftung aller Rechtssubjekte, die am Wirtschaftsleben teilnehmen, ist ein Grundsatz unseres Rechtssystems.[656] Nach dem Trennungsprinzip steht somit den Gläubigern nur noch die Kapitalgesellschaft mit ihrem Gesellschaftsvermögen als Haftungsobjekt gegenüber.[657] Der Gesetzgeber knüpfte daher an die Gründung einer Kapitalgesellschaft die Erfüllung der Kapitalaufbringungsvorschriften, die sicherstellen, dass der Kapitalgesellschaft zumindest im *Zeitpunkt* ihrer Entstehung das in der Satzung angegebene Grund- bzw. Stammkapital als Haftkapital zur Verfügung steht.[658] Die Kapitalaufbringungsvorschriften sind somit in erster Linie als Gläubigerschutzvorschriften zu begreifen.[659]

Die Kapitalaufbringung beruht zudem im AktG und GmbHG auf einem System der Mindestkapitalsicherung, so dass das angegebene Grund- bzw. Stammkapital eine Mindestgröße nicht unterschreiten darf und der Gesellschaft als Haftungsfonds zur Verfügung steht.[660] Jeder Einzelne[661] ist hierdurch in die Lage versetzt, bereits im Voraus sein maximales Haftungsrisiko genau zu beziffern – eine Pflicht zum Nachschießen besteht für die Gesellschafter nicht. Die Mindestkapitalsicherung stellt hierbei in Bezug auf ihre Größe als rechtspolitische Entscheidung eine Kompromisslösung zwischen widerstreitenden Interessen dar. Zum einen wird unternehmerische Tätigkeit gefördert, da jeder Einzelne das Ausmaß seiner finanziellen Risikobeteiligung im Voraus abschätzen kann und

---

[653] Grundsätzlich ist hierbei zunächst zwischen dem Gesellschaftsvermögen und dem Grund- bzw. Stammkapital zu unterscheiden. Das Gesellschaftsvermögen umschreibt die Gesamtheit aller der Gesellschaft zustehenden Vermögenswerte, während das Grund- bzw. Stammkapital ein in der Satzung festgeschriebenen Betrag darstellt.

[654] Vgl. hierzu auch K. *Schmidt*, Gesellschaftsrecht, § 37 II, der weiterführend noch zwischen formellen und materiellen Kapitalaufbrinungsnormen unterscheidet.

[655] Vgl. hierzu für die GmbH *Hachenburg/Ulmer*, § 13 GmbHG, Rn. 13 ff..

[656] Vgl. K. *Schmidt*, Gesellschaftsrecht, S. 435 f..

[657] Inwieweit dies eine Abkehr vom Prinzip der persönlichen und uneingeschränkten Haftung, das dem Personengesellschaftsrecht bzw. dem allgemeinen Haftungsrecht zu Grunde liegt, bedeutet, vgl. *Flume*, Juristische Personen, S. 164 ff.; K. *Schmidt*, Gesellschaftsrecht, S. 58.

[658] Vgl. *Michalski*, Gesellschaftsrecht II, S. 146.

[659] Da sowohl Bar- als auch Sacheinlagen sich endgültig in der freien Verfügung der Leitungsorgane der Gesellschaft befinden müssen (§§ 7 II 1 und 2, 56 a GmbHG), um eine haftungsbefreiende Wirkung zu entfalten, wird das Grund- bzw. Stammkapital häufig auch als *Korrelat* zur Haftungsbeschränkung angesehen, vgl. hierzu *Wiedemann*, Gesellschaftsrecht, S. 558; *Immenga*, Kapitalgesellschaft, S. 403.

[660] Vgl. §§ 5, 7, 9, 9c und 19-25, 33 Abs. 1 GmbHG, sowie *Hachenburg/Ulmer*, § 5 GmbHG, Rn. 6; fürs AktG

[661] Vgl. hierzu zur Zulässigkeit der Einmanngründung *Hüffer*, AktG, § 2 Rn. 4, 4a m.w.N..

ihm auch bei wirtschaftlichem Misslingen nicht der völlige Verlust seiner Vermögensgüter droht. Zum anderen werden Gläubigerinteressen berücksichtigt, da die Gesellschaft zumindest zum Zeitpunkt ihrer Entstehung ein bestimmtes Maß an Eigenkapital zur Verfügung steht.

b) Schutzfunktion der Kapitalaufbringungsvorschriften

Hinsichtlich der Schutzfunktion der Kapitalaufbringungsvorschriften kann aufgrund des Zusammenspiels von persönlicher Einlageverpflichtung und dem System der Mindestkapitalsicherung zwischen konkreten und abstrakten Schutzfunktion unterschieden werden.

aa) Konkrete Schutzfunktion der Kapitalaufbringungsvorschriften

Die konkrete Schutzfunktion der Kapitalaufbringungsvorschriften besteht in der Aufbringung[662] des *satzungsmäßigen* Grund- bzw. Stammkapitals zum Zeitpunkt der Entstehung der Gesellschaft.[663] Da den Gesellschaftern bei der Bestimmung des Grund- bzw. Stammkapitals nach oben keine Grenzen gesetzt sind, haben sie Einfluss darauf, in welchem Ausmaß sie Gläubigerinteressen durch die Bereitstellung einer ausreichenden Haftungsmasse berücksichtigen.[664] Die Wirksamkeit des Gläubigerschutzes durch Kapitalaufbringung variiert insoweit und muss für jede Gesellschaft konkret bestimmt werden.[665] Die Aufbringung des Grund- bzw. Stammkapitals wird durch die Einlageverpflichtung der Gesellschafter gewährleistet. Der Gesellschafter einer GmbH hat zu beweisen, dass er seine Einlageverpflichtung ordnungsgemäß erfüllt hat[666] - ein bloßer Verweis auf die Versicherung des Geschäftsführers reicht nicht aus.[667] Ebenso besteht für den Aktionär die Pflicht zur Leistung der Einlage.[668] Bei Bareinlagen ist gem. §§ 54 I, II, iVm 9 II AktG der Ausgabepreis maßgeb-

---

[662] Vgl. § 19 GmbHG.

[663] Vgl. hierzu *Hachenburg-Ulmer*, GmbHG, § 11 Rn. 81; *Binz*, Haftungsverhältnisse, S. 88 ff.; *Fleck*, GmbHR 1983, S. 5, 9 f.; *Hüffer*, JuS 1983, S. 161, 167.

[664] Zur Sicherung der konkreten Schutzfunktion trotz der Aufgabe des Vorbelastungsverbots vgl.. *Michalski/Heyder*, GmbHG, § 7 Rn. 29 ff..

[665] So ist grundsätzlich auch bei Aufbringung des statuarischen Stammkapitals ein starkes Missverhältnis zwischen Höhe des Eigenkapitals und finanziellem Aufwand der unternehmerischen Tätigkeit denkbar, vgl. hierzu auch unter § 3 VII 1.

[666] Vgl. BGH NJW 1992, 2699; OLG Naumburg NZG 2001, 230 f.; OLG Frankfurt GmbHR 2001, 725.

[667] Vgl. *Michalski/Heyder*, GmbHG, § 7 Rn. 32; *Scholz/Winter*, GmbHG, § 7 Rn. 27 f..

[668] Zur Terminologie des Einlagebegriffs, vgl. K. *Schmidt*, Gesellschaftsrecht, § 20 II, 1.a), S. 567. Während Beitrag (als Oberbegriff) hiernach jede als Primärpflicht vom Mitglied geschuldete Zweckförderungsleistung darstellt, ist die Einlage dagegen ein zur Eigenkapitalbildung in das Gesellschaftsvermögen zu leistender Beitrag, der die Haftungsmasse mehrt.

lich.[669] Ferner reicht bei der AG für den Nachweis der Einlagenleistung an den Vorstand die Bestätigung eines Kreditinstitutes nach § 54 III AktG nur, wenn die Bestätigung oder ihre Anforderung durch das Registergericht einen Bezug auf § 37 AktG enthält.[670] Gläubiger der Beitragsforderung sind die Gesellschaft selber und die Gesellschafter.[671] Den gesetzlichen Regelfall der Einlagepflicht stellt die Bargründung dar, daneben besteht aber auch die Möglichkeit Sacheinlagen zu leisten. Bareinlagen müssen zu mindestens einem Viertel,[672] Sacheinlagen dagegen grundsätzlich vollständig erbracht werden.[673] Im Kapitalgesellschaftsrecht gilt zudem eine gesetzliche Bardeckungspflicht des Sacheinlegers, so dass selbst bei Unmöglichkeit[674] der Sacheinlage die Eigenkapitalausstattung der Gesellschaft gesichert ist.[675] Eine Befreiung von der Einlagepflicht ist zudem grundsätzlich weder für die AG noch für die GmbH zulässig.[676] Die konkrete Schutzfunktion der Kapitalaufbringungsvorschriften bezieht sich somit auf die Kapitalgesellschaft und nicht auf ein etwaiges Unternehmen, welches durch die Kapitalgesellschaft gegründet werden soll. Dies wird deutlich, wenn man zu Grunde legt, dass die Kapitalgesellschaft ihre ursprüngliche Unternehmung einstellt und ein völlig neues Unternehmen gründet. Die Kapitalaufbringungsvorschriften gewährleisten in einem solchen Fall gerade nicht, dass nunmehr auch bei Gründung des neuen Unternehmens ein bestimmtes Eigenkapital zur Verfügung steht. Die konkrete Schutzfunktion der Kapitalaufbrin-

---

[669] Bei unwirksamer Festsetzung von Sacheinlagen ist dagegen gem. § 27 III 3 AktG eine Bareinlage zu leisten.

[670] BGH WM 1997, 318; *Geßler*, AktG, § 37 Rn. 14 f..

[671] RGZ 76, 434 ff;133, 81 f; 149, 293, 298; BGHZ 53, 71 ff; BGH NJW 1968, 398 ff; vgl. ferner K. Schmidt, Gesellschaftsrecht, § 20 II 4, S. 577.

[672] Zudem müssen insgesamt mindestens 50% des Mindeststammkapitals vor Eintragung geleistet werden, §§ 7 II 1, 56a GmbHG; siehe ebenso §§ 36 II, 36a I, II, 54 III AktG, wonach etwa Aktien nicht unter Nennbetrag ausgegeben werden dürfen.

[673] Da Sacheinlagen in der Regel schwerer zu bewerten sind, greifen eine Reihe von strikteren gesetzlichen Regelungen, die sicherstellen, dass auch hier der Gesellschaft der entsprechende Mindestbetrag zur Verfügung steht. So müssen die Sacheinlagen im Gesellschaftsvertrag angegeben sein und vor der Anmeldung vollständig erbracht werden, vgl. § 5 IV 1 GmbHG. Ferner muss ein Sachgründungsbericht erstellt werden, § 5 IV 2. Zur Ablehnungsbefugnis der Eintragung des Registergerichts bei unvollständiger Sacheinlage, vgl. § 9 c S. 2 GmbHG.

[674] Da nach neuem Schuldrecht für den Anspruch auf Schadenersatz grundsätzlich Verschulden notwendig ist (§§ 311 a, 275 BGB), ist bei Sacheinlagen - für Geldeinlagen stellt sich die Problematik erst gar nicht - zunächst denkbar, dass der Beitragsschuldner bei nicht zu vertretener Unmöglichkeit von seiner Schuld befreit ist, und auch keinen Schadenersatz leisten muss.

[675] Vgl. hierzu die Neuregelung des § 9 GmbHG; entsprechend für das AktG, *Hüffer*, AktG, § 9 Rn. 6; *Röhricht*, in GroßKommAktG, § 27, Rn. 102 ff; siehe hierzu aber bereits BGHZ 64, 52; 118, 83, 101; sowie schon *Hohner*, DB 1975, 629; K. Schmidt, GmbHR 1978, 5; *Kraft*, in: KK, § 27 Rn. 70; *Hachenburg/Ulmer*, § 5 Rn. 88.

[676] Vgl. §§ 19 II 1 GmbHG, 66 I AktG; zur Möglichkeit der Kaduzierung siehe auch

gungsvorschriften enthält somit eine zeitliche Komponente, die sich in ihrer Aussagekraft auf den *Zeitpunkt* der Entstehung der Kapitalgesellschaft *beschränkt*. Eine Gewähr darüber, dass ein bestimmtes Eigenkapital vorhanden ist, geben die Vorschriften gerade nicht.

bb) Abstrakte Schutzfunktion der Kapitalaufbringungsvorschriften – die rechtliche Neugründung als Regelfall

Dass neben der konkreten Schutzfunktion den Kapitalaufbringungsregeln eine weitere Schutzfunktion zugesprochen werden muss, wird deutlich, wenn man sich vor Augen führt, dass die Verpflichtung zur Leistung der Einlage grundsätzlich unabhängig vom Stand des Gesellschaftsvermögens ist.[677] Vielmehr wird unter Berücksichtigung der Gesetzesmaterialien deutlich, dass aufgrund des Systems der Mindestkapitalsicherung den Kapitalaufbringungsvorschriften eine abstrakte Schutzfunktion zugesprochen werden muss:

„Mit Hilfe dieses Prinzips der Mindestkapitalsicherung für sämtliche GmbH sollte somit lediglich ein genereller, auf die in der Rechtsform der GmbH organisierten Unternehmen in ihrer Gesamtheit bezogener, pauschalisierter Gläubigerschutz erreicht werden."[678]

Hinter der Argumentation, welche das Prinzip der Mindestkapitalsicherung auch als „Seriositätsschwelle", begreift, verbergen sich mehrere Grundannahmen, zwischen denen differenziert werden muss.

(1) Das System der Mindestkapitalisierung

Das System der Mindestkapitalisierung gibt dem Gläubiger die generelle Sicherheit, dass unabhängig von der *konkreten* Höhe des Stamm- bzw. Grundkapitals diesbezüglich ein für jede Gesellschaftsform statuierter Mindestwert bei der Gründung nicht unterschritten wird. Das Erfordernis der Mindestkapitalisierung fungiert hierdurch als eine Form der Zugangsbeschränkung zur Rechtsform der AG und GmbH, da nunmehr nicht jeder Interessierte eine AG oder GmbH gründen kann, sondern nur derjenige, der über ein bestimmtes Mindestmaß an finanziellen Mitteln verfügt.[679] Der Gesetzgeber umschreibt das System der Mindestkapitalisierung dennoch zu Recht als lediglich pauschalisierten Gläubigerschutz, weil auch bei Aufbringung des gesetzlichen Mindestkapitals ein „unseriöses Missverhältnis" zwischen

---

[677] Vgl. *Heerma*, Mantelverwendung, S. 110 ff; ebenso weist auch *Peters* auf die grundsätzliche Unabhängigkeit der Kapitalaufbringungspflicht vom Stand des Gesellschaftsvermögen hin, vgl. *Peters*, GmbH-Mantel, S. 71 ff..

[678] Vgl. *Michalski*, GmbHG, Syst. Darst. 1, Rn. 42.

[679] Vgl. hierzu auch *Prudl*, Vorrats- und Mantelgesellschaft, S. 151.

Gläubigergefährdung und finanzieller Eigenbeteiligung vorliegen kann.[680] Gerade angesichts der Vielzahl von Insolvenzverfahren, die mangels Masse abgelehnt werden,[681] wird letzterer Aspekt vermehrt kritisiert.[682] Die Höhe des Mindestschutzes reiche häufig nicht aus, um die Forderungen der Gläubiger zu befriedigen. Aufgrund der geringen Höhe des Mindestkapitals und durch die degressive Wertentwicklung hat der abstrakte, massebezogene Gläubigerschutz daher auch an Bedeutung verloren. So entsprach zu Zeiten des historischen Gesetzgebers das Mindeststammkapital für AG und GmbHG einem Wert, der im Vergleich zum Kaufpreisindex zum Jahr 2003 im Verhältnis von 1 zu 10.4 steht.[683] Infolge Kaufkraftverlustes stellt das heute festgesetzte Mindestkapital somit nur noch knapp 1/11 des damaligen Wertes dar. Die Erhöhung des Mindeststammkapitals von DM 20.000 auf DM 50.000 durch die GmbH-Novelle 1980 hat daran wenig geändert,[684] vielmehr wurde die Erhöhung durch die Inflation bereits wieder aufgezehrt.[685]

Dem Gesetzgeber war die degressive Wertentwicklung und das sich hieraus ergebene Spannungsverhältnis zwischen wirksamerem Gläubigerschutz durch Anhebung des Haftungsfonds und dem Interesse, auch kleinen Unternehmen die Rechtsform der GmbH zugänglich zu machen und so die unternehmerische Entwicklung zu fördern, nicht fremd;[686] er hielt jedoch am System der Mindestkapitalisierung fest. Ausschlaggebend war neben dem aufgezeigten Spannungsverhältnis letztlich auch, dass dem Gesetzgeber - mangels verallgemeinerungsfähiger Größenangaben über eine angemessene Kapitalsicherung - eine variable unternehmensbezogene Kapitalausstattung schwerlich umsetzbar schien.[687] Aus Gründen der Rechtssicherheit verzichtete er daher darauf, das Mindestkapital nach den Maßstäben einer angemessenen Kapitalausstattung individuell für je-

---

[680] So dürfte ein Unternehmen in der Rechtsform einer GmbH, welches sich die Entwicklung und den Bau eines neuen Luftschiffes zum Ziel gesetzt hat, mit einem Startkapital von 25.000€ ebenso unseriös wirken, wie die Eröffnung eines neuen Friseursalons mit 250€ Startkapital.

[681] Vgl. *Hansen*, GmbHR 1988, S. 15 ff..

[682] Vgl. hierzu *Brändel*, GroßKommAktG, § 1 Rn. 107 ff.; *Ulmer*, in Festschrift Duden, S. 676 ff.; *Drüke*, Muttergesellschaft, S. 30 ff., m.w.N..

[683] Quelle: Statistischen Bundesamt, Wiesbaden, https://www-genesis.destatis.de/genesis/ online (21.07.2003); darüber hinaus ist eine Wertverlust durch die Umschreibung auf Euro nach dem Hälfteprinzip eingetreten, krit. hierzu Geyrhalter, BB 1998, 905 f..

[684] Wollte man im Hinblick auf die Größe des Haftungskapitals der gesetzlichen Intention des Jahres 1892 entsprechen, so müsste ein Betrag von 110.000€ festgesetzt werden.

[685] Quelle: Statistisches Bundesamt Wiesbaden, https://www-genesis.destatis.de/genesis/ online (23.07.2003)

[686] Eine Anhebung würde verhindern, „dass die Rechtsform der GmbH für kleine Unternehmen eine erschwingliche Alternative bleibe", vgl. die Begründung zum Regierungsentwurf, BT-Drucks. 8/1347 v. 15.12.1977, S. 27; vgl. ferner *Michalski*, GmbHG, Syst. Darst. 1, Rn. 41

[687] Vgl. BT-Drucks. 8/1347 v. 15.12.1977, S. 28 ff..

weilige Unternehmen auszurichten und behielt das System der Mindestkapitalsicherung bei. In der Konsequenz stellte er daher auch ausdrücklich die Nachteile für die Gläubigersicherung fest und erkannte die beschränkte Sicherungsfunktion an, unlautere Gründungen zu verhindern.[688]
Ein weiterer Aspekt der abstrakten Schutzfunktion des Systems der Mindestkapitalisierung liegt in den unterschiedlichen Anforderungen bzgl. des Mindestwerts von Stamm- und Grundkapital bei GmbH und AG. Zwar kann aufgrund der Satzungsautonomie der Gesellschafter das Stammkapital wertmäßig das Grundkapital einer AG übersteigen, grundsätzlich verleihen die unterschiedlichen Anforderungen ein gesteigertes „Vertrauen in die *Rechtsform*" der AG im Verhältnis zur GmbH hinsichtlich ihrer finanziellen Kapitalausstattung.

(2) Präventiver Gläubigerschutz – das „erzieherische Element"

Daneben intendiert die Argumentation des Gesetzgebers einen gewissen Personenbezug, welcher bei den Gründern selber ansetzt. So ist das Erfordernis einer Mindestkapitalisierungspflicht auch Ausdruck der Vorstellung („Hoffnung"), dass ab einer gewissen finanziellen „Risikobeteiligung" der Gründer, diese am Gelingen des Unternehmens in einem erhöhten Maße Interesse zeigen und somit von vornherein von sehr risikoreichen und undurchdachten Unternehmungen Abstand nehmen. Dass hierbei die Kapitalaufbringungsvorschriften die *persönliche* finanzielle Verpflichtung der Gesellschafter sicherstellen wollen, wird auch dadurch deutlich, dass auf jede Stammeinlage bei einer Bareinlageverpflichtung vor der Anmeldung mindestens ein Viertel einzuzahlen ist und auch eine höhere Einzahlung auf andere Stammeinlagen selbst dann nicht ausreicht, wenn der insgesamt notwendige Betrag erreicht wird.[689]

So heißt es auch in der Begründung zur Anhebung des Mindeststammkapitals:

„Es gehe nicht so sehr um Gläubigerschutz in dem Sinne, dass die Haftungsmasse im Fall des Konkurses vergrößert werde – dazu reiche der Mehrbetrag von 30.000 DM sicher nicht aus -, sondern darum, die Schwelle der Inanspruchnahme der beschränkten Haftung zu erhöhen. ...Es sei daher durchaus berechtigt, eine angemessene Beteiligung an dem Risiko der eigenen Unternehmung zu verlangen und auf der anderen Seite den Gläubigern einen gewissen Mindestschutz zu geben. ...Die Anhebung des Mindeststammkapitals habe auch ... eine erzieherische Funktion: Es fördere das verantwortungsvolle Wirtschaften, wenn dieses mit einem spürbaren eigenen Risiko verbunden sei."[690]

---

[688] Vgl. die Begründung zum Regierungsentwurf, BT-Drucks. 8/1347 v. 15.12.1977, S. 27; siehe hierzu auch *Kantak*, Mantelgründung, S. 89; *Hachenburg/Ulmer*, § 5 Rn. 7.
[689] Vgl. RGSt 33, 252 f.; *Michalski/Heyder*, GmbHG, § 7 Rn. 19.
[690] Vgl. BT-Drs. VIII/3908; siehe hierzu auch *Heerma*, Mantelverwendung, S. 152 Fn. 589.

Die Aufbringung des gesetzlichen Mindestkapitals wird die Funktion einer „Seriösitätsschwelle" zugesprochen[691] - sie soll eine „Hürde" sein, um unseriöse Gründungen zu vermeiden.[692] Der Begriff der Seriösität kann hierbei jedoch nicht nur in einem Ungleichgewicht zwischen eigenem finanziellen Risiko der Gründer auf der einen Seite und der potentiellen Gläubigergefährdung auf der anderen Seite beschrieben werden. Von einer potentiellen Gläubigergefährdung muss gesprochen werden, da ja nicht generell jede unternehmerische Tätigkeit, die mit einem Missverhältnis zwischen eigenem finanziellen Aufwand und unternehmerischer Tätigkeit gestartet wird, zum Scheitern verurteilt sein muss. Denn setzt man das Element der finanziellen Beteiligung in Bezug zur gesetzlichen Systematik, in welcher sich die Geschäftsanteile nach dem Betrag der Stammeinlage richtet, so wird deutlich, dass der abstrakte Gläubigerschutz nicht allein durch eine eigene finanzielle Beteiligung, sondern durch finanzielle Beteiligung in *Abhängigkeit* zu den Mitgliedschaftsrechten, sprich zur Einflussmöglichkeit auf die Gesellschaft gewährleistet wird. Die Abhängigkeit zwischen Geschäftsanteil und Betrag der Stammeinlage wird aufgenommen und durch die Fixierung eines bestimmten Mindeststammkapitals ein Band zwischen Einflussrechten und finanziellem Mindestengagement erzeugt. Gerade diese Abhängigkeit soll nach Intention des Gesetzgebers ein erzieherisches Element einbringen, welches allzu risikoreiche Unternehmungen verhindern soll. Das Zusammentreffen von Entscheidungsmacht und finanziellem Risiko soll das verantwortungsbewusste Handeln fördern und so präventiv die Interessen der Gläubiger schützen. Hierbei gilt jedoch, dass je mehr Gesellschafter zur Verfügung stehen, desto mehr das erzieherische Element in den Hintergrund rückt.[693] Möchte dagegen eine Person alleine bzw. eine kleine Gruppe von Gesellschaftern tätig werden, desto höher wird die finanzielle Beteiligung. Besonders deutlich tritt dieses Abhängigkeitsverhältnis bei der Einmann-Gesellschaft zu Tage: die alleinigen Mitgliedschaftsrechte sind an die Erfüllung *verschärfter* Kapitalaufbringungsvorschriften gekoppelt.

Das erzieherische Element als Ausdruck eines abstrakten, auf die Person des Gesellschafters abzielenden Gläubigerschutzes entfällt dagegen im Fall der Aufhebung der Verquickung von Kontrolle über Kapitalgesellschaft mit finanziellem Mindestengagement. Im Umkehrschluss bedeutet dies somit, dass ohne erzieherischen Wert jene Gründung angesehen werden muss, welche ohne hinrei-

---

[691] Vgl. *Sonnenberger*, NJW 1969, 2034; *Wiedemann*, Gesellschaftsrecht, S. 565; *Lutter*, in. FS Riesenfeld, S. 165 ff.; *Hommelhoff*, Risikokapital, S. 15 ff..
[692] Die Wirksamkeit der erzieherischen Funktion der Mindestkapitalausstattung soll an dieser Stelle zunächst nicht erörtert, sondern lediglich die Intention des Gesetzgebers anerkannt werden. Inwieweit durch die Möglichkeit von Mantelkauf und Mantelverwendung die gesetzgeberische Intention behindert wird, vgl. unten unter § 3 V. 2. b).
[693] Die geringe gesetzliche Mindesteinlage verdeutlicht zudem, dass alleine das finanzielles Mindestengagement keine unlautere Gründungen verhindern soll.

chendes finanzielles Mindestengagement dem einzelnen Gründer die Möglichkeit eröffnet, die vollen Mitgliedschaftsrechte an der Kapitalgesellschaft zu erwerben.[694]

cc) Zusammenfassung

Die Rechtsform der GmbH und AG soll nach Willen des Gesetzgebers nicht jedermann zur Verfügung stehen, sondern nur solchen Personen, die dazu in der Lage sind, die bei der rechtlichen Neugründung greifenden Kapitalaufbringungsvorschriften zu erfüllen. Den Kapitalaufbringungsvorschriften kann hierbei eine konkrete und abstrakte Schutzfunktion zugesprochen werden. Während die konkrete Schutzfunktion sich darauf beschränkt, dass die Gesellschaft im Zeitpunkt ihrer Entstehung im Wesentlichen über das satzungsmäßige Kapital verfügt hat, zielt die abstrakte Schutzfunktion auf einen „pauschalisierten Gläubigerschutz" ab. Das Erfordernis einer gesetzlichen Mindestkapitalisierung wirkt hierbei als „Seriösitätsschwelle". Indem die Einflussmöglichkeit auf die Gesellschaft in Abhängigkeit einer finanziellen Mindestleistungsfähigkeit gesetzt wird, wird ein „pauschalisiertes" Vertrauen in die Rechtsform der AG und GmbH geschaffen.

2. Gefährdung der Schutzfunktion des Haftungsfonds durch Mantelkauf und Mantelverwendung

Fraglich ist nunmehr, inwieweit durch die Tatbestände von Mantelkauf und Mantelverwendung die Schutzfunktionen der Kapitalaufbringungsvorschriften berührt werden.

a) Konkrete Schutzfunktion

Im Hinblick auf die konkrete Schutzfunktion der Kapitalaufbringungsvorschriften wird diese Frage zunächst zu verneinen sein. Die konkrete Schutzfunktion beschränkt sich auf die juristische Person und garantiert lediglich, dass zum *Zeitpunkt* ihrer Entstehung die Gesellschaft über das satzungsmäßige Haftungskapital verfügt. Auch die Mantelgesellschaft wird jedoch bei ihrer Gründung mit

---

[694] *Heerma* ist nunmehr der Auffassung, dass es im deutschen Recht keinen Grundsatz gebe, wonach dass Herrschaft und Haftung gleichlaufen müssen: „Bei jeglichem Handeln für eine juristische Person.... kommt es zu einem Auseinanderfallen von Herrschaft und Haftung. Auch das Kapitalgesellschaftsrecht baut auf dem Prinzip auf, dass Entscheidungsmacht und persönliche Haftung nach außen nicht korrelieren." Dem ist insofern zuzustimmen, wenn auf die konkrete Herrschaft (Geschäftsführung) abgestellt wird. Wie die Materialien zur GmbH-Novelle jedoch deutlich machen, geht nach dem Gesetzgeber davon aus, dass das Wirkungsprinzip der Mindestkapitalausstattung die Verknüpfung von mittelbarer Kontrolle über bzw. Einflussmöglichkeit auf die Kapitalgesellschaft mit finanziellem Mindestengagement darstellt, vgl. hierzu *Heerma*, Mantelverwendung, S. 75, mit Verweis auf *Limbach*, Theorie, S. 112.

dem gesetzlichen Mindesthaftkapital ausgestattet. Ein Vertrauen des Rechtsverkehrs auf die Unversehrtheit des Stammkapitals bei längerem Bestehen einer Kapitalgesellschaft besteht dagegen gerade nicht.[695] Das Gesetz statuiert lediglich im Rahmen der Kapitalerhaltung durch Auszahlungssperren einen ungebührlichen Abfluss.[696] Wenn somit schon keine Garantien hinsichtlich der Unversehrtheit des Stamm- bzw. Grundkapitals beim Anteilskauf einer *unternehmerisch tätigen* Kapitalgesellschaft besteht,[697] kann alleine aufgrund der Unternehmenslosigkeit keine abweichende Regelung bestehen. Der Grundsatz der Unversehrtheit des Haftungsfonds zum Zeitpunkt der Eintragung[698] lässt sich daher nicht überzeugend auf einen späteren Zeitpunkt übertragen. Die konkrete Schutzfunktion wird somit durch den Anteilserwerb einer (vermögensschwachen) Mantelgesellschaft und deren Verwendung nicht unterlaufen.

b) Abstrakte Schutzfunktion

Der Grundsatz der Unversehrtheit des Stammkapitals ist jedoch nicht die einzige Prämisse der Kapitalaufbringungsvorschriften die zur Analogiebildung herangezogen werden kann – vielmehr wurde in der bisherigen Diskussion die Analogiefähigkeit der abstrakten personenbezogenen Gläubigersicherung vernachlässigt.

aa) Vermögende Mantelgesellschaften

So besteht zwischen der abstrakten Gläubigerschutzfunktion der Kapitalaufbringungsvorschriften und Mantelkauf und Mantelverwendung ein Spannungsverhältnis. Dieses wird deutlich, wenn man von der Annahme ausgeht, dass am Markt ein ausreichendes Angebot von vermögensschwachen Mantelgesellschaften existiert, deren Anteile ohne jegliche (haftungs-) rechtliche Konsequenz erworben werden können und die dann im Folgenden als neuer Unternehmensträger eingesetzt werden. Angesichts dieser Vorteile wird sich ein angehender Unternehmensgründer dieser Alternative nur schwerlich verschließen können.

Man mag sich in einem solchen Fall daher die berechtigte Frage stellen, ob bei entsprechender Angebotslage die rechtliche Neugründung einer Kapitalgesellschaft nicht vielmehr die zweite Wahl sein dürfte. Welcher Anreiz sollte für einen angehenden Unternehmensgründer überhaupt noch bestehen, eine Kapitalgesellschaft als Unternehmensträgerin neu zu gründen, wenn er ebenso gut eine bestehende Kapitalgesellschaft

---

[695] Vgl. hierzu *Bommert*, GmbHR 1983, S. 209, 213; *Kübler*, Gesellschaftsrecht, § 22 II 4.

[696] Vgl. hierzu §§ 30, 31 GmbHG, sowie §§ 57 ff., 71 ff. AktG.

[697] Vgl. *Kober*, Mantelkauf, S. 136 f..

[698] Vgl. hierzu die Grundsatzentscheidung des BGH zur Differenzhaftung, BHGZ 80, 129.

a) ohne Zeitverlust durch Eintragungsverfahren und
b) womöglich ohne bzw. mit wesentlich geringerem finanziellen Mindestengagement „am Markt" erwerben könnte?[699]

Der Aspekt der Zeitersparnis stellt hierbei für sich alleine genommen ein legitimes Motiv zur offenen Vorratsgründung und wurde bereits durch höchstrichterliche Rechtsprechung als solches anerkannt.[700] Fraglich ist allein, inwieweit die
Erlangung der Mitgliedschaftsrechte mit geringem finanziellen Mindestengagement den abstrakten Gläubigerschutz gefährdet. Weist die Mantelgesellschaft
keine Unterbilanz auf bzw. übersteigt das Reinvermögen[701] der Gesellschaft deren (Mindest-) Stamm- bzw. Grundkapital, so wird der Preis für die Anteile der
Mantelgesellschaft in der Regel nicht unter der Summe liegen, die dem gesetzlichen Mindesthaftkapital entspricht. Zwar kommt die finanzielle Eigenbeteiligung der Anteilserwerber nicht der Gesellschaft zu, sondern fließt direkt an die
Anteilsveräußerer. Dennoch wäre die abstrakte Schutzfunktion der Kapitalaufbringungsvorschriften in einem solchen Falle *nicht* gefährdet, da deren Ziel sich
darauf beschränkt, im Rahmen einer „erzieherischen Funktion" präventiv sicherzustellen, dass überhaupt eine am gesetzlichen Mindesthaftkapital gemesse-
ne finanzielle Eigenbeteiligung am geplanten unternehmerischen Risiko sowie
eine finanzielle (Mindest-) Leistungsfähigkeit der Gesellschafter vor Aufnahme
der unternehmerischen Tätigkeit vorliegt, um so gänzliche unseriöse Gründungen vermeiden zu können. Ob eine solche finanzielle Eigenbeteiligung nunmehr
direkt gegenüber der Gesellschaft, oder aber indirekt den alten Gesellschaftern
gegenüber als Ausgleich für die Vermögenswerte der Gesellschaft erfolgt, berührt die abstrakte Schutzfunktion der Kapitalaufbringungsvorschriften nicht.
Denn auch wenn eine unbegrenzte Anzahl von Mantelgesellschaften, deren
Reinvermögen das (Mindest-) Stamm- bzw. Grundkapital übersteigt, am Markt
unterstellt wird, bliebe für den potentiellen Gründer zwar weiterhin die Alternativmöglichkeit einer Mantelverwendung neben der rechtlichen Neugründung
bestehen; der Vorteil einer solchen Alternativmöglichkeit würde sich jedoch auf
die Zeitersparnis hinsichtlich des Eintragungsverfahrens beschränken – ein Vorteil, der, wie bereits erläutert, als legitimes Motiv von Lehre und Rechtsprechung anerkannt wurde.[702] Ein die abstrakte Schutzfunktion gefährdender Sachverhalt kann folglich nur für den Fall der Verwendung einer unterbilanzierten -
„vermögensschwachen" - Mantelgesellschaft angenommen werden, also einer

---

[699] Man mag hier überspitzt die Frage stellen, welchen Sinn die Mühen der Rechtsprechung
zur Differenzhaftung überhaupt haben, wenn Gründer ohne finanziellen Aufwand die Rechtsform einer Kapitalgesellschaft erlangen können?
[700] Vgl. BGHZ 117, 332 = ZIP 1992, 689, 693; siehe hierzu auch § 1 III 3
[701] Das Reinvermögen wird durch die Aktiva nach Abzug der Passiva, (Schulden ohne und
Rückstellungen), ermittelt, vgl. *Michalski*, GesR, Syst. Darts. 1, Rn. 69 m.w.N..
[702] Vgl. hierzu oben § 2 III 3.

Gesellschaft, deren Reinvermögen das gesetzliche Mindesthaftkapital nicht ü-
bersteigt.[703]

bb) Desavouierung des erzieherischen Schutzzwecks der Kapitalaufbringungsvorschriften

Allgemein wird die abstrakte Gläubigerschutzfunktion der Kapitalaufbringungsvorschriften auch mit dem Begriff der „Seriösitätsschwelle" verbunden. Der
Begriff der Seriosität ist durch zwei Teilaspekte gekennzeichnet. Zum einen
wird Seriosität dadurch erzeugt, dass die Rechtsformen der GmbH und AG nicht
nach Belieben zur Verfügung stehen, sondern nur solchen Personen, die in der
Lage sind, finanzielle Mittel in einer bestimmten Höhe zu investieren und bereits am Anfang der unternehmerischen Tätigkeit bereitzustellen - §§ 7 Abs. 2
und 3 GmbHG, §§ 36 a Abs. 1 iVm 36 II AktG. Zum anderen verbindet der Gesetzgeber durch das Zusammentreffen von Entscheidungsmacht und finanziellem Risiko[704] die Hoffnung, das verantwortungsbewusste Handeln zu fördern
und so allzu risikoreiche Unternehmungen von vornherein verhindern zu können. Der Risikobeteiligung des Gesellschafters, welche in der Höhe durch die
Mindestkapitalausstattung auf ein Minimum festgesetzt wird, kommt hierdurch
eine „erzieherische Funktion" zu, welche präventiv die Interessen der Gläubiger
schützen soll.

Der Anteilserwerb einer vermögensschwachen Mantelgesellschaft ohne (haf-
tungs-) rechtliche Konsequenzen stellt eine Desavouierung beider Teilaspekte
der präventiven Gläubigerschutzfunktion der Kapitalaufbringungsvorschriften
dar: Zum einen steht die Rechtsform der GmbH und AG hierdurch auch solchen
Personen offen, die eben nicht in der Lage sind, finanzielle Mittel zu Beginn der
Unternehmung in einer bestimmten Höhe bereitzustellen. Zum anderen wird die
erzieherische Funktion der Kapitalaufbringungsvorschriften entwertet, da sich
für den Anteilserwerber die Beteiligung am wirtschaftlichen Risiko der Gesellschaft auf den gezahlten Kaufpreis reduziert.

Gläubigerinteressen werden hierbei grundsätzlich nicht durch die reine Existenz
der Kapitalgesellschaft als solche gefährdet, sondern erst deren Verwendung als
Unternehmensträgerin vermag Gläubigerinteressen zu berühren. Anknüpfungspunkt des abstrakten – und mithin präventiven – Gläubigerschutzes stellt somit
die Befugnis dar, die Kapitalgesellschaft für beliebige unternehmerische Aktivitäten einzusetzen. Die *Möglichkeit* durch eine Kapitalgesellschaft unternehmerisch tätig zu werden, wird jedoch durch den Anteilserwerb einer vermögensschwachen Mantelgesellschaft ebenso wie durch die Neugründung eröffnet. Ei-

---

[703] Im weiteren Verlauf der Untersuchung wird aus Gründen der sprachlichen Vereinfachung
der Begriff der vermögensschwachen Mantelgesellschaft benutzt.
[704] Vgl. hierzu auch *Prudi*, Vorrats- und Mantelgesellschaft, S. 150 ff..

ne Rechtsordnung muss somit als widersprüchlich gelten, die auf der einen Seite dem potentiellen Neugründer verschärfte Anforderungen an die Erlangung der vollen Mitgliedschaftsrechte (und somit der Möglichkeit, die Kapitalgesellschaft zu beliebigen unternehmerischen Zwecken einzusetzen) abverlangt, auf der anderen Seite jedoch eine Alternativmöglichkeit eröffnet, die vollen Mitgliedschaftsrechte eben ohne diese verschärfte Anforderungen zu erlangen. Die Regelungslücke liegt folglich darin begründet, dass beide Teilaspekte des abstrakten Gläubigerschutzes durch die Möglichkeit des Anteilerwerbs und Verwendung einer vermögensschwachen Gesellschaft entwertet werden. Oder anders ausgedrückt: Die Kapitalaufbringungsvorschriften können keine „Seriositätsschwelle" darstellen, wenn die Rechtsordnung durch den Anteilserwerb vermögensloser Mantelgesellschaften eine einfachere „Hintertür" offen hält.

Dass der Gesetzgeber die Alternativmöglichkeit des Anteilserwerbs nicht bewusst ermöglichen wollte, wurde durch dessen Argumentation bei der Anhebung des Mindeststammkapitals bei der GmbH deutlich, wobei er zwischen Verhinderung unlauterer Gründungen einerseits und „erschwingliche Alternative" für kleine Unternehmen andererseits abwog.[705] Argumentiert der Gesetzgeber, dass durch eine Anhebung des Mindeststammkapitals die Rechtsform der GmbH keine „erschwingliche Alternative" mehr sei, so geht er davon, dass die Neugründung einer GmbH den *Regelfall* der Erlangung der Mitgliedschaftsrechte einer Kapitalgesellschaft darstellt. Da jedoch der Anteilserwerb einer vermögensschwachen Mantelgesellschaft eine praktikable und alltagstaugliche Möglichkeit darstellt, die Mitgliedschaftsrechte *unabhängig* von der Höhe des Mindesthaftkapitals zu erwerben, würde eine solche Möglichkeit die durch den Gesetzgeber getroffene Entscheidung hinsichtlich der akzeptablen Größe des Mindesthaftkapitals entwerten.

cc) Unterschiedliche Anforderung an AG und GmbH hinsichtlich Kapitalaufbringung

Eine ausreichende Angebotslage an vermögensschwachen Mantel-AG und Mantel-GmbH begründet zudem die Gefahr, die grundsätzliche Entscheidung des Gesetzgebers nach einer finanziell erschwerten Erlangung der Mitgliedschaftsrechte einer AG *im Verhältnis* zur GmbH auszuhöhlen.

AG und GmbH müssen nach dem Willen des Gesetzgebers bei ihrer Gründung mit einem *unterschiedlichen* Mindestkapital ausgestattet sein. Da sich der Preis für eine vermögensschwache Mantelgesellschaft jedoch ausschließlich nach dem vorhandenen Eigenkapital, aber gerade nicht nach der Rechtsform der Mantelgesellschaft richten wird, bietet der Anteilserwerb einer vermögensschwachen

---

[705] Vgl. BT-Drs. VIII/3908.

Mantelgesellschaft nunmehr die Möglichkeit, die Mitgliedschaftsrechte einer Mantel-GmbH mit dem gleichen finanziellen Aufwand wie die einer Mantel-AG zu erreichen. Entgegen dem Willen des Gesetzgebers wäre somit Kleinstunternehmen die Rechtsform der AG eröffnet, obschon das notwendige Kapital nicht im Zeitpunkt der Gründung des Unternehmens vorhanden ist. Unterstellt man wiederum ein ausreichendes Angebot an vermögensschwachen Mantel-GmbHs und Mantel-AGs am Markt würde dies somit zu einer Entwertung der gesetzgeberischen Willens hinsichtlich unterschiedlicher Anforderungen an die Erlangung der Mitgliedschaftsrechte von AG und GmbH bedeuten. Eine Rechtsordnung muss daher wiederum als widersprüchlich gelten, die einerseits bei Neugründung einer Einmann-AG im Verhältnis zur Einmann-GmbH verschärfte Anforderungen hinsichtlich einer Bereitstellung von Eigenkapital verlangt, andererseits jedoch Alternativmöglichkeiten bietet, die verschärften Anforderungskriterien zu nivellieren.

Ein System der Mindestkapitalisierung bei rechtlicher Neugründung von Kapitalgesellschaften kann somit nur dann wirksam sein, wenn die Erfüllung der bei rechtlicher Neugründung greifenden Gläubigerschutzvorschriften auch zukünftig den Regelfall darstellt, um in der Rechtsform einer AG oder GmbH ein neues Unternehmen in haftungsbeschränkter Form zu betreiben. Der vereinzelte Anteilserwerb von vermögensschwachen Mantelgesellschaften vermag hierbei keine grundsätzliche Gefahr für den abstrakten Schutz der Kapitalaufbringungsvorschriften zu begründen. Nur wenn überhaupt ein entsprechendes Angebot an vermögensschwachen Mantelgesellschaften bereit steht, kann für den potentiellen Gründer von einer wirklichen Alternativmöglichkeit neben der rechtlichen Neugründung gesprochen werden. Hinsichtlich des Angebots und der Häufigkeit von Mantelkäufen können jedoch keine genauen Zahlen genannt werden - zum einen ist die Verwendung von Mantelgesellschaften schwer erkennbar,[706] zum anderen werden die Verwender im Zweifel angesichts der bisherigen unklaren Rechtslage kein Interesse daran haben, eine solche offen zu legen. Allgemein scheint jedoch Übereinstimmung darüber zu herrschen, dass es sich um ein bedeutendes Phänomen handelt.[707] Teilweise wird als Begründung für das zahlreiche Vorhandensein von Mantelgesellschaften auf entsprechende Angebote in überregionalen Tageszeitungen hingewiesen,[708] teilweise wird angeführt, dass sich mittlerweile nicht nur große Anwalts- und Wirtschaftskanzleien, sondern auch Unternehmen ausschließlich mit der Vermittlung von Mantelgesellschaften beschäftigen.[709]

---

[706] Vgl. hierzu § 2 II. 2.
[707] Vgl. *Michalski/Nerlich*, GmbHG, § 60 Rn. 21.
[708] Vgl. hierzu die Nachweise bei *Prader*, Vorrats- und Mantelgesellschaft, S. 22 in Fn. 91.
[709] Vgl. hierzu auch http://www.company-for-sale.de (am 26.01.2004)

Ein entscheidendes Argument für ein ausreichendes Angebot an Mantelgesellschaften wird das Interesse der Altgesellschafter sein, die Rechtsform als solche durch einen Anteilsverkauf wirtschaftlich zu verwerten.[710] Haben sich die Gesellschafter also grundsätzlich dazu entschlossen, das Unternehmen aufzugeben, bietet die Anteilsveräußerung im Gegensatz zur Liquidierung und Löschung der Gesellschaft gleich zwei finanzielle Vorteile. Zum einen ersparen sich die Altgesellschafter durch einen Anteilsverkauf die Löschungsgebühr für die Mantelgesellschaft, zum anderen eröffnet sich eine Gelegenheit, den Wert der Anteile zu veredeln, da die Möglichkeit, die Anteile einer Mantelgesellschaft zu erwerben, dem Mantelkäufer einen Aufpreis wert sein wird. Im Besonderen bietet sich für die Altgesellschafter hierbei die Möglichkeit der stillen Liquidation an.[711] Bei der stillen Liquidation stellt die Gesellschaft ohne förmliche Auflösung ihre Geschäftätigkeit schlicht ein. Es findet somit eine Abwicklung statt, ohne dass die Auflösung bzw. Beendigung der Gesellschaft gewollt ist,[712] wobei die Organisation der Gesellschaft der stillen Liquidation noch in einem solchen Umfang weiter besteht, dass die notwendigen Steuererklärungen und Meldungen an das Handelsregister erfolgen.

Neben der stillen Liquidation bietet auch die Fortsetzungsmöglichkeit aufgelöster Gesellschaften[713] eine Möglichkeit, die Anteile der Gesellschaft durch Mantelverkauf zu verwerten. Zwar finden sich im GmbH und AktG lediglich für die Auflösungsgründe der §§ 60 I Nr. 4 GmbHG, 274 I und II AktG Regelungen hinsichtlich der Zulässigkeit eines Fortsetzungsbeschlusses, so dass nach älterer Ansicht[714] die Fortsetzung außer in den genannten Fällen als unzulässig angesehen wurde.[715] Heute ist dagegen, auch über die Fälle des § 60 Abs. 1 Nr. 4

---

[710] Daneben sparen die Altgesellschafter durch den Anteilsverkauf der Mantelgesellschaft die Löschungsgebühr, vgl. hierzu auch § 2. II. 3.

[711] Vgl. hierzu *Rowedder/Rasner*, GmbHG, § 60 Rn. 6; *Kober*, Mantelkauf, S. 111 f..

[712] Vgl. KGJ 45, 178, 179; *Rowedder/Rasner*, § 60 Rn. 6.

[713] Das Verfahren zur Auflösung von GmbH und AktG vollzieht sich, ähnlich zur Entstehung, in mehreren Phasen - Auflösung, Abwicklung und Erlöschen. Durch die Auflösung wird die werbende Gesellschaft zur Abwicklungsgesellschaft; die Vertretungsbefugnis der Geschäftsleitung erlischt und die Liquidatoren bereiten im Abwicklungszeitraum die Beendigung der Gesellschaft vor. Ist das Abwicklungsverfahren abgeschlossen und die Löschung im Handelsregister eingetragen, erlischt die Gesellschaft (Beendigung). vgl. hierzu *Michalski/Nerlich*, § 60, Rn. 3.; siehe ferner BayObLG 1994, 978.

[714] Vgl. hierzu *Feine*, GmbHG, Ehrenberger Handbuch des gesamten Handelsrechts, Band III, 3. Abt., 1929, S. 648.

[715] Vgl. hierzu die grundlegende Untersuchung von Scholz, Franz, Fortsetzung der aufgelösten Gesellschaft mit beschränkter Haftung und Aktiengesellschaft, ZHR 93, 1929, 73; siehe hierzu auch RG, Beschluss v. 27.10.1927, RGZ 118, 337.

GmbHG hinaus, die Fortsetzung einer aufgelösten Gesellschaft für zulässig zu erachten.[716]

Die in der Literatur geäußerte Ansicht, dass es sich bei Mantelkauf und der Mantelverwendung um ein „tolerierbares" und hinnehmbares Phänomen handele,[717] fußt auf der Ansicht, dass das Angebot an vermögenslosen Mantelgesellschaften beschränkt ist, ohne hierfür jedoch nachvollziehbare Nachweise darzulegen.[718] Insgesamt sprechen die besseren Argumente dafür, dass es sich bei dem Phänomen der Mantelverwendung eben nicht um ein seltenes und daher vernachlässigbares Randproblem des Kapitalgesellschaftsrechts handelt.

dd) Zusammenfassung

Die abstrakte Schutzfunktion der Kapitalaufbringungsvorschriften kann nur dann wirksam greifen, wenn die rechtliche Neugründung einer Kapitalgesellschaft auch zukünftig den Regelfall darstellt, um in der Rechtsform einer AG oder GmbH ein neues Unternehmen zu betreiben. Das Vorhandensein einer praktisch nicht nur gleichwertigen, sondern auch, aus zeitlichen *und* finanziellen Aspekten heraus, vorteilhaften Alternativmöglichkeit zur Unternehmensgründung in der Form einer Kapitalgesellschaft durch Mantelkauf und Mantelverwendung untergräbt die Interessen des abstrakten Gläubigerschutzes, da die Mitgliedschaftsrechte ohne Einhaltung der bei der rechtlichen Neugründung greifenden Kapitalaufbringungsvorschriften erworben werden können.

3. Abgrenzung der Regelungslücke zu nicht relevanten Sachverhalten

In der bisherigen Untersuchung wurden in Bezug auf die Feststellung einer Regelungslücke als relevanter Sachverhalt die Merkmale des Mantelkaufs und der Mantelverwendung herangezogen. Aufgrund der weiten Fassung der Begriffe

---

[716] BGH WM 1995, 1536; BayObLG DB 1978, 2164, 2165; BayObLG WM 1995, 714. Die h.M. lehnt allerdings die Fortsetzungsmöglichkeit der Gesellschaft im Fall der Ablehnung mangels Masse ab, BayObLG, NJW 1994, 594 f; *Hachenburg/Ulmer*, Anh. § 60 Rn. 13; *Rowedder/Rasner*, Anh. § 60 Rn. 7. Der BGH hat in einem obiter dictum für die Aktiengesellschaft bemerkt, dass die masselose Gesellschaft nach dem Willen des Gesetzgebers im öffentlichen Interesse rasch beendet werden soll, BGHZ 75, 178, 180. Den Gesellschaftern wird kein legitimes Interesse zugesprochen, die Gesellschaft mit Einschüssen oder Kapitalerhöhungen wieder zu einer werbenden zu machen oder die Gesellschaft durch einen Verkauf der Anteile zu verwerten, vgl. hierzu *Michalski/Nerlich*, GmbHG § 60 Rn. 255, *Rowedder/Rasner*, Anh. § 60 Rn. 7; *Hachenburg/Ulmer*, Anh. § 60 Rn. 13.

[717] Vgl. hierzu aus dem neueren Schrifttum *Bärwaldt/Schabacker*, GmbHR 1998, 1055 ff; *Banerjea*, GmbHR 1998, 814 ff.; *Mayer*, NJW 2000, 178 f..

[718] Vgl. *Bommert*, GmbHR 1983, 212; *Kraft*, in KK AktG, § 23 Rn. 60; *Skibbe*, in FS Felix, 417, 424; *Rasner*, in Rowedder, GmnHG, § 60 Rn. 7.

Mantelverwendung und Mantelgesellschaft, die dieser Untersuchung zu Grunde liegen, gilt es nunmehr weiter zu differenzieren. So vermag nicht jeder Anteilserwerb einer Mantelgesellschaft das erzieherische Element der Kapitalaufbringungsvorschriften zu gefährden; vielmehr vermögen auch Anteilkäufe von unternehmerisch tätigen Gesellschaften die abstrakte personenbezogene Schutzfunktion der Kapitalaufbringungsvorschriften zu berühren.

a) Die unternehmerisch tätige unterkapitalisierte Kapitalgesellschaft

Obschon heute grundsätzlich Einigkeit darüber besteht, dass nur eine unternehmenslose Gesellschaft eine Mantelgesellschaft[719] sein kann, [720] stellt sich das Problem der Umgehung der Kapitalaufbringungspflicht grundsätzlich auch bei der noch unternehmerisch tätigen Gesellschaft. Teilweise wird unter Bezugnahme dieses Aspektes kritisch bezüglich der bisherigen Forschung argumentiert, dass es einen Widerspruch darstelle, wenn eine unternehmerisch tätige Gesellschaft für den Betrieb eines neuen Unternehmens verwertet werden kann, jedoch bei der Verwertung einer seit längerem unternehmenslosen Gesellschaft dies zu haftungsrechtlichen Konsequenzen führen soll,   obschon es wahrscheinlicher ist, dass je länger die Gesellschaft bereits unternehmenslos ist, auch alle gegen sie bestehenden Forderungen bereinigt worden sind. Werden dagegen die Anteile einer unternehmerisch tätigen Gesellschaft erworben, besteht die Gefahr, dass das Unternehmen, wenn auch nicht gescheitert, so doch zumindest mit entsprechenden Verbindlichkeiten belastet ist. „In ein derartig vorbelastetes Unternehmen soll nun ein neues Unternehmen eingebracht werden dürfen, nicht aber in einen alten, aber wenigstens annähernd schuldenfreien Mantel?"[721] Grundsätzlich besteht auch beim Anteilserwerb einer unternehmerisch tätigen, aber vermögensschwachen Kapitalgesellschaft die Möglichkeit, die Mitgliedschaftsrechte einer Kapitalgesellschaft ohne Einhaltung eines finanziellen Mindestengagements zu erwerben. Auf den ersten Blick mag man daher zu der Überzeugung gelangen, dass auch der vorliegende Sachverhalt ebenso wie der Fall des Mantelkaufs und dessen spätere Verwendung einzustufen sei, da es ja keinen Unterschied machen könne, ob das bisherige Unternehmen bereits vor oder nach der Veräußerung der Geschäftsanteile liquidiert werde.[722] Um die auf-

---

[719] Bei Fortführung des bisherigen Unternehmens soll kein Mantelkauf vorliegen, siehe hierzu bereits KG JW 1934, 988, sowie oben unter § 3 III. 3. b) bb).

[720] Vgl. hierzu Priester, DB 1983, 2291; *Bommert*, GmbHR 1983, 209; *Ulmer*, in Hachenburg, § 3 Rn. 24; *Hueck*, in Baumbach/Hueck, § 3 Rn. 14.

[721] Vgl. *Banerjea*, GmbHR 1998, 814, 816.

[722] Obschon *Priester* die grundsätzliche Problematik erkennt, dass auch beim Anteilserwerb einer unternehmerisch tätigen Gesellschaft ein finanzielles Mindestengagement der Erwerber nicht gewährleist ist, begründet er die Nichteinbeziehung dieser Sachverhalte neben dem Hinweis auf nicht lösbare Abgrenzungsprobleme mit der tautologischen Feststellung, dass es

geführten Wertungswidersprüche hinsichtlich der unterschiedlichen Behandlung von Mantelgesellschaften und noch unternehmerisch tätigen Gesellschaften zu rechtfertigen, gilt es, die aufgezeigte Gefährdung der abstrakten Schutzfunktion der Kapitalaufbringungsvorschriften zu berücksichtigen. Diese liegt nicht alleine darin begründet, dass überhaupt die Anteile einer Gesellschaft ohne ein bestimmtes finanzielles Mindestengagement erworben werden können.[723] Die Gefährdung des abstrakten Gläubigerschutzes der Kapitalaufbringungsvorschriften beruht vielmehr auf dem Umstand, dass der Mantelkauf eine *praktikable* Alternative zur rechtlichen Neugründung darstellt und diese hierdurch als typischen Regelfall zur Erlangung von Mitgliedschaftsrechten in Frage stellt. Der Anteilskauf einer unternehmerisch tätigen Gesellschaft zwecks Erlangung der Rechtsform einer Kapitalgesellschaft dürfte in der Praxis dagegen mit einem so hohen Aufwand und Risiko verbunden sein, dass ein solches Vorgehen die seltene Ausnahme bliebe. Zum einen müsste der Erwerber der Kapitalgesellschaft sich über die Altverbindlichkeiten ein Bild machen und die bestehenden Rechtsverhältnisse auflösen, was angesichts des bestehenden Geschäftsbetriebes mit erheblichem Aufwand und Unsicherheiten verbunden sein wird. Zum anderen dürfte das Angebot an unternehmerisch tätigen Kapitalgesellschaften, die lediglich *zur Erlangung* der Rechtsform zu erwerben sich lohnt, gering sein.

Insgesamt kann daher aufgrund der aufgezeigten Unwägbarkeiten und Risiken für den Anteilserwerber der Anteilserwerb einer vermögensschwachen aber noch unternehmerisch tätigen Gesellschaft als keine praktikable Alternativmöglichkeit zur rechtlichen Neugründung angesehen werden. Der Erwerb einer unternehmerisch tätigen vermögensschwachen Kapitalgesellschaft stellt daher keine Gefährdung der abstrakten Schutzfunktion der Kapitalaufbringungsvorschriften dar.[724]

---

sich bei der unternehmerisch tätigen Gesellschaft eben nicht um einen Mantel handele, vgl. hierzu *Priester*, DB 1983, 2291, 2298, siehe auch *Peters*, Mantel-GmbH, S. 55 ff

[723] Dass allein der Umstand der günstigen Erlangung von Gesellschaftsanteilen nicht ausschlaggebend sein kann, wird bereits dadurch deutlich, da ansonsten in jeder Schenkung von Gesellschaftsanteilen durch die Altgesellschafter ein die Kapitalaufbringunsvorschriften gefährdender Sachverhalt gesehen werden müsste.

[724] Im Rahmen dieser Diskussion wird nunmehr auch der Beweggrund der älteren Literatur deutlich, die Mantelgesellschaft lediglich durch subjektive Merkmale zu beschreiben: So war es auch für *Danert* unwesentlich, ob die Gesellschaft ein Unternehmen betrieb oder nicht, bzw. in welcher Vermögenssituation sich die Gesellschaft befand – ausschlaggebend war allein der subjektive Beweggrund: „Jeder Mantelkäufer will die erworbene Mehrheit zur Bestimmung der gesellschaftlichen Tätigkeit in seinem Sinne, unabhängig von der bisherigen Erscheinungsform der Gesellschaft, ausnutzen.", vgl. *Danert*, Mantelkauf, S. 7. Problematisch ist jedoch, dass so der Erwerb einer Gesellschaft, die ein florierendes Unternehmen betreibt, zunächst einen Unternehmenskauf oder einen Anteilskauf darstellen und „quasi rückwirkend" zum Mantelkauf würde, wenn der Erwerber sofort oder zu einem späteren Zeitpunkt das Unternehmen liquidiert, um eine neue unternehmerische Tätigkeit aufzunehmen, vgl. hierzu auch *Kober*, Mantelkauf, S. 41 ff..

b) Keine Gefährdung bei Verwendung durch alte Gesellschafter - Spannungsverhältnis zum Organisationsrecht der Gesellschafter

Die Gesellschafter einer Gesellschaft sind grundsätzlich dazu befugt, den Gegenstand des Unternehmens zu ändern. Die ihnen durch das Gesetz zugesproche Satzungsautonomie ist ein wesentlicher Tragpfeiler des Kapitalgesellschaftsrechts und wird nicht durch die Kontinuität des Unternehmens begrenzt.[725] Es stellt sich somit grundsätzlich die Frage, ob auch die Verwendung eines Gesellschaftsmantels nach Unternehmenslosigkeit durch die alten Gesellschafter den abstrakten Gläubigerschutz gefährdet. Dies würde letztlich bedeuten, dass allein der Umstand der Unternehmenslosigkeit das gefährdende Element darstellt und die Notwendigkeit einer analogen Anwendung der Gründungsvorschriften rechtfertigt.

Wie bereits in der vorliegenden Untersuchung deutlich gemacht werden konnte,[726] stellt allein die Einstellung der Geschäftstätigkeit bzw. des Unternehmens keinen wesentlichen Einschnitt im Leben einer Kapitalgesellschaft dar. So stellt die Aufgabe der Geschäftstätigkeit weder einen gesetzlichen Erlöschensgrund noch einen Auflösungsgrund[727] dar - eine dem § 141 a FGG entsprechende Norm bzgl. des Fortfalls des Unternehmens ist dem GmbHG und AktG ebenfalls fremd.[728] Sowohl AktG als auch GmbHG akzeptieren darüber hinaus in mehreren Bereichen das Vorhandensein unternehmensloser Gesellschaften,[729] ohne besondere rechtliche Folgen für den Eintritt der Unternehmenslosigkeit bereitzustellen. Ferner konnte bereits im Rahmen der Untersuchung zum Erklärungswert der Gegenstandsangabe die Behauptung entkräftet werden, der Rechtsverkehr werde alleine durch die Existenz unternehmensloser Rechtsträger gefährdet.[730] Es ist daher nicht ersichtlich, mit welcher Begründung die Gesellschafter alleine aufgrund einer zwischenzeitlichen Einstellung des Unternehmens einer erneuten Kapitalaufbringungspflicht ausgesetzt werden sollten bzw. inwieweit dem Rechtsverkehr dadurch gedient wäre, dass die Gesellschafter dem Registergericht offen legen, dass die Gesellschaft über einen bestimmten Zeitraum unternehmenslos war. Allein der Umstand der zeitweiligen Unternehmenslosigkeit vermag auch bei der vermögensschwachen Mantelgesellschaft den Zustand einer möglichen Gläubigergefährdung in keiner Weise zu verschlimmern, so dass eine

---

[725] Vgl. hierzu *Butz*, GmbHR 1972, 270, 272; *Bommert*, GmbHR 1983, 209, 212.

[726] Vgl. oben § 3 IV 1 a).

[727] Vgl. hierzu auch *Heerma*, Mantelverwendung, S. 33, der feststellt, dass somit nur ein ungeschriebener Erlöschensgrund in Frage kommt.

[728] Das Fehlen einer entsprechenden Regelung legt eher den Schlussn nahe, dass der Gesetzgeber von der Bedenkenlosigkeit unternehmensloser, im Gegensatz zu vermögenslosen Kapitalgesellschaften, ausging.

[729] So ist nach der gesetzlichen Systematik regelmäßig vor dem Erlöschen des Rechtsträgers ein Abwicklungsverfahren vorausgeschaltet. vgl. hierzu K. Schmidt, Gesellschaftsrecht, S. 316 ff..

[730] Vgl. hierzu § 2 VII. 4.

derartige folgenschwere Ungleichbehandlung nicht gerechtfertigt erscheint. Stellen die bisherigen Gesellschafter den Betrieb ein und nehmen später eine neue unternehmerische Tätigkeit auf, so würde ein solcher Vorgang zwar unter den Begriff der Mantelverwendung fallen - die abstrakte Gläubigerschutzfunktion der Kapitalaufbringungsvorschriften wäre jedoch nicht berührt. Aufgrund der grundsätzlichen Trennung zwischen Gesellschaft und Unternehmen[731] erstreckt sich die abstrakte Schutzfunktion gerade nicht darauf, bei jeder *neuen* Unternehmensgründung eine finanzielle Eigenbeteiligung und somit ein erzieherisches Element nachzuweisen. Die Prüfung der Seriosität ist insofern auf den *einmaligen* Nachweis beschränkt. Das mag man bemängeln, das Gesetz ist hinsichtlich dieser Wirkung jedoch eindeutig, so dass eine Rechtsfortbildung die Grenze zur gesetzgeberischen Grundentscheidung überschreiten würde.[732] Wird die Vorratsgesellschaft durch die Vorratsgründer bzw. wird die Mantelgesellschaft durch deren ursprüngliche Gesellschafter nach einer Phase der Unternehmenslosigkeit wieder als Unternehmensträgerin eingesetzt, kann somit auch im Falle einer unterbilanzierten Mantelgesellschaft eine Gefährdung sowohl der konkreten als auch der abstrakten Schutzfunktion der Kapitalaufbringungsvorschriften ausgeschlossen werden.

c) Beteiligungsquote

Kommt es dagegen auch nur zu einem geringen Verkauf von Anteilen der Mantelgesellschaft, so kann nicht mehr von vornherein ausgeschlossen werden, dass eine Gefährdung der abstrakten Schutzfunktion der Kapitalaufbringungsvorschriften vorliegt. Das Gefahrenmoment von Mantelkauf und Mantelverwendung liegt gerade darin begründet, dass sie als schnelle und kostengünstige Alternative zur rechtlichen Neugründung, die mit Letzterer verbundenen und bezweckten Schutzmechanismen aushöhlt. Es stellt sich somit die Frage, ab welchem Umfang ein Anteilskauf, wenn er denn mit der Mantelverwendung zusammenfällt, ein die abstrakte Schutzfunktion gefährdenden Sachverhalt darstellen kann.[733]

---

[731] Vgl. hierzu bereits oben § 3 V 3 c) aa).

[732] Vgl. hierzu bereits oben § 3 V 3 c) cc, sowie Altmeppen, DB 2003, 2050, 2052.

[733] In der Literatur wurden diesbezüglich fast alle denkbaren Standpunkte vertreten. Während teilweise vertreten wird, der Erwerb *sämtlicher* Gesellschaftsanteile sei erforderlich, damit ein Mantelkauf vorliege: so etwa *Klunzinger*, Grundzüge, S. 230; *Lehman/Dietz*, S. 430; *Hueck*, Gesellschaftsrecht, S. 347 und *Bulang*, Mantelgründung, S. 5; verlangt *Bachmayr*, DB 1970, 798, die Übertragung *fast* aller Geschäftsanteile; *Autenrieth*, DStZ 1987, 203 f., genügt es dagegen schon, wenn lediglich die *Mehrheit* der Geschäftsanteile übetragen werden; ebenso. *Schlutius*, Mantelkauf, S. 6 f.; *Fichtelmann*, Mantelkauf, StW 1988, S. 77 f.; *Pape*, Gesellschaftsmäntel, BB 1955, 1099; vgl. hierzu auch die Darstellung bei *Meyding*, Mantel-GmbH, S. 13 f. m.w.N., der es - mit Hinweis auf das Erfordernis der Satzungsänderung - selber für erforderlich hält, dass mindestens drei Viertel der Anteile übertragen werden.

Hierbei geht es letztlich um die Frage, wie das Spannungsverhältnis zwischen den Rechten der Gesellschafter, hinsichtlich ihrer Organisationsgewalt und Satzungsautonomie ein neues Unternehmen zu gründen, auf der einen Seite und dem berechtigten Interesse an der Sicherstellung der (abstrakten) Gläubigerschutzfunktion der Kapitalaufbringungsvorschriften auf der anderen Seite aufgelöst werden kann. Die pauschale Festsetzung einer bestimmten Beteiligungsquote verbietet sich hierbei jedoch alleine aus dem Grund, als dass die einzelnen Gesellschaftsverträge verschärfte Anforderungen hinsichtlich der erforderlichen Mehrheiten enthalten können. Als Maßstab dient vielmehr die Überlegung, inwieweit der Anteilsverkauf lediglich dazu vorgenommen wurde, die Rechtsform einer Kapitalgesellschaft zu erlangen und eben nicht dazu, im Zusammenschluss mit den bisherigen Gesellschaftern ein neues Unternehmen zu gründen. Besteht die Absicht des Mantelkäufers gerade darin, den Mantelkauf als Alternative zur rechtlichen Neugründung zu nutzen, so wird ein Mantelkäufer regelmäßig hierzu mindestens 75% der Anteile benötigen. Ansonsten beruht seine Machtstellung auf dem Wohlwollen der übrigen Gesellschafter – ein Umstand, der seiner eigentlichen Zielsetzung entgegensteht.[734] Entscheidend ist somit als Abgrenzungskriterium, dass die Verwender einer Mantelgesellschaft mindestens so viele Anteile erworben haben müssen, dass eine Satzungsänderung alleine mit ihren Anteilen möglich ist.[735] Durch eine solche Gesamtbetrachtung können auch die Fälle erfasst werden, in denen der Anteilserwerb gestückelt wird bzw. mehrere Anteilserwerber den Mantelkauf vornehmen,[736] so dass jeder einzelne Anteilserwerb die allgemein als wesentlich eingestufte Marke von ¾ der Anteile nicht überschreiten würde.[737]

4. Ausreichende gesetzliche Regelungen oder Planwidrigkeit?

Eine Regelungslücke liegt nicht vor, wenn das normative Gläubigerschutzsystem als Ganzes den aufgezeigten Sachverhalt erfassen und lösen kann. Neben der Feststellung der Regelungslücke, also einer Unvollständigkeit der gesetzlichen Regelungen für bestimmte Sachverhalte, bedarf es der Wertentscheidung, dass das Fehlen einer gesetzlichen Regelung nicht dem maßgeblichen Plan des

---

[734] Vgl. hierzu *Danert*, Mantelkauf. S. 5; sowie *Kober*, Mantelkauf, S. 20; *Meyding*, Mantel-GmbH, S. 13 f..

[735] So auch *Kober*, Mantelkauf, S. 20 f.

[736] Erwerben beispielsweise die Mehrzahl von 6 Erwerbern sämtliche Anteile einer Gesellschaft, so stellt jede Beteiligung an sich eine Minderheitsbeteiligung dar. In einem solchen Fall würde der einzelne Anteilserwerb für sich nicht über die kritische Marke ½ oder ¾ der Anteile gelangen.

[737] Wirken dagegen die bisherigen Gesellschafter mit den Mantelkäufern und Verwendern zusammen, um das Vorliegen eines Mantelkaufs in entsprechender Höhe zu verschleiern und so letztlich die neuerliche Kapitalaufbringungspflicht zu verhindern, dürfte ein solcher Sachverhalt sicherlich den Tatbestand einer deliktischen Haftung erfüllen.

Gesetzgebers entspricht.[738] Den maßgebenden Faktor stellen hierbei die Ermittlung des hinter den einzelnen Normen stehenden Zwecks und der Zielrichtung dar, die wiederum selber durch Auslegung zu ermitteln ist.[739] Um vorliegend die aufgezeigte Regelungslücke somit hinsichtlich ihrer Planwidrigkeit beurteilen zu können, bedarf es einer Begutachtung, inwieweit die übrigen gesetzlichen Sicherungssysteme zum Gläubigerschutz die durch die Mantelverwendung hervorgerufene Gefährdung auffangen können bzw. bewusst in Kauf nehmen. In jüngerer Zeit sind in diesem Zusammenhang vermehrt Stimmen aufgekommen, die gerade die Planwidrigkeit der Regelungslücke bestreiten.[740] Es wird argumentiert, es stünden ausreichende Sicherungsinstrumente zur Verfügung, dem Missbrauch mit Gesellschaftsmänteln entgegenzutreten, so dass die Möglichkeit eines Erwerbs und der Verwendung unterbilanzierter Mantelgesellschaften als Alternative zur rechtlichen Neugründung keiner analogen Anwendung von Vorschriften bedürfe.[741]

a) Kein Schutz durch Kapitalerhaltung

Nach Entstehen der Gesellschaft wird Gläubigerschutz im AktG und GmbHG durch die Kapitalerhaltungvorschriften gewährleistet.[742] Im GmbHG stellen zunächst die §§ 30 ff. GmbHG sicher, dass das Stammkapital nicht gleich nach Gründung wieder an die Gesellschafter zurückgezahlt wird. Ebenso wird auch die Erhaltung des Kapitals durch das AktG grundsätzlich geschützt, §§ 57 ff., 71 ff. AktG. Gem. § 57 I 1 AktG, wonach Einlagen nicht an die Aktionäre zurückgewährt werden. Darüber hinaus sind im Gegensatz zur GmbH verdeckte Gewinnausschüttungen gem. § 58 Abs. 5 AktG verboten.[743] Flankiert werden diese Vorschriften durch die Rechtsgrundsätze über die Nichtdurchsetzbarkeit eigenkapitalersetzender Darlehen im Zeitpunkt der Krise einer GmbH.[744]

---

[738] Vgl. hierzu *Canaris*, Lücken, S. 16 f.; *Peters*, GmbH-Mantel, S. 24.

[739] Vgl. hierzu *Engisch*, S: 142; *Peters*, GmbH-Mantel, S. 24.

[740] Vgl. hierzu *Meyding*, Mantel-GmbG, S. 96 ff; *Kantak*, Mantelgründung, S. 96 f.; *Heerma*, Mantelverwendung, S. 159 ff; *Banerjea*, GmbHR 1998, 814 ff.; *Mayer*, NJW 2000, 178 f. m.w.N..

[741] Vgl. *Meyding*, Mantel-GmbG, S. 116 ff. m.w.N..

[742] Vgl. zur GmbH *Kleffner*, Erhaltung des Stammkapitals, S. 24, 26 ff..

[743] Das GmbHG enthält kein generelles Verbot von verdeckten Gewinnausschüttungen, jedoch darf auch hier Gesellschaftsvermögen nicht ausgeschüttet werden, sofern hierdurch das zur Deckung des Stammkapitals erforderliche Gesellschaftsvermögen angegriffen wird. Kommt es dennoch zu einer Ausschüttung, so sind gem. § 31 GmbHG Zahlungsempfänger und subsidiär die Mitgesellschafter zur Erstattung des Betrages verpflichtet.

[744] Vgl. *Michalski*, GmbHR, Syst. Darst. 1, Rn. 46 ff., *ders*. in DWiR 1991, 285 ff.; vgl. hierzu ferner die Beschränkung hinsichtlich des Erwerbs eigener Geschäftsanteile gem. § 33 GmbHG, sowie die Bindung der Anteilseinziehung an ein bestimmtes - das Stammkapital übersteigende – Gesellschaftsvermögen, § 34 GmbHG.

Grundsätzlich gilt jedoch, dass weder das AktG noch das GmbHG eine Pflicht zur nochmaligen Kapitalaufbringung kennen.[745] Die Gesellschafter sind – ohne entsprechende Regelung im Gesellschaftsvertrag – nicht zum Nachschuss verpflichtet. Gegen spätere Verluste der Gesellschaft schützen die Kapitalerhaltungsregeln daher nicht. Die Gesellschafter haften selbst dann nicht für Verbindlichkeiten, wenn sie ihre Einlagen (erneut) zu erbringen haben.[746] Ebenso sind auch die Erwerber einer unterbilanzierten Gesellschaft keiner verschärften Haftung ausgesetzt.[747] Vielmehr gilt, dass die gesellschaftsrechtlichen Kapitalerhaltungsvorschriften einem Anteilsverkauf der Gesellschaft neutral gegenüberstehen. Die Alternativmöglichkeit, neben der rechtlichen Neugründung durch den Erwerb einer unternehmenslosen Kapitalgesellschaft in haftungsbeschränkter Form tätig zu werden, ohne die bei der rechtlichen Neugründung erforderlichen Kapitalaufbringungsvorschriften zu erfüllen, ist somit vom Schutzzweck Kapitalerhaltungsvorschriften nicht erfasst.

b) Insolvenzantragspflicht und Löschung vermögensloser Kapitalgesellschaften

Neben den Kapitalerhaltungsvorschriften sind als flankierende Instrumente des Gläubigerschutzes die Insolvenzantragspflicht und die Löschung vermögensloser Kapitalgesellschaften zu nennen, die möglicherweise den aufgezeigten Gefährdungstatbestand wirksam erfassen könnten. So ist nach § 64 GmbHG[748] der Geschäftsführer verpflichtet, bei Vorliegen von Insolvenzgründen rechtzeitig einen Insolvenzantrag zu stellen. Als verpflichtende Insolvenzgründe sind die Zahlungsunfähigkeit sowie die Überschuldung der Gesellschaft gesetzlich normiert.[749] Darüber hinaus kann eine Insolvenzverschleppung Schadensersatzansprüche der geschädigten Gläubiger gegenüber den Geschäftsführern nach sich ziehen.[750] Somit gilt zunächst, dass bei Vorliegen der Insolvenzgründe die Insolvenzantragspflicht der weiteren ungehinderten Verwendung der Kapitalgesellschaft als neuer Unternehmensträger entgegensteht. Die Insolvenzgründe der Zahlungsunfähigkeit und der Überschuldung stellen hierbei jedoch lediglich die

---

[745] Vgl. K. *Schmidt*, Gesellschaftsrecht, § 29 II, S. 895, 897 ff. m.w.N.

[746] So etwa in den Fällen einer Nachschusspflicht oder einer Gründerhaftung, vgl. hierzu *Michalski*, GmbHG, § 13 Rn. 12 f..

[747] Vgl. hierzu auch *Prader*, Mantelgesellschaft, S. 155 ff..

[748] Vgl. § 92 II AktG bezüglich der AG.

[749] Durch die Insolvenzrechtsreform wurde der Insolvenzgrund der drohenden Zahlungsunfähigkeit neu aufgenommen, was insgesamt zu einer verbesserten Situation der Gläubiger geführt hat, vgl. hierzu *Noack*, InsO - GesR, RWS-Kommentar, Rn. 234.

[750] Die Vorschrift des § 92 II AktG hat nach ganz herrschender Ansicht gläubigerschützenden Charakter und stellt ein Schutzgesetz iSd § 823 II BGB dar, vgl. hierzu *Hüffer*, AktG, § 92, Rn. 16 m.w.N.; zur GmbH vergl. BGHZ 29, 100, 103 = NJW 1959, 623; *Baumbach/Hueck/Schulze-Osterloh*, GmbHG, § 64, Rn. 82; Hachenburg/Ulmer, GmbHG, § 64, Rn. 47; a.A. dagegen *Altmeppen/Wilhelm* NJW 1999, 673, 679.

Endpunkte einer sich verschlechterten Vermögensentwicklung der Gesellschaft dar. So liegt Zahlungsunfähigkeit nicht bereits vor, wenn es zu Zahlungsstockungen kommt, sondern erst dann, wenn die Gesellschaft dauerhaft außerstande ist, ihre Zahlungspflichten zu erfüllen.[751] Der Tatbestand der Überschuldung ist ferner erst dann gegeben, wenn das Vermögen des Schuldners die bestehenden Verbindlichkeiten nicht deckt und eine Fortführungsprognose verneint werden muss.[752] Der große Bereich der lediglich unterbilanzierten Gesellschaften wird somit von der Insolvenzantragspflicht überhaupt nicht erfasst.

Ebenso unvollständig vermag das Löschungsverfahren für vermögenslose Gesellschaften die als problematisch erkannten Sachverhalte zu erfassen. Ist die Gesellschaft vermögenslos,[753] besteht also kein verwertbares Aktivvermögen mehr, so können Gesellschaften durch ein Löschverfahren nach § 141 a FGG gelöscht werden.[754] Grundsätzlich soll die Regelung verhindern, dass Gesellschaften ohne nennenswertes Eigenkapital weiterhin am Rechtsleben teilnehmen. Wenn nun angeführt wird, eine solche Regelung würde den Missbrauch mit vermögenslosen Mantelgesellschaften verhindern,[755] so verkennt diese Argumentation den *beschränkten* Anwendungsbereich der Norm. Denn das Löschungsverfahren greift nach nahezu einhelliger Ansicht nur bei vollständiger Vermögenslosigkeit der Gesellschaft.[756] Die Gesellschafter haben es somit allein durch die Zuführung von kleinsten Vermögensbeständen an die Gesellschaft in der Hand, die Anwendung des Löschungsverfahrens zu verhindern – ein Umstand, der für die geringe praktische Bedeutung der Norm verantwortlich ist.

Der Verwendung von unterbilanzierten Mantelgesellschaften durch deren Erwerber kann somit weder durch die Insolvenzantragspflicht noch durch das Löschungsverfahren wirksam entgegengetreten werden.

c) Deliktische Haftung

Neben den aufgezeigten gesellschaftsrechtlichen Sicherungsinstrumenten wird der Gläubigerschutz durch die allgemeinen deliktischen Haftungstatbestände gewährleistet.[757] So wurde auch insbesondere unter Bezugnahme auf den Haf-

---

[751] Ein Prognosemoment kann dem Merkmal der Zahlungsunfähigkeit nach der neuen InsO wohl nicht mehr zugeschrieben werden, jedoch wird ein Zeitrahmen von 2 Wochen dauerhaften Feststellung der Zahlungsunfähigkeit noch als zulässig erachtet, vgl. hierzu *Penzlin*, NZG 1999, 1205; *Niesert*, ZInsO 2001, 735 ff. m.w.N..

[752] Vgl. § 19 Abs. 2 InsO; auf das Merkmal einer Fortführungsprognose kann allerdings für den hier diskutierten Fall verzichtet werden, da die Fortführung des Unternehmens gerade ein ausschließendes Merkmal der Mantelgesellschaft darstellt.

[753] Vgl. hierzu oben unter § 3 IV. 1. b).

[754] § 141a FGG ersetzt insoweit § 2 LöschG.

[755] So *Kober*, Mantelkauf, S. 135 f..

[756] Vgl. hierzu K. *Schmidt*, in Scholz, GmbHG § 60 Rn. 37 ff. m.w.N..

[757] Vgl. MK-BGB-*Wagner*, § 826 Rn. 1 ff.

tungstatbestand einer sittenwidrigen Gläubigerschädigung eine Regelungslücke
für das Phänomen der Mantelverwendung mit der Argumentation verneint, dass
die grundsätzlich anerkannte Gläubigergefährdung durch die deliktische Haftung in Fällen des „besonders krassen Missbrauchs"[758] abgewendet werden könne.[759]
Den Befürwortern einer solchen Argumentation ist zunächst insoweit zuzustimmen, als dass im Gegensatz zu der kontrovers diskutierten Frage einer eigenständigen gesellschaftsrechtlichen Durchgriffshaftung aufgrund Unterkapitalisierung der Gesellschaft[760] die grundsätzliche Existenz einer deliktischen Haftung von Gesellschaftern für Gesellschaftsschulden anerkannt ist.[761] So berührt
im Gegensatz zum gesellschaftsrechtlichen Durchgriff die deliktische Haftung
weniger die Frage nach dem fundamentalen Trennungsprinzip im Gesellschaftsrecht, sondern statuiert vielmehr einen eigenen Anspruch des Geschädigten, so
dass es sich im eigentlichen Sinne um eine Haftungserweiterung handelt.[762] E-
benso ist zuzugestehen, dass die Erfüllung und der Nachweis der tatbestandlichen Voraussetzungen in den meistens Fällen der evidenten Missbrauchsfälle
keinen ernsten Hindernissen ausgesetzt sein wird. So genügt es der Rechtsprechung im Hinblick auf den Vorsatz bereits, dass „ der Schädiger die Richtung,
in der sich sein Verhalten zum Schaden anderer auswirken konnte, und die Art des
möglicherweise eintretenden Schadens vorausgesehen und billigend in Kauf genommen hat".[763] Hinsichtlich der schwachen Kapitalausstattung genügt das Bewusstsein der Gesellschafter, dass es mit erheblicher Wahrscheinlichkeit zur
Schädigung von Gläubigern kommen wird.[764] Die besonderen, zur Sittenwidrigkeit führenden Umstände können dagegen durch einen Vergleich zwischen Unternehmenszweck und Unternehmensrisiko (Eigenkapitalausstattung) ermittelt
werden.[765] Liegt hierbei ein Missverhältnis in der Art und Weise vor, dass das
Unternehmensrisiko einseitig auf den Gläubiger verlagert wird, so kann der An-

---

[758] Vgl. *Priester*, DB 1983, 2291, 2294.

[759] Vgl. *Kober*, Mantelkauf, S. 117 ff.; *Meyding*, GmbH-Mantel, S. 106 ff..

[760] Vgl. hierzu unten § 3 VII. 1.

[761] Vgl. RG, JW 1938, 862; BGH, NJW 1979, 2104; MK-BGB-*Wagner*, § 826 Rn. 98 f., Michalski, Syst. Darst. 1 Rn. 68; Baumbach/Hueck/Fastrich, § 30 Rn. 4 ff..

[762] Vgl. K. *Schmidt*, Gesellschaftsrecht, § 9 IV, S. 241; *Soergel-Hönn/Dönneweg*, § 826 Rn.
226.

[763] Vgl. BGHZ 108, 134, 143 = NJW 1989, 3277, 3279; siehe hierzu auch MK-BGB-*Wagner*,
§ 826 Rn. 20.

[764] Vgl. MK-BGB-*Wagner*, § 826 Rn. 99; sieh hierzu auch *Kober*, Mantelkauf, S. 121, der
im Kaufpreis für die einzelnen Geschäftsanteile ein gutes Indiz dafür sieht, auf den Schädi-
gungsvorsatz zu schließen. Bedenklich zum Nachweis des Schädigungsvorsatzes anhand von
äußeren Umständen äußert sich dagegen *Ulmer*, in Hachenburg, GmbHG, Anh. § 30 Rn. 33.

[765] Vgl. bezüglich der von der Rechtsprechung entwickelten Grundsätze zur sittenwidrigen
Gläubigerschädigung wegen Unterkapitalisierung BGH v. 30.11.1978, NJW 1979, 2104; *Ha-
chenburg/Ulmer*, GmbHG, Anh. § 30 Rn. 33 f..

VI. Die Mantelverwendung – eine planwidrige Regelungslücke?

teilserwerb bereits als sittenwidrig eingestuft werden.[766] Der Kauf und die Verwendung eines nahezu vermögenslosen Gesellschaftsmantels und dessen anschließende Verwendung zur Gründung eines Unternehmens würde somit für die Verwender die Gefahr einer deliktischen Haftung begründen, sobald ein „eklatantes Missverhältnis" zwischen Unternehmenszweck und eigenen Mitteln der Gesellschaft festgestellt werden kann.[767] Der deliktische Schutz versagt jedoch in den Fällen, in denen die Gesellschaft zwar unterbilanziert ist, die angestrebte Unternehmung aber auch mit dem geringen Eigenkapital aufgenommen werden kann, ohne dass von einem „eklatanten Missverhältnis" ausgegangen werden kann. Ferner kann bei Verwendung schon die spätere Kapitalzuführung geplant sein, später aber wegfallen, so dass auch hier das Vorliegen einer sittenwidrigen Gläubigergefährdung nicht generell angenommen werden darf.[768] Die deliktischen Haftungstatbestände vermögen den aufgezeigten Problemkreis daher nicht vollständig zu erfassen. Ein weiterer Kritikpunkt beruht auf dem Umstand, dass das Sicherungsinstrument einer deliktischen Haftung einen präventiven Gläubigerschutz nicht leistet. Dies würde jedoch den Erwerber und Verwender unterbilanzierter Mantelgesellschaften über Gebühr privilegieren, da im Gegensatz zur rechtlichen Neugründung er den vorherigen Nachweis einer finanziellen Mindestleistungsfähigkeit nicht erbringen muss und dennoch Gesellschaft als Unternehmensträgerin einsetzen kann. Die Ernsthaftigkeit der Unternehmung wird somit nicht durch einen finanziellen Mindestaufwand *vor* Einsetzung der Gesellschaft als Unternehmensträgerin sichergestellt, sondern durch die Gefahr einer Haftung, falls ein evidentes Missverhältnis festgestellt werden kann. Die Regelungslücke liegt jedoch gerade in der Gefährdung des präventiven Gläubigerschutzes.[769] Der vom Gesetzgeber gewollte allgemeine erzieherische Effekt bliebe daher auch bei Anwendung einer deliktischen Haftung gem. § 826 BGB aus.

5. Zusammenfassung

Die Verwendung von Mantelgesellschaft gefährdet lediglich in Teilbereichen den durch das Gründungsrecht intendierten Gläubigerschutz. Zum einen berührt der Erwerb einer Mantelgesellschaft, deren Reinvermögen das bei der rechtlichen Neugründung vorgesehene Mindesthaftkapital übersteigt, die Schutzfunktion der Kapitalaufbringungsvorschriften nicht. Zum anderen muss, unabhängig

---

[766] Vgl. RG JW 1938, 862, 864 f..

[767] Vgl. *Meyding*, Mantel-GmbH, S. 117.

[768] Vgl. unten unter § 3 VII. die Parallele zur Haftungsmodell aufgrund materieller Unterkapitalisierung, welches ebenso nicht den gesamten Problembereich erfassen kann.

[769] So gefährdet nach hier vertretener Ansicht die *Alternativmöglichkeit* des Erwerbs und der Verwendung unterbilanzierter Gesellschaften zwecks Umgehung der Kapitalaufbringungsvorschriften die Funktion derselbigen, vgl. hierzu oben unter § 3 VI. 2. b).

vom Vermögenszustand der Gesellschaft, die Mantelverwendung durch die ursprünglichen Gesellschafter, unter dem Gesichtspunkt einer Aushöhlung des
durch das Gründungsrechts intendierten Gläubigerschutzes, als unbedenklich
angesehen werden.
Kritisch ist dagegen das Phänomen einer Verwendung von unterbilanzierten
Mantelgesellschaften durch deren Anteilskäufer zu beurteilen, da es die gesetzgeberische Intention nach abstraktem Gläubigerschutz unterläuft und keine ausreichenden gesetzlichen Regelungen existieren, diesem Problem entgegenzutreten. Es stellt einen Widerspruch dar, wenn die Rechtsordnung auf der einen Seite unter der Prämisse eines verbesserten Gläubigerschutzes verschärfte Anforderungen an die Möglichkeit knüpft, in haftungsbeschränkter Form unternehmerisch tätig zu werden, auf der anderen Seite jedoch den „billigen" Erwerb und
die Verwendung unterbilanzierter Kapitalgesellschaften toleriert. Der bestehende normative Gläubigerschutz des GmbH- und Aktienrechts vermag hierbei e-
benso wenig wie die allgemeinrechtlichen (deliktischen) Sicherungsinstrumente
die Aushöhlung der abstrakten Schutzfunktion der Kapitalaufbringungsvorschriften abzuwenden. Vielmehr kann der vom Gesetzgeber intendierte präventive Gläubigerschutz durch „erzieherische" Einwirkung auf die Gesellschafter
nur dann greifen, wenn neben der rechtlichen Neugründung *keine* „kostengünstige" Alternative zur Erlangung der Mitgliedschaftsrechte einer Kapitalgesellschaft besteht.

VII. Rechtsfortbildung

Die bisherige Untersuchung hat deutlich gemacht, dass die Alternativmöglichkeit einer Verwendung von unterbilanzierten Mantelgesellschaften den abstrakten Gläubigerschutz der Kapitalaufbringungsvorschriften des AktG und GmbHG gefährdet und dass das Gesetz keine ausreichenden Vorschriften zur Verfügung stellt, diese Lücke zu schließen. In methodischer Sicht kann daher die von der herrschenden Meinung[770] vertretene Ansicht einer planwidrigen Regelungslücke bejaht werden. Auf dogmatischer Ebene stellt sich nunmehr die Frage, wie diesem Problem begegnet werden kann, sprich welche Vorschriften entsprechend zur Anwendung gelangen müssen, um den durch die Verwendung vermögensschwacher Mantelgesellschaften gefährdeten Gläubigerschutz sicherzustellen. Analogie bedeutet hierbei in der Rechtsmethodik die Übertragung der für einen Tatbestand oder für mehrere untereinander ähnliche Tatbestände auf einen im Gesetz nicht geregelten, aber dennoch ähnlichen Tatbestand.[771]

1. Kein Fall des Durchgriffs

Besonders in der jüngeren Literatur wird die Mantelverwendung dem Problemkreis der Durchgriffshaftung und hier insbesondere der (materiellen) Unterkapitalisierung zugeordnet.[772] Grundlage dieser Ansicht ist die Annahme, dass Gegenstand einer Mantelverwendung in der Praxis zumeist solche Gesellschaften sind, die in der Regel nur über eine geringe Ausstattung an Eigenkapital verfügen. Wird nunmehr ein neues Unternehmen mit einer solchen vermögensschwachen Mantelgesellschaft wieder betrieben, wird in den meisten Fällen die Eigenkapitalausstattung für den Betrieb des neuen Unternehmens zu gering sein. Die Mantelverwendung könne und müsse daher als Teilaspekt der materiellen Unterkapitalisierung begriffen werden.[773]

Unter dem Begriff des „Durchgriffs" werden als „Sammelbegriff"[774] all die Fälle zugeordnet, bei denen die rechtliche Selbstständigkeit der juristischen Per-

---

[770] Vgl. hierzu die Nachweise unter § 3 V. 1. und 2.

[771] Vgl. *Larenz*, Methodenlehre der Rechtswissenschaft, 1991, S. 381; *Zippelius*, Methodenlehre, 1990, § 11 II a; *Larenz*, Methodenlehre der Rechtswissenschaft, S. 345 ff..

[772] Vgl. *Heerma*, Mantelverwendung, S. 150 ff.; ebenso *Bärwaldt/Schabacker*, GmbHR 1005, 1013 f.; vgl. hierzu auch den Vorschlag von K. *Schmidt*, NJW 2004, 1345, 1353, der anregt, die Gesellschaft für auflösungsreif und die Organe für insolvenzantragspflichtig zu erklären, sobald das satzungsmäßige Kapital verbraucht ist und dieser Zustand nicht (alsbald) behoben wird.

[773] Vgl. hierzu zuletzt *Altmeppen*, DB 2003, S. 2052 ff..

[774] Vgl. *Michalski*, GmbHR, Syst. Darst. 1 Rn. 51; sowie *Hachenburg/Mertens*, Anh. § 13 Rn. 1.

son im Verhältnis zu den einzelnen Gesellschaftern durchbrochen wird.[775] Es
geht also um die Frage, ob überhaupt und wenn ja, dann unter welchen Umständen eine besondere Haftung eines Gesellschafters für eine Gesellschaftsschuld
bejaht wird.[776] Grundsätzlich kann hierbei zwischen dem Zurechnungs- und
Haftungsdurchgriff unterschieden werden,[777] wobei der Haftungsdurchgriff sich
mit der Frage auseinandersetzt, inwieweit die grundsätzlich beschränkte Haftung[778] von AG und GmbH auf ihr Gesellschaftsvermögen durchbrochen und die
Gesellschafter einer Haftung für Verbindlichkeiten der Gesellschaft ausgesetzt
werden sollen.[779] Die Anknüpfungspunkte einer Durchgriffshaftung sind in der
Literatur jedoch stark umstritten.[780] Die materielle Unterkapitalisierung stellt
nunmehr eine besondere Fallgruppe des Haftungsdurchgriffs dar. Allgemein
kann von einer materiellen Unterkapitalisierung bei vollkommenem Ausbleiben
der erforderlichen Finanzmittel gesprochen werden.[781] Im Speziellen wird die
Unterkapitalisierung als Missverhältnis zwischen Eigenkapital zu einer bestimmten Bezugsgröße umschrieben, wobei diese zum einen im Unternehmensrisiko,[782] im Fremdkapital,[783] oder aber auch Unternehmens- und Gesellschaftszweck[784] gesehen wird.[785] Abgesehen von den Problemkreisen einer Bestimmung der Haftungsfolgen sowie einer Begrenzung des haftenden Personenkrei-
ses,[786] besteht der größte Kritikpunkt einer Durchgriffshaftung aufgrund mate-

[775] Vgl. *Hachenburg/Mertens,* Anh. § 13 Rn. 1; *K. Schmidt,* Gesellschaftsrecht, S. 224,
Scholz/Emmerich, § 13 Rn. 545 ff., *Michalski,* GmbHG, Syst. Darst. 1, Rn. 50 ff..
[776] Hiervon zu unterscheiden sind die Fälle des sog. „Zurechnungsdurchgriffs", bei welchem
es eher um die Frage geht, inwieweit persönliche Kenntnisse und Eigenschaften des Gesellschafters der Gesellschaft zugerechnet werden können oder umekehrt, vgl. hierzu *Ehricke,*
AcP 1999. 257, 258 ff; *Michalski,* GmbHR, Syst. Darst. 1 Rn. 52; *Raiser,* Kapitalgesellschaften, S. 327 ff.; *Rehbinder,* in: Freundesgabe F. Kübler, 1997, 493, 503 ff..
[777] Beim Zurechnungsdurchgriff geht es dagegen um die Fragen, inwieweit persönliche
Kenntnisse und Eigenschaften des Gesellschafters der Gesellschaft zugerechnet werden können, vgl. hierzu *Michalski,* GmbHR, Syst. Darst. 1 Rn. 52; sowie *Raiser,* Kapitalgesellschaften, S. 327 ff..
[778] Vgl. § 13 Abs. 2 GmbHG sowie § 1 I AktG.
[779] Vgl. hierzu vgl. hierzu *Michalski,* GmbHR, Syst. Darst. 1 Rn. 52; *Raiser,* Kapitalgesellschaften, S. 327 ff.; sowie *Hachenburg/Mertens,* Anh. § 13 Rn. 38.
[780] Neben der Durchgriffshaftung haben sich in der Diskussion noch die Fallgruppen der
Vermögensvermischung, Sphärenvermischung und des Institutsmissbrauchs herausgebildet,
vgl. hierzu *Wiedemann,* Gesellschaftsrecht, Band I, S. 224 ff, *Rehbinder,* in FS Fischer, 1979,
579, 583 ff.; *Lutter,* ZGR 1982, 244, 249 ff., *Hachenburg/Mertens,* Anh. § 13, Rn. 3 ff..
[781] Vgl. *K. Schmidt,* Gesellschaftsrecht, S. 248 f.; *Wiedemann,* Gesellschaftsrecht, S. 568 ff.,
Baumbach/Hueck/Fastrich, GmbHG, § 5 Rn. 5.
[782] Vgl. *Wiedemann,* Gesellschaftsrecht, S. 565
[783] Vgl. *Winter,* Treuebindungen im GmbH-Recht, S. 25 f; *Winkler,* BB 1969, 1204.
[784] Vgl. BGHZ 31, 268; 68, 318.
[785] Vgl. hierzu den Überblick bei *Michalski,* GmbHR, Syst. Darts. 50 ff..
[786] Vgl. *Michalski,* GmbHR, Syst. Darst. 1 Rn. 68; *Weitbrecht,* S. 78 ff..

rieller Unterkapitalisierung daher auch in der schwierigen tatbestandlichen Umschreibung eines haftungsauslösenden Zustandes.

Trotz der aufgezeigten Abgrenzungsprobleme von „Durchgriffsmodellen" sprechen sich Teile der Lehre dafür aus, das Phänomen der Mantelverwendung durch die in der Lehre entwickelte Verhaltenshaftung zu lösen.[787] Die Verhaltenshaftung statuiert eine Haftung der Gesellschafter bei weiterer Fortsetzung einer Geschäftstätigkeit mit eindeutig unzureichender Eigenkapitalausstattung, wohingegen unter Berücksichtigung von Gläubigerinteressen eine Sanierung oder Liquidierung des Unternehmens angezeigt gewesen wäre.[788] Durch die Verwendung einer vermögensschwachen Mantelgesellschaft sei nunmehr in den meisten Fällen das Erfordernis einer ungebührlichen Fortsetzung der Geschäftstätigkeit aufgrund des Mangels an Eigenkapitalausstattung erfüllt.

Dem Ansatz, den Anteilserwerb und die Verwendung einer vermögenslosen Mantelgesellschaft als Problem der Unterkapitalisierung zu begreifen,[789] ist jedoch entgegenzuhalten, dass neben den grundsätzlichen Bedenken, die einer solchen Durchgriffshaftung entgegenstehen, ein solches Haftungskonzept die aufgezeigte Regelungslücke nicht *vollständig* erfassen kann. Kernelement einer jeden Durchgriffshaftung ist immer der konkrete Vergleich zwischen dem für die Gläubiger zur Verfügung stehenden Kapital der Gesellschaft und den wirtschaftlichen Risiken aus der beabsichtigten oder tatsächlichen Geschäftstätigkeitsowie ein sich hieraus ergebendes Missverhältnis.[790] Ein solches Missverhältnis kann jedoch gerade nicht generell beim Anteilserwerb unterbilanzierter Gesellschaft angenommen werden; vielmehr sind durchaus Fälle denkbar, in denen das angestrebte Unternehmen ohne die evidente Gefahr einer Gläubigergefährdung verwirklicht werden kann, auch wenn die reale Kapitalausstattung der Gesellschaft das gesetzlich vorgesehene Mindesthaftkapital nicht erreicht.[791] Dies würde bedeuten, dass dem „potentiellen Neugründer" einer AG oder GmbH bei Anwendung eines solchen Haftungsmodells weiterhin die Alternativmöglichkeit des Mantelkaufs und dessen Verwendung für die Fälle offen steht, in denen die zur Verfügung stehende Eigenkapitalausstattung in keinem evidenten Missverhältnis zur beabsichtigten Geschäftstätigkeit steht. Der Gesetzgeber hat das Erfordernis einer Mindestkapitalausstattung jedoch auch für den Fall festgesetzt, in welchem die Geschäftstätigkeit der Gesellschaft gerade

---

[787] Vgl. hierzu *Altmeppen*, NZG 2003, S. 148 f..

[788] Vgl. *Altmeppen*, DB 2003, S. 2050, 2054.

[789] So *Heerma*, Mantelverwendung, S. 150 ff..

[790] Vgl. BSG NJW 1984, 2117 f.; siehe hierzu auch die Paralle Diskussion zur Anwendung deliktischer Haftungstatbestände unter § 3 VI. 4. c).

[791] So bedeutet beispielsweise der Betrieb einer Einmann-Reinigungsservice-GmbH auch bei lediglich 10.000€ Eigenkapital nicht *pauschal* ein Missverhältnis zwischen Eigenkapitalausstattung und Unternehmensrisiko – mit der Folge, dass die Grundsätze einer „Durchgriffshaftung" nicht greifen.

kein dem Mindestkapital entsprechendes Eigenkapital erfordert.[792] Zudem gilt zu bedenken, dass auch bei Aufbringung des gesetzlichen Mindestkapitals – also bei jeder formal rechtmäßigen Neugründung - ein starkes Missverhältnisses zwischen Unternehmensrisiko und Eigenkapitalausstattung bzw. unternehmerischer Tätigkeit und Stammkapital der Gesellschaft auftreten kann[793]- mit der Folge, dass aus betriebswirtschaftlicher Sicht das dem Mindestkapital entsprechende Eigenkapital der Gesellschaft nicht der angestrebten Tätigkeit entspricht.[794] In konsequenter Fortführung eines Haftungskonzepts, das sich am Missverhältnis Eigenkapital-Tätigkeit ausrichtet, würde dies bedeuten, dass sich die Gesellschafter auch bei Aufbringung des gesetzlichen Mindestkapitals nicht sicher sein könnten, nicht doch einer persönlichen Haftung ausgesetzt zu sein. Dies wäre jedoch eine klare Verkennung der gesetzgeberischen Intention, die grundsätzlich *jedes* Missverhältnis toleriert, solange bei Neugründung das gesetzliche Mindestkapital geleistet wurde.[795]
Es wird somit deutlich, dass das durch den Gesetzgeber statuierte System der Mindestkapitalisierung der konkrete Vergleich zwischen Tätigkeit und Kapitalausstattung fremd ist und lediglich einen pauschalisierten, am Mindesthaftkapital ausgerichteten Gläubigerschutz gewährleistet. Die Anwendung einer Durchgriffshaftung verkennt diese grundlegende Systematik und setzt sich über die vom Gesetzgeber getroffene Entscheidung für einen lediglich pauschalisierten Gläubigerschutz hinweg. Entscheidendes Argument für die Ablehnung eines solchen Haftungsmodells ist jedoch der Umstand, dass die Ausrichtung am „Missverhältnis zwischen Kapital und Tätigkeit" nicht alle Fälle der Verwendung unterbilanzierter Mantelgesellschaften erfassen kann.

2. Analogie der „Gründungsvorschriften"

Die durch Mantelkauf und Verwendung aufgezeigte Alternativmöglichkeit, neben der rechtlichen Neugründung ohne finanzielles Mindestengagement die Mitgliedschaftsrechte einer Kapitalgesellschaft zu erlangen, stellt sich als spezielles Problem einer Gefährdung der abstrakten Schutzfunktion der Kapitalaufbringungsvorschriften dar. Inwieweit dieser Gefährdung durch eine entspre-

---

[792] Vgl. hierzu *Meller-Hannich*, ZIP 2000, 345, 348.

[793] Wie *Heerma* selber ausführt, dürfte in Bezug auf das Urteil des LG Hamburg wohl bereits der Preis für das Chartern eines Flugzeuges das statuarische Stammkapital der GmbH überstiegen hätte, vgl. hierzu *Heerma*, Mantelverwendung, S. 147 ff., sowie LG Hamburg v. 28.1.1997 – 309 S 108/96, GmbHR 1997, 895.

[794] Vgl. Ausschussbericht, BT-Drucks. 8/3908, S. 69.

[795] Vgl. hierzu das Beispiel Nr. 2 bei K. *Schmidt*, Gesellschaftsrecht, § 27 II. S. 787, der ausführt, dass das Registergericht die Eintragung einer Schifffahrts- und Bergungs-AG auch dann nicht ablehnen kann, wenn die mit einem Grundkapital von lediglich 100.000 € gegründet wird, vgl. zum Problemkreis auch Raiser, Kapitalgesellschaften, § 26 Rn. 50; *Hachenburg/Ulmer*, § 9c Rn. 31.

chende Anwendung von Gesetzenormen begegnet werden kann, soll im Folgenden untersucht werden. Das Ziel einer analogen Anwendung von Gesetzesnormen muss es hierbei grundsätzlich sein, die aufgezeigte Regelungslücke in ihrer Gesamtheit zu schließen. Im vorliegenden Fall bedeutet dies, dass im Ergebnis die abstrakte Schutzfunktion der Kapitalaufbringungsvorschriften auch durch die Phänomene des Mantelkaufs und der Mantelverwendung nicht beeinträchtigt werden darf. Da die Kapitalaufbringungsvorschriften lediglich einen Teilausschnitt der Normen darstellen, die bei der rechtlichen Neugründung einer Gesellschaft zur Anwendung gelangen, wird darüber hinaus zu untersuchen sein, inwieweit es zulässig und notwendig ist, „flankierende"[796] rechtliche Regelungen des Gründungrechts als Anknüpfungspunkt einer analogen Anwendung heranzuziehen.

a) Vergleichbarkeit der Sachverhalte als Voraussetzung einer Analogie

Die für die Ausfüllung einer planwidrigen Regelungslücke erforderliche Vergleichbarkeit ist gegeben, wenn der nicht geregelte Tatbestand alle Merkmale aufweist, die nach Sinn und Zweck der Rechtsordnung für die Anknüpfung der Rechtsfolge an den geregelten Tatbestand bestimmt sind, wobei sich die Übertragung aufgrund der Maxime, Gleichwertiges gleich zu behandeln, rechtfertigt.[797] Die Vergleichbarkeit zwischen dem geregelten Tatbestand der rechtlichen Neugründung sowie dem Tatbestand des Anteilserwerbs und Verwendung einer vermögensschwachen Mantelgesellschaft wurde im Rahmen der bisherigen Untersuchung immer wieder betont – sie soll im Folgenden jedoch als formale Voraussetzung einer Analogie nochmals im Hinblick auf seine wesentlichen Elemente kurz dargestellt werden.

Vornehmliches Merkmal der rechtlichen Neugründung einer Kapitalgesellschaft ist zunächst die Entstehung einer juristischen Rechtspersönlichkeit. Des Weiteren handelt es sich gemäß der gesetzlichen Systematik bei der rechtlichen Neugründung - zumindest im gesetzlichen Regelfall der Bargründung – zunächst um die Schaffung eines unternehmenslosen Rechtsträgers.[798] Letztlich haben die Gesellschafter im Fall einer rechtlichen Neugründung der Kapitalgesellschaft die Absicht, die unternehmerische Tätigkeit in haftungsbeschränkter Form aufzunehmen.

Auch im Falle der Mantelverwendung steht ein unternehmensloser Rechtsträger – die Mantelgesellschaft – bereit. Gerade dieser unternehmenslose Rechtsträger soll dazu dienen, eine haftungsbeschränkte Tätigkeit aufzunehmen. Der alleinige Unterschied zwischen rechtlicher Neugründung und Mantelverwendung besteht somit in der Tatsache, dass im Fall der rechtlichen Neugründung eine juristische

---

[796] Vgl. *Priester*, DB 2003, 2291, 2296.
[797] Vgl. hierzu *Canaris*, Lücken im Gesetz, S. 16 ff.; *Bydlinski*, Methodenlehre, S. 470 ff..
[798] Vgl. hierzu *Scholz/Winter*, GmbHG, § 5 Rn. 36; siehe auch unten § 3 VII. 4. a).

Person entsteht. Die Vergleichbarkeit zwischen rechtlicher Neugründung und Mantelverwendung würde demnach entfallen, wenn die Möglichkeit, in haftungsbeschränkter Form tätig zu werden, notwendig an die Entstehung einer juristischen Person gekoppelt ist. Dass gerade diese Möglichkeit aber nicht von der Entstehung sondern vom *Bestand* der juristischen Person abhängig ist, bedarf keiner weiteren Erläuterung.[799]
Da somit allein das Merkmal der Entstehung einer juristischen Person keine notwendige Voraussetzung für die Möglichkeit in haftungsbeschränkter Form tätig zu werden, ist, muss eine Gleichwertigkeit zwischen rechtlicher Neugründung und Mantelverwendung zumindest in der Art und Weise bejaht werden, dass im Rahmen einer Analogie die bei der rechtlichen Neugründung geltenden formal- wie materiell-rechtlichen Normen als Anknüpfungspunkte herangezogen werden können. Hierzu soll im Einzelnen jede in Betracht kommende Norm daraufhin überprüft werden, inwieweit sie auf den Sachverhalt anzuwenden ist oder nicht.[800] Aufgrund der parallelen Regelungen im AktG und GmbHG können die entsprechenden Normen zusammen behandelt werden; ergeben sich Unterschiede, wird im Einzelnen darauf verwiesen.[801]

b) Analogie der Kapitalaufbringungspflichten

Auf die doppelte Schutzfunktion der Kapitalaufbringungsregeln wurde in der bisherigen Untersuchung bereits hingewiesen.[802] Wesentliches Ergebnis war hierbei, dass der Sinn und Zweck der Kapitalaufbringung sich nicht auf die konkrete Schutzfunktion beschränkt, den potentiellen Gläubigern einer Gesellschaft einen Haftungsfonds zur Verfügung zu stellen. Vielmehr soll nach Ansicht des Gesetzgebers durch das System der Mindestkapitalisierung zudem ein präventiver Gläubigerschutz in der Art und Weise sichergestellt werden, als dass die Gesellschaftsform der AG und GmbH nur solchen Personen offen steht, die in der Lage sind, bereits vor Beginn der wirtschaftlichen Tätigkeit der Gesellschaft eine bestimmte finanzielle Leistungsfähigkeit zu bekunden. Darüber hinaus entfaltet die unterschiedliche Höhe des Mindesthaftkapitals bei AG und GmbH eine Sperrfunktion in der Art und Weise, dass Unternehmen, für deren Betrieb ein Eigenkapital von € 50.000 nicht erforderlich ist, die Rechtsform der AG nicht zur Verfügung stehen soll.[803] Letztlich sollen im Rahmen des präventiven Gläubigerschutzes die Gesellschafter durch ihre finanzielle Beteiligung am

---

[799] Vgl. hierzu *Peters*, GmbH-Mantel, S. 31 f.

[800] Vgl. *Zippelius*, Methodenlehre, 1990, § 11 II a; *Larenz*, Methodenlehre der Rechtswissenschaft, S. 345 ff..

[801] Ebenso *Heerma*, Mantelverwendung, S. 109 ff.

[802] Vgl. hierzu § 3 VI. 1.

[803] Vgl. hierzu *Hüffer*, AktG, § 7, Rn. 1; sowie oben § 3 VI. 1.

wirtschaftlichen Gelingen der Unternehmung von allzu riskanten Entscheidungen abgehalten werden.[804]

aa) Abstrakter Gläubigerschutz der Kapitalaufbringungspflicht bei rechtlicher Neugründung und Vergleichbarkeit zur Mantelverwendung

Bei Betrachtung der Argumente, die gegen eine Analogie der Kapitalaufbringungsvorschriften bei Mantelverwendung ins Feld geführt werden, wird deutlich, dass hinsichtlich des Mangels einer Regelungslücke lediglich auf die konkrete Schutzfunktion der Mindestkapitalisierungspflicht abgestellt wird[805] - die Ziele des präventiven Gläubigerschutzes dagegen außer Acht gelassen werden. So wird als Hauptargument angeführt, dass das Gesetz die Ausstattung mit einem Mindesthaftungsfonds nur bei der ersten Eintragung, nicht aber bei späteren Veränderungen verlangt.[806] AktG und GmbHG geben kein Vertrauen für potentielle Gläubiger, dass ein bestimmter Betrag zu einem späteren Zeitpunkt noch vorhanden ist.[807] In Ermangelung eines schutzwürdigen Vertrauens der Gläubiger sei daher auch eine Regelungslücke nicht zu rechtfertigen. Dem ist insoweit zuzustimmen, als dass durch die Verwendung eines vermögensschwachen Gesellschaftsmantels keine Gefährdung der konkreten Schutzfunktion angenommen werden kann.

Berücksichtigt man dagegen die abstrakte Schutzfunktion der Kapitalaufbringungsvorschriften wird deutlich, dass deren Ziele – Nachweis finanzieller Mindestleistungsfähigkeit vor Erlangung der Mitgliedschaftsrechte, „Erzieherisches Element" durch Koppelung von finanziellem Mindestengagement an Einflussmöglichkeit auf Kapitalgesellschaft, etc. – nicht erfüllt werden können, wenn das Gesellschaftsrecht die Alternativmöglichkeit des Anteilserwerbs von vermögensschwachen Mantelgesellschaften und deren rechtlich folgenlose Verwendung bereitstellt. Besonders deutlich tritt dies am Beispiel des potentiellen Neugründers einer Einmann-Gesellschaft zu Tage, der zwischen der rechtlichen Neugründung und dem Erwerb einer vermögensschwachen Mantelgesellschaft wählen soll.[808] Jede gesetzlich normierte *Verschärfung* der Kapitalaufbrin-

---

[804] Die Wirksamkeit des präventiven Gläubigerschutzes mag angesichts der geringen Höhe der Mindestkapitalisierung als beschränkt angesehen werden, an der Intention des Gesetzgebers, quasi „erzieherisch" auf die Gesellschafter einzuwirken, ändert dies jedoch nichts vgl. hierzu oben § 3 VI. 1.b.bb)(2); sowie *Wiedemann*, Gesellschaftsrecht, S. 207; *Peters*, GmbH-Mantel, S. 86.

[805] Vgl. *Banerjea*, GmbHR 1998, 815 f.; *Meller-Hanich*, ZIP 2000, 345, 347f. m.w.N..

[806] Vgl. hierzu BayObLG v. 24.3.1999 – 3 Z BR 295/98, GmbHR 1999, 607; sowie *Meyding*, Mantel-GmbG, S. 96 ff; *Kantak*, Mantelgründung, S. 96 f.; *Kober*, Mantelkauf, S. 188 ff..

[807] Vgl. BayObLG 1999, 607, 609; *Banerjea*, GmbHR 1998, 815, 816; *Meller-Hanich*, ZIP 2000, 345, 348; *Heerma*, Mantelverwendung, S. 154 ff..

[808] Durch den Erwerb eines (vermögensschwachen) Gesellschaftsmantels erhält der potentielle Neugründer einer Einmann-Gesellschaft wie bei der rechtlichen Neugründung einen

gungsvorschriften muss solange wirkungslos bleiben, wie dem potentiellen
Gründer einer Einmann-Gesellschaft nicht die Erfüllung eben dieser verschärften Gründungsvorschriften auch im Fall der Mantelverwendung trifft. Zwar
kann dem Rechtsverkehr im obigen Beispiel kein schutzwürdiges Interesse in
der Art und Weise zugesprochen werden, als dass die *konkrete* Gesellschaft zum
Zeitpunkt ihrer nochmaligen Verwendung als Unternehmensträgerin über ein
bestimmtes Haftkapital verfügt - der Rechtsverkehr darf jedoch vertrauen, dass
der gesteigerte präventive Gläubigerschutz durch die Verschärfung der Kapitalaufbringungsvorschriften im Falle der Einmanngründung von Kapitalgesellschaften nicht durch die rechtlich folgenlose Alternativmöglichkeit des Mantelkaufs und dessen Verwendung ausgehöhlt wird.

Letztlich gilt somit, dass zur Aufrechterhaltung des vom Gesetzgeber intendierten Gläubigerschutzes für den „potentiellen Neugründer" einer Kapitalgesellschaft zwar nicht die rechtliche Neugründung selber, jedoch die Erfüllung der
Vorschriften zur Aufbringung des Mindesthaftkapitals eine Voraussetzung darstellen muss, um mit der Rechtsform der Kapitalgesellschaft unternehmerisch
tätig zu werden.

bb) Aufbringung des gesetzlichen Mindesthaftkapitals

Die Pflicht zur Aufbringung des Mindesthaftkapitals folgt für die GmbH gem.
§§ 5 I, i.V.m. 7 II, III, GmbHG, für die AG gem. §§ 7, 36 a AktG.[809] Hinsichtlich deren analogen Anwendung wurde kritisch angemerkt,[810] dass § 5 Abs. 1
GmbHG von seiner Rechtsnatur her lediglich eine *gesellschaftsvertragliche*
Norm darstelle, an die das Gesetz gerade keine Pflicht zur Leistung knüpfen
würde. Die Norm sei vielmehr als Gründungsvoraussetzung zu klassifizieren,
bei deren Nichtvorliegen die Gesellschaft nicht eingetragen werde. Werde die
Gesellschaft dennoch eingetragen, so könne sie zwar gem. § 144a II FGG i.V.m.
§ 60 I Nr. 5 GmbHG aufgelöst werden, jedoch können die Gesellschafter nicht
zur Leistung verpflichtet werden. Daher handele es sich bei den Kapitalaufbringungsvorschriften grundsätzlich auch nicht um gesetzlich statuierte Pflichten,

---

Rechtsträger, in dem er seine (neue) unternehmerische Tätigkeit ohne eigenes Haftungsrisiko
aufnehmen kann, vgl. hierzu auch *Peters*, GmbH-Mantel. S. 29 ff..
[809] Teilweise wird vertreten, die „Pflicht zur Kapitalaufbringung" folge unmittelbar aus § 5
Abs. 1 GmbHG, vgl. hierzu *Priester*, DB 1983, 2291, 2295; dem folgend *Peters*, S. 73; *Roth*,
GmbHG, § 3 Anm. 2.3.3. § 5 Abs. 1 GmbHG schreibt jedoch lediglich fest, dass das Stammkapital der Gesellschaft eine gewisse Stammkapitalziffer nicht unterschreiten darf - eine Verpflichtung zur Leistung enthält die Norm - ebenso wie § 7 AktG - dagegen gerade nicht, so
dass hier noch die §§ 7 I, II, GmbHG bzw. §§ 36 a AktG mit aufzunehmen sind, vgl. hierzu
K. Schmidt, Gesellschaftsrecht, § 4 III, S. 72.
[810] So *Heerma*, Mantelverwendung, S. 111-113; dem folgend *Bärwaldt/Schabacker*, GmbHR
1998, S. 1005, 1011.

wodurch im Ergebnis eine Analogie auszuschließen sei, da es schlicht an einer entsprechenden Norm fehle.[811] Die Annahme einer vertraglichen Natur der Kapitalaufbringungsregeln überzeugt jedoch nicht.[812] Zum einen stehen die Kapitalaufbringungsregeln – vertragsuntypisch - gerade nicht zur Disposition der Parteien, zum anderen steht die Erfüllung im öffentlichen Interesse, denn sie sichert das vom Gesetzgeber intendierte System der Mindestkapitalisierung bei Kapitalgesellschaften. Richtigerweise muss daher die gesellschaftsvertragliche Fixierung der Kapitalaufbringungsvorschriften als *Ausfüllung* der gesetzlichen Pflicht zur Aufbringung des Mindestkapitals begriffen werden, so dass diesen Normen nicht grundsätzlich die „Analogiefähigkeit" abgesprochen werden kann. Der Rückgriff auf die Normen zur Mindestkapitalausstattung scheitert somit nicht bereits aufgrund der vertraglichen Natur der Kapitalaufbringungsvorschriften.

Des Weiteren wurde der Analogiekonzeption zur entsprechenden Anwendung der Normen zur Aufbringung des Mindesthaftkapitals entgegengehalten, dass sie die gesetzliche Systematik des GmbHG und AktG nicht genügend berücksichtige.[813] So richte sich die Pflicht zur Erbringung der Einlagen im GmbHG und AktG gerade nicht am gesetzlichen Mindeststammkapital, sondern grundsätzlich am statuarischen Stammkapital aus. Daher fordern auch Teile der Literatur, dass sich konsequenterweise bei einer analogen Anwendung die Pflicht zur Kapitalausstattung an dem statuarischen Kapital der verwendeten Gesellschaft orientieren müsse.[814] Die Gleichbehandlung von rechtlicher Neugründung und Mantelverwendung erfordere, dass die Entscheidung der Gesellschafter zur Aufbringung eines höheren Stammkapitals, in der konsequenten analogen Anwendung auch die Verwender der Mantelgesellschaft treffe.[815] Die vorgebrachten systematischen Bedenken hinsichtlich einer Beschränkung der Aufbringungspflicht in der analogen Anwendung auf das gesetzliche Mindesthaftkapital greifen letztlich jedoch nicht durch, auch wenn eine Ausrichtung am statuarischen Kapital den Vorteil besitzt, die Verwendung von vermögensschwachen Gesellschaftsmänteln noch weiter zu erschweren.[816] So ist zunächst zwar richtig, dass sich die einzelnen Bestimmungen zur Kapitalaufbringung lediglich auf das statuarische Nennkaptial beziehen. Auf der Grundlage des ge-

---

[811] Vgl. *Heerma*, Mantelverwendung, S. 111, 112.

[812] Vgl. so schon *Banerjea*, Rechtliche Behandlung des Mantelkaufs, GmbHR 1998, S. 814, 815; *Peters*, GmbH-Mantel, S. 73.

[813] Vgl. hierzu Peters, GmbH-Mantel, S. 72.

[814] Vgl. hierzu *Peters*, GmbH-Mantel, S. 72 f.; *Soergel/Huber* vor § 433 BGB Rn. 212; *Ihrig*, BB 1988, 1197, 1202, siehe hierzu bereits *Kaufmann*, Zulässigkeit der Einmanngesellschaft und Mantelverwendung, S. 61.

[815] So *Peters*, Mantel-GmbH, S. 73.

[816] So auch die Einschätzung von K. *Schmidt*, NJW 2004, 1345, 1349; *Pentz*, Mk-AktG, § 23 Rn. 101 f..

setzlich statuierten Systems einer Mindestkapitalisierung ist hiervon jedoch die Pflicht zur Leistung des Mindesthaftkapitals *mit umfasst* und als *Minus* in der Leistung des statuarischen Nennkapitals enthalten. Denn legt das Gesetz auf der einen Seite die Verpflichtung fest, dass statuarische Nennkapital aufzubringen und schreibt es an anderer Stelle vor, dass dieses einen bestimmten Mindestbetrag nicht unterschreiten darf, so ist die Verpflichtung zur Leistung des Mindesthaftkapitals notwendiger Bestandteil der Ersteren. Die darüber hinausgehende Verpflichtung zur Leistung des statuarischen Nennkapitals ist vielmehr Ausdruck der konkreten Schutzfunktion der Kapitalaufbringung, die jedoch gerade nicht durch Mantelkauf und Mantelverwendung gefährdet ist.[817] Es kann daher gerade nicht als systemwidrig bezeichnet werden, die auf das statuarische Nennkapital bezogene Kapitalaufbringungsvorschriften in der analogen Anwendung auf die Sicherstellung des abstrakten Gläubigerschutzes und so auf die Aufbringung des Mindestkapitals zu beschränken. Die Verpflichtung der Mantelverwender zur vollen Leistung führt dagegen letztlich dazu, die Kapitalaufbringungsvorschriften auch hinsichtlich ihrer konkreten Schutzfunktion und somit über den notwendigen Regelungsbedarf hinaus auf den Fall der Mantelverwendung anzuwenden. Da AktG und GmbHG jedoch gerade keinen schutzwürdigen Vertrauenstatbestand kennen, der besagt, dass ein bestimmter Betrag des Stammkapitals zu einem späteren Zeitpunkt im Leben der Gesellschaft noch vorhanden ist,[818] ließe sich die Verpflichtung zur Aufbringung des statuarischen Stammkapitals nicht aufgrund der festgestellten Gefährdung für den Gläubigerschutz rechtfertigen.[819]

cc) Entstehung und Erfüllung der Kapitalaufbringungspflicht

Erwirbt eine Person die Geschäftsanteile einer unterbilanzierten Mantelgesellschaft lediglich in der Absicht, diese an Dritte weiter zu veräußern, so treffen ihn nicht bereits mit Erwerb der Geschäftsanteile die Kapitalaufbringungsvorschriften.[820] Dies folgt aus dem Umstand, dass die abstrakte Schutzfunktion der Kapitalaufbringungsvorschriften nicht allein dadurch gefährdet ist, dass vermögensschwache Mantelgesellschaften existieren bzw. deren Geschäftsanteile zu einem geringen Preis erworben werden können. Erst in dem Moment, indem die

---

[817] Vgl. hierzu bereits oben § 3 VI. 2. a.).

[818] Vgl. BayObLG 1999, 607, 609; *Banerjea*, GmbHR 1998, 815, 816; *Meller-Hanich*, ZIP 2000, 345, 348; *Heerma*, Mantelverwendung, S. 154 ff.; *Priester*, DB 1983, 2291, 2295; *Ulmer*, BB 1983, 1123, 1126.

[819] Zu gleichem Ergebnis gelangt auch die Ansicht, welche fordert, dass die Verwender so zu behandeln seien, als haben sie *eine*, nicht aber die *konkrete* Gesellschaft gegründet, vgl. hierzu K. *Schmidt*, Gesellschaftsrecht, S. 63 ff..

[820] Vgl. hierzu *Peters*, Mantel-GmbH, S. 74 f., die generell bei Erwerb der Geschäftsanteile einer unterbilanzierten Mantelgesellschaft davon ausgeht, dass diese der Zunutzemachung einer Rechtsform für eine neue unternehmerische Tätigkeit dient und nicht die Möglichkeit des reinen Handels mit Mantelgesellschaften berücksichtigt.

erworbenen Gesellschaften als Rechtsträger eines (neuen) Unternehmens wieder belebt werden, gefährdet dieser Umstand die rechtliche Neugründung als gesetzlich konzipierten Regelfall.[821] Die Kapitalaufbringungspflicht entsteht somit erst zum Zeitpunkt der Verwendung, also dann, wenn die Mantelgesellschaft durch die Aufnahme einer unternehmerischen Tätigkeit wieder belebt wird. Der bloße Handel mit Mantel- bzw. Vorratsgesellschaften löst keine Kapitalaufbringungsvorschriften aus und kann als legitime unternehmerische Tätigkeit angesehen werden.

Kommt es dagegen nach dem Anteilserwerb zur Mantelverwendung und ist das gesetzliche Mindestkapital der Mantelgesellschaft nicht gedeckt, trifft die Erwerber eine Kapitalaufbringungspflicht,[822] die der - auf die Leistung des Mindestkapitals gekürzten - Einlageverpflichtung bei rechtlicher Neugründung entspricht. Die Höhe der Verpflichtung zur Kapitalaufbringung richtet sich bei mehreren Gesellschaftern anteilig ihrer Geschäftsanteile. Die Einlageverpflichtung entsteht zudem grundsätzlich in voller Höhe, auch wenn die Gesellschaft noch über Vermögenswerte verfügt. Dies folgt zunächst aus der gesetzlichen Systematik, aufgrund derer die Verpflichtung zur Leistung der Einlage grundsätzlich unabhängig vom Stand des Gesellschaftsvermögens ist. Auch ein späteres Erwirtschaften von Gewinnen mit der Mantelgesellschaft sowie der hierdurch mögliche Ausgleich einer Unterbilanz vermögen daher nicht die Einlageverpflichtung zu reduzieren.[823] Allerdings steht im Rahmen der analogen Anwendung der Kapitalaufbringungsvorschriften den Gesellschaftern die Möglichkeit offen, ihre Einlageverpflichtung mit den vorhandenen Vermögenswerten der Gesellschaft zu erfüllen.[824] So sind beispielsweise die Erwerber einer Vorrats-GmbH, die noch über ein Nettovermögen von 24.000€ verfügt, letztlich lediglich dazu verpflichtet, die Gesellschaft anteilig ihrer Beteiligung mit einem Kapital von 1000€ auszustatten. Verfügt dagegen eine Mantelgesellschaft mbH über ein Barvermögen von 24.000 €, dem Verbindlichkeiten in Höhe von 23.500 € gegenüberstehen, so kann unter Berücksichtigung der beschränkten Erfüllungswirkung aufgrund der bereits bestehenden Verbindlichkeiten zum Zeitpunkt der Verwendung, die grundsätzlich in voller Höhe entstandene Kapitalaufbringungspflicht nur um 500 € gemindert werden. Zur vollständigen Erfüllung der Kapitalaufbringungspflichten wären daher die Mantelverwender dazu verpflichtet 24.500€ an die Gesellschaft zu entrichten. Besteht dagegen das Vermögen der Gesellschaft aus Sachwerten, so dürfte dies im Rahmen des regis-

---

[821] Vgl. hierzu oben § 3 VI 2. b).

[822] Vgl. §§ 19 iVm 5 I, 7 II, III GmbHG; für die AG §§ 54 iVm 7, 36a AktG.

[823] Vgl. *Peters*, GmbH-Mantel, S. 81 f., die dagegen davon ausgeht, dass die Einlageverpflichtung von vornherein reduziert um die noch vorhandenen Vermögenswerte der Gesellschaft entsteht.

[824] Vgl. *Peters*, GmbH-Mantel, S. 74 f..

tergerichtlichen Kontrollverfahrens[825] den Nachweis eines Sachverständigengutachtens über deren Wert nach sich ziehen.[826]
Bei der Erfüllung der Einlageverpflichtung durch vorhandene Vermögenswerte der Gesellschaft gilt es daher zu beachten, dass deren Erfüllungswirkung nur so weit reicht, wie sie zum Zeitpunkt der Verwendung nicht durch bereits bestehende Verbindlichkeiten belastet waren.[827] Dies folgt notwendig aus dem Umstand, da ansonsten nicht sichergestellt werden kann, dass die Erwerber der Mantelgesellschaft ihrer Kapitalaufbringungspflicht zur Gänze nachkommen. Eine über die Leistung des gesetzlichen Mindesthaftkapitals hinausgehende Pflicht zum Ausgleich für Altverbindlichkeiten der Mantelgesellschaft besteht dagegen nicht.[828] Die (Alt-) Gläubiger der Mantelgesellschaft sind allein schon aus dem Umstand privilegiert, dass die Mantelverwender die nochmalige Pflicht zur Aufbringung des gesetzlichen Mindesthaftkapitals treffen.

dd) Zusammenfassung

Durch die entsprechende Anwendung der Normen zur Aufbringung des Mindesthaftkapitals[829] für den Fall der Verwendung einer unterbilanzierten Mantelgesellschaft nach Mantelkauf wird der vom Gesetzgeber intendierte (abstrakte) Gläubigerschutz des Gründungsrechts wiederhergestellt. Die Beschränkung der Kapitalaufbringung auf das Mindesthaftkapital trägt hierbei dem Umstand Rechnung, dass es ein darüber hinausgehendes schutzwürdiges Vertrauen des Rechtsverkehrs, dass die (konkrete) Gesellschaft über den Zeitpunkt der Eintragung der Gesellschaft hinaus über Vermögenswerte in bestimmter Höhe verfügt, nicht existiert.
Die Erwerber der Mantelgesellschaft trifft im Falle deren Verwendung die Einlageverpflichtung in voller Höhe, allerdings steht den Gesellschaftern die Möglichkeit offen, ihre Einlageverpflichtung mit den vorhandenen Vermögenswerten der Gesellschaft zu erfüllen - deren Erfüllungswirkung reicht jedoch nur so weit, wie sie zum Zeitpunkt der Verwendung nicht durch bereits bestehende Verbindlichkeiten belastet waren. Der bloße Handel mit Mantel- bzw. Vorratsgesellschaften löst dagegen keine Kapitalaufbringungsvorschriften aus und kann als legitime unternehmerische Tätigkeit angesehen werden.

---

[825] Vgl. hierzu unten § 3 VII 2 c).
[826] Vgl. hierzu *Priester*, DB 1983, 2291, 2296.
[827] So auch *Peters*, GmbH-Mantel, S. 76 f., allerdings im Hinblick auf das statuarische Stammkapital.
[828] Vgl. bereits oben § 3 VII. 2. b) bb).
[829] Vgl. bezüglich der Mindeststammeinlagen und des Mindeststammkapitals §§ 7, 36 a AktG, 5 I, 7 I, II GmbHG.

c) Registerkontrolle

Die Erfüllung der Kapitalaufbringungsvorschriften zur Aufbringung des Mindesthaftkapitals wird bei rechtlicher Neugründung durch ein registergerichtliches Kontrollverfahren ergänzt. Das Gesetz belässt es insoweit nicht mit der gesetzlichen Verpflichtung der Gründungsgesellschafter zur Leistung der Einlagen, sondern sichert zumindest deren teilweise Bewirkung durch das registergerichtliche Kontrollverfahren ab.[830] Fraglich ist somit, ob auch die Vorschriften zum registergerichtlichen Eintragungsverfahren analog auf die Fälle der Mantelverwendung zu übertragen sind bzw. inwieweit die analoge Anwendung der Kapitalaufbringungsvorschriften - zwangsläufig – die analoge registergerichtliche Kontrolle nach sich zieht.[831]

aa) Formal-rechtliche Kontrollfunktion bzgl. des Nennkapitals

Gem. §§ 38 AktG, 9 c GmbHG überprüft das Registergericht im Rahmen seiner registergerichtlichen Prüfung die ordnungsgemäße Errichtung und Anmeldung der Gesellschaft. Im Hinblick auf das der Gesellschaft zur Verfügung stehende Kapital überprüft das Gericht, ob die Satzung den notwendigen Mindestbetrag[832] enthält und ob der Gesamtbetrag der Stammeinlagen mit dem Stammkapital übereinstimmt.[833] Im Rahmen dieser gesetzlichen Prüfungskompetenz erstreckt sich die registergerichtliche Prüfung somit zunächst auf die formalen Voraussetzungen der Satzung. Im Hinblick auf das Kapital der Gesellschaft prüft das Registergericht also lediglich, ob das satzungsmäßige Nennkapital einen bestimmten Nennwert nicht unterschreitet.

Überträgt man diese formal-rechtliche Kontrollfunktion des Registergerichts auf den Fall der Mantelverwendung, so wäre eine wiederholte formale Prüfung des statuarischen Nennkapitals verfehlt. Zum einen wurde Letzteres bereits bei Entstehung der Gesellschaft im Hinblick auf seine formalen Voraussetzungen geprüft. Eine nochmalige formal-rechtliche Prüfung würde daher für den Fall der Mantelverwendung leer laufen, da diese in keiner Weise das statuarische Nennkapital berührt. Zum anderen bietet eine nochmalige formal-rechtliche Prüfung erst recht keine Gewähr dafür, dass dieser Betrag zu einem späteren Zeitpunkt noch vorhanden sei.[834]

---

[830] Vgl. hierzu *Hüffer*, AktG, § 38 Rn. 1; *Michalski*, GmbHG, § 9 c, Rn. 1 ff..

[831] Vgl. hierzu auch *Peters*, Mantel-GmbH, S. 85, die ausführt, dass die Pflicht zur Kapitalaufbringung und das registergerichtliche Kontrollverfahren unter dem Aspekt des Gläubigerschutzes eine Einheit bildet.

[832] Vgl. §§ 5 Abs. 1 GmbHG.

[833] Vgl. § 5 Abs. 3 S. 3 GmbHG.

[834] Vgl. hierzu *Werner*, NZG 2001, 397, 399; *Banerjea*, GmbHR 1998, 815, 816; *Meller-Hanich*, ZIP 2000, 345, 348. Eine Kontrolle des Nennkapitals war dagegen in der Vergangenheit insbesondere im Zusammenhang mit der Mantelverwendung bei einer gesetzlichen Erhö-

bb) Kontrolle der Einlageverpflichtung

Das gerichtliche Prüfungsverfahren bei der Anmeldung der Gesellschaft geht jedoch über die formale Prüfung einer ordnungsgemäßen Anmeldung hinaus. So kontrolliert das Gericht zudem, ob die Anmeldeunterlagen einer inhaltlichen Überprüfung standhalten. Insbesondere bezieht sich die Kontrolle darauf, ob die Einlagen nach §§ 7 Abs. 2 GmbHG, 36a AktG wirksam geleistet worden sind. Das Gericht überprüft hierbei zunächst die Leistung der Mindesteinlage und darüber hinaus, ob auf jede Stammeinlage mindestens ein Viertel, auf das gesamte Stammkapital mindestens € 12.500 geleistet wurden.[835] Bei Sacheinlagen wird zudem gem. § 7 III GmbHG geprüft, ob diese vollständig erbracht wurden.[836] Im Fall der Einmann-Gründung ist darüber hinaus zu überprüfen, ob gem. §§ 7 II 3 GmbHG, 36 II 2 die reale Kapitalaufbringung durch eine Sicherheit gewährleistet ist, da im Vergleich zur Mehrpersonengründung mithaftende Aktionäre und Gesellschafter nicht zur Leistung rückständiger Einlagen herangezogen werden können. Eine Überprüfung ausstehender Einlageforderungen im Falle der Mehrpersonengründung auf deren Werthaltigkeit findet dagegen nicht statt, so dass streng genommen eine Kapitaldeckungskontrolle im eigentlichen Sinne nicht stattfindet, da die „Werthaltigkeit der ausstehenden Einlageforderungen nicht zum Prüfungsprogramm" des Registergerichts zählt.[837]
Gegen eine entsprechende Anwendung des registergerichtlichen Kontrollverfahrens wurde diesbezüglich eingewandt, dass es nicht nachzuvollziehen sei, warum nunmehr aber im Fall der Mantelverwendung eine Kapitaldeckungskontrolle hinsichtlich des Mindesthaftkapitals bzw. des statuarischen Nennkapitals erfolgen solle.[838] Fehle dem Registergericht bereits in der gesetzlichen Regelanwendung die Prüfungskompetenz zur Eigenkapitalkontrolle hinsichtlich der Ausstattung mit dem gesetzlichen Mindestkapital, so könne eine solche Kompetenz dem Registergericht nur schwerlich in der analogen Anwendung im Fall der Mantelverwendung zugesprochen werden.[839] Die beschränkte Kompetenz des Registergerichts werde zudem dadurch verdeutlicht, dass dieses, selbst wenn die

---

hung des Mindestnennkapitals vorgesehen, vgl. hierzu den Überblick bei *Heerma*, Mantelverwendung, S. 115 ff..

[835] Im Fall der AG überprüft das Gericht, ob gem. § 36a I iVm § 36 II der einzuzahlende Betrag mindestens ein Viertel des geringsten Ausgabebetrags umfasst, vgl. Hüffer, AktG, § 36 a Rn. 2.

[836] Sacheinlagen sind ebenso gem. § 36 II vollständig zu leisten, str. dagegen der Leistungszeitpunkt vgl. hierzu *Kraft*, KK-AktG, § 36a Rn. 10 ff; *Hüffer* AktG, § 36a Rn. 4; *Michalski*, GmbHG, § 9c Rn. 26 ff..

[837] Vgl. hierzu Heerma, Mantelverwendung, S. 124.

[838] Vgl. hierzu *Priester*, DB 1983, 2291, 2295, *Ulmer*, BB 1983, 1123, 1126; *Ihrig* BB 1987, 1197, 1203.

[839] Vgl. *Bärwaldt/Schabacker*, GmbHR 1998, 1005, 1011; *Heerma*, Mantelverwendung, S. 120 f..

geleisteten Bareinlagen zu einem Teil durch die Gründungskosten aufgezehrt wurden, die Eintragung der Gesellschaft nicht ablehnen kann.[840] Die Kritik der Literatur ist insoweit berechtigt, als dass allein aus dem Umstand einer Prüfungskompetenz des Nennkapitals keine wie auch immer geartete Prüfungskompetenz hinsichtlich der Kapitaldeckung in bestimmter Höhe für den Fall der Mantelverwendung abgeleitet werden kann. Hieraus jedoch die entsprechende Anwendung des registergerichtlichen Kontrollverfahrens als Ganzes abzulehnen, greift allerdings zu kurz, da es einer Kontrolle des Eigenkapitals als Anknüpfungspunkt letztlich nicht bedarf. So genügt es der Sicherstellung der abstrakten Schutzfunktion der Kapitalaufbringungsvorschriften bereits, wenn das Registergericht - wie in der Regelanwendung - kontrolliert, ob die Gründer ihre Verpflichtung zur Aufbringung des gesetzlichen Mindesthaftkapitals erfüllt haben und dieses Kapital nunmehr der Gesellschaft zur Verfügung steht. Einer darüber hinausgehenden Verpflichtung zur „umfassenden Eigenkapitalkontrolle" - also bspw. der Werthaltigkeit ausstehender Einlageforderungen - bedarf es ebenso wie im Fall der rechtlichen Neugründung nicht. Genügt dem Gesetzgeber im Fall der Mehrpersonengründung einer Kapitalgesellschaft das Sicherungsinstrument der Ausfallhaftung,[841] so besteht auch für den Fall der Mantelverwendung für die Annahme einer weitergehenden Prüfungspflicht kein Raum. Vielmehr wird deutlich, dass die vorherige Bewirkung der Einlageverpflichtung in vollem Umfang von der Prüfungskompetenz des Registergerichts mit umfasst ist und der Sicherstellung der Kapitalaufbringungsvorschriften genügt.

cc) Keine Notwendigkeit einer weitergehenden Kapitaldeckungskontrolle

Für den Ruf nach einer umfassenden Kapitaldeckungskontrolle, die sich zudem am statuarischen Nennbetrag ausrichtet, besteht zudem keine Notwendigkeit, da auch im Falle der Mantelverwendung die alternativen allgemeinen und gesellschaftsrechtlichen Gläubigersicherungsinstrumente greifen.

So erscheint nur auf den ersten Blick als „grotesk",[842] wenn im Ergebnis die Verwender einer Mantel-GmbH mit einem statuarischen Stammkapital in Millionenhöhe lediglich zur Aufbringung des gesetzlichen Mindesthaftkapitals verpflichtet sind.[843] Denn in der konsequenten Anwendung der Kapitalerhaltungsinstrumente bedeutet dies für die Erwerber der Mantelgesellschaft letztlich, dass

---

[840] Vgl. hierzu *Heerma*, Mantelverwendung, S. 121, der ausführt, dass unter Berücksichtigung aller Gründungskosten, wie etwa Notar- und Gerichtsgebühren, Bekanntmachungskosten, Gründungsprüfung durch Wirtschaftsprüfer etc., es durchaus möglich ist, dass das Gericht eine AG ins Handelsregister eintragen muss, deren Eigenkapital bereits um mehr als 30% im Verhältnis zum gesetzlichen Mindestnennkapital verringert ist.

[841] Vgl. §§ 64, 65 AktG, 24 GmbHG

[842] So *Dressel*, Kapitalaufbringung, S. 123.

[843] Vgl. hierzu auch *Kober*, Mantelkauf, S. 131.

erst dann Gewinne aus der Gesellschaft an die Gesellschafter ausgeschüttet werden können, wenn das Stammkapital in voller Höhe vorhanden ist und die Sper-
re des § 30 GmbHG nicht mehr greift.[844] Werden dagegen dennoch Zahlungen,
entgegen dem Regelungsgehalt des § 30 GmbHG, an die Gesellschafter ausge-
zahlt, so sind diese zurückzuerstatten.[845] Der Erwerber einer Mantelgesellschaft
wird daher nur ein beschränktes Interesse daran haben, die Anteile einer Gesellschaft mit einem erhöhten statuarischen Stammkapital zu erwerben, wenn es
ihm letztlich nur um die Erlangung der Rechtsform geht. Der *vermeintliche* Vorteil, eine Gesellschaft mit hohem statuarischen Stammkapital zur erwerben, wird
daher durch den *realen* Nachteil einer Ausschüttungssperre für Gewinne bis zum
Ausgleich einer bestehenden Unterbilanz[846] mehr als zunichte gemacht.
Kommt es dennoch zum Erwerb und zur Verwendung von Mantelgesellschaften
mit einem deutlich erhöhten statuarischen Nennkapital, setzten sich dagegen die
Verwender dem Vorwurf einer billigend in Kauf genommenen Gläubigertäuschung aus. So gilt es zum einen zu bedenken, dass die Rechtsprechung das
Vorsatzerfordernis im Rahmen der allgemeinen deliktischen Haftungstatbestände (§ 826 BGB) einschränkend interpretiert und an die Annahme vorsätzlichen
Verhaltens keine besonders hohe Anforderungen stellt.[847] Ausreichend ist insoweit das Bewusstsein, dass der schädliche Erfolg eintreten wird, wobei der Täter
den Erfolgseintritt lediglich für möglich halten muss. Zum anderen gilt, dass die
in Kauf genommene Täuschung des Gläubigers stets als sittenwidrig einzustufen
ist.[848] Im Hinblick auf die Nachweisbarkeit gilt zudem, dass der Geschädigte
lediglich Umstände darlegen muss, die den Vorsatz des Täters und die Umstände einer sittenwidrigen Gläubigertäuschung wahrscheinlich machen, um die
Beweislast umzukehren.[849] Legen somit die Verwender einer Mantelgesellschaft es gerade darauf an, eine Gesellschaft mit hohem statuarischen Nennkapital zu verwenden, setzten sie sich dem Vorwurf aus, zukünftige Gläubiger aufgrund des hohen statuarischen Stammkapitals über die finanzielle Leistungsfä-

---

[844] *Hachenburg/Ulmer*, § 30 Rn. 28 ff; *Hauser*, Mantel, S. 73; *K. Schmidt*, Gesellschaftsrecht,
S. 64.
[845] Vgl. § 31 I GmbHG, vgl. hierzu *Scholz/Westermann*, GmbHG, § 31 Rn. 28 ff.; sind dagegen die Zahlungen nicht zu realisieren, trifft die Gesellschafter im Verhältnis ihrer Anteile an
der Gesellschaft zudem eine Ausfallhaftung gem. § 31 III GmbHG. Für die AG beachte das
Verbot jeglicher Einlagenrückgewähr gem. § 57 I, II AktG, das Verbot zum Erwerb eigener
Aktien gem. §§ 71 bis 71e AktG, sowie das Verbot zur Dividendenausschüttung nach § 57 III
AktG, vgl. hierzu auch *Hüffer*, AktG, § 1 Rn. 12 m.w.N..
[846] Vgl. hierzu *Scholz/Westermann*, GmbHG, § 30 Rn. 12 ff..
[847] BGH NJW 1951, 596, 597 f.; WM 1975, 754; 1984, 744, 745; OLG Düsseldorf NJW-RR
1990, 732, 734; vgl. hierzu auch MK-BGB-*Wagner*, § 826 Rn. 19 ff. m.w.N..
[848] Vgl. *Soergel-Hönn-Dönneweg*, § 826 Rn. 226.
[849] Vgl. hierzu BGH WM 1975, 559 f.; *Honsell*, JuS 1976, 621, 628 f.; MK-BGB-*Wagner*, §
826, Rn. 26.

higkeit oder wirtschaftliche Bedeutung der Gesellschaft täuschen zu wollen.[850] Angesichts der aufgeführten Nachteile durch die Kapitalerhaltungsinstrumente und eines ausreichenden Angebots an unbelasteten Vorratsgesellschaften, werden sie es schwer haben, diesen Vorwurf zu entkräften. Der Erwerb und die Verwendung unterbilanzierter Mantelgesellschaften wird daher bereits durch die entsprechende Anwendung der Kapitalaufbringungsvorschriften, die konsequente Anwendung der Kapitalerhaltungsvorschriften und die allgemeinen deliktischen Haftungstatbestände kontrolliert. Einer nochmaligen Erfassung von Missbrauchstatbeständen über die deliktischen Haftungstatbestände (§ 826 BGB) hinaus, durch die Begründung alternativer Sicherungsinstrumente, bedarf es daher nicht.

dd) Sicherung der Anmeldung

Wie bereits im Rahmen dieser Untersuchung deutlich gemacht wurde, hat das Registergericht zwar die Befugnis, bei berechtigten Anhaltspunkten weitergehend inhaltlich zu prüfen, ob die Voraussetzungen einer Mantelverwendung vorliegen.[851] Es ist jedoch gerade nicht dazu befugt, hinter jeder Änderung eines Unternehmensgegenstandes oder der Auswechslung eines Geschäftsführers den Tatbestand der Mantelverwendung zu vermuten.[852] Unter Berücksichtigung dieser eingeschränkten Erkenntnismöglichkeit des Registergerichts wird daher auch vertreten, auf die entsprechende Anwendung des registergerichtlichen Kontrollverfahrens inklusive aller ihr dienenden Vorschriften zu verzichten.[853] So würden besonders schwer die Fälle für das Registergericht zu erkennen sein, in denen die Mantelverwender auf eine „maßgeschneiderte Mantelgesellschaft" zurückgreifen würden, also auf Gesellschaften, die hinsichtlich des Unternehmensgegenstandes, Sitz etc. den Vorstellungen der Verwender hinsichtlich des

---

[850] Vgl. hierzu bereits *Priester*, DB 1983, S.2991, 2297; der ferner auf eine Haftung aus den Grundsätzen einer culpa in contrahendo verweist; zur Übertragung der Grundsätze in das neue Schuldrecht vgl. BT-Drucks. 14/6040 S. 163; Palandt/*Heinrichs*, SchuldRModG, § 311 Rn. 6 ff..

[851] Vgl. hierzu oben § 2 II 1 b) cc).

[852] Nicht überzeugend ist dagegen die Auffassung des BGH, wonach auch eine einzelne Satzungsänderung ein hinreichendes Indiz für den Tatbestand der Mantelverwendung darstellen soll. Aufgrund der Tatsache, dass es der ohnehin schon überlasteten Registergerichte nicht durchführbar wäre, hinter jeder einzelnen Satzungsänderung eine Mantelverwendung zu vermuten, wäre es daher letztlich dem Zufall bzw. der Willkür des Registergerichts überlassen, in welchem Falle eine weiterreichende Untersuchung stattfindet. Vgl. BGH-Beschluss v. 9.12.2002, GmbHR 2003, S. 227, 228, sowie oben unter § 2 II. 2.

[853] Vgl. hierzu *Kober*, Mantelkauf, S. 134 ff.; *Peters*, GmbH-Mantel, S. 89 ff.; *Heerma*, Mantelverwendung, S. 125 ff..

zukünftigen Unternehmens bereits entsprechen.[854] Ebenso schwer dürften aber
auch die Fälle zu erfassen sein, in denen die notwendigen Satzungsänderungen
noch durch die alten Gesellschafter sukzessive - über einen längeren Zeitraum
gestreckt - vorgenommen werden.
Die registergerichtliche Kontrolle müsste zu Recht „als stumpfes Schwert"[855]
zur Vermeidung von Mantelkäufen und deren Verwendung bezeichnet werden,
wenn das Registergericht allein aufgrund äußerer Umstände auf den Tatbestand
einer Mantelverwendung schließen müsste.[856] Wirksam kann dagegen das Kontrollverfahren daher letztlich nur dann sein, wenn die Mantelverwendung durch
die Gesellschaft bzw. deren Organe dem Registergericht kundig gemacht wird.
Es war wohl diese Einsicht, die den BGH dazu bewog, in seinem Beschluss vom
7.7.2003 die Pflicht zur Offenlegung der Mantelverwendung zu statuieren.[857] Da
eine solche „direkte" Pflicht zur Offenlegung der Mantelverwendung jedoch
dem Gesetz direkt nicht entnommen werden kann, muss sich die Forderung der
Rechtsprechung der Kritik einer überdehnten Rechtsfortbildung stellen.[858] Dies
gilt umso mehr, als dass es einer „direkten Offenlegungspflicht" für den Fall der
Mantelverwendung überhaupt nicht bedarf: Besteht im Rahmen der analogen
Anwendung des registergerichtlichen Kontrollverfahrens für den Fall einer Mantelverwendung die Pflicht der Geschäftsführer bzw. des Vorstandes, eine auf das
Mindesthaftkapital beschränkte Versicherung im Sinne der §§ 8 Abs. 2 GmbHG,
37 Abs. 1 AktG abzugeben, erhält das Registergericht allein schon aufgrund der
Abgabe einer solchen Erklärung Kenntnis von der Verwendung der Mantelgesellschaft. Für eine weitergehende – formlose – Erklärung über die Offenlegung
der Mantelverwendung besteht daher keine Notwendigkeit.
Festzuhalten bleibt jedoch, dass die Erfassung und Überprüfung der Mantelverwendung durch das Registergericht somit nicht „vom Zufall",[859] sondern vielmehr von der ordnungsgemäßen Mitwirkung und Pflichterfüllung der Gesell-

---

[854] Vgl. hierzu *Löbenstein*, S. 23, der darauf hinweist, dass als Reflex auf die Rechtsprechung
des KG zur Unzulässigkeit von Mantelkauf und Mantelverwendung die Praxis dazu übergehe,
„maßgeschneiderte" Mantelgesellschaften zu verwenden; siehe hierzu auch *Heerma*, Mantelverwendung, S. 128.
[855] Vgl. *Bärwaldt/Schabacker*, GmbHR 1998, 1005, 1012.
[856] Dies gilt umso mehr, als dass nach hier vertretener Auffassung die verdeckte Vorratsgründung, also die Schaffung von „maßgeschneiderten" Mantelgesellschaften als zulässig erachtet
wird, vgl. oben § 2 IX.
[857] Vgl. BGH, Beschluss v. 7.7.2003 – II ZB 4/02, ZIP 2003, 251, 252 = DZWIR 2003, 202,
203; fraglich in diesem Zusammenhang, in welcher Form eine solche Erklärung abzugeben
wäre und inwieweit die Erklärung zur Offenlegung der „wirtschaftlichen Neugründung" eine
eintragungspflichtige Tatsache gem. § 15 II HGB darstellt.
[858] Besonders kritisch hierzu *Altmeppen*, der die Grenzen einer zulässigen Rechtsfortbildung
überschritten sieht, vgl. *Altmeppen*, DB 2003, 2051.
[859] Vgl. hierzu *Kober*, Mantelkauf, S. 138; siehe hierzu auch *Heller*, Die vermögenslose
GmbH, S. 75 ff..

schaft bzw. deren Organe abhängt. Deren Mitwirkung ist im Fall der rechtlichen Neugründung durch gesellschaftsrechtliche Haftungstatbestände sichergestellt. So wird die Pflicht zur inhaltlich korrekten Angabe sowohl durch eine strafrechtliche, § 82 I Nr. 1 GmbHG bzw. § 399 I Nr. 1 AktG, wie auch durch eine zivilrechtliche Sanktion, § 9 a GmbHG bzw. §§ 46 I, 48 I AktG, abgesichert. Aufgrund des strafrechtlichen Analogieverbotes verbietet sich jedoch in der analogen Anwendung der §§ 8 Abs. 2 GmbHG, 37 Abs. 1 AktG hinsichtlich einer Falschangabe eine strafrechtliche Verantwortbarkeit im Sinne der § 82 I Nr. 1 GmbHG bzw. § 399 I Nr. 1 AktG auch im Falle der Mantelverwendung anzunehmen. Der Umstand einer fehlenden strafrechtlichen Verantwortbarkeit in der analogen Anwendung hat zu der Kritik geführt, dass im Ergebnis das Registergericht sich daher nicht mehr auf die Angabe des Geschäftsführers bzw. der Gesellschafter und der Mitglieder des Vorstandes verlassen könnte, da als alleiniges Sicherungsinstrument die zivilrechtliche Sanktion nach § 9 a GmbHG bzw. §§ 4 6 I, 48 I AktG verbleibe.[860]

Die aufgeführten Bedenken greifen jedoch nicht durch. So ist zunächst zwischen der Falschangabe und dem gänzlichen Unterlassen der „indirekten Offenlegung" zu unterscheiden. Bezüglich einer Falschangabe gilt, dass das Registergericht im Rahmen seiner Prüfungskompetenz aufgrund besonderer Umstände grundsätzlich befugt ist, weitergehende Nachweise hinsichtlich der Richtigkeit der Angaben gem. §§ 8 II GmbHG, 37 I AktG zu verlangen.[861] Ein solcher Umstand dürfte im Fall der Mantelverwendung daher gerade *aufgrund* des Mangels einer strafrechtlichen Sanktionierung bei Falschangabe in der analogen Anwendung des registergerichtlichen Kontrollverfahrens gegeben sein. Steht dem Registergericht somit im Fall der Mantelverwendung grundsätzlich das Recht zu, neben der Versicherung nach §§ 8 Abs. 2 GmbHG, 37 Abs. 1 AktG weitere Nachweise einzufordern, kann das fehlende Druckmittel einer strafrechtlichen Sanktionierung ausgeglichen und die Kapitalaufbringung wirksam kontrolliert werden. Dass die Anmeldung dagegen überhaupt abgegeben wird, wird neben der entsprechenden Anwendung der §§ 9a GmbHG, 46 I, 48 AktG durch die drohende deliktische Haftung gewährleistet. So gilt zunächst, dass im Rahmen der zivilrechtlichen Haftung nach §§ 9a GmbHG, 46 I, 48 AktG jeder Schaden zu ersetzen ist, der durch falsche bzw. unterlassene Angaben entstanden ist. Ist die Gesellschaft so zu stellen, als ob die unterlassene Angabe zutreffend gewesen wäre, erstreckt sich dieser Anspruch somit nicht nur auf die Einlageleistung, sondern auch auf entgangene Gewinne, die bei tatsächlichem Vorliegen der Einlageleistung erwirtschaftet hätten werden können. Die Haftung umfasst somit sämtliche Folgeschäden, die sich daraus ergeben, dass die Gesellschaft Ansprüche Dritter aufgrund der zu geringen Kapitalgrundlage aus eigener Kraft nicht

---

[860] Vgl. *Heerma*, Mantelverwendung, S. 132 f.; vgl. hierzu bereits OLG Frankfurt, GmbHR 1992, 450.
[861] Vgl. hierzu bereits oben § 2 II. 2.

erfüllen kann.[862] Neben der gesellschaftsrechtlichen Haftung besteht zudem bei vollständigem Unterlassen der gebotenen Mitwirkungspflichten im registergerichtlichen Kontrollverfahren gegenüber Dritten die Gefahr einer deliktischen Haftung.[863] So kann jedes Verhalten, also auch ein Unterlassen, als sittenwidrig angesehen werden, sobald die Handlung sittlich geboten ist.[864] Zwar wird man alleine in dem Tatbestand einer unterlassenen „indirekten Offenlegung" durch Abgabe der Anmeldeversicherung nicht bereits eine sittenwidrige Gläubigergefährdung sehen können; die Geschäftsleitung trifft jedoch die Beweislast dafür, die Sorgfalt eines ordentlichen und gewissenhaften Geschäftsleiters angewandt zu haben,[865] so dass diese nachzuweisen haben, inwieweit der Tatbestand einer Unterbilanzierung zum Zeitpunkt der Verwendung nicht gegeben war. Trotz fehlender Strafbewehrtheit bei unterlassener „indirekter" Offenlegung der Mantelverwendung stehen somit aufgrund der entsprechenden Anwendung der §§ 9a GmbHG, 46 I, 48 AktG und der drohenden deliktischen Haftungstatbestände genügend Sicherungsinstrumente bereit, die Mitwirkung der Gesellschaft bzw. deren Organe im registergerichtlichen Kontrollverfahren für den Fall der Mantelverwendung zu garantieren.

ee) Zusammenfassung

Sinn und Zweck der formellen und materiellen Prüfungskompetenz des Registergerichts ist die Sicherstellung des durch die Kapitalaufbringungsvorschriften bezweckten Gläubigerschutzes. Durch die entsprechende Anwendung des registergerichtlichen Kontrollverfahrens wird die Erfüllung der auf das Mindesthaftkapital beschränkten Kapitalaufbringungspflicht der Gründer auch für den Fall der Mantelverwendung kontrolliert. Ist bei der rechtlichen Neugründung einer Gesellschaft zur Sicherung der vorherigen finanziellen Leistungsfähigkeit der Gründungsgesellschafter eine registergerichtliche Kontrolle vorgesehen, so bedarf es auch bei der Verwendung einer Mantelgesellschaft einer vorherigen Kontrolle. Entscheidend ist hierbei die Konzeption des Gründungsrechts, welches als Voraussetzung zur Ingangsetzung des registergerichtlichen Eintragungsverfahrens die *vorherige* Bewirkung eines Teils der übernommenen Einlagen verlangt. Die hiermit durch den Gesetzgeber verbundene Hoffnung, dass sich nur solche Personen der Rechtsform einer AG oder GmbH bedienen, die

---

[862] Vgl. hierzu *Hachenburg/Ulmer*, § 9a Rn. 35; K. *Schmidt*, DB 1975, 974; sowie BGHZ 64, 52, 61; a.A. dagegen *Heerma*, Mantelverwendung, S. 133, der über den Betrag für die Einlageverpflichtung lediglich die Realisierung des Zinsschadens für denkbar hält.
[863] Vgl. zur Anwendbarkeit des § 826 BGB neben §§ 9 aGmbHG, 46, 48 AktG,OLG München NJW-RR 1988, 290; *Scholz/Winter*, § 9a Rn. 48, *Roth/Altmeppen*, § 9 aRn. 16; *Kraft*, KK-AktG, § 46 Rn. 12; *Baumbach-Hueck*, § 46 Anm. 3; *Geßler*, AktG, § 46, Rn. 7.
[864] Vgl. hierzu RGZ 155, 257, 285, BGH NJW 63, 148; Ermann/Schiemann, § 826 Rn. 13.
[865] Vgl. für die AG §§ 93 II 2, 116 iVm 48 AktG; siehe hierzu auch *Geßler*, AktG, § 48 Rn. 5.

von vornherein ein Mindestmaß an finanzieller Leistungsfähigkeit nachweisen können,[866] kann somit nur dann gewährleistet werden, wenn die wirksame entsprechende Anwendung der Kapitalaufbringungsvorschriften „durch die handelsrechtliche Kontrolle verfahrensmäßig flankiert"[867] wird. Die Anmeldeversicherung ist hierbei inhaltlich auf die Leistung des gesetzlichen Mindesthaftkapitals beschränkt. Darüber hinaus bedarf es einer gesonderten Pflicht zur Offenlegung der Mantelverwendung nicht, da das Registergericht allein schon aufgrund der Abgabe einer solchen Erklärung Kenntnis von der Verwendung der Mantelgesellschaft erlangt. Dass es dagegen überhaupt zu einer „indirekten" Offenlegung der Mantelverwendung gegenüber dem Registergericht kommt, wird in erster Linie über die entsprechende Anwendung der §§ 9a GmbHG, 46 I, 48 AktG, aber auch durch die drohende deliktische Haftung gewährleistet.

3. Analogie der Handelndenhaftung

Kommt es vor Eintragung der GmbH oder AG im Stadium der Vorgesellschaft zu rechtsgeschäftlichem Handeln der Geschäftsführer namens der künftigen Gesellschaft, so löst dies gem. § 11 Abs. 2 GmbHG, § 41 Abs. 1 AktG eine persönliche Haftung der Handelnden aus. Die Handelndenhaftung setzt hierbei mit Feststellung der Satzung ein[868] und erlischt mit Eintragung der Gesellschaft.[869] Zuletzt wurde vom BGH vertreten, die durch die „wirtschaftliche Neugründung" aufgezeigte Regelungslücke durch die analoge Anwendung der Handelndenhaftung zu schließen.[870]

So sollen § 11 Abs. 2 GmbHG bzw. § 41 Abs. 1 AktG auch bei der Mantelverwendung zur Anwendung gelangen, wenn die zuvor unternehmenslose Gesellschaft den Geschäftsbetrieb (wieder) aufnimmt, ohne dass dem alle Gesellschafter zugestimmt haben. Als maßgeblichen Zeitpunkt verweist der BGH in seiner Entscheidung auf die Offenlegung ihrer „wirtschaftlichen Neugründung" - in der

---

[866] Vgl. hierzu Begr. RegE 1977, BT-Drs. 8/1347, S. 32; ferner *Dreßel*, Kapitalaufbringung, S. 149 f..

[867] So *Priester*, DB 2003, 2291, 2296.

[868] Vgl. BGHZ 91, 148, 150.

[869] Vgl. BGHZ 80, 182.

[870] Vgl. hierzu oben unter V 3. b); insgesamt kritisch zur entsprechenden Anwendung der Handeldenhaftung siehe OLG Karlsruhe, DB 1978, 1219 f.; OLG Koblenz DB 1989, 373 f.; OLG Hamburg, BB 1987, 505; OLG Brandenburg, NZG 1999, 166 f.; *Bommert*, GmbHR 1983, 209, 211; *Priester*, DB 1983, 2291, 2295; *Heerma*, Mantelverwendung, S. 142 ff.; *ders.*, GmbHR 1999, 640, 643; *Bärwaldt/Schabacker*, GmbHR 1998, 1005, 1012 f.; *Ahrens*, DB 1998, 1069, 1073; *Röhricht*, in: Großkomm z. AktG, § 23 Rn. 40; *Göz/Gehlich*, ZIP 1999, 1653, 1661; *Werner*, NZG 2001, 397, 400.

Literatur wurde dagegen zumeist auf den Zeitpunkt der Eintragung der (zumeist) erforderlichen Satzungsänderungen als maßgeblichen Zeitpunkt abgestellt.[871]

a) Funktionen der Handelndenhaftung

Der Anwendungsbereich der Handelndenhaftung ist seit Bestehen des GmbHG und AktG einem ständigen Wandel unterworfen. Durch den Übergang vom Konzessions- zum Normativsystem erfuhr die der Handelndenhaftung ursprünglich zugeschriebenen Straf-, Druck- und Sicherungsfunktion eine Neubewertung,[872] was eine genaue Bestimmung von Sinn und Zweck der Handelndenhaftung im heutigen GmbH- und Aktiengesellschaftsrechts erschwert. Aufbauend auf dem Konzessionssystem des vorigen Jahrhunderts, wonach die Entstehung einer juristischen Person der staatlichen Zugangskontrolle unterlag, sollte die Handelndenhaftung ursprünglich dazu dienen, das Entstehen juristischer Personen außerhalb des dazu vorgesehenen Verfahrens zu verhindern. Nur im Lichte des damals maßgeblichen Konzessionssystems lässt sich daher auch eine „Straffunktion" der Handelndenhaftung ableiten. Durch die Statuierung einer persönlichen und unmittelbaren Haftung des Handelnden durch die §§ 11 Abs. 2 GmbHG bzw. § 41 Abs. 1 AktG[873] sollte vermieden werden, dass die noch nicht eingetragene Kapitalgesellschaft bereits rechtsgeschäftlich tätig wurde.[874] Spätestens seit der Überwindung des Vorbelastungsverbots[875] kann der Straffunktion der Handelndenhaftung heute jedoch keine eigenständige Bedeutung mehr zugesprochen werden.[876]

Eng verknüpft mit der Straf- ist auch die sog. „Sicherungsfunktion" der Handelndenhaftung. Von einer Sicherungsfunktion wird gesprochen, da durch die Handelndenhaftung gewährleistet wird, dass den Gläubigern der Vorgesellschaft anstelle einer nicht existenten Gesellschaft zumindest ein unbeschränkt haftender Schuldner zur Verfügung steht.[877] Durch die Anerkennung der Vorgesellschaft als Rechtssubjekt durch Rechtsprechung[878] und Lehre[879] und durch die

---

[871] Vgl. OLG Hamburg, BB 1983, 1123; LG Hamburg NJW 1985, 2426; LG Hamburg, GmbHR 1987, 895; KG, NZG 1998, 731 f.; OLG Stuttgart GmbHR 1999, 610; *Ulmer*, BB 1983, 1124; *Baumbach/Hueck*, GmbHG, § 11 Rn. 46; *Hachenburg/Ulmer*, GmbHG, § 11 Rn. 103.

[872] Vgl. hierzu *Beuthien*, ZIP 1996, 360 ff.; *Lieb*, FS Stimpel 1985, 399 ff.; *Weimar*, GmbHR 1988, 288, 297; ders. DStR 1997, 1170, 1177.

[873] § 41 I 2 AktG geht auf § 211 I ADHGB von 1861 zurück und wurde in das GmbHG übernommen, § 11 II GmbHG. Zur historischen Entwicklung siehe auch *Ulmer*, in: FS Ballerstedt, S. 287 ff..

[874] RGZ, 55, 302, 304 sprach sogar von einer „Strafvorschrift".

[875] BGHZ 80, 129, 138 f = BGH NJW 1981, 1373 ff..

[876] kritisch zur Straffunktion bereits RGZ 159, 33, 43; BGHZ 47, 25, 29.

[877] Vgl. *Michalski*, § 11 Rn. 86 ff; zur Unbeschränktheit der Handelndenhaftung Haftung siehe auch LG Hamburg, GmbHR 1996, 763.

[878] Vgl. BGHZ 80, 129, 138 f = BGH NJW 1981, 1373 ff.

grundsätzlich unbeschränkte Gesellschafterhaftung auch nach Eintragung hat sich jedoch auch die Sicherungsfunktion der Handelndenhaftung „zumindest deutlich relativiert".[880] – teilweise wird sie aufgrund der Anerkennung der Vorgesellschaft als Rechtssubjekt sogar als gänzlich sinnentleerte Norm bezeichnet.[881] Die herrschende Ansicht[882] hält dagegen weiterhin an der Sicherungsfunktion fest und weist darauf hin, dass die Kapitalgrundlage der den Gläubigern zunächst haftenden Vorgesellschaft eben noch nicht vom Registergericht überprüft worden sei.[883] Allerdings müsse unter Berücksichtigung der soeben genannten Entwicklung der Anwendungsbereich der Handelndenhaftung eng ausgelegt werden. Sachlich beschränkt er sich auf das Stadium der Vorgesellschaft, persönlich wird die Handelndenhaftung auf den (faktischen) Geschäftsführer[884] beschränkt.[885]

Schließlich wird der Handelndenhaftung noch eine „Druckfunktion" zugesprochen.[886] Die bestehenden Haftungsrisiken sollen dazu dienen, die Handelnden zu einer beschleunigten Eintragung anzuhalten.[887] Kritisch wird hierzu angemerkt, dass nach der Anmeldung der Gesellschaft zum Handelsregister die Geschäftsführer in der Regel keinen Einfluss haben, den Eintragungsprozess zu beschleunigen – das Prüfungsverfahren zwischen Anmeldung und Eintragung der Gesell-

---

[879] Vgl. *Scholz/K. Schmidt*, GmbHG, § 11 Rn. 92.

[880] Vgl. *Michalski*, GmbHG, § 11 Rn. 89.

[881] Vgl. *Wilhelm*, Kapitalgesellschaftsrecht, Rn. 194; *Weimar*, GmbHR 1988, 289 ff.; *Heerma*, GmbHR 1999, 641, 645.

[882] Vgl. OLG Hamburg, BB1983, 1116; *Fleck*, GmbHR 1983, 5 ff.; *Meister*, FS Werner, 521 ff.; *Beuthien*, ZIP 1996, 360, 365 f.; *Ahrens*, DB 1998, 1069, 1073; *Wahlers*, DStR 2000, 973, 976; *Werner*, NZG 2001, 397, 400; *Hüffer*, AktG, § 41 Rn. 19; *Röhricht*, in Großkomm z. AktG, § 23 Rn. 140; *Baumbach/Hueck/Fastrich*, § 11 Rn. 42; *Rowedder/Rittner/Schmidt-Leithoff*, § 11 Rn. 102; *Hachenburg/Ulmer*, § 11 Rn. 102 f.; *Scholz/K. Schmidt*, § 11 Rn. 97.

[883] BGHZ 80, 182, 183; *Scholz/Schmidt*, § 11 Rn. 93; *Michalski*, § 11 Rn. 90 m.w.N.; siehe hierzu auch *K. Schmidt*, GmbHR 1973, 146 ff.; *ders.*, Gesellschaftsrecht, S. 1026; der als „innere Berechtigung" der Handelndenhaftung neben der Ausgleichsfunktion weiterhin auch die Druckfunktion sieht, damit die Geschäftsführer die alsbaldige Eintragung der Gesellschaft vorantreiben.

[884] Die Rechtsprechung bzgl. § 11 Abs. 2 GmbHG lässt sich hierbei auf § 41 Abs. 1 AktG aufgrund des gleichen Regelungsgehalts übertragen, vgl. BGHZ 48, 25, 28; BGHZ 53, 206; 65, 378; 66, 359, RGZ 70, 296, 301; vgl. ferner *Heerma*, Mantelverwendung, S. 140 ff..

[885] Vgl. *Hachenburg/Ulmer*, § 11 Rn. 105; *Roth/Altmeppen*, § 11 Rn. 28; *Fischer*, LM Nr. 15 zu § 11 GmHG; *Michalski*, § 11 Rn. 92 ff. m.w.N.; siehe ferner BGHZ 47, 25; 134, 333 zur Aufgabe des „weiten Handelndenbegriffs"; a.A. noch RGZ 55, 302, 304; BGH NJW 1955, 1228; BGH NJW 1961, 1016 f..

[886] Vgl. OLG Karlsruhe, DB 1978, 1220; LG Hamburg, NJW-RR 1997, 671, 672; *Gummert*, DStrR 1997, 1007, 1010; *K. Schmidt*, in Scholz, GmbHG, § 11 Rn. 93; *Fleck*, GmbHR 1983, 5, 13; *Weimar*, GmbHR 1988, 289, 298.

[887] Vgl. hierzu ebenso BGHZ 47, 25, 29; 69, 95, 103; sowie *Rowedder-Rittner*, GmbHG, § 11 Rn. 101, *Knoche*, Gründerhaftung, S. 40 f..

schaft angesichts der überlasteten Registergerichte jedoch die Hauptursache für die lange Zeitspanne vom Abschluss des Gesellschaftsvertrages bis zur Eintragung der Gesellschaft darstelle.[888] Zudem seien die Gründer bereits durch die drohende unbeschränkte Unterbilanzhaftung genügend unter Druck gesetzt, die Eintragung schnellstmöglich zu betreiben, so dass es einer zusätzlichen Druckfunktion auf die Geschäftsführung nicht bedarf. Die Befürworter einer Druckfunktion entgegnen dagegen, dass die drohende Haftung die Geschäftsführer eben nicht nur dazu anhalte, die Eintragung rasch, sondern zudem auch vollständig und ordentlich vorzunehmen, was insgesamt einen reibungslosen Ablauf des Eintragungsverfahrens unterstütze.[889]

b) Vergleichbarkeit von Mantelverwendung und Regelungsziel der Handelndenhaftung

Unter Berücksichtigung der verschiedenen Schutzfunktionen der Handelndenhaftung ließe sich eine analoge Anwendung der Handelndenhaftung für den aufgezeigten Fall der Mantelverwendung dann begründen, wenn dieser alle Merkmale aufweist, die nach Sinn und Zweck der Rechtsordnung für die Anknüpfung der Rechtsfolge an den geregelten Tatbestand bestimmt sind.

Alleine schon aus methodischen Gesichtspunkten müssen hierbei Argumente, welche die Vergleichbarkeit zwischen Mantelverwendung und Regelungsziel der Handelndenhaftung aus einer Straffunktion ableiten, unterbleiben. Ansonsten würde dies dazu führen, dass der Handelndenhaftung eine Bedeutung in der analogen Anwendung zukommen würde, die es aufgrund des Systemwechsels vom Konzessionssystem hin zum Normativsystem in der Regelanwendung nicht mehr hätte. Die *Funktionserweiterung* einer Norm durch deren analoge Anwendung soll jedoch gerade nicht durch die Analogie erreicht werden.[890]

Die Stimmen in der Literatur, die sich für die analoge Anwendung der Handelndenhaftung aussprechen, berufen sich daher in der Regel auf das Regelungsziel der Sicherungsfunktion der Handelndenhaftung.[891] Die Handelndenhaftung gibt unter dem Gesichtspunkt der Sicherungsfunktion dem Gläubiger einen Ausgleich dafür, dass die Kapitalgrundlage der Vorgesellschaft noch nicht in gleichem Maße wie bei der eingetragenen AG bzw. GmbH kontrolliert wurde. Eben diese Situation sei nunmehr aber mit der Situation bei Mantelverwendung zwischen Anteilserwerb und Eintragung der Umgründungsbeschlüsse vergleichbar, da es auch hier an einer registergerichtlichen Prüfung der Kapitallage der Gesellschaft fehle.

---

[888] Vgl. *Hachenburg/Ulmer*, § 11 Rn. 98.

[889] Vgl. hierzu K. *Schmidt* in Scholz, GmbHG § 11 Rn. 93.

[890] Vgl. *Larenz*, Methodenlehre der Rechtswissenschaft, S. 345 ff..

[891] Vgl. hierzu *Baumbach/Hueck*, GmbHG, § 11 Rn. 46 m.w.N..

Im Hinblick auf die Sicherungsfunktion der Handelndenhaftung muss jedoch eine analoge Anwendung der Handelndenhaftung aus mehren Gesichtspunkten scheitern. Zum einen besteht keine Vergleichbarkeit hinsichtlich des Sicherungsinteresses, da bereits eine eingetragene Kapitalgesellschaft vorliegt, die zudem Gegenstand einer registergerichtlichen Prüfung war.[892] Weder das AktG noch das GmbHG kennen einen Vertrauenstatbestand, dass die im Rechtsverkehr auftretenden Rechtssubjekte mit ausreichend Kapital ausgestattet sind.[893] Es ist daher auch nicht ersichtlich, inwieweit der Gläubiger einer Mantelgesellschaft im Gegensatz zu einer noch unternehmerisch tätigen Gesellschaft durch die nochmalige Anwendung der Handelndenhaftung privilegiert werden sollte.[894]

Die Sicherungsfunktion der Handelndenhaftung verfolgt vom Grunde her lediglich das Ziel, dem Gläubiger überhaupt einen Schuldner zur Verfügung zu stellen. Eine solche Gefahr stellt sich jedoch für den Fall der Mantelverwendung gerade nicht, da die rechtliche Existenz der Gesellschaft zu keinem Zeitpunkt erlischt.[895] Die Handelndenhaftung stellt somit in ihrer Sicherungsfunktionen nicht darauf ab, das finanzielle Mindestengagement der *Gründer* sicherzustellen und unlautere Gründungen zu verhindern, sondern eher darauf, die *Gläubiger* durch die persönliche Haftung der (faktischen) Geschäftsführer zu schützen. Das Regelungsziel besteht diesbezüglich somit gerade nicht darin, den abstrakten Gläubigerschutz durch Verbindung von unternehmerischem Risiko mit eigenem finanziellen (Mindest-) Engagement und Einflussmöglichkeit sicherzustellen. Gerade dieser ist jedoch durch die Umgehung der Kapitalaufbringungsvorschriften durch die Gründer gefährdet.[896] Somit gilt hinsichtlich der Regelungsziele: Handelndenhaftung ist im Rahmen ihrer Sicherungsfunktion (zusätzlicher) Schutz des Gläubigers durch persönliche Haftung des Handelnden – der Schutz durch Mindestkapitalisierung ist dagegen vom Ansatz her präventiver Schutz des Gläubigers durch finanzielle Beteiligung der Gründer am unternehmerischen Risiko.

Unter Bezugnahme auf das Regelungsziel der Druckfunktion ist es dagegen Sinn und Zweck der Handelndenhaftung, die Geschäftsführer dazu anzuhalten, „ihren Teil zur alsbaldigen Eintragung der Gesellschaft beizutragen."[897] Die drohende Haftung hält somit den Geschäftsführer dazu an, rasch die notwendigen Versicherungen bereitzustellen. Die hiergegen erhobenen Einwände,[898] dass die Geschäftsführer die Dauer des Eintragungsverfahrens nicht beeinflussen könnten

---

[892] Vgl. *Göz/Gehlich*, ZIP 1999, 1653, 1661; *Wahlers*, DStR 2000, 973, 976.

[893] Vgl. hierzu *Priester*, DB 1983, 2291, 2297; *Heerma*, GmbHR 1999, 649, 645.

[894] Vgl. so auch *Priester*, DB 1983, 2291, 2297.

[895] Vgl. oben § 3 IV. 1.

[896] Vgl. hierzu oben § 3 VI. 2.

[897] Vgl. K. *Schmidt*, GmbHR 1973, S. 146 ff.; *ders.*, Gesellschaftsrecht, § 34 III, S. 1025.

[898] Vgl. hierzu *Priester*, DB 1983, 2291, 2297; *Göz/Gehlich*, ZIP 1999, 1653, 1661.

bzw. für Umstände haftbar gemacht würden, die in der Sphäre des Registergerichts lägen, überzeugen dagegen aus zweierlei Gründen nicht. Zum einen werden nicht selten Zwischenverfügungen vom Registergericht verlangt, die das
weitere Mitwirken des Geschäftsführers erfordern.[899] Das Eintragungsverfahren
ist daher von Abgabe der notwendigen Versicherungen bis Eintragung der Gesellschaft im HRG als einheitliches Verfahren zu begreifen, das der Mitwirkung
des Geschäftsführers bedarf. Zum anderen wird die Reduzierung der Druckfunktion auf die zeitliche Komponente dem Sinn und Zweck der Vorschrift nicht gerecht. So kommt neben der zeitlichen noch eine *qualitative* Sicherung des Eintragungsverfahrens zum Tragen, da das Registergericht die Eintragung der Gesellschaft nur dann weiter betreibt, wenn die hierzu notwendigen Unterlagen
vollständig und aus formal-rechtlichen Erwägungen einwandfrei vorliegen. Die
Handelndenhaftung stellt somit indirekt sicher, dass die Erlangung der Haftungsbeschränkung an die umfassende Erfüllung der gestetzlichen Anforderungen und deren registergerichtliche Prüfung geknüpft wird. Durch die Bejahung
einer analogen Anwendung des formal-rechtlichen registergerichtlichen Prü-
fungsverfahrens nebst erforderlichen Erklärungen ergibt sich somit eine vergleichbare Situation zur Lage des Geschäftsführers bei der Vorgesellschaft. In
beiden Fällen ist der Geschäftsführer dazu angehalten eine Anmeldeversicherung abzugeben. Erfüllt er diese Pflichten, erlischt bei der rechtlichen Neugründung durch Eintragung bei der Mantelverwendung bereits mit Einreichung der
Versicherung die drohende Haftung.[900]

c) Zusammenfassung

Die analoge Anwendung der Vorschriften zur Aufbringung des Mindesthaftkapitals und registergerichtliche Kontrolle werden durch die entsprechende Anwendung der Handelndenhaftung flankiert. Unter Berücksichtung der Druckfunktion der Handelndenhaftung kann hierbei eine Vergleichbarkeit hinsichtlich
deren Regelungsziels für den Fall der Mantelverwendung begründet werden.[901]
Nimmt der Geschäftsführer ohne Zustimmung aller Gesellschafter die Geschäftätigkeit auf, bevor er seinen registergerichtlichen Mitwirkungspflichten
nachgekommen ist, setzt er sich der Gefahr einer unbegrenzten persönlichen
Haftung aus.

---

[899] Vgl. hierzu K. *Schmidt* in Scholz, GmbHG § 11 Rn. 9.

[900] Dies stellt insoweit auch keine „zeitliche Privilegierung" dar, sondern verdeutlicht ledig-
lich den Umstand, dass aufgrund der bereits existenten Gesellschaft keine formal-rechtliche
Eintragung der Gesellschaft erfolgt, vgl. hierzu auch Röhricht, Aktuelle höchstrichterliche
Rechtsprechung, S. 18 f..

[901] A.A. dagegen unter Verneinung der Druckfunktion der Handelndenhaftung *Priester*, DB
1983, 2291, 2297; *Göz/Gehlich*, ZIP 1999, 1653, 1661.

4. Analogie der Vorbelastungshaftung

Die Vorbelastungshaftung ist dem Grunde nach Teil der Kapitalsicherungshaftung[902] und nimmt als richterliche Fortbildung eine Sonderstellung ein. Die Forderung, die Vorbelastungshaftung auch für den Anteilserwerb einer Mantelgesellschaft analog anzuwenden,[903] wird auch nach dem Urteil des BGH weiterhin kritisch beurteilt.[904]

a) Funktion der Vorbelastungshaftung

Die Vorbelastungshaftung, die im Gesetz nicht ausdrücklich vorgesehen ist, wurde aus dem Rechtsgedanken des § 9 GmbHG bzw. der Aufgabe des Vorbelastungsverbots heraus entwickelt[905] und gilt heute entsprechend auch für das Aktienrecht.[906] Nach der Begründung des Regierungsentwurfes ist es der Zweck von § 9 I GmbHG, das Risiko von Wertminderungen zwischen Abschluss des Gesellschaftsvertrages und Entstehen der GmbH möglichst einzuschränken.[907] Durch die Eintragung der Gesellschaft ins Handelsregister gehen sowohl das Vermögen als auch die Verbindlichkeiten der Vor-Gesellschaft auf die neu entstandene juristische Person über. Würden nunmehr die begründeten Verbindlichkeiten den Vermögenszugang der Gesellschaft einen Betrag übersteigen, der über die Höhe der Stammkapital- bzw. Grundkapitalziffer hinausgeht, so würde dies bedeuten, dass die Gesellschaft zum Zeitpunkt ihrer Entstehung bereits überschuldet wäre.[908] Angesichts des Umstandes, dass den Gläubigern einer Kapitalgesellschaft grundsätzlich nur das Gesellschaftsvermögen haftet, stellt somit der wertmäßige Verlust des Gesellschaftsvermögens bereits zum Zeitpunkt der Eintragung eine Gläubigergefährdung dar.

Dieser Gläubigergefährdung versucht nunmehr die Vorbelastungshaftung mit der Anerkennung eines Ausgleichsanspruches der Gesellschaft in Höhe der an-

---

[902] Vgl. hierzu die Einteilung bei *Priester*, DB 1983, 2291, 2296.

[903] Vgl. hierzu *Ulmer*, BB 1983, 1123; dem folgend, *Raiser*, Kapitalgesellschaften, S. 263; Ihrig, BB 1988, 1197, 1202: ablehnend hierzu *Priester*, DB 1983, 2291; *Peters*, GmbH-Mantel, S. 130; *Röhricht*, in: Großkomm z. AktG, § 23, Rn. 139; *Lübbert*, BB 1998, 2221, 2222.

[904] Vgl. hierzu *Altmeppen*, DB 2003, 2050, 2051 f.; K. *Schmidt*, NJW 2004, 1345, 1349; *Kallmeyer*, GmbHR 2003, 322.

[905] Vgl. BGHZ 80, 129, 136-143; BGHZ 105, 300, 303 f., kritisch hierzu *Knoche*, Gründerhaftung, S. 31.

[906] Vgl. *Kraft*, in: KölnKomm z. AktG, § 41 Rn. 66 f.; *Hüffer*, AktG, § 41 Rn. 8; K. *Schmidt*, Gesellschaftsrecht, § 27 II 4 c m.w.N..

[907] Im Falle einer Minderung des Werts der Sacheinlage zwischen Erbringung und Eintragung der Gesellschaft hat das Gericht daher auch gem. § 9 c GmbHG die Eintragung abzulehnen, vgl. hierzu BT-Drs. 8/1347, S. 35.

[908] Vgl. hierzu *Dreßel*, Kapitalaufbringung, S. 46 ff..

gefallenen Verluste gegenüber den Gesellschaftern entgegenzutreten.[909] Durch das nach Eintragung greifende Sicherungssystem haften die Gesellschafter der Gesellschaft gegenüber anteilig für die Differenz zwischen Stammkapital und tatsächlichem Wert des Gesellschaftsvermögens zum Zeitpunkt der Eintragung. Die Haftung ist unbegrenzt und kann so bei Überschuldung auch über den Betrag des Nennkapitals hinausgehen. Die Deckungspflicht für Verluste der Vorgesellschaft trifft die Gesellschafter hierbei entsprechend ihrer Anteile, wobei jedem Gesellschafter die Gefahr droht, im Rahmen der Ausfallhaftung für die übrigen Gesellschafter geradestehen zu müssen, wenn diese nicht in der Lage sind, die geforderte Leistung zu erbringen. Ein Verzicht der Gesellschaft auf die Ansprüche aus Differenzhaftung ist unzulässig.[910]

b) Vergleichbarkeit von Regelungslücke bei Alternativgründung und Regelungsziel der Vorbelastungshaftung

Die Vorbelastungshaftung basiert auf dem Unversehrtheitsgrundsatz und ist Ausdruck des Rechtsgedankens, dass sich der Rechtsverkehr zumindest darauf verlassen soll, dass die Gesellschaft zum Zeitpunkt ihrer Eintragung über den öffentlich verlautbarten Haftungsfonds tatsächlich verfügt.[911] Hier greift auch die Kritik der Gegner einer Analogie der Vorbelastungshaftung für den Fall von Mantelkauf und Mantelverwendung. Ist das Mindestkapital nur für den Zeitpunkt der Entstehung garantiert, besteht (wiederum) kein schutzwürdiges Vertrauen des Rechtsverkehrs, dass das Nennkapital zu einem späteren Zeitpunkt noch in einer bestimmten Höhe vorhanden ist. Insoweit besteht eine Parallele zur Argumentation, die bereits gegen eine Analogie der Kapitalaufbringungsvorschriften ins Feld geführt wurde und auf die hier im Wesentlichen verwiesen werden kann.[912] Es wäre nur schwerlich einzusehen, warum die Gläubiger einer ehemaligen Mantelgesellschaft durch ein so starkes zusätzliches Sicherungsinstrument wie der unbeschränkten Vorbelastungshaftung gegenüber dem Gläubiger einer unternehmerisch tätigen Gesellschaft geschützt und privilegiert werden sollen, obschon in beiden Fällen der Rechtsverkehr gerade kein schutzwürdiges Vertrauen genießt, dass Kapital in bestimmter Höhe vorhanden ist. Eine Anwendung ließe sich somit nur dadurch rechtfertigen, indem die durch den Kauf und Verwendung unterbilanzierter Mantelgesellschaften aufgezeigte Gefährdung für den präventiven Gläubigerschutz durch die analoge Anwendung der Vorbelastungshaftung vermieden werden könnte. Der präventive Gläubiger-

---

[909] Vgl. hierzu *Dreßel*, Kapitalaufbringung, S. 46 ff.; ablehnend zur Herleitung einer Differenzhaftung dagegen *Heerma*, Mantelverwendung, S. 137 ff.; sowie *Eckart*, in Geßler/Hefermehl/Kropff, AktG § 41 Rn. 15.

[910] Vgl. hierzu *Scholz*, Gründungsstadium, S. 132, *Dreßel*, Kapitalaufbringung, S. 49.

[911] Vgl. BGH v. 9.3.1981, DB 1981, 1032, 1033; siehe ferner *Hüffer*, JuS 1980, 485, 487.

[912] Vgl. hierzu oben § 3 VI 2.

schutz wird im Wesentlichen durch zwei Elemente gekennzeichnet: Einerseits garantiert er, den Nachweis einer finanziellen Leistungsfähigkeit vor Beginn der unternehmerischen Tätigkeit mit dem Rechtsträger einer Kapitalgesellschaft. Andererseits wird eine minimale finanzielle (Risiko-) Beteiligung am wirtschaftlichen Gelingen der Gesellschaft anteilig im Verhältnis zu den Mitgliedschaftsrechten sichergestellt.

Beide Sicherungselemente werden – wie aufgezeigt – durch den Kauf und die Verwendung unterbilanzierter Mantelgesellschaften gefährdet. Die Vorbelastungshaftung ist dagegen in keiner Weise dazu geeignet, den präventiven Gläubigerschutz zu gewährleisten. So ist zum einen nicht Sinn und Zweck der Vorbelastungshaftung eine *generelle* finanzielle Mindest- (Risiko-) Beteiligung am unternehmerischen Erfolg oder Misserfolg der Gesellschaft sicherzustellen. Dies wird allein dadurch deutlich, dass es den Gesellschaftern grundsätzlich freigestellt bleibt, die Geschäftstätigkeit erst nach Eintragung aufzunehmen und so ihr Risiko zu fixieren - das Eingreifen des Sicherungssystems somit letztlich von der Entscheidung der Gesellschafter abhängig gemacht wird. Ein wesentliches Wesensmerkmal des präventiven Gläubigerschutzes ist es dagegen, dass die ausnahmslose Erfüllung bestimmter Pflichten verlangt wird – diese also gerade nicht zur Disposition der Gesellschafter stehen.

Ferner kann die Vorbelastungshaftung nicht sicherstellen, ob die Gesellschafter überhaupt in der Lage sind ein finanzielles Mindestengagement *vor* Beginn der unternehmerischen Tätigkeit zu leisten. Die Vorbelastungshaftung ist vielmehr ein typisches repressives Sicherungssystem, welches nachgelagert einen zusätzlichen Anspruch auf Ausgleich der angefallenen Verluste statuiert. Der Nachweis einer vorherigen finanziellen Mindestleistungsfähigkeit könnte dagegen auch bei der analogen Anwendung der Vorbelastungshaftung zu keinem Zeitpunkt erreicht werden. Die Vorbelastungshaftung ist im Hinblick auf seine Schutzrichtung bzgl. des Vorhandenseins des Nennkapitals insoweit auf den Zeitpunkt der Eintragung *beschränkt*.[913] Diese Schutzfunktion wird durch den Kauf eines vermögensschwachen Gesellschaftsmantels jedoch nicht berührt, denn auch die nunmehr unterbilanzierte Mantelgesellschaft wurde zum Zeitpunkt ihrer rechtlichen Entstehung hinsichtlich ihres Nennkapitals kontrolliert. Ein Vertrauenstatbestand des Rechtsverkehrs, dass die Gesellschaft zu einem späteren Zeitpunkt noch über ein entsprechendes Eigenkapital verfügt, existiert nicht. Da die Vorbelastungshaftung nicht den abstrakten Gläubigerschutz durch Sicherstellung eines Mindestkapitals zum Normzweck hat, ist es daher für eine Analogie zur Sicherung eben dieser Funktion auch nicht geeignet.

---

[913] Vgl. *Priester*, ZIP 1982, 1141, 1144; *ders.*, DB 1983, 2291, 1196.

5. Zusammenfassung

Die aufgezeigte Gefährdung des abstrakten Gläubigerschutzes der Kapitalaufbringungsvorschriften im AktG und GmbHG kann durch die Anwendung eines „Durchgriffmodells", unabhängig von der Frage seiner grundsätzlichen Zulässigkeit, nur unvollständig erfasst werden und ist deshalb abzulehnen. Den Stimmen, die sich gegen die analoge Anwendung der Gründungsvorschriften aussprechen, ist jedoch insoweit zuzustimmen, als dass durch die Verwendung eines unterbilanzierten Gesellschaftsmantels keine Gefährdung der konkreten Schutzfunktion angenommen werden kann. Berücksichtigt man dagegen die abstrakte Schutzfunktion der Kapitalaufbringungsvorschriften wird deutlich, dass diese nicht erfüllt werden kann, solange das Gesellschaftsrecht die Alternativmöglichkeit des Anteilserwerbs von unterbilanzierten Mantelgesellschaften und deren rechtlich folgenlose Verwendung bereitstellt.

In entsprechender Anwendung der Gründungsvorschriften trifft daher die Erwerber eines solchen Gesellschaftsmantels bei der Verwendung die Pflicht zur Kapitalaufbringung, die jedoch auf die Aufbringung des Mindesthaftkapitals beschränkt ist. Die darüber hinausgehende Verpflichtung zur Leistung des statuarischen Stammkapitals bzw. Grundkapitals ist dagegen nicht geboten, da sie lediglich Ausfluss der konkreten Schutzfunktion der Kapitalaufbringung ist und durch die Mantelverwendung nicht gefährdet wird.[914]

Darüber hinaus garantiert die analoge Anwendung des registergerichtlichen Kontrollverfahrens die vorherige Bewirkung der Kapitalaufbringungspflichten der Mantelverwender. Das Registergericht prüft, ob eine auf die Erbringung des gesetzlichen Mindesthaftkapitals beschränkte Versicherung im Sinne der §§ 8 Abs. 2 GmbHG, 37 Abs. 1 AktG vorliegt und die Gründer zum Zeitpunkt der „Anmeldung" ihrer Verpflichtung zur Leistung des gesetzlichen Mindesthaftkapitals nachgekommen sind. Da das Registergericht allein schon aufgrund der Abgabe einer solchen Erklärung Kenntnis von der Verwendung der Mantelgesellschaft erlangt, bedarf es einer gesonderten Pflicht zur Offenlegung der Mantelverwendung nicht.[915]

Ebenso wenig kann vom Registergericht im Fall der Mantelverwendung eine über die Leistung des Mindesthaftkapitals hinausgehende Deckungskontrolle verlangt werden. Kann das Registergericht bereits nicht im gesetzlichen Regelfall die Eintragung einer Gesellschaft verhindern, deren Eigenkapital durch Gründungskosten gemindert wurde, kann eine solche Eigenkapitalkontrolle auch in der entsprechenden Anwendung nicht zulässig begründet werden.

---

[914] Vgl. hierzu bereits oben unter § 3 VI. 2. b).

[915] a.A. insoweit aber BGH, Beschluss v. 7.7.2003 2002 - II ZB 4/02; ZIP 2003 1698 ff., der zudem offen lässt, in welcher Form eine solche Erklärung zu erfolgen hat und ob es sich hierbei um eine eintragungspflichtige Tatsache handelt, siehe hierzu auch *Röhricht*, Aktuelle höchstrichterliche Rechtsprechung, S. 17 f..

Die Wirksamkeit des registergerichtlichen Kontrollverfahrens wird durch die entsprechende Anwendung der zivilrechtlichen Haftungstatbestände der §§ 48 AktG, 9 a GmbHG unterstützt.[916] Die entsprechende Anwendung der Handelndenhaftung greift für den Fall, in dem der Geschäftsführer die Geschäfte vor Anmeldung einer entsprechenden Versicherung aufnimmt, ohne dass alle Gesellschafter dem zugestimmt haben.[917] Die analoge Anwendung einer Vorbelastungshaftung wird dagegen vorliegend abgelehnt.[918] Die Vorbelastungshaftung ist in ihrer Regelanwendung im Hinblick auf ihre Schutzrichtung auf den Zeitpunkt der Eintragung beschränkt und entfaltet keine Schutzfunktion hinsichtlich eines präventiven Gläubigerschutzes. Es ist daher für eine Analogie zur Sicherung eben dieser Funktion auch nicht geeignet.

---

[916] Vgl. zur Beweislastumkehr im Rahmen der §§ 48 AktG, 9 a GmbHG *Hüffer*, AktG § 48 Rn. 1, sowie *Michalski*, GmbHG, § 9c Rn. 19 ff. mit jeweils weiteren Nachweisen.

[917] Übereinstimmend hierzu BGH, Beschluss v. 7.7.2003 2002 - II ZB 4/02; ZIP 2003 1698 ff..

[918] a. A. insoweit BGH, Beschluss v. 7.7.2003 2002 - II ZB 4/02; ZIP 2003 1698 ff..

VIII. Thesen zu § 3

1. Den entscheidenden Aspekt für die immer noch unklare Begriffsdefinition bei Vorrats- und Mantelgesellschaften liegt in der fehlenden Zurückführung des „Mantelbegriffs" auf wesentliche Merkmale, die nicht in ihrer Gesamtheit (haftungs-) rechtliche Folgen auslösen, begründet. Da der Anteilserwerb von Vorrats- und Mantelgesellschaften ein alltägliches gesellschaftsrechtliches Phänomen darstellt, das nur noch in Teilbereichen als rechtlich problematisch - weil gläubigergefährdend – anzusehen ist, sollte dem Mantelbegriff eine weite Definition zu Grunde gelegt und der Vermögenszustand der Gesellschaft als wesentliches Merkmal der Begriffsbildung fallengelassen werden.

2. Der Kapitalaufbringungspflicht kommt eine doppelte Sicherungs- und Schutzfunktion zu. Die konkrete Schutzfunktion ist in der zeitlichen Wirkung auf die Entstehung der Gesellschaft als juristische Person beschränkt und hat das statuarische Stamm- bzw. Grundkapital als Bezugspunkt. Die abstrakte Schutzfunktion der Kapitalaufbringungsvorschriften ist dagegen dem Sinn und Zweck nach präventiver Gläubigerschutz und gewährleistet, dass vor Aufnahme der unternehmerischen Tätigkeit die Gesellschafter den Nachweis einer finanziellen Mindestleistungsfähigkeit erbringen.

3. Nicht die generelle Existenz unternehmensloser Kapitalgesellschaften und deren (Wieder-)Eintritt in das Rechtsleben stellen eine Gefährdung für das Rechtsleben dar, sondern lediglich der Anteilskauf und die Verwendung von Mantelgesellschaften, deren gesetzliches Mindesthaftkapital nicht gedeckt ist. Die konkrete Schutzfunktion der Kapitalaufbringungsvorschriften wird hierbei jedoch mangels schutzwürdigen Interesses des Rechtsverkehrs nicht gefährdet. Der Kauf und die Verwendung unterbilanzierter Mantelgesellschaften stellt vielmehr eine Gefahr für die abstrakte Schutzfunktion der Kapitalaufbringungsvorschriften dar.

4. Die Verwendung einer Mantelgesellschaft durch die bisherigen Gesellschafter vermag dagegen die Schutzfunktion der Kapitalaufbringungsvorschriften als Ganzes nicht zu gefährden, da sich deren präventiver Schutz auf den einmaligen Nachweis einer finanziellen Leistungsfähigkeit und „Seriosität" beschränkt.

5. Durch ein Modell der Durchgriffshaftung kann – unabhängig von der Frage der generellen Zulässigkeit eines solchen Haftungsmodells im Ka-

pitalgesellschaftsrecht – die aufgezeigte Gefährdung nur unvollständig erfasst werden; sie ist daher abzulehnen.

6. Auf die Verwendung einer unterbilanzierten Mantelgesellschaft nach An-
teilsewerb finden die Vorschriften über die Kapitalaufbringung bei rechtlicher Neugründung einer Kapitalgesellschaft analoge Anwendung. Die
Kapitalaufbringungsvorschriften sind hierbei auf das gesetzliche Mindesthaftkapital beschränkt. Der bloße Handel mit Mantel- bzw. Vorratsgesellschaften kann dagegen als legitime unternehmerische Tätigkeit angesehen werden.

7. Das registergerichtliche Kontrollverfahren findet bei der Mantelverwendung statt, um den Nachweis einer ordnungsgemäßen Erfüllung der Kapitalaufbringungspflichten sicherzustellen. Eine (direkte) Offenlegungspflicht der Mantelverwendung gegenüber dem Registergericht, wie sie der
BGH fordert, ist dagegen abzulehnen, da dem Registergericht allein schon
aufgrund der notwendigen Mitwirkungspflichten die Verwendung einer
Mantelgesellschaft kundig gemacht wird. Die Sicherung des registergerichtlichen Kontrollverfahrens wird in erster Linie durch die entsprechende Anwendung der §§ 9a GmbHG, 46 I, 48 AktG gewährleistet.

8. Die Handelndenhaftung ist entsprechend § 11 Abs. 2 GmbHG auf den
Fall der Mantelverwendung anwendbar, wenn der Geschäftsführer ohne
Zustimmung aller Gesellschafter die Geschäftstätigkeit aufnimmt, bevor
er seinen registergerichtlichen Mitwirkungspflichten nachgekommen ist.

9. Die Gesellschafter unterliegen dagegen nicht einer Vorbelastungshaftung.
Da weder AktG noch GmbHG dem Rechtsverkehr ein schutzwürdiges
Vertrauen zusprechen, dass bei einer bestehenden Kapitalgesellschaft das
gesetzliche Mindesthaftkapital zu einem späteren Zeitpunkt noch vorhanden ist, scheitert die Übertragung dieses Haftungsmodells auf die Verwendung einer Mantelgesellschaft.

§ 4 Gesamtergebnis

Die vorliegende Arbeit widmete sich den gesellschaftsrechtlichen Fragen zur Vorratsgründung und Mantelverwendung. Im Rahmen des ersten Teils der Untersuchung wurde die Diskussion zur Zulässigkeit der verdeckten Vorratsgründung erneut aufgegriffen und bewertet. Die widerstreitenden Positionen konnten hierbei auf die rechtlich relevante Frage reduziert werden, inwieweit die Absicht zur alsbaldigen Verwirklichung des Unternehmensgegenstandes einen zwingenden Teil der Gegenstandsangabe darstellt. Hierbei zeigt sich, dass weder aus der fehlenden Betriebspflicht zwingend auf das Fehlen einer solchen Vorraussetzung geschlossen werden durfte, noch kann die Argumentation aufrechterhalten werden, die Gegenstandsangabe verkomme zur bloßen Ordnungsvorschrift, falls die Absicht zur alsbaldigen Geschäftsaufnahme nicht Teil des Erklärungswertes sei. Vielmehr wird deutlich, dass ein solches Postulat über die zur Erhaltung der Funktionalität der Gegenstandsangabe notwendigen Erklärungsinhalte hinausgeht und ohne Einbußen durch differenziertere notwendige Erklärungsinhalte ersetzt werden kann. Hierzu wird vorgeschlagen, das Gebot zur Gegenstandswahrheit in Relation zur unternehmerischen Tätigkeit zu setzen. Für den Erklärungswert der statuarischen Gegenstandsbezeichnung bedeutet dies letztlich, dass die Gründer lediglich die Absicht haben müssen, diese mit dem tatsächlichen Gegenstand der *unternehmerisch*[919] tätigen Gesellschaft übereinstimmen zu lassen. Allein aus dem Umstand eines gewollten Auseinanderfallens von statuarischem und tatsächlichem Unternehmensgegenstand im Stadium der Unternehmenslosigkeit kann somit weder ein gesetzlicher Verstoß gem. § 117 BGB noch gem. § 134 BGB i.V.m §§ 23 Abs. 3 Nr. 2 AktG, 3 Abs. 1 Nr. 2GmbHG abgeleitet werden. Die verdeckte Vorratsgründung ist daher als zulässig anzusehen.

Der zweite Teil der Arbeit setzte sich mit den formal- und materiell-rechtlichen Fragen der Mantelverwendung auseinander. Die Untersuchung plädiert zunächst dafür, die Begriffe der Mantelgesellschaft und deren Kauf /Verwendung auf den „kleinsten gemeinsamen Nenner" zu erweitern. Hierdurch soll zum einen die Suche nach einer einheitlichen Begriffsdefinition erleichtert werden; zum anderen verdeutlicht eine solch weite Fassung, dass das Phänomen der Mantelverwendung nur in Teilbereichen als rechtlich kritisch zu beurteilen ist. Diese – quasi vorangestellte – Prämisse wird durch eine Untersuchung der konkreten und abstrakten Schutzfunktion der Kapitalaufbringungsvorschriften bestätigt. So berühren zum einen der Erwerb und die spätere Verwendung einer Mantelgesellschaft, deren Reinvermögen das bei der rechtlichen Neugründung vorgese-

---

[919] Vgl. hierzu oben unter § 2 IX. 4. a).

hene Mindesthaftkapital übersteigt, die Schutzfunktion der Kapitalaufbringungsvorschriften nicht. In einem solchen Fall erschöpft sich der Vorteil für den Mantelverwender in der Ersparnis des zeitaufwändigen Gründungsverfahrens – ein Vorteil, der jedoch bereits unstreitig als legitimes Motiv von Lehre und Rechtsprechung anerkannt wurde.[920] Ebenso muss aber auch eine Gefährdung des durch das Gründungsrecht intendierten Gläubigerschutzes, unabhängig vom Vermögensstand der Gesellschaft, für den Fall einer Verwendung einer Mantelgesellschaft durch die alten Gesellschafter abgelehnt werden. Der durch die Kapitalaufbringung im *Gründungsrecht* sichergestellte Gläubigerschutz zielt gerade nicht darauf ab, bei jeder neuen *Unternehmensgründung* durch die Kapitalgesellschaft eine erneute finanzielle Eigenbeteiligung und somit ein erzieherisches Element nachzuweisen.[921] Lediglich die Verwendung von unterbilanzierten Mantelgesellschaften durch deren Anteilskäufer unterläuft die abstrakte Schutzfunktion der Kapitalaufbringung im Gründungsrecht und desavouiert die gesetzgeberische Intention nach gesteigertem präventiven Gläubigerschutz im Rahmen der rechtlichen Neugründung. Die vom Bundesgerichtshof in seinen jüngsten Entscheidungen herangezogene Argumentation einer grundsätzlichen Vergleichbarkeit zwischen „wirtschaftlicher" und rechtlicher Neugründung für jeglichen Fall der Mantelverwendung kann dagegen die soeben aufgezeigten Wertungsunterschiede nicht erfassen und ist daher abzulehnen.

Zuzustimmen ist jedoch der grundsätzlichen Ansicht, dass der beschriebenen Gefährdung des Gründungsrechts wirksam durch eine analoge Anwendung der Kapitalaufbringungsvorschriften, des registergerichtlichen Kontrollverfahrens sowie der Handelndenhaftung begegnet werden kann. Allerdings ist nach hier vertretener Auffassung die Pflicht zur Kapitalaufbringung auf die Höhe des Mindesthaftkapitals beschränkt.[922] Die weitergehende Verpflichtung zur Leistung des statuarischen Stammkapitals ist dagegen Ausdruck der konkreten Schutzfunktion der Kapitalaufbringung, die jedoch gerade nicht durch Mantelkauf und Mantelverwendung gefährdet ist.[923]

Ebenso ist im Rahmen der analogen Anwendung des registergerichtlichen Kontrollverfahrens die Prüfungskompetenz des Registergerichts auf den Nachweis einer Erfüllung der Kapitalaufbringungsvorschriften beschränkt. Die Geschäftsführer bzw. den Vorstand trifft die Pflicht, eine auf das Mindesthaftkapital be-

---

[920] Vgl. BGHZ 117, 332 = ZIP 1992, 689, 692,; sowie *Ulmer*, in Erg. § 3 Rdnr. 26a mit Abweichung von *Ulmer*, 7. Aufl. § 3 Rdnr. 26; sowie *Rittner*, in Rowedder, GmbHG, § 3 Rdnr. 16; weitere Nachweise unter § 2 IV. 3.

[921] Vgl. hierzu oben § 3 VI. 1. b) und 2. b).

[922] a. A. insoweit allerdings der BGH in seinem Beschluss v. 7.7.2003 2002 - II ZB 4/02; ZIP 2003 1698 ff.; der Senat stellte klar, dass in der konsequenten analogen Anwendung der Kapitalaufbringungsvorschriften die Versicherung am satzungsmäßigen Stammkapital auszurichten ist, so dass im Zeitpunkt der Offenlegung die Gesellschaft noch ein Mindestvermögen in Höhe der statuarischen Stammkapitalziffer besitzen muss, vgl. hierzu auch § 3 V. 3. b).

[923] Vgl. hierzu bereits oben § 3 VI. 2. a.).

schränkte Versicherung im Sinne der §§ 8 Abs. 2 GmbHG, 37 Abs. 1 AktG abzugeben. Eine umfassende, auf die Werthaltigkeit ausstehender Einlageforderungen bezogene Kapitaldeckungskontrolle findet dagegen nicht statt. Da das Registergericht allein aufgrund der Abgabe einer solchen Erklärung Kenntnis von der Verwendung der Mantelgesellschaft erlangt, bedarf es zudem keiner zusätzlichen Offenlegung.[924] Bei Verletzung der Anmeldepflicht greift neben etwaig vorliegenden deliktischen Haftungstatbeständen die gesellschaftsrechtliche Sicherungshaftung nach § 48 AktG, 9 a GmbHG.

Durch die entsprechende Anwendung der Handelndenhaftung wird der Fall erfasst, in dem der Geschäftsführer vor Abgabe der Versicherung die Geschäfte aufnimmt, ohne dass alle Gesellschafter dem zugestimmt haben. Unter dem Aspekt ihrer Druckfunktion werden so, sowohl in der Regelanwendung als auch im Fall der Mantelverwendung, die erforderlichen Mitwirkungsakte seitens der Gesellschaftsorgane garantiert.

Entgegen der Ansicht des Bundesgerichtshofs[925] scheitert dagegen die Übertragung der Vorbelastungshaftung für den Fall der Mantelverwendung schließlich daran, dass sie als Sicherungsinstrument zeitlich auf den Eintragungszeitpunkt bei der rechtlichen Neugründung beschränkt ist und keine Schutzfunktion hinsichtlich des in Frage stehenden abstrakten Gläubigerschutzes durch die Kapitalaufbringung im Gründungsrecht entfaltet.

---

[924] So aber BGH, Beschl. v. 7.7.2003 - II ZB 4/02; ZIP 2003 1698 ff..
[925] Vgl. BGH in seinem Beschluss v. 7.7.2003 2002 - II ZB 4/02; DZWIR 2003, 202, 205.

Literaturverzeichnis

Ahmann, Karin-Renate: Der Finanzgerichtsprozess einer im Handelsregister gelöschten GmbH, GmbHR 1987, 439.

Ahrens, Claus: Kapitalgesellschaftliche Mantelverwertung und Vorgesellschafterhaftung, DB 1998, 1069.

Altmeppen, Holger: Zur Verwendung eines „alten" GmbH-Mantels - Besprechung von BGH- Beschl. v. 7.7.2003 - II ZB 4-02, DB 2003, 2050.

Ammon, Ludwig: Die Prüfungsbefugnisse des Registergerichts bei GmbH-Anmeldungen - besteht Reformbedarf?, DStR 1995, 1311.

Amstutz, Marc: Konzernorganisationsrecht. Ordnungsfunktion, Normstruktur, Rechtssystematik, Bern 1993.

Auernhammer, Bernhard: Zur Verwendung von Gründungsrecht auf die Verwendung eines GmbH-Mantels, RNotZ 2003, 195.

Autenrieth, Karlheinz: Verlustvortrag beim Mantelkauf, DStZ 1987, 203.

Bachmayr, Karl: Zur steuerlichen Behandlung des sog. „Mantelkaufs", DB 1970, 798.

Ballerstedt, Kurt: Gewinn und Ausschüttung bei Kapitalgesellschaften. Eine gesellschaftsrechtliche Betrachtung, Tübingen 1949.

Banerjea, Nirmal Robert: Die rechtliche Behandlung des Mantelkaufs, GmbHR 1998, 814.

ders.: Das Stammkapital und die Verwertung von Vorratsgesellschaften, NZG 1999, 817.

Bartl, Harald / Henkes, Ulrich: GmbH-Recht. Handbuch und Kommentar, 4. Aufl., Heidelberg 1998.

Bärwaldt, Roman / Schabacker Joachim: Keine Angst vor Mantel- und Vorratsgesellschaften, GmbHR 1998, 1005.

Baumann, Joachim: Das Recht der Handelsgesellschaften im englischen Rechtskreis: ein Leitfaden für das Rechts Englands und 26 weitere Länder und Territorien, Berlin 1961.

Baumbach, Adolf / Hueck, Alred / Hueck, Götz: Aktiengesetz, 13. Aufl., München 1968 (zit.: Baumbach/Hueck, Aktiengesetz).

Baumbach, Adolf / Hopt, Klaus / Merkt, Hanno: Handelsgesetzbuch, 31. Aufl., München 2003 (zit.: Baumbach/Hopt).

Baumbach, Adolf / Hueck, Alfred: GmbH-Gesetz. Gesetz betreffend die Gesellschaften mit beschränkter Haftung, 17. Aufl., München 2000 (zit.: Baumbach/Hueck)

Baums, Theodor, Neues Recht für GmbH und GmbH & Co. KG, StuW 1980, 298.

Beater, Axel: Mantelkauf und Firmenfortführung, GRUR 2000, 119.

Becher, Carl: Der Handel mit Aktien-Mänteln und GmbH-Mänteln, ZBH 1927, 163.

ders.: Der Kauf von GmbH-Mänteln, GmbHR, 1927, 375.

Becker: Steuerumgehung. Insbesondere Umgehung der Gesellschaftssteuer durch Erwerb der Rechtsform einer abgestorbenen GmbH, Steuer und Wirtschaft 1926, Sp. 1527.

ders.: Wirtschaftliche Neugründung bei der GmbH, GmbHR 1927, 46.

Beisel, Wilhelm: Der Unternehmenskauf: Gesamtdarstellung der zivil- und steuerrechtlichen Vorgänge einschließlich gesellschafts-, arbeits- und kartellrechtlicher Fragen bei der Übertragung eines Unternehmens, 4. Aufl., München 2003.

Beuck, W.: Der Mantelkauf, GmbHR 1957, 69.

Beuthien, Volker: Die Vorgesellschaft im Privatrechtssystem (Teil 2), ZIP 1996, 360.

Binge, Christoph: Gesellschafterklagen gegen Maßnahmen der Geschäftsführer in der GmbH, Köln 1994.

Bommert, Rainer: GmbH-Mantelkauf und Gründungsrecht. Zugleich eine Besprechung von OLG Hamburg, Urteil vom 15. 4. 1983, GmbHR 1983, 209.

Bokelmann, Gunther: Der Prozess gegen eine im Handelsregister gelöschte GmbH, NJW 1977, 1130.

Bork, Reinhard: Die als vermögenslos gelöschte GmbH im Prozeß, JZ 1991, 841.

Brandes, Helmut: Die Rechtsprechung des BGH zur GmbH, WM 1995, 641.

Breit, James: Anmerkung zum Beschluss des KG vom 18. 12. 1924 - 1 X 516/24, JW 1925, 635.

Buchner, Gerhard: Amtslöschung, Nachtragsliquidation und masselose Insolvenz von Kapitalgesellschaften, Köln 1988.

Bulang, Johannes: Mantelgründung und Mantelkauf bei Aktiengesellschaften und Gesellschaften mit beschränkter Haftung, Diss. Würzburg 1935.

Butz, Wolf-Dieter: Die Mantelverwertung bei der Gesellschaft mit beschränkter Haftung, Göttingen, 1972.

ders.: Die Mantelverwertung bei der GmbH, GmbHR 1972, 270.

Buyer, Christoph: Mantelkauf - Das neue Steuersparmodell?, DB 1987, 1959.

Bydlinski, Franz: Juristische Methodenlehre und Rechtsbegriff. Wien, New York, 1982.

Byk: Anmerkung zum Beschluss des KG vom 3. 7. 1924 - 1 X 267/24, JW 1924, 1535.

Canaris, Claus-Wilhehn: Die Feststellung von Lücken im Gesetz. 2. Aufl., Berlin, 1983.

ders.: Gesetzliches Verbot und Rechtsgeschäfte. Heidelberg, 1983.

Crezelius, Georg: Anmerkung zum Urteil des BGH vom 29. 10. 1986 - 1 R 202/82, JZ 1987, 731.

ders.: Anmerkung zum Beschluss des OLG Köln vom 11. 3. 1987 - 2 WX 72/86 (ZIP1987, 712), EWiR § 2 GmbHG 2/1987, S. 477.

Crisolli, Karl-August: Scheingründung und Mantelverwertung, JW 1934, 936.

ders.: Die Auflösung und Löschung von Gesellschaften nach dem Gesetz vom 9. Oktober 1934, JW 1934, 2657.

Crisolli/Groschuff/Kaemmel: Umwandlung und Löschung von Kapitalgesellschaften. 3. Aufl., Leipzig, 1937.

Danert, Bodo: Der Mantelkauf, Düsseldorf 1935.

Däubler, Wolfgang: Die Löschung der GmbH wegen Vermögenslosigkeit, GmbHR 1964, 246.

Dauner-Lieb, Barbara: Haftung und Risikoverteilung in der Vor-GmbH, GmbHR 1996, 82.

Düringer, Albert / Hachenburg, Max: Handelsgesetzbuch v. 10. Mai 1897, Kommentar, 3. Aufl. 3. Bd. 1. Teil, Die Aktiengesellschaft im Leben der Wirtschaft und §§ 178-230a, Mannheim 1934.

Ebenroth, Carsten / Müller, Andreas: Vorratsgründungen im Kapitalgesellschaftsrecht zwischen ökonomischen Bedürfnissen und der Registereintragung", DnotZ 1994, 75.

Ehricke, Ulrich: Zur Begründbarkeit der Durchgriffshaftung in der GmbH, insbesondere aus methodischer Sicht, AcP 199, 257 (1999).

Emmerich, Volker: Kartellrecht: ein Studienbuch, 9. Aufl., München 2001.

Engisch, Karl: Einführung in das juristische Denken. 8. Aufl., Stuttgart, Berlin, Köln, Mainz, 1983.

Enneccerus/Nipperdey: Allgemeiner Teil des Bürgerlichen Rechts. 2. Halbbd., 15. Aufl., Tübingen, 1960.

Erlinghagen: Der sogenannte „Verkauf der Form einer Aktiengesellschaft", JW 1920, 549.

Fabricius, Fritz: Vorgesellschaften bei der Aktiengesellschaft und der Gesellschaft mit beschränkter Haftung: ein Irrweg?, in: Festschrift für Walther Kastner, herausg. von Edwin Loebenstein, Johann Mayer, Gerhard Frotz, Peter Doralt. Wien, 1982, S. 85 ff.

Feddersen, Dieter: Die Nutzung des Verlustvortrages beim Mantelkauf, BB 1987, 1782.

Feine, Hans-Erich: Die Gesellschaft mit beschränkter Haftung, in: Handbuch des gesamten Handelsrechts, herausg. von Victor Ehrenberg, Bd. 3, III. Abtlg. Leipzig, 1929.

Fichtelmann, Helmar: Der Mantelkauf und seine steuerlichen Auswirkungen, StW 1988, 77.

Finken, Manfred: Anmerkung zum Urteil des OLG Koblenz vom 19.1. 1989 - 6 U 1221/87 (ZIP 1989, 165), EWiR § 11 GmbHG 3/1989, S. 263.

Fischer/lLutter/Hommelhoff, GmbH-Gesetz. Kommentar. Früher bearbeitet von Robert Fischer. 12. Aufl. neubearbeitet von Marcus Lutter, Peter Hommelhoff. Köln, 1987.

Fleck, Hans-Joachim: Anmerkung zum Urteil des BGH vom 15. 12. 1975 - II ZR 95/73 (BGHZ 65, 378), LM Nr. 20 zu § 11 GmbHG.

ders.: Die neuere Rechtsprechung des BGH zur Vorgesellschaft und zur Haftung des Handelnden, ZGR 1975, 212.

ders., Kapitalaufbringung, Kapitalerhaltung und Insolvenzprobleme in der GmbH. 2. Aufl., Köln 1982.

ders., Neueste Entwicklung in der Rechtsprechung zur Vor-GmbH, GmbHR 1983, 5.

Flume, Werner, Die Haftung der Vorgesellschaft bei der Gründung einer Kapitalgesellschaft, in: Festschrift für Ernst von Caemmerer, herausg. von Hans Claudius Ficker, Detlef König, Karl F. Krenzer, Hans G. Leser u.a., Tübingen 978, S. 517 ff.

ders.: Zur Enträtselung der Vorgesellschaft, NJW 1981, 1753.

ders.: Allgemeiner Teil des Bürgerlichen Rechts, Bd. 1 2. Teil: Die juristische Person, Berlin 1983 (zit.: Flume, Juristische Person)

ders.: Unternehmen und juristische Person, in Festschrift für Günther Beitzke zum 70. Geburtstag, Berlin 1979, S. 43 (zit.: Flume, Unternehmen).

Fuchs: Mantelkauf und GmbH-Novelle, Recht und Handel, 1927, 382.

Fuld: Kauf von Mänteln einer GmbH, GmbHR 1925, 313.

ders.: Der Erwerb des Mantels einer GmbH, ZBH 1926, 206.

Geßler, Ernst: Die GmbH-Novelle, BB 1980, 1385.

ders.: Einberufung und ungeschriebene Hauptversammlungszuständigkeiten, in: Festschrift für Walter Stimpel, hrsg. von Marcus Lutter u.a., Berlin 1995, S. 771.

Geßler, Ernst / Hefermehl, Wolfgang: Aktiengesetz: Kommentar, München 1976- 1994, Bd. 1, §§ 1-75, 1984; Bd. IV. §§ 179-240, 1993; Bd. VI., §§ 291-410, 1994 (zit.: Geßler/Hefermehl).

Gierke v., Julius lSandrock, Otto: Handels- und Wirtschaftsrecht. Begründet von Julius von Gierke. 9. Aufl. bearbeitet von Otto Sandrock. Bd. 1. Berlin, New York, 1975.

Goette, Wulf: Die GmbH: Darstellung anhand der Rechtsprechung des BGH, 2. Aufl. München 2002.

ders.: Aktuelle Rechtsprechung zur GmbH - Kapitalschutz und Organhaftung, DStR 2003, 887.

Golling, Hans-Joachim: Sorgfaltspflicht und Verantwortlichkeit der Vorstandsmitglieder für ihre Geschäftsführung innerhalb der nicht konzerngebundenen Aktiengesellschaft, Diss. Köln 1968.

Göz, Phillip/ Gehlich, Jens: Die Haftung von Gesellschafter und Geschäftsführer bei Verwendung eines GmbH-Mantels", ZIP 1999, 1653.

Gronstedt, Sebastian: Wiederverwendung einer inaktiv gewordenen Mantelgesellschaft..., BB 2003, 2082.

Groß, Ernst: Ordnungsmäßigkeit der Satzung einer GmbH, Rpfleger 1983, 213.

Groß, Paul J.: Sanierung durch Fortführungsgesellschaften. 2. Auf l., Köln, 1988.

Großkommentar zum Aktiengesetz: begr. v. W. Gadow und E. Heinichen. Hrsg. von Klaus J. Hopt; Herbert Wiedemann; Bd. 1 1. Halbbd. §§ 1-75, 3.Aufl., Berlin 1973; Bd. 4, §§ 291-410, 3. Aufl., Berlin 1975.

Grunewald, Barbara: Gesellschaftsrecht, 5. Aufl., Tübingen 2002.

Gummert, Hans: Die Haftungsverfassung der Vor-GmbH nach der jüngsten Rechtsprechung des BGH, DStR 1997, 1007.

Gumpert v., Tilman: Rechtsfolgen einer Überschreitung des Unternehmensgegenstandes im Gemeinschaftsrecht: eine rechtsvergleichende Untersuchung zum Gesellschafter- und Verkehrsschutz anhand des deutschen und englischen Kapitalgesellschaftsrechts, Baden-Baden 2002.

Gürtner, Fritz: Der Mantelkauf, MDR 1954, 76.

Hachenburg, Max: Gesetz betreffend die Gesellschaften mit beschränkter Haftung (GmbHG). Großkommentar. 6. Aufl., Berlin, 1956-1959 (zit. Hachenburg / Bearbeiter / Auflage).

ders.: Gesetz betreffend die Gesellschaften mit beschränkter Haftung (GmbH), 7. Aufl., bearbeitet von Carl Hans Barz, Peter Behrens u.a., Berlin, New York, 1975; 7. Aufl., Ergänzungsband (§§ 1-12) von Georg Hohner, Hans-Joachim Mertens, Wolfgang Schilling, Peter Ulmer. Berlin, New York, 1985. (zit. Hachenburg / Bearbeiter / Auflage)

ders.: Gesetz betreffend die Gesellschaften mit beschränkter Haftung (GmbHG), Bd. 1 §§ 1-34, Berlin 1992, Bd. 2 §§ 35-52, 8. Aufl., Berlin 1997 (zit. Hachenburg / Bearbeiter / Auflage)

ders.: Anmerkung zum Beschluss des KG vom 3. 7. 1924 - 1 X 267/24, JW 1924, 1536.

Handzik, Peter: Verlustabzug und Mantelkauf, FR 1987, 374.

Hansen, Herbert: Entwicklung, regionale Gliederung und Struktur der GmbH, GmbHR 1988, 15.

Hauser, Fridolin: Der Mantel bei der Aktiengesellschaft und Gesellschaft mit beschränkter Haftung, Immensee 1939.

Haver, Friedrich: Der Gesellschaftsmantel im Rechtsverkehr, Ohlau in Schlesien 1928.

Heidelberger Kommentar: Kommentar zum Handelsgesetzbuch, v. Peter Glanegger u.a., 6. Aufl., Heidelberg 2002 (zit.: HK-Kommentar/ Bearbeiter).

Heerma, Jan Dirk: Mantelverwendung und Kapitalaufbringungsvorschriften, Köln 1997.

ders: Die Haftung des Handelnden beim Mantelkauf, GmbHR 1999, 640.

Heymann, Ernst: Handelsgesetzbuch: Kommentar, Bd. 3. §§ 238 - 342a, 2. Aufl., Berlin 1999.

Heller, Christoph: Die vermögenslose GmbH. Köln, Berlin, Bonn, München, 1989.

Hohn, B.: Terminologie wirtschaftlicher Gebilde, in: Federmann, R. (Hrsg.): Betriebswirtschaftlehre, Unternehmenspolitik und Unternehmensbetreuung. Gerhard Mann zum 65. Geburtstag, Berlin 1993, S. 33- 73.

Hommelhoff, Peter: Die Konzernleitungspflicht. Zentrale Aspekte eines Konzernverfassungsrechts, Köln 1982.

Hönn, Günther: Die konstitutive Wirkung der Löschung von Kapitalgesellschaften, ZHR 138 (1974), 50.

Huber, Ulrich: Typenzwang, Vertragsfreiheit und Gesetzesumgehung, JurA 1970, 784.

ders.: Die Vorgesellschaft mit beschränkter Haftung - de lege ferenda betrachtet, in: Festschrift für Robert Fischer, herausg. von Marcus Lutter, Walter Stimpel, Herbert Wiedemann. Berlin, New York, 1973, S. 263ff.

Hüffer, Uwe: Das Gründungsrecht der GmbH - Grundzüge, Fortschritte und Neuerungen, JuS1983, 161.

ders.: Das Ende der Rechtspersönlichkeit von Kapitalgesellschaften - Überlegungen zur konstitutiven Wirkung der Gesellschaftslöschung und zur Zuordnung von Restvermögen -, in: Gedächtnisschrift für Dietrich Schultz, herausg. von Günther Jahr. Köln, Berlin, Bonn, 1987, S. 99ff.

ders.: Aktiengesetz, 6. Aufl., München 2004.

Ihrig, Christoph: Die Verwertung von GmbH-Mänteln. Steuerrechtliche Möglichkeiten und gesellschaftsrechtlichen Risiken, BB 1988, 1197.

Immenga, Ulrich: Die personalistische Kapitalgesellschaft. Eine rechtsvergleichende Untersuchung nach deutschem GmbH-Recht und dem Recht der Corporations in den Vereinigten Staaten. Bad Homburg v. d. H., 1970.

Janberg, Hans: Die Verwertung von Gesellschaftsmänteln, GmbHR 1952, 132.

Jessen, Uwe: Besteht eine nach dem Privatrecht erloschene Gesellschaft nach dem Steuerrecht noch fort?, NJW 1974, 2274.

Jeck, Dietrich: Zum Unternehmensgegenstand einer Komplementär-GmbH, DB 1978, 832.

Kantak, Ralf: Mantelgründung und Mantelverwendung bei der GmbH. München, 1989.

Kaufmann, Ludwig: Kritisches zu der Frage der Zulässigkeit der Einmanngesellschaft und der Mantelverwertung, Tübingen 1934.

Keller, Dirk: Mantelgründung und Mantelkauf bei der GmbH aus zivilrechtlicher und steuerrechtlicher Sicht, DZWir 1998, 230.

Kleberger, Franz Friedrich: Die rechtliche Behandlung von Sicherungen bei der Gründung der Einmann-GmbH, Köln 1986.

Klostermann, Susanne: Die „Rosinentheorie" des BGH zu § 15 Abs. 1 HGB im Lichte von Sinn, Zweck und Funktion des Handelsregisters, Münster 1986.

Kober, Bernd: Sonderformen des Beteiligungskaufes: Der Mantelkauf: eine gesellschafts- und registergerichtliche Analyse, Frankfurt a.m. 1995.

Kölner Kommentar zum Aktiengesetz: Herausg. von Wolfgang Zöllner, 1. Band (§§ 1-75) 2. Aufl., Köln 1988, 6. Band, (§§ 291-328), 2. Aufl., Köln 1987.

Kraft, Alfons: Gesellschaftsrechtliche Probleme der Vorratsgründung einer Aktiengesellschaft und einer Gesellschaft mit beschränkter Haftung, DStR 1993, 101.

Kropff, Bruno: Zur Konzernleitungspflicht, ZGR 1984, 112.

ders.: Über die „Ausgliederung", in Festschrift für Ernst Geßler, hrsg. v. Kurt Ballerstedt u.a., München 1971, S. 111.

Kuhn, Ottmar: Strohmanngründung bei Kapitalgesellschaften, Tübingen 1964.

Larenz, Karl: Allgemeiner Teil des deutschen Bürgerlichen Rechts, 7. Aufl., München 1989.

ders.: Methodenlehre der Rechtswissenschaft. 5. Aufl., Berlin, Heidelberg, New York, Tokio 1983.

Lieb, Manfred: Meilenstein oder Sackgasse? - Bemerkungen zum Stand von Rechtsprechung und Lehre zur Vorgesellschaft, in: Festschrift für Walter Stimpel, herausg. von Marcus Lutter, Hans J. Mertens, Peter Ulmer. Berlin, New York, 1985, S. 399ff.

Löbenstein, Ernst: Mantelkauf und Mantelverwendung in sonstiger Weise, Schramberg 1933.

Lübbert, Rainer: Verwendung einer Vorratsgesellschaft – Gründungsaufwand ohne Vorteil?, BB 1998, 2221.

Lutter, Marcus, Kapital, Sicherung der Kapitalaufbringung und Kapitalerhaltung in den Aktien- und GmbH-Rechten der EWG. Karlsruhe, 1964.

ders.: Die GmbH-Novelle und ihre Bedeutung für die GmbH, GmbH & Co KG und die Aktiengesellschaft, DB 1980, 1317.

ders.: Theorie der Mitgliedschaft, Prolegomena zu einem Allgemeinen Teil des Korporationsrechts, AcP 180, 84 (1980).

Mayer, U.: Mantelkauf und Mantelverwendung - (k)ein Problem?, NJW 2000, 175.

Medicus, Dieter: Allgemeiner Teil des BGB. 3. Aufl., Heidelberg, 1988.

Meister, Burkhardt W: Zur Vorbelastungsproblematik und zur Haftungsverfassung der Vorgesellschaft bei der GmbH, in: Festschrift für Winfried Werner, herausg. von Walther Hadding, Ulrich Immenga, Hans-Joachim Mertens, Klemens Pleyer, Uwe H. Schneider Berlin, New York, 1984, S. 521.

Merkt, Hanno: US-amerikanisches Gesellschaftsrecht, 2. Aufl., Heidelberg 2003.

Mertens, Hans-Joachim: Politische Programme in der Satzung der Aktiengesellschaft?, NJW 1970, 1718.

ders.: Die Geschäftsführerhaftung in der GmbH und das ITT-Urteil, in: Festschrift für Robert Fischer, hrsg. v. Marcus Lutter u.a., Berlin 1979, S. 461.

Meyding, Thomas: Die Mantel-GmbH im Gesellschafts- und Steuerrecht. Konstanz, 1989.

Meyer, Justus: Neue und alte Mäntel um Kapitalgesellschaftsrecht, ZIP 1994, 1661.

Meyer-Landrut/Miller/Niehus: Gesetz betreffend die Gesellschaften mit beschränkter Haftung (GmbHG) einschließlich Rechnungslegung zum Einzel- sowie zum Konzernabschluss. Kommentar von Joachim Meyer-Landrut, F. Georg Miller, Rudolf J. Niehus. Berlin, New York, 1987.

Müller, Klaus, Anmerkung zum Urteil des BGH vom 11. 5. 1987 - II ZR 226/86 (ZIP 1987, 1113), EWiR § 31 GmbHG 2/1987, S. 1099.

Münchener Kommentar, Münchener Kommentar zum Bürgerlichen Gesetzbuch. 2. Aufl., München, seit 1984 (MK-BGB/Bearbeiter).

Münchener Kommentar zum Aktiengesetz: §§ 1-53, 2. Aufl., München 2000; Bd. 2 §§ 53a-75, 2. Aufl. München 2003; Bd. 3 §§ 76-117, 2. Aufl. München 2004; Bd. 4 §§ 118-147, 2. Aufl. München 2004 (zit.: MK-AktG/Bearbeiter).

Palandt, Otto: Bürgerliches Gesetzbuch, 63. Aufl., München 2004.

Pape, Friedrich-Wilhelm: Gesellschaftsmäntel und Namensgesellschaften, BB 1955, 1099.

Peetz, Carsten: Prüfungskompetenz des Registergerichts hinsichtlich Unversehrtheit des Stammkapitals bei Mantelverwendung, GmbHR 2003, 229.

Peters, Birgitta: Der GmbH-Mantel als gesellschaftsrechtliches Problem, Köln 1989.

Petzoldt, Rolf: Zum Unternehmensgegenstand einer Komplementär-GmbH, DB 1977, 1783.

Priester, Hans-Joachim: Die GmbH-Novelle - Überblick und Schwerpunkte aus notarieller Sicht, DNotZ 1980, 515.

ders.: Die Unversehrtheit des Stammkapitals bei Eintragung der GmbH - ein notwendiger Grundsatz?, ZIP 1982, 1141.

ders.: Mantelverwendung und Mantelgründung bei der GmbH, DB 1983, 2291.

ders.: Aktiengesellschaft - Zum Beschwerderecht (FGG § 20) der Vorgesellschaft, Zulässigkeit der Gründung von Vorrats-Aktiengesellschaften, EWIR 1992, 113.

Raab, Thomas: Die Haftung der Gesellschafter der Vor-GmbH im System des Gesellschaftsrechts, WM 1999, 1569.

Raiser, Thomas: Recht der Kapitalgesellschaften. Aktiengesellschaft, Gesellschaft mit beschränkter Haftung, Kapitalgesellschaft und Co., 3. Aufl. München 2001.

ders.: Der Begriff der juristischen Person - Eine Neubestimmung, AcP 199, 104 (1999).

Rosendorff, Richard: Die Goldmarkbilanz: Kommentar z. Verordnung über Goldbilanzen vom 28. XII. 1923 und zu den Durchführungsbestimmungen v. 5. II. u. 28. III. 1924, Berlin 1924.

Roth, Günter H.: Gesetz betreffend die Gesellschaften mit beschränkter Haftung (GmbHG) mit Erläuterungen. 2. Aufl., München, 1987 (zit. Roth/Bearbeiter/Auflage).

ders./ Altmeppen Holger: Gesetz betreffend die Gesellschaften mit beschränkter Haftung GmbHG, Kommentar, 4. Aufl. München 2003 (zit.: Roth/ Bearbeiter /Auflage).

Roth, Wulf-Henning: Die Gründerhaftung im Recht der Vor-GmbH, ZGR 1984, 597.

Rowedder, Heinz: Gesetz betreffend die Gesellschaften mit beschränkter Haftung (GmbHG). Kommentar von Heinz Rowedder, Hans Fuhrmann, Hans-Georg Koppensteiner, Josef Lanfermann, Henning Rasner, Fritz Rittner, Klaus Zimmermann. München, 1985 (zit.: Rowedder).

Sachs, Rudolf: Der Unternehmensgegenstand der Komplementär-GmbH, DNotZ 1976, 355.

Saenger, Ingo: Die im Handelsregister gelöschte GmbH im Prozess, GmbHR 994, 330.

Schaub, Bernhard: Zur Anwendung der Gründungsvorschriften auf Vorratsgesellschaften, RNotZ 2003, 447.

Schick, Rainer: GmbH-Mantelkauf und verdeckte Sacheinlage, GmbHR 1997, 82.

Schlegelberger/Bearbeiter: Handelsgesetzbuch. Kommentar von Ernst Geßler, Wolfgang Hefermehl, Wolfgang Hildebrandt, Georg Schröder, Bd. 1. 5. Aufl., München, 1973.

Schlutius, Walter: Der Mantelkauf mit Verlustabzug, Düsseldorf 1962.

ders.: Der Mantelkauf mit Verlustabzug, GmbHR 1964, 129.

Schmidt, Karsten: Zur Stellung der oHG im System der Handelsgesellschaften. eine Untersuchung des gesellschaftsrechtlichen Grundsatzes der unbeschränkten Haftung. Bonn, 1972.

ders.: Der Funktionswandel der Handelndenhaftung im Recht der Vorgesellschaft - Ein Beitrag zur Abgrenzung des „Handelnden"- Begriffs, GmbHR 1973, 146.

ders.: „Unternehmen" und „Abhängigkeit": Begriffseinheit und Begriffsvielfalt im Kartell- und Konzernrecht - Besprechung der Entscheidung BGHZ 4, 359, ZGR 1980, 277.

ders.: Grundzüge der GmbH-Novelle, NJW 1980, 1769.

ders.: Handelsrecht. 5. Aufl., Köln, Berlin, Bonn, München, 1999.

ders.: Löschung und Beendigung der GmbH, GmbHR 1988, 209.

ders.: Gesellschaftsrecht, 4. völlig neu bearb. und erw. Auflage, Köln, Berlin, Bonn, München 2002.

ders.: Vorratsgründung, Mantelkauf und Mantelverwendung, NJW 2004, 1345.

Schmidt-Leithoff, Christian: Die Verantwortung der Unternehmensleitung, Tübingen 1989. (zit. Hachenburg/Bearbeiter/Auflage

Schneider, Egon: Logik für Juristen: Die Grundlage der Denklehre der Rechtsanwendung, München 2004.

Schulze-Osterloh, Joachim: Zivilrecht und Steuerrecht, AcP 190, 139, (1990).

Scholz, Franz: Kommentar zum GmbH-Gesetz. Begründet von Franz Scholz. 5. Aufl., Köln, 1964; 7.Aufl. bearbeitet von Georg Crezelius, Volker Emmerich, Hans-Joachim Priester, Karsten Schmidt, Uwe H. Schneider, Klaus Tiedemann, Harm Peter Westermann, Heinz Winter. Bd. I, Köln,

1986; §§ 1-44, Anh. Konzernrecht, 9. Aufl. Köln 2000; Bd.II, Köln, 1988; Bd. 2 §§ 45-87, 9. Aufl., Köln 2002; (zit.: Scholz / Bearbeiter / Auflage).

ders.: Fortsetzung der aufgelösten Gesellschaft mit beschränkter Haftung und Aktiengesellschaft, ZHR 93 (1929), 73.

ders., Fortsetzung der aufgelösten GmbH, JZ 1952, 199.

Schubert, Werner: Die Abschaffung des Konzessionssystems durch die Aktienrechtsnovelle von 1870, ZGR 1981, 285.

Semler, Johannes: Die Leitungsaufgabe des Vorstands und die Überwachungs-aufgabe des Aufsichtsrates,2. Aufl., Köln 1996.

Skibbe, Manfred: Der Erwerb eines GmbH-Mantels in zivilrechtlicher Sicht, in: Festgabe für Günther Felix, herausg. von Dieter Carle´, Klaus Korn, Rudolf Stahl. Köln. 1989, S. 417 ff.

Soergel, Hans Theodor: Bürgerliches Gesetzbuch mit Einführungsgesetz und Nebengesetzen. 13. Aufl., Bd. 1 §§ 1-103, Stuttgart, 2000; 13. Aufl. Bd. 2 §§ 104-240, Stuttgart 1999 (zit.: Soergel/Bearbeiter/§).

Spoer, Wolfgang: Treuhandanstalt und Treuhandunternehmen zwischen Verfassungs-, Verwaltungs- und Gesellschaftsrecht, Köln 1993.

Staudinger v., Julius: Kommentar zum Bürgerlichen Gesetzbuch mit Einführungsgesetz und Nebengesetzen, Buch 1, §§ 90-240, 12. Aufl. Berlin 1980; §§ 134 - 163, Neubearb. 2003; §§ 164-240, Neubearb.2004 (zit.: Staudinger/Bearbeiter)

Stimpel, Walter, „Durchgriffshaftung" bei der GmbH: Tatbestände, Verlustausgleich, Ausfallhaftung, in: Festschrift für Reinhard Goerdeler, herausg. von Hans Havermann, Düsseldorf 1987, S. 601 ff.

ders.: Unbeschränkte oder beschränkte, Außen- oder Innenhaftung der Gesellschafter der Vor-GmbH?, Festschrift für Hans-Joachim Fleck, Berlin 1988, S. 345.

Strauß, Herbert: Der Mantelkauf, Wertheim am Main 1928.

Streuer, Olaf: Der statuarische Unternehmensgegenstand: eine Untersuchung der Funktionen, Zulässigkeitsbedingungen und Zweckmäßigkeit der Gestaltung des statuarischen Unternehmensgegenstandes, Bielefeld 2001.

Sudhoff, Heinrich: Der Gesellschaftsvertrag der GmbH: systematischer Kommentar mit Formular- und Texthandbuch, 8. Aufl., München 1992.

Teichmann, Arndt: Die Gesetzesumgehung. Göttingen, 1962.

Thaeter, Ralf / Meyer, Stefan: Folgerungen aus der Praxis aus der Entscheidung des BGH v. 9.12.2002, DB 2003, 539.

Timm, Wolfram: Die Aktiengesellschaft als Konzernspitze - die Zuständigkeitsordnung bei der Konzernbildung und Konzernumbildung, Köln 1980.

Uhlenbruck, Wilhelm: Die Durchsetzung von Gläubigeransprüchen gegen eine vermögenslose GmbH und deren Organe nach geltendem und neuem Insolvenzrecht, ZIP 1996, 1641.

Ulmer, Peter: Die Gründung der GmbH, in: Probleme der GmbH-Reform, herausg. von der Centrale für GmbH. Köln, 1970, S. 42 ff.

ders.: Das Vorbelastungsverbot im Recht der GmbH-Vorgesellschaft - notwendiges oder überholtes Dogma?, in: Festschrift für Kurt Ballerstedt, hrsg. von Werner Flume, Peter Raisch, Ernst Steindorff. Berlin, 1975, S. 279.

ders.: Abschied vom Vorbelastungsverbot im Gründungsstadium der GmbH - Gelöste und ungelöste Fragen zum Recht der Vor GmbH und der Vor-GmbH & Co. KG, ZGR 1981, 594.

ders.: Die wirtschaftliche Neugründung einer GmbH unter Verwendung eines GmbH-Mantels, BB 1983, 1116.

ders.: Zur Haftungsverfassung in der Vor-GmbH, ZIP 1996, 733.

Wallner, Rainer: Der Unternehmensgegenstand der GmbH als Ausdruck der Unternehmensfreiheit, JZ 1986, 721.

Weisser, Johannes: Corporate Opportunities: Zum Schutz der Geschäftchancen des Unternehmens im deutschen und im US-amerikanischen Recht, Köln 1991.

Werner, Rüdiger: Mantelgründungen und Handelndenhaftung - Stellungnahme zur KG, NZG 1998, 731 f., NZG 1999, 146.

Wernicke, Konrad: Prüfungspflicht der Registergerichte bei Anmeldung von Zahlungen auf das GmbH-Stammkapital, BB 1986, 1869.

Wiedemann, Herbert / Frey, Kasper: Gesellschaftsrecht, 6. Aufl., München 2002.

Wilken, Oliver: Gesellschafterhaftung in der Vor-GmbH, ZIP 1995, 1163.

Winkler, Karl: Die Haftung der Gesellschafter einer unterkapitalisierten GmbH", BB 1969, 1202.

Winnefeld, Robert: Löschung oder Fortbestand einer vermögenslosen GmbH?, BB 1975, 70.

Winter, Martin: Eigeninteresse und Treuepflicht bei der Einmann-GmbH in der neuen BGH-Rechtsprechung, ZGR 1994, 570.

Würdinger, Hans: Aktienrecht und das Recht der verbundenen Unternehmen: eine systematische Darstellung, 4. Aufl., Heidelberg 1981.

Zippelius, Reinhold: Juristische Methodenlehre. 4. Aufl., München, 1985.

**Studien zum deutschen und europäischen Gesellschafts-
und Wirtschaftsrecht**

Herausgegeben von Ulrich Ehricke

Band 1 Detlef Laub: Die Nachgründung nach § 52 AktG als kapitalerhaltende Norm. Auswirkungen auf den Tatbestand und seine Anwendung nach dem Umwandlungsgesetz (UmwG). 2004.

Band 2 Michael Silvio Kusche: Die aktienrechtliche Zulässigkeit der Durchführung einer Due Diligence anlässlich eines Unternehmenskaufes. Mit Due Diligence-Checkliste für die Zielgesellschaft. 2005.

Band 3 Thomas Stephan Oldemanns: Vorratsgründung und Mantelverwendung – Alternativmöglichkeiten zum gesetzlichen Gründungsverfahren? 2005.

www.peterlang.de

Matthias Scheifele

Die Gründung der Europäischen Aktiengesellschaft (SE)

Frankfurt am Main, Berlin, Bern, Bruxelles, New York, Oxford, Wien, 2004.
XXXVI, 485 S.
Schriftenreihe zum deutschen und europäischen Gesellschafts- und
Wirtschaftsrecht. Herausgegeben von Günter Christian Schwarz. Bd. 1
ISBN 3-631-53105-2 · br. € 79.50*

Mit der Europäischen Aktiengesellschaft (SE) steht den Unternehmen in
der EG eine neue Gesellschafts-form zur Verfügung. Durch sie wird die
grenzüberschreitende Unternehmensumstrukturierung erstmals auf eine
rechtliche Grundlage gestellt. Die Arbeit befasst sich mit den gesellschaftsrechtlichen Aspekten der SE-Gründung, berücksichtigt dabei aber auch
die arbeits-, steuer- und kapitalmarktrechtlichen Implikationen. Im Mittelpunkt stehen die vier primären Gründungsformen Verschmelzung,
Holding-SE, gemeinsame Tochter-SE und Umwandlung. Ebenso behandelt
wird die Gründungsberechtigung und die (sekundäre) Gründung einer SE
unter Beteiligung einer SE. Zudem wird Einblick in die systematischen und
methodischen Grundlagen des SE-Gründungsrechts gewährt.

Aus dem Inhalt: Grundlagen der SE-Gründung · Anwendbares Recht ·
Gründungsberechtigung · Verschmelzung · Holding-SE · Gemeinsame
Tochter-SE · Umwandlung · Gründung unter Beteiligung einer SE

Frankfurt am Main · Berlin · Bern · Bruxelles · New York · Oxford · Wien
Auslieferung: Verlag Peter Lang AG
Moosstr. 1, CH-2542 Pieterlen
Telefax 00 41 (0) 32 / 376 17 27

*inklusive der in Deutschland gültigen Mehrwertsteuer
Preisänderungen vorbehalten
Homepage http://www.peterlang.de

Peter Lang · Europäischer Verlag der Wissenschaften